Jugendstrafrechtliche Sanktionen in der Bundesrepublik Deutschland, Österreich, Schweiz und den USA

Europäische Hochschulschriften

Publications Universitaires Européennes
European University Studies

Reihe II
Rechtswissenschaft

Série II Series II
Droit
Law

Bd./Vol. 4191

PETER LANG
Frankfurt am Main · Berlin · Bern · Bruxelles · New York · Oxford · Wien

Melanie Ries

Jugendstrafrechtliche Sanktionen in der Bundesrepublik Deutschland, Österreich, Schweiz und den USA

Eine rechtsvergleichende Analyse

PETER LANG
Europäischer Verlag der Wissenschaften

Bibliografische Information Der Deutschen Bibliothek
Die Deutsche Bibliothek verzeichnet diese Publikation in der Deutschen Nationalbibliografie; detaillierte bibliografische Daten sind im Internet über <http://dnb.ddb.de> abrufbar.

Zugl.: München, Univ., Diss., 2004

Gedruckt auf alterungsbeständigem,
säurefreiem Papier.

D 19
ISSN 0531-7312
ISBN 3-631-53356-X

Printed in Germany 1 2 3 4 5 7

www.peterlang.de

DANKSAGUNG

Ganz herzlich möchte ich mich bei Prof. Dr. Schöch für die vorbildliche Betreuung dieser Dissertation bedanken.

Ein herzlicher Dank geht auch an Prof. Dr. Böttcher für die rasche Erstellung des Zweitgutachtens.

Für die grammatikalischen und stilistischen Verbesserungen, die er dieser Arbeit aufopferungsvoll angedeihen ließ, möchte ich mich ganz besonders bei meinem Verlobten Roland Weede bedanken. Ohne ihn wäre die Arbeit wahrscheinlich bereits an zahlreichen Computerproblemen gescheitert, wenn er mir nicht immer geduldig und helfend am Computer beigestanden hätte.

Ein herzlicher Dank geht auch an meinen Freund Kasimir Usagi, der mir während der Erstellung dieser Arbeit ab und an Mut zugesprochen hat.

Meinen Eltern bin ich ebenfalls sehr dankbar für die Unterstützung während meines Studiums und während dieser Dissertation.

„Um klar zu sehen, genügt oft ein Wechsel der Blickrichtung"
(Antoine de Saint Exupery)

Für Roland und meine Eltern!

Inhaltsverzeichnis

Abkürzungen

ABGB	Allgemeines Bürgerliches Gesetzbuch (Österreich)
a.E.	am Ende
Alt.	Alternative
BayObLG	Bayerisches Oberstes Landesgericht
BGBl.	Bundesgesetzblatt
BGHSt.	Entscheidungen des Bundesgerichtshofes in Strafsachen. Amtliche Sammlung
BGE	Entscheidungen des schweizerischen Bundesgerichts
BT-Drs.	Drucksache des Bundestags
BVerfG	Bundesverfassungsgericht
BVerfGE	Entscheidungen des Bundesverfassungsgerichts. Amtliche Sammlung
BZRG	Bundeszentralregistergesetz
Diss.	Dissertation
DJT	Deutscher Juristentag
DRiZ	Deutsche Richterzeitung
DVJJ	Deutsche Vereinigung für Jugendgerichte und Jugendgerichtshilfen e.V.
DVJJ-J	DVJJ-Journal – Zeitschrift für Jugendkriminalrecht und Jugendhilfe
1. JGGÄndG	Erstes Gesetz zur Änderung des Jugendgerichtsgesetzes
e.V.	eingetragener Verein
f.; ff.	folgende; fortfolgende
FS	Festschrift
GG	Grundgesetz der Bundesrepublik Deutschland
Hrsg.	Herausgeber
i.S.; i.S.v.; i.S.d.	im Sinne; im Sinne von; im Sinne des
i.V.m.	in Verbindung mit
JAP	Juristische Ausbildung und Praxis
JArbSchG	Jugendarbeitsschutzgesetz
JAVollzO	Jugendarrestvollzugsordnung
JGG	Jugendgerichtsgesetz
JR	Juristische Rundschau
JRP	Journal für Rechtspolitik
Jura	Juristische Ausbildung
JuS	Juristische Schulung
JWG	Gesetz für Jugendwohlfahrt
JZ	Juristenzeitung
KrimJ	Kriminologisches Journal
LG	Landgericht

MDR	Monatszeitschrift für Deutsches Recht
m.w.N.	mit weiteren Nachweisen
MschrKrim	Monatsschrift für Kriminologie und Strafrechtsreform
n.F.	neue Fassung
NJW	Neue Juristische Wochenzeitschrift
NStZ	Neue Zeitschrift für Strafrecht
Nr.	Nummer, Nummern
öJGG	österreichisches Jugendgerichtsgesetz
öStPO	österreichische Strafprozeßordnung
öStGB	österreichisches Strafgesetzbuch
ÖJZ	Österreichische Juristenzeitung
OLG	Oberlandesgericht
ÖRZ	Österreichische Richterzeitung
RdJB	Recht der Jugend und des Bildungswesens
RJGG	Reichsjugendgerichtsgesetz von 1943
Rn.	Randnummer, Randnummern
s.	siehe
S.	Seite
SGB VIII	Sozialgesetzbuch. Achtes Buch
StGB	Strafgesetzbuch
StV	Strafverteidiger
StVG	Straßenverkehrsgesetz
u.a.	unter anderem
U.S.C.	United States Code
VE-JStV	Vorentwurf für ein Bundesgesetz über das Schweizerische Jugendstrafverfahren
vgl.	Vergleiche
Wis.	Wisconsin
Z	Ziffer
z.B.	zum Beispiel
ZfJ	Zentralblatt für Jugendrecht
ZStW	Zeitschrift für die gesamte Strafwissenschaft

Literaturverzeichnis

ADLER, FREDA; MUELLER, GERHARD O.W.; LAUFER, WILLIAM S.
Criminal Justice, New York u.a., 1994.

ALBRECHT, HANS-JÖRG
- Ist das deutsche Jugendstrafrecht noch zeitgemäß? Gutachten für den 64. Deutschen Juristentag, München 2002. (Zit. Albrecht Gutachten DJT)
- Entwicklungstendenzen des Jugendkriminalrechts und stationärer Freiheitsentziehung bei jugendlichen Straftätern in den USA. In: Jugendstrafe und Jugendstrafvollzug. Stationäre Maßnahmen der Jugendkriminalrechtspflege im internationalen Vergleich. Teilband 2: Süd- und osteuropäische Länder sowie außereuropäische Staaten. DÜNKEL, FRIEDER, MEYER, KLAUS (Hrsg.), Freiburg i.Br. 1985, S. 1211-1305. (Zit. Albrecht USA)

ALBRECHT, PETER-ALEXIS
Jugendstrafrecht. 3. Auflage, München 2000. (Zit. P.A. Albrecht)

ARBEITSKREIS JUNGER KRIMINOLOGEN
Kritik der Jugendstrafvollzugsreform. In: KrimJ 1982, S. 85-94.

ARLOTH, FRANK
Anmerkung zum Urteil des BayObIG, Beschluss vom 23.11.1983 – RReg 1 St 308/83. In: StV 1984, S. 255.

ASCHER, JERRY
Minnesota. State Juvenile Justice Profiles. National Center for Juvenile Justice, Pittsburgh, PA, 2000.
Aus dem World Wide Web:
http://www.ncjj.org/stateprofiles/profiles/MN02.asp?state=MN02.asp&topic=
(zuletzt abgerufen am 30.06.2004)

BACKMANN, BEN/STUMP, BRIGITTE
Schweiz. In: Jugendstrafrecht in Europa; ALBRECHT,HANS-JÖRG, KILCHING, MICHAEL (Hrsg.), Freiburg i.Br., 2002, S. 361-394. (Zit. Backmann/Stump)

BACKMANN, BEN
Jugendstrafrechtsreform in der Schweiz. Eine vergleichende Betrachtung. In: MschrKrim 2001, S. 386-395.

BAECHTHOLD, ANDREA
Schweiz. In: Entwicklungstendenzen und Reformstrategien im Jugendstrafrecht im europäischen Vergleich; DÜNKEL, FRIEDER, VAN KALMTHOUT, ANTON, SCHÜLER-SPRINGORUM, HORST (Hrsg.), Mönchengladbach, 1997, S. 315-326.

BANNENBERG, BRITTA/UHLMANN, PETRA
Die Konzeption des Täter-Opfer-Ausgleichs in Wissenschaft und Kriminalpolitik. In: Täter-Opfer-Ausgleich in Deutschland: Bestandsaufnahme und Perspektiven; BUNDESMINISTERIUM DER JUSTIZ (Hrsg.), Mönchengladbach, 1998, S. 1-47.

BARTOLLAS, CLEMENS
United States. In: International Handbook on Juvenile Justice; SHOEMAKER, DONALD J. (Hrsg), Westport, Connecticut, 1996, S. 301-316.

BEGEMANN, HELMUT
Zur Legitimationskrise des Jugendstrafrechts. Überlegungen zur Umgestaltung des Jugendstrafrechts. In: ZRP 1991, S. 44-48.

BERNARD, THOMAS J.
The Cycle of Juvenile Justice, New York, Oxford, 1992.

BLOMBERG, THOMAS G.
Juvenile Court and Community Corrections, Lanham, 1984.

BOEHLEN, MARIE
- Kommentar zum Schweizerischen Jugendstrafrecht, Bern, 1975. (Zit. Boehlen)
- Ist Strafe unbedingt notwendig? Die Verpflichtung zu einer Arbeitsleistung im revidierten Schweizerischen Jugendstrafrecht. Aarau, 1974. (Zit. Boehlen Arbeitsleistung)
- Einführung in das schweizerische Jugendstrafrecht. In: SCHUH, JÖRG, Jugend und Deliquenz, Grüsch, 1988, S. 83-95. (Zit. Boehlen Einführung in das Jugendstrafrecht)

BÖHM, ALEXANDER
- Einführung in das Jugendstrafrecht, 3. Auflage, München 1996. (Zit. Böhm)
- Anmerkung zum Beschluß des OLG Karlsruhe vom 04.07.1996 – 2 Ss 67/96. In NStZ 1997, S. 242-243.
- Aus der neueren Rechtsprechung zum Jugendstrafrecht. In NStZ 1982, S. 413-416. (Zit. Böhm Rechtsprechungsübersicht)

BÖTTCHER, REINHARD/WEBER, KLAUS
Erstes Gesetz zur Änderung des Jugendgerichtsgesetzes. In: NStZ 1990, S. 561 –566.

BOGENSBERGER, WOLFGANG
- Jugendstrafrecht und Rechtspolitik: eine rechts- und sozialwissenschaftliche Studie zur Genese des österreichischen Jugendgerichtsgesetzes; mit einer Analyse der materiellrechtlichen Bestimmungen und der Anwendungspraxis des JGG 1988 in den ersten beiden Jahren (1989 und 1990), Wien 1992. (Zit. Bogensberger)
- Strafrecht (fast) ohne Strafe: Das neue österreichische Jugendgerichtsgesetz. In: DVJJ-J 1991, S. 235-241. (Zit. Bogensberger DVJJ-J 1991)

BRUNNER, RUDOLF/DÖLLING, DIETER
- Jugendgerichtsgesetz: Kommentar, 11. Auflage, Berlin, New York 2002.
- Anmerkung zu LG Augsburg, Urteil vom 22.1.1986 – Jug Ns 412 Js 34667/85. In NStZ 1986, S. 508-509.

BRUNS, HANS-JÜRGEN
Zur Antinomie der Strafzwecke im Jugendstrafrecht. Neuorientierung in der Rechtsprechung? In: StV 1982, S. 592- 595.

BUNDESAMT FÜR JUSTIZ
Begleitbericht zum Vorentwurf für ein Bundesgesetz über das Schweizerische Jugendstrafverfahren, Bern 2001.
Aus dem World Wide Web:
http://www.ofj.admin.ch/themen/stgb-vstrafp/vn-ber-2-d.pdf (zuletzt aufgerufen am 30.06.2004)
(Zit. Begleitbericht zum VE-JStV)

BUNDESMINISTERIUM FÜR JUSTIZ
Erläuterungen zum Entwurf des Bundesgesetzes, mit dem das Jugendgerichtsgesetz 1988 geändert wird. Wien, Stand 2002.
Aus dem World Wide Web:
http://www.bmj.gv.at/gesetzes/download/jugendgericht.2002.pdf (zuletzt aufgerufen am 30.06.2004)
(Zit. Erläuterungen des Bundesministeriums für Justiz)

BURGSTALLER, MANFRED
Die Sanktionierung von Jugendstraftaten in Österreich. In: JAP 1993/94, S. 12-18.

CHAMPION, DEAN J.
The Juvenile Justice System: Delinquency, Processing, and the Law. New York 1992.

CLEMENT, MARY J.
The Juvenile Justice System: Law and Process. Second Edition, Boston 2002

CLINTON, TERRY W.
Opening the Courts to the Community: Volunteers in Wisconsin`s Courts. Bureau of Justice Assistance Bulletin, U.S. Department of Justice, Washington D.C 2000.
Aus dem World Wide Web:
http://www.kameleonstudios.com/lawlibrary/Doc14.pdf (zuletzt aufgerufen am 10.03.2004)

COFFEE, JOSEPH N.; PESTRIDGE, SCOTT
Delinquency Case Processing in the Juvenile Justice System. In: Corrections Forum Volume: 11 Issue, July/August 2002, S. 58-62. (Zit. Coffee/Pestridge)

COMTE FONTANA, ANNE-FRANCOISE
Une loi pénale pour les mineurs: Continuité ou révolution? In: Reform der strafrechtlichen Sanktionen. BAUHOFER, STEFAN; BOLLE, PIERRE-H. (Hrsg.), Chur 1994, S. 349-369.

CRAIG, MARLA C./STAFFORD, MARK C.
Delinquency and Juvenile Justice in the United States. In: Juvenile Justice Systems: International Perspectives; WINTERDYK, JOHN (Hrsg.), Toronto 1997, S. 271-302.

DEARING, ALBIN
Freiheitsstrafe und Strafvollzug bei Jugendlichen in Österreich. In: Jugendstrafe und Jugendstrafvollzug. Stationäre Maßnahmen der Jugendkriminalrechtspflege im internationalen Vergleich. Teilband 1: Bundesrepublik Deutschland, Skandinavien und westeuropäische Länder. DÜNKEL, FRIEDER, MEYER, KLAUS (Hrsg.), Freiburg i.Br. 1985, S. 257-316.

DEUTSCHER JURISTENTAG
Beschlüsse des 64. Deutschen Juristentages in Berlin 2002. In NJW 2002, S. 3073-3083. (Zit. Beschlüsse des 64. Deutschen Juristentages, NJW 2002).

DIEMER, HERBERT/SCHOREIT, ARMIN/SONNEN, BERND-RÜDIGER
JGG: Kommentar zum Jugendgerichtsgesetz, 4. Auflage, Heidelberg 2002. (Zit. Bearbeiter in Diemer/Schoreit/Sonnen)

DÖRNER, CHRISTINE
100 Jahre Diskussion des Strafunmündigkeitsalters oder: Die Hartnäckigkeit der Maxime „Strafe muß sein". In: DVJJ-J 1992, S. 176-181.

DÜNKEL, FRIEDER
- Jugendstrafrecht in Europa - Entwicklungstendenzen und Perspektiven. In: Entwicklungstendenzen und Reformstrategien im Jugendstrafrecht im europäischen Vergleich; DÜNKEL, FRIEDER, VAN KALMTHOUT, ANTON, SCHÜLER-SPRINGORUM, HORST (Hrsg.), Mönchengladbach, 1997, S. 565-650. (Zit. Dünkel, Entwicklungstendenzen)
- Das deutsche Jugendgerichtsgesetz im europäischen Vergleich. In: Bundesministerium der Justiz (Hrsg.): Grundfragen des Jugendkriminalrechts und seiner Neuregelung: 2. Kölner Symposium, 3. Auflage, Bonn 1992, S. 92-122. (Zit. Dünkel, europäischer Vergleich)
- Zur Situation des Jugendarrestes in der Bundesrepublik Deutschland vor und nach der Vereinigung. In: DVJJ-J 1991, S. 23-34.
- Heranwachsende im Jugendstrafrecht – Erfahrungen in Deutschland und aktuelle Entwicklungen im europäischen Vergleich. In: MOOS, REINHARD, MACHACEK, RUDOLF, MIKLAU, ROLAND u.a (Hrsg), Festschrift für Udo Jesionek zum 65. Geburtstag, Wien 2002, S. 51-66. (Zit. Dünkel, Heranwachsende)
- Situation und Reform von Jugendstrafe, Jugendstrafvollzug und anderen freiheitsentziehenden Sanktionen gegenüber jugendlichen Rechtsbrechern in der Bundesrepublik Deutschland. In: DÜNKEL, FRIEDER; MEYER, KLAUS (Hrsg.): Jugendstrafe und Jugendstrafvollzug – Stationäre Maßnahmen der Jugendkriminalrechtspflege im internationalen Vergleich – Teilband 1: Bundesrepublik Deutschland, Skandinavien und westeuropäische Länder. Freiburg 1985, S. 49-220. (Zit. Dünkel, Situation jugendlicher Rechtsbrecher in Deutschland).

DÜNKEL, FRIEDER / MEYER, KLAUS
Die Reform von Jugendstrafe und Jugendstrafvollzug – Gegenstandsbereiche und Ziele eines internationalen Vergleichs. In: DÜNKEL, FRIEDER; MEYER, KLAUS (Hrsg.): Jugendstrafe und Jugendstrafvollzug – Stationäre Maßnahmen der Jugendkriminalrechtspflege im internationalen Vergleich – Teilband 1: Bundesrepublik Deutschland, Skandinavien und westeuropäische Länder. Freiburg 1985, S. 3-42. (Zit. Dünkel/Meyer, Reform von Jugendstrafe und Jugendstrafvollzug)

EISENBERG, ULRICH
- Jugendgerichtsgesetz, 10. Auflage, München 2004. (Zit. Eisenberg, JGG)
- Jugendarrest wegen schuldhafter Nichtbefolgung von Weisungen oder Auflagen. In ZfJ 1989, S. 16-21.

FAHRNI, SILVAN
Mediation im Jugendstrafrecht. Eine vergleichende Studie über die rechtliche Ausgestaltung und Praxis in Deutschland, Österreich und der Schweiz, Diss. Zürich 2001.

FELTES, THOMAS
Der Jugendarrest – Aktuelle Probleme der „kurzen Freiheitsstrafe" im Jugendrecht. In NStZ 1993, S. 105-112.

FINCKENAUER, JAMES O.
Juvenile Delinquency and Corrections. The Gap beetween Theory and Praxis. Orlando, 1984.

FLOWERS, BARRI R.
Kids who commit adult crimes. Seriuos Criminality by Juvenile Offenders. New York, 2002.

FORST, MARTIN L.
The New Juvenile Justice, Chicago, 1995.

FUCHS, HELMUT
Reif mit 18? In: MOOS, REINHARD, MACHACEK, RUDOLF, MIKLAU, ROLAND u.a. (Hrsg), Festschrift für Udo Jesionek zum 65. Geburtstag, Wien 2002, S. 67-86.

GARDNER, MARTIN R.
Understanding Juvenile Law, New York, 2002.

GRAFL, CHRISTIAN
Jugendkriminalität.
Aus dem World Wide Web:
http://www.univie.ac.at/kriminologie/Jugend.pdf (zuletzt aufgerufen am 30.06.2004)

GRAMCKOW, HEIKE P.; TOMPKINS, ELENA
Enabling Prosecutors To Adress Drug, Gang, and Youth Violance. Juvenile Accountability Incentive Block Grant Program Bulletin, Office of Juvenile

Justice and Delinquency Prevention, U.S. Departement of Washington, D.C., 1999.
Aus dem World Wide Web:
http://www.ncjrs.org/html/ojjdp/jjbul9912-2/intro.html (zuletzt aufgerufen am 30.06.2004)

GRETHLEIN, GERHARD
Nochmals: Jugendarrest und Bewährung. In NJW 1962, S. 1606-1608.

GRIFFIN, PATRICK; TORBET, PATRICIA
Desktop Guide to Good Juvenile Probation Practice. Pittsburg, 2002. (Zit. Griffin/Torbet)

GÜRTLER-SCHLÖR, BRIGITTE
Die Verwirklichung des Erziehungsgedankens im schweizerischen Jugendstrafrecht am Beispiel der Strafe. Diss. Zürich, 1972.

GUGGENHEIM, RUTH ELLEN
Die besondere Behandlung für Kinder und Jugendliche gemäß Art. 85 und 92 StGB. Diss. Zürich 1956.

HEINE,GÜNTHER/LOCHNER, JAKOB
Jugendstrafrechtspflege in der Schweiz, Freiburg i. Br. 1985.

HEINZ, WOLFGANG
- Deutschland. In: Entwicklungstendenzen und Reformstrategien im Jugendstrafrecht im europäischen Vergleich; DÜNKEL, FRIEDER, VAN KALMTHOUT, ANTON, SCHÜLER-SPRINGORUM, HORST (Hrsg.), Mönchengladbach, 1997, S. 3-65. (Zit. Heinz)
- Jugendkriminalität in Deutschland. Kriminalstatistische und kriminologische Befunde. Aktualisierte Ausgabe Juli 2003.
  Aus dem World Wide Web:
  http://www.uni-konstanz.de/rtf/kik/Jugendkriminalitaet-2003-7-e.pdf (zuletzt aufgerufen am 30.06.2004)
  (Zit. Konstanzer InventarKriminalitätsentwicklung)

HERZ, RUTH
Jugendstrafrecht, Köln 1982.

HOWELL, JAMES C.
Juvenile Justice and Youth Violence, Thousand Oaks 1997.

HUG, CHRISTOPH
Die Strafen im schweizerischen Jugendstrafrecht unter besonderer Berücksichtigung der Praxis in den Kantonen der Ostschweiz (Zürich, Glarus, Schaffhausen, Appenzell Ausserrhoden, Appenzell Innerrhoden, St. Gallen, Graubünden, Thurgau), Diss. Zürich 1976.

JAGUSCH, HEINRICH
Über die Strafaussetzung zur Bewährung (§§ 23-25 StGB). In: JZ 1953, S. 688-690.

JESIONEK, UDO
- Das österreichische Jugendgerichtsgesetz: Jugendgerichtsgesetz in der Fassung der Jugendstrafrechts-Novelle 2001, 3. Auflage, Wien 2001. (Zit. Jesionek)
- Die Entwicklung des Jugendstrafrechts in Österreich. In: Reform des Jugendstrafrechts – Entwicklungen in Deutschland, Österreich, Schweiz. DÖLLING, DIETER (Hrsg.), Heidelberg 2003, S. 7-35. (Zit. Jesionek, Entwicklung des Jugendstrafrechts)
- Österreich. In: Entwicklungstendenzen und Reformstrategien Im Jugendstrafrecht im europäischen Vergleich. Band 2. DÜNKEL, FRIEDER, VAN KALMTHOUT, ANTON, SCHÜLER-SPRINGORUM, HORST (Hrsg), Mönchengladbach 1997, S. 269-296. (Zit. Jesionek, Österreich)
- Die Konfliktregelung im neuen österreichischen Jugendrecht. In: Pallin Festschrift, MELNIZKY, WALTER; MÜLLER, OTTO F. (Hrsg.) Wien 1989, S. 161-181. (Zit. Jesionek, Konfliktregelung)
- Die Reform des Jugendstrafrechts. In: ÖRZ 1983, S. 219-228. (Zit. Jesionek, Reform des Jugendstrafrechts)
- Warum brauchen wir einen eigenen Jugendgerichtshof in der Großstadt Wien.
  Aus dem World Wide Web:
  http://www.repclub.at/open/bull29.htm (zuletzt aufgerufen am 30.06.2004)
  (Zit. Jesionek, Jugendgerichtshof Wien)

KAISER, GÜNTHER
- Krise und Zukunft des Jugendstrafrechts. In: Entwicklungstendenzen und Reformstrategien im Jugendstrafrecht im europäischen Vergleich; DÜNKEL, FRIEDER, VAN KALMTHOUT, ANTON, SCHÜLER-SPRINGORUM, HORST (Hrsg.), Mönchengladbach, 1997, S. 539-563. (Zit. Zukunft des Jugendstrafrechts)
- Internationale Tendenzen der Jugendkriminalität und des Jugendkriminalrechts. In: Das Jugendstrafrecht an der Wende zum 21. Jahrhundert;

DÖLLING, DIETER (Hrsg.), Berlin 2001, S. 1-36. (Zit. Kaiser in Jugendstrafrecht an der Wende zum 21. Jahrhundert)

KANER, KERRIE
Wisconsin. State Juvenile Justice Profiles. National Center for Juvenile Justice, Pittsburgh, PA, 2000.
Aus dem World Wide Web:
http://www.ncjj.org/stateprofiles/profiles/WI02.asp?state=WI02.asp&topic=
(zuletzt aufgerufen am 30.06.2004)

KILCHING, MICHAEL
Grundlinien des Jugendstrafrechts in Europa. In: DVJJ-J 2002, S. 371-378.

KOBER, EVA J.
Das Therapieheim – eine neue Institution im schweizerischen Jugendstrafrecht. Diss. Zürich 1974.

KÖCK, ELISABETH
Der Erziehungsgedanke im Jugendgerichtsgesetz. In: JRP 1999, S. 269-278.

KREMERSKOTHEN, HEIKE
Arbeitsweisungen und Arbeitsauflagen im Jugendstrafrecht. Diss. Herbolzheim 2001.

KUHN, THOMAS
Verfahrensfairneß im Jugendstrafrecht. Das deutsche Recht und das Recht der USA im Vergleich. Diss. München 1996.

LACKNER, KARL
Das Zweite Gesetz zur Sicherung des Straßenverkehrs. In: JZ 1965, S. 92-95.

LIGHT, STEPHEN C.
Understanding Criminal Justice. Belmont 1999.

LÖSCHNIG-GSPANDL, MARIANNE
Österreich. In: Jugendstrafrecht in Europa; ALBRECHT,HANS-JÖRG, KILCHING, MICHAEL (Hrsg.), Freiburg i.Br. 2002, S. 269-301. (Zit. Löschnig-Gspandl)

MACKENZIE, DORIS; GOVER ANGELA R.; AMSTRONG, GAYLINE, STYVE; MITCHELL, OJMARRH
A National Study Comparing the Environments of Boot Camps With Traditional Facilities for Juvenile Offenders. Washington D.C 2001.
Aus dem World Wide Web:
http://www.ncjrs.org/pdffiles1/nij/187680.pdf (zuletzt aufgerufen am 30.06.2004)
(Zit. MacKenzie, National Study)

MALECZKY, OSKAR
- Österreichisches Jugendstrafrecht, 3. Auflage, Wien, 2001.
- Die Änderungen des Jugendgerichtsgesetzes und des Strafgesetzbuches durch BGBl I 2001/19. In: JAP I-2001/2002, S. 63-66. (Zit. Maleczky, Änderungen des Jugendgerichtsgesetzes)

McCORD, JOAN; SPATZ WIDOM, CATHY; CROWELL, NANCY A:
Juvenile Justice: Panel on Juvenile Crime: Prevention, Treatment, and Control. Washington, D.C 2001. (Zit. McCord)

MEARS, DANIEL P.
A Critique of Waiver Research. In: Youth Violence and Juvenile Justice, Volume 1, Number 2, April 2003, S. 156-172.

MEIER, BERND-DIETER, RÖSSNER, DIETER, SCHÖCH, HEINZ
Jugendstrafrecht, München 2003. (Zit: Bearbeiter in: Meier/Rössner/Schöch)

MENZI, HERBERT
Die Änderung der Maßnahme im Jugendstrafrecht. Diss. Zürich 1956.

MEYER-HÖGER, MARIA
Der Jugendarrest. Entstehung und Weiterentwicklung einer Sanktion. Diss. Baden-Baden 1998.

MIKLAU, ROLAND
Junge Menschen und das Strafrecht – Perspektiven eines Heranwachsendenrechts in Österreich. In: MOOS, REINHARD, MACHACEK, RUDOLF, MIKLAU, ROLAND u.a. (Hrsg), Festschrift für Udo Jesionek zum 65. Geburtstag, Wien 2002, S. 137-147.

MINNESOTA DEPARTMENT OF CORRECTIONS (Hrsg.)
Minnesota Juvenile Commitments. Overview of MCF-Red Wing Per Diem Issues. St. Paul, 2000. (Zit. Minnesota Juvenile Commitments)

NATIONAL CENTER FOR JUVENILE JUSTICE
- Following Commitment, How are Placement, Length of Stay, And Release Decisions Made? National Overviews.
  Aus dem World Wide Web:
  http://www.ncjj.org/stateprofiles/overviews/faq12.asp (zuletzt abgerufen am 30.06.2004)
  (Zit: National Center for Juvenile Justice)
- National Juvenile Court Data Archive: Juvenile court case records 1985-2000, Pittsburg 2000. (Zit: National Center for Juvenile Justice, Court Data Archive)

NIGGLI, MARCEL ALEXANDER; WIPRÄCHTIGER, HANS (Hrsg.)
Basler Kommentar zum Strafgesetzbuch I, Art. 1-110 StGB, Basel 2003. (Zit. Bearbeiter in Basler Kommentar)

NIX, CHRISTOPH (Hrsg.)
Kurzkommentar zum Jugendgerichtsgesetz: mit Richtlinien und Verwaltungsvorschriften. Weinheim 1994. (Zit. Bearbeiter in Nix)

ÖSTERREICHISCHE RICHTERVEREINIGUNG
Stellungnahme zum Entwurf eines Bundesgesetzes, mit dem das Jugendgerichtsgesetz 1988 geändert wird. (Zit. Stellungnahme der österreichischen Richtervereinigung)
Aus dem World Wide Web:
http://www.richtervereinigung.at/familienrichter/stellung4a.htm (zuletzt abgerufen am 30.06.2004)

OSTENDORF, HERIBERT
- Weiterführung der Reform des Jugendstrafrechts – Vorschläge der 2. Jugendstrafrechtsreformkommission der DVJJ. In: StV 2002, S. 436-445.
- Jugendgerichtsgesetz: Kommentar, 5. Auflage, Köln 2000. (Zit. Ostendorf JGG)
- Bewährung ohne Freiheitsstrafe – eine Falltür im Jugendstrafrecht? In NJW 1981, S. 378-383.

PAPENDORF, KNUT
Erfahrungswissenschaftliche Gründe, Jugendliche nicht mehr einzusperren. Zur Rationalität der AJK-Forderungen. In: KrimJ 1982, S. 137-158.

PETERS, MICHAEL; THOMAS, DAVID; ZAMBERLAN, CHRISTOPHER
Boot Camps for Juvenile Offenders. Programm Summary. Washington D.C 1997. (Zit: Peters/Thomas/Zamberlan)

Aus dem World Wide Web:
www.ncjrs.org/pdffiles/164258.pdf (zuletzt abgerufen am 30.06.2004)

PETERSILIA, JOAN
Reforming Probation and Parole In the 21th Century. Upper Marlboro 2002.

PFEIFFER, CHRISTIAN
Jugendarrest – für wen eigentlich? Arrestideologie und Sanktionswirklichkeit. In: MschrKrim 1981, S. 28-52.

PODKOPACZ, MARCY R.; FELD, BARRY C.
- The Back-Door to Prison: Waiver Reform, „Blended Sentencing“, and the Law of Unintended Consquences. In: Journal of Criminal Law and Criminology, Volume 91, Number 4, Summer 2001, S. 997-1072. (Zit. Podkopacz)
- Juvenile Reference Study. Minneapolis 1994 (Zit. Podkopacz Reference Studie)

POSEGA, HELMUTH
Die Erziehungsmaßnahmen im Jugendstrafrecht der Schweiz, Österreichs und Deutschlands. Diss. Düsseldorf 1963.

POTRYKUS, GERHARD
Jugendarrest und Schuldspruch (§ 27 JGG). In JR 1961, S. 407-408.

POMEROY, VIRGINIA A.; PRUSKI, GINA M.
Wisconsin Juvenile Law Handbook, 16th Edition, Madison 1996. (Zit. Wisconsin Juvenile Law Handbook)

REDDING, RICHARD E.
- States`new blended sentencing schemes in the juvenile court. Juvenile Justice Fact Sheet. Charlottesville, VA, 2000: Institute of Law, Psychiatry & Public Policy, University of Virginia.
  Aus dem World Wide Web:
  www.ilppp.virgina.edu/Publications_andReports/StatesNewBlen.html (zuletzt abgerufen am 06.06.2003)
- Effects of Adjudicating and Sentencing Juveniles as Adults: Research and Policy Implications. In: Youth Violence and Juvenile Justice, Volume 1, Number 2, April 2003, S. 128-155. (Zit. Redding, Sentencing Juveniles)

REHBERG, JÖRG
- Schweizerisches Strafgesetzbuch. 14. Auflage, Zürich 1997. (Zit. Rehberg)

- Strafrecht II. Strafen und Maßnahmen, Jugendstrafrecht, 7. Auflage, Zürich 2001. (Zit. Rehberg, Strafrecht II)

ROBERSON, CLIFF
Exploring Juvenile Justice. 2nd Eddition, Incline Village, 2000.

RODRIGUEZ, NANCY
The Impact of „Strikes“ in Sentencing Decisions: Punishments for Only Some Habitual Offenders. In: Criminal Justice Policy Review, Volume 14, Number 1, March 2003, S. 106-127.

RÖSSNER, DIETER/BRITTA BANNENBERG
Deutschland. In: Jugendstrafrecht in Europa; ALBRECHT,HANS-JÖRG, KILCHING, MICHAEL (Hrsg.), Freiburg i.Br. 2002, S. 51-80.

RÖSSNER, DIETER/KLAUS, THOMAS
Rechtsgrundlagen und Praxis. In: Täter-Opfer-Ausgleich in Deutschland: Bestandsaufnahme und Perspektiven; BUNDESMINISTERIUM DER JUSTIZ (Hrsg.), Mönchengladbach, 1998, S. 49-119.

RUF, KATHRIN
Die Arbeitsleistung im Jugendstrafrecht: die Praxis in den Kantonen Basel-Stadt, Basel-Landschaft und Aargau, Diss. Basel 1995.

SABASS, VERENA
Ist das deutsche Jugendstrafrecht noch zeitgemäß? 64. Deutscher Juristentag, Strafrechtliche Abteilung. In: MschrKrim 2003, S. 221-224.

SALTZBURG, STEPHAN A.; CAPRA, DANIEL J.
American Criminal Procedure. Cases and Commentary. 5. Auflage, St. Paul 1996.

SCALIA, JOHN
Juvenile Deliquents in the Federal Criminal Justice System. Bureau of Justice Statistics Special Reports. Washington DC 1997.

SCHAFFSTEIN, FRIEDRICH; BEULKE, WERNER
Jugendstrafrecht: eine systematische Darstellung, 14. Auflage, Stuttgart 2002.

SCHAFFSTEIN, FRIEDRICH
- Zum Funktionswandel des Jugendarrests. In Gedächtnisschrift für Hilde Kaufmann, HIRSCH, HANS JOACHIM (Hrsg), Berlin 1986, S. 393-408. (Zit. Schaffstein)
- Anmerkung zu LG Augsburg, Urteil vom 22.1.1986 – Jug Ns 412 Js 34667/85. In NStZ 1986, S. 509-511.
- Zur Problematik des Jugendarrests. In ZStW 1970, S. 854-895.

SCHELLENBERG, BARBARA
- Die Reformen des Jugendstrafrechts in der Schweiz. In: Reform des Jugendstrafrechts – Entwicklungen in Deutschland, Österreich, Schweiz. DÖLLING, DIETER (Hrsg.), Heidelberg 2003, S. 37-54. (Zit. Schellenberg)
- Erziehung versus Strafen: Sind die Prioritäten des Jugendstrafrechts angesichts zunehmender Jugendgewalt anders zu ersetzen? In: Reform der strafrechtlichen Sanktionen. BAUHOFER, STEFAN; BOLLE, PIERRE-H. (Hrsg.), Chur 1994, S. 371-389. (Zit. Schellenberg, Erziehung versus Strafen)
- Entstehungsgeschichte und Inhalt des Entwurfs zu einem neuen Jugendstrafrecht in der Schweiz. In: DVJJ-J 2000, S. 3-9.

SCHLÜCHTER, ELLEN
Wider die Entwurzelung des Jugendstrafrechts. In ZRP 1992, S. 390-395.

SCHMALLEGER, FRANK
Criminal Justice Today. 5 th Edition, Upper Saddle River 1999.

SCHÖCH, HEINZ
Ist das deutsche Jugendstrafrecht noch zeitgemäß? Bericht über die Strafrechtliche Abteilung des 64. Deutschen Juristentages am 18./19. September 2002 in Berlin. In: RdJB 2003, S. 299-308.

SCHROLL, HANS VALENTIN
- Das Linzer Konfliktregelungsmodell. In: ÖRZ 1986, S. 98-104.
- Die strafrechtlichen Sanktionen bei jungen Erwachsenen in Österreich. In: MOOS, REINHARD, MACHACEK, RUDOLF, MIKLAU, ROLAND u.a. (Hrsg.), Festschrift für Udo Jesionek zum 65. Geburtstag, Wien 2002, S. 189-203. (Zit. Schroll, strafrechtliche Sanktionen)

SCHULTZ, HANS
Einführung in den allgemeinen Teil des Strafrechts, 2. Band, Die kriminalrechtlichen Sanktionen, Das Jugendstrafrecht, 4. Auflage, Bern 1982.

SCHULZ, HOLGER
Die Höchststrafe im Jugendstrafrecht (10 Jahre) – eine Urteilsanalyse. In MschrKrim 2001, S. 310-325.

SCHUMANN, KARL
Der „Einstiegsarrest" – Renaissance der kurzen Freiheitsstrafe im Jugendrecht? In ZRP 1984, S. 319-324.

SCHWEGLER, KARIN
Dauerarrest als Erziehungsmittel für junge Straftäter: eine empirische Untersuchung über den Dauerarrest in der Jugendarrestanstalt Nürnberg vom 10. Februar 1997 bis 28. Mai 1997. Diss. München 1999.

SCOTT, STEVEN M.
Evolving Standards of Decency and the Death Penalty for Juvenile Offenders: The Contradiction Presented by *Stanford v. Kentucky*. In: Capital University Law Review, 19 (1990), S. 851-867.

SHEPERD, ROBERT E.
Juvenile Justice Standards Annotated: A Balanced Approach. Chicago 1996.

SICKMUND, MELISSA
Juveniles in Court. Juvenile Offenders and Victims National Report Series. Bulletin June 2001. US DEPARTMENT OF JUSTICE (Hrsg.)

SIEGEL, LARRY J.; SENNA JOSEPH J.
Juvenile Delinquency: Theory, Practice and Law. 7th Edition, Belmont 2000. (Zit. Siegel/Senna)

SIEVERTS, RUDOLF
Verhandlungen des 9. Deutschen Jugendgerichtstages 1953. Schriftenreihe der DVJJ. Neue Folge, Band 1, Hamburg 1955. In: DVJJ-J 1992, S. 246-249.

SKOVRON, SANDRA EVANS; SCOTT, JOSEPH E.; CULLEN, FRANCIS T.
The Death Penalty for Juveniles: An Assessment of Public Support. In: Crime and Delinquency, 35(4) (1989), S. 546-561.

SNYDER, HOWARD N.; SICKMUND, MELISSA
Juvenile Offenders and Victims: 1999 National Reports. Washington, D.C 1999, Office of Juvenile Justice and Delinquency Prevention (Zit. Snyder/Sickmund)

SOMMER, DETLEV
Rezension von Edwin Kerner: Jugendarrest. Zur Praxis eines Reform-Modells, Wiesbaden. In: KrimJ 1990, S. 225-229.

SONNEN, BERND-RÜDIGER
Stellungnahme zum Entwurf eines Gesetzes zur Verbesserung der gesetzlichen Maßnahmen gegenüber Kinder- und Jugenddelinquenz. In DVJJ-J 2000, S. 329-332.

STANGL, WOLFGANG
Erste Erfahrungen mit dem österreichischem JGG von 1988. In: Grundfragen des Jugendkriminalrechts und seiner Neuregelung. Symposium an der Kriminologischen Forschungsstelle der Universität zu Köln, 1. –4. Oktober 1990; 2. Kölner Symposium. Bundesjustizministerium der Justiz (Hrsg.), 3. Auflage, Bonn 1992, S. 225-235.

STATE BAR OF WISCONSIN (Hrsg.)
Wisconsin Judicial Benchbook, Volume IV: Juvenile, Madison 2000. (Zit. Wisconsin Judicial Benchbook)

STOISITS, TEREZIJA
Kehrtwende in der Justizpolitik. In: RZ 2000, S. 262-263.

STREIB, VICTOR L.
The Juvenile Death Penalty Today: Death Sentences and Executions for Juvenile Crimes, January 1, 1973 – June 30, 2003. Ada, Ohio 2003.
Aus dem World Wide Web:
http://www.law.onu.edu/faculty/streib/juvdeath.pdf (zuletzt aufgerufen am 10.03.2004)

STRENG, FRANZ
- Strafrechtliche Sanktionen: die Strafzumessung und ihre Grundlagen, 2. Auflage, Stuttgart 2002.
- Jugendstrafrecht, Heidelberg 2003. (Zit. Streng, Jugendstrafrecht)

TORBET, PATRICIA u.a
Juveniles Facing Criminal Sanctions: Three States that changed the rules. Washington D.C 2000, U.S. Department of Justice, Office of Justice Programs, Office of Juvenile Justice and Delinquency Prevention. (Zit. Torbet)

TORBET, PATRICIA; SZYMANSKI, L.
State Legislative Responses to Violent Juvenile Crime. 1996-97 Update. Washington, D.C. US Department of Justice, Office of Justice Programs, Office of Juvenile Justice and Delinquency Prevention.
Aus dem World Wide Web:
http://ojjdp.ncjrs.org/jjbulletin/9811/judicial.html (zuletzt aufgerufen am 10.03.3004)
(Zit. Torbet/Szymanski)

TORCIA, CHARLES E.
Wharton`s Criminal Procedure, 13. Auflage, Rochester 1989.

TRECHSEL, STEFAN
Schweizerisches Strafgesetzbuch, Kurzkommentar, 2. Auflage, Zürich 1997.

VEILLARD, MAURICE
Le „traitement spécial", mesure applicable aux mineurs, selon le code Pénal Suisse. (Art. 95 et 92). In: ZStR (Schweizerische Zeitschrift für Strafrecht) 68 (1953), S. 208-223.

VIEHMANN, HORST
- Für ein neues Jugendkriminalrecht. In: Grundfragen des Jugendkriminalrechts und seiner Neuregelung. Symposium an der Kriminologischen Forschungsstelle der Universität zu Köln, 1. –4. Oktober 1990; 2. Kölner Symposium. Bundesjustizministerium der Justiz (Hrsg.), 3. Auflage, Bonn 1992, S. 436-461.
- Das deutsche Jugendkriminalrecht im Zugriff populistischer Politik. In: MOOS, REINHARD, MACHACEK, RUDOLF, MIKLAU, ROLAND u.a (Hrsg), Festschrift für Udo Jesionek zum 65. Geburtstag, Wien 2002, S. 283-293. (Zit. Viehmann, FS Jesionek)

VOSS, WILHELM
Jugendarrest und Bewährung. In NJW 1962, S. 1095-1097.

WALTER, MICHAEL
Die Krise der Jugend und die Antwort des Strafrechts. In: DVJJ-J 2001, 358-369.

WISCONSIN LEGISLATIVE COUNCEL (Hrsg.)
Juvenile Offender Dispositions and Waiver of Juvenile Court Jurisdiction under the Wisconsin Children`s Code. Research Bulletin 88-1, Madison 1988. (Zit. Wisconsin Research Bulletin)

WIZNER, STEPHEN
Discretionary Waiver of Juvenile Court Jurisdiction: An Invitation to Procedural Arbitrariness. In: Criminal Justice Ethics, 3 (1984), S. 41-50.

ZACHARIAH, JOHN K.
An overview of Boot Camp Goals, Components, and Results. In: Correctional Boot camps: A tough Intermediate Sanction. MACKENZIE, DORIS; HERBERT, EUGENE E. (Hrsg), Washington D.C 1996
Aus dem World Wide Web:
http://www.kci.org/publication/bootcamp/docs/nij/Correctional_Boot_Camps/chpt2.htm (zuletzt aufgerufen am 10.03.2004)
(Zit. Zachariah, Internetkapitel Overview)

ZIMMERMAN, ART
Juvenile Justice and Youth AIDS Program, Madison 1999.
Aus dem World Wide Web:
http://www.lafollette.wisc.edu/reform/Meetings/Files/57.pdf (zuletzt aufgerufen am 10.03.2004)

§ 1 Einführung

Die steigende Anzahl von Jugendstraftaten beunruhigt nicht nur in Deutschland, sondern weltweit Eltern, Justiz, Politiker und die breite Öffentlichkeit. Es stellt sich dabei auch die Frage, wie jugendliche Straftäter sanktioniert werden müssen.

Die Jugendlichen von heute sind die Erwachsenen von morgen und so können Fehler im Umgang mit jugendlichen Straftätern dafür verantwortlich sein, dass bei den Betroffenen eine kriminelle Karriere nicht verhindert, sondern im Gegensatz dazu verfestigt wird.[1]

Inzwischen hat sich die Erkenntnis durchgesetzt, dass Jugendkriminalität meist nur eine Begleiterscheinung der normalen Entwicklung junger Menschen ist und angesichts ihrer vorübergehenden Natur keine drastische Reaktion erfordert.[2] Die Erfahrung zeigt, dass der Vollzug von gewöhnlichen Freiheitsstrafen für jugendliche Straftäter oft schädlich wirkt und Rückfälle geradezu fördert.[3]

Ziel dieser Arbeit ist es, das Repertoire jugendstrafrechtlicher Sanktionen in Deutschland, Österreich, der Schweiz und den USA aufzuzeigen und miteinander zu vergleichen. Dabei soll auch untersucht werden, welche Bedeutung den einzelnen Sanktionen in der Justizpraxis der jeweiligen Länder zukommt.

Der Vergleich des deutschen Jugendstrafrechts mit dem Österreichischen wurde gewählt, weil diese Strafrechtsordnung beinahe vollständig auf formelle jugendstrafrechtlichen Sanktionen verzichtet.[4] Ein Blick in die schweizerischen jugendstrafrechtlichen Bestimmungen ist gerade deshalb von Interesse, da diese gegenwärtig reformiert werden. Da in der deutschen Öffentlichkeit spektakuläre Fälle jugendlicher Kriminalität die Aufmerksamkeit erregen und im Zuge dessen mit Blick in Richtung USA die Forderung nach einer Verschärfung des Jugendstrafrechts laut werden, wird in den Rechtsvergleich das amerikanische Jugendstrafrecht unter besonderer Berücksichtigung der Bundesstaaten Wisconsin und Minnesota miteinbezogen. Minnesota wurde in diese Untersuchung mitaufgenommen, weil die jugendstrafrechtlichen Regelungen von Minnesota als sehr liberal gelten. Im Gegensatz dazu werden die jugendstrafrechtlichen Bestimmungen von Wisconsin dargestellt, um ein Beispiel für einen als konservativ

---

[1] So auch Bogensberger, S. 2

[2] Botschaft des Bundesrats an das Parlament in Schweizerisches Bundesgesetzblatt 1999, S. 2226

[3] Vgl. Botschaft des Bundesrats an das Parlament in Schweizerisches Bundesgesetzblatt 1999, S. 2226

[4] Bogensberger spricht von einem Strafrecht (fast) ohne Strafe, vgl. DVJJ-J 1991, S. 235

geltenden amerikanischen Bundesstaat zu liefern. Hierdurch soll die Bandbreite des amerikanischen Jugendstrafrechts aufgezeigt werden.

Um Missverständnisse zu vermeiden, wird zunächst der Begriff der jugendstrafrechtlichen Sanktionen, wie er in dieser Arbeit verwendet wird, erläutert: Unter jugendstrafrechtlichen Sanktionen werden alle staatlichen Maßnahmen im Rahmen eines jugendstrafrechtlichen Verfahrens verstanden, die sich gegen einen Jugendlichen richten, der eine Straftat begangen hat. Hierzu gehören nicht prozessuale Maßnahmen zur Sicherung des Verfahrens und zur Vorbereitung der Entscheidungsfindung. Zusätzlich müssen formelle und informelle Sanktionen unterschieden werden. Unter formellen Sanktionen versteht man Sanktionen, die vom Gesetzgeber als solche vorgesehen wurden und unter informellen Sanktionen versteht man solche Sanktionen, die von den Justizbehörden zur Vermeidung formeller Sanktionen eingesetzt werden.[5] Die nachfolgende Untersuchung beschränkt sich auf die Darstellung formeller jugendstrafrechtlicher Sanktionen.

---

[5] Vgl. Streng, S. 1

§ 2 Bundesrepublik Deutschland

I. Geschichte des deutschen Jugendstrafrechts

In der Geschichte des deutschen Strafrechts führte die Jugend des Täters zunächst zu einer Strafmilderung.[6] Bereits die „peinliche Halsgerichtsordnung" Karls V. von 1532 enthielt besondere Strafzumessungsbestimmungen für Jugendliche. So sah beispielsweise Art. 164 für unter 14jährige Diebe ausdrücklich Strafmilderungen vor. Im Reichsstrafgesetzbuch (1871-1923) wurde in den §§ 55-57 das Alter der Strafmündigkeit mit 12 Jahren festgesetzt. Für Jugendliche im Alter zwischen 12 und 18 Jahren bestand eine obligatorische Strafmilderung. Ein eigenes Jugendstrafrechtssystem bestand zu dieser Zeit noch nicht.

Ein eigenständiges Jugendstrafgesetz wurde schließlich 1923 verabschiedet. Im Jugendgerichtsgesetz von 1923 wurde die Strafmündigkeitsgrenze von 12 auf 14 Jahre heraufgesetzt und neben der Jugendstrafe wurden als besondere jugendstrafrechtliche Sanktionen die Erziehungsmaßnahmen sowie die Strafaussetzung zur Bewährung in das Gesetz aufgenommen. Von der Strafe war abzusehen, wenn eine Erziehungsmaßnahme als ausreichend betrachtet wurde, § 6 Jugendgerichtsgesetz von 1923. Im Übrigen wurden für jugendliche Täter die Strafen des allgemeinen Strafrechts ermäßigt, wobei in besonders leichten Fällen nach § 9 Jugendgerichtsgesetz von 1923 bei Vergehen und Übertretungen gänzlich von der Strafe abgesehen werden konnte. Der damalige Justizminister Radbruch bemerkte 1922 im Hinblick auf das Gesetzeswerk: „Es ist gewiß ein hocherfreulicher Fortschritt, aber nicht ein kühner Entwurf."[7]

Das Jugendgerichtsgesetz von 1923 galt in seiner Grundstruktur auch während der nationalsozialistischen Zeit von 1933 bis 1945.[8] Mit dem „Gesetz gegen gefährliche Gewohnheitsverbrecher und über Maßregeln der Sicherung und Besserung" wurde 1933 die Unterbringung von Jugendlichen in einer Heil- oder Pflegeanstalt sowie in einer Trinkerheil- oder Entziehungsanstalt möglich gemacht.[9] Im Jahre 1939 wurde eine Verordnung zum Schutz gegen jugendliche Schwerverbrecher erlassen, welche Jugendliche ab dem 16. Lebensjahr strafrechtlich Erwachsenen gleichstellte, wenn sie nach ihrer „geistigen und sittlichen Entwicklung einer über 18 Jahre alten Person gleichzuachten waren" und

---

[6] Böhm, S. 4

[7] Rössner in Meier/Rössner/Schöch § 2 Rn. 7

[8] Rössner/Bannenberg, S. 52

[9] Ostendorf, JGG, Grdl. zu §§ 5-8 Rn. 2

die „bei der Tat gezeigte, besonders verwerfliche verbrecherische Gesinnung oder der Schutz des Volkes eine solche Bestrafung erforderlich“ machte.[10]

Im Jahr 1943 wurde das Reichsjugendgesetz erlassen. Darin wurden als neue Sanktionsart die Zuchtmittel und die unbestimmte Jugendstrafe eingeführt, die Strafaussetzung zur Bewährung wurde hingegen abgeschafft. Bei den Voraussetzungen der Jugendstrafe lehnte man sich an die österreichischen Bestimmungen an, nach denen „kriminelle Neigungen“ Voraussetzung für die Anordnung der Jugendstrafe waren.[11] Die Strafmündigkeitsgrenze wurde durch das Reichsjugendgesetz erneut auf das 12. Lebensjahr abgesenkt.[12] Ein jugendlicher Täter, der zur Tatzeit wenigstens 12 Jahre alt war, konnte zur Verantwortung gezogen werden, wenn „der Schutz des Volkes wegen der Schwere der Verfehlung eine strafrechtliche Ahndung forderte“, wobei der Reichsjustizminister persönlich die Entscheidung der Strafverfolgung 12-14jähriger traf.[13] Das Reichsjugendgesetz von 1943 schuf die – auch noch heute bestehende – Dreigliederung der formellen Sanktionen in Erziehungsmaßregeln, Zuchtmittel und Jugendstrafe.

Im Jahr 1953 ist schließlich das Jugendgerichtsgesetz in Kraft getreten. Darin wurde das 14. Lebensjahr wieder als Strafmündigkeitsgrenze eingeführt und Heranwachsende zwischen 18 und 21 Jahren wurden je nach Reifegrad in das eigenständige Jugendstrafrechtssystem einbezogen. Die Freiheitsstrafe wurde als spezielle Jugendstrafe ausgewiesen und die Aussetzung der Verhängung der Jugendstrafe ermöglicht.

Durch das erste Gesetz zur Änderung des Jugendgerichtsgesetzes von 1990 wurden unter anderem die Regelungen der Diversion, der Weisungskatalog und die Strafaussetzung zur Bewährung erweitert und die unbestimmte Jugendstrafe abgeschafft. Durch diese Novellierungen sollte der Erziehungsgrundsatz (noch) stärker hervorgehoben werden.[14]

Die Entwicklung des Jugendstrafrechts in der Deutschen Demokratischen Republik verlief anders als die der Bundesrepublik Deutschland. In der Deutschen Demokratischen Republik bestand in Anlehnung an das Jugendgerichtsgesetz von 1923 ein Jugendstrafrecht, das 1968 im Rahmen der allgemeinen Strafrechtsreform aufgehoben wurde. Der Jugendarrest wurde in der Deutschen Demokratischen Republik als „nazistische Erfindung“ bereits 1952 abgeschafft.[15] Im StGB der Deutschen Demokratischen Republik vom 23. 01.1968 wurde aber eine „Jugendhaft“ von einer bis sechs Wochen Dauer als kurzfristige disziplinie-

---

[10] Dörner, DVJJ-Journal 3/1992, S. 179; vgl. Sieverts, DVJJ-Journal 3/1992, S. 248; Nix in Nix, Einleitung Rn. 9

[11] Ostendorf, JGG, Grdl. zu §§ 17 und 18 Rn. 2

[12] Dörner, DVJJ-Journal 3/1992, S. 179; Eisenberg StV 2002, S. 439

[13] § 3 I 2 RJGG; vgl. Dörner, DVJJ-Journal 3/1992, S. 179

[14] Vgl. Viehmann, FS Jesionek, S. 283

[15] Bogensberger, S. 44

rende Maßnahme gegen das „Rowdytum" Jugendlicher eingeführt.[16] Außer in einigen Strafmilderungen wurden Jugendliche (14 – 18 Jahre) dem allgemeinen Strafrecht unterstellt.[17] Heranwachsende wurden in der DDR stets wie Erwachsene behandelt.[18]

II. Persönlicher und sachlicher Anwendungsbereich des JGG

1. Persönlicher Anwendungsbereich

Nach § 1 I JGG gilt das Jugendstrafrecht für alle Verfehlungen Jugendlicher und Heranwachsender, die nach dem allgemeinen Strafrecht mit Strafe bedroht sind. Jugendlicher i.S.d. JGG ist, wer 14, aber noch nicht 18 Jahre alt ist. Heranwachsender ist, wer 18 Jahre, aber noch nicht 21 Jahre alt ist, § 1 II JGG.

In persönlicher Hinsicht bezieht sich das JGG als Sonderstrafrecht auf Jugendliche uneingeschränkt und auf Heranwachsende, wenn sie in der Entwicklung noch einem Jugendlichen gleichstehen oder es sich um eine typische Jugendverfehlung handelt, § 105 I JGG.

2. Sachlicher Anwendungsbereich

Das JGG greift in sachlicher Hinsicht nur dann ein, wenn der Jugendliche beziehungsweise der Heranwachsende eine Verfehlung begeht, welche nach den allgemeinen Vorschriften mit Strafe bedroht ist, § 1 I JGG. Es gibt also in Deutschland keine besonderen jugendstrafrechtlichen Tatbestände wie zum Beispiel das Schulschwänzen. Das JGG gilt für alle Straftaten i.S.d. § 12 StGB, also für alle Verbrechen und Vergehen, auch im Nebenstrafrecht.[19]

III. Sanktionen des JGG

Das JGG unterscheidet zwischen Erziehungsmaßregeln, Zuchtmitteln sowie der Jugendstrafe. Jugendstrafrechtliche Sanktionen können einzeln oder weithin kombinierbar verhängt werden, um dadurch die erzieherisch höchst mögliche Wirkung zu erzielen.[20]

---

[16] Vgl. Schaffstein, ZStW 1970, S. 854

[17] Rössner/Bannenberg, S. 52

[18] Rössner/Bannenberg, S. 52; Rössner in Meier/Rössner/Schöch, § 2 Rn. 19

[19] Ostendorf, JGG, § 1 Rn. 10

[20] Vgl. Herz S. 44, dazu auch Böhm, S. 153; Diemer in Diemer/Schoreit/Sonnen § 8 Rn. 1. Bestimmte Kombinationen der Verbindung von Sanktionen werden gesetzlich ausgeschlossen, wenn die Verbindung bestimmter Maßnahmen sinnwidrig oder aus erzieherischen Gründen unzweckmäßig wäre. Neben den ausdrücklich gesetzlich normierten Verbindungsverbo-

1. Erziehungsmaßregeln

Als Erziehungsmaßregeln kennt das JGG die Erteilung von Weisungen nach § 9 Nr. 1 JGG und nach § 9 Nr. 2 JGG die Anordnung, Hilfe im Sinne des § 12 JGG in Anspruch zu nehmen.

Erziehungsmaßregeln dienen ausschließlich erzieherischen Zwecken und nicht der Ahndung der Tat. Nach § 5 I JGG werden sie aus Anlaß der Tat angeordnet und nicht wegen der Tat. Mit dieser Formulierung will das Gesetz hervorheben, dass bei der Anordnung und Durchführung der Erziehungsmaßregeln der Gesichtspunkt der ahnenden Tatvergeltung außer Acht zu bleiben hat.[21] Auch wenn die Erziehungsmaßregeln „nur" aus Anlass der Straftat angeordnet werden, setzen sie ein tatbestandsmäßiges, rechtswidriges und schuldhaftes Handeln voraus. Dies ergibt sich schon aus dem Begriff der Straftat.

§ 5 I JGG macht aber auch zusätzlich deutlich, dass in der Straftat des Jugendlichen Erziehungsmängel zum Ausdruck gekommen sein müssen. Die in der Tat zum Vorschein gekommenen Erziehungsdefizite sollen aber nur dann mit Erziehungsmaßregeln ausgeglichen werden, wenn diese ausreichen und nicht auf Zuchtmittel oder Jugendstrafe zurückgegriffen werden muss. Die Anordnung von Erziehungsmaßregeln setzen zudem stets Erziehungsbedürftigkeit und –fähigkeit voraus.[22]

a) Weisungen

Nach § 10 I 1 JGG sind Weisungen Gebote und Verbote, welche die Lebensführung des Jugendlichen regeln und dadurch seine Erziehung fördern und sichern sollen. Auch gegen Heranwachsende können Weisungen verhängt werden, § 105 I JGG. Heimerziehung und Erziehungsbeistand kommen dagegen bei volljährigen Tätern ab 18 Jahren nicht in Betracht.[23] Im Jahr 2002 stellten die Weisungen 14,5 Prozent aller im Jugendstrafrecht insgesamt verhängten Sanktionen dar.[24]

---

ten werden zusätzlich einige Verbindungen von Sanktionen als unzweckmäßig angesehen. Es handelt sich dabei im Wesentlichen um Fälle der gleichzeitigen Verhängung von freiheitsentziehenden und nicht freiheitsentziehenden Maßnahmen.

[21] Vgl. Richtlinie Nr. 1 zu § 9; Rössner/Klaus, 2.5.2.2; Schaffstein/Beulke § 14 I; Rössner/Bannenberg, S. 61

[22] Ostendorf, JGG, § 6 Rn. 6; Brunner/Dölling § 9 Rn. 3; Semler/Möller in Nix § 9 Rn. 2; Streng, Jugendstrafrecht, § 10 Rn. 5; anders Eisenberg, der zusätzlich noch die Erziehungswilligkeit verlangt, Eisenberg, JGG, § 9 Rn. 10

[23] Vgl. Ostendorf, JGG, § 9 Rn. 2; Schöch in: Meier/Rössner/Schöch § 8 Rn. 9; Diemer in: Diemer/Schoreit/Sonnen § 9 Rn. 1

[24] Quelle: Statistisches Bundesamt, Fachserie 10, Reihe 3, Strafverfolgung. Gebiet: alte Länder einschließlich Berlin-Ost.

aa) Anwendungsbereich

Weisungen stehen nach dem Zuchtmittel der Verwarnung auf der untersten Stufe der jugendstrafrechtlichen Sanktionen.[25] Sie kommen hauptsächlich bei leichteren Verfehlungen in Betracht und dienen dazu, die in der Tat zum Ausdruck gekommenen Erziehungsdefizite zu überwinden.

Gemäß der alten Richtlinie Nr. 1 zu § 10 JGG sollten Weisungen bei nicht allzu schwerwiegenden Verfehlungen in Betracht kommen, die durch ungünstige äußere Einflüsse, Erziehungsmängel oder Fehlerziehungen minderen Grades oder durch seelische, geistige oder charakterliche Schwächen oder Störungen des Jugendlichen bedingt sind. In der Neufassung der Richtlinie zu § 10 JGG wurde dieser Punkt gestrichen.

bb) Zulässigkeitsvoraussetzungen

Weisungen sind nur zulässig, wenn sie dazu bestimmt und geeignet sind, die Lebensführung des Jugendlichen im Allgemeinen oder in einzelnen Bereichen zu regeln und dadurch seine Erziehung zu fördern.[26] Die Anordnung einer Weisung ist unzulässig, wenn eine erzieherische Einflussnahme durch die Weisung nicht möglich ist. Die Weisungen müssen im Unterschied zu den Zuchtmitteln stets eine präventive Zielrichtung haben; ein repressiver Einsatz im Sinne eines Denkzettels oder zur Sühne der Schuld ist nicht zulässig.[27] Bei der erzieherischen Ausgestaltung der Weisungen ist zudem auf die Person des Angeklagten abzustellen und auch sein Alter zu berücksichtigen.[28]

cc) Nachträgliche Änderung

Gemäß § 11 II JGG kann jede Weisung durch den Richter aus erzieherischen Gründen nachträglich geändert werden und durch eine andere Weisung ersetzt werden. Somit bedeutet die Anordnung einer Weisung nichts Endgültiges.[29] Die Möglichkeit, Weisungen nachträglich zu ändern ist Ausdruck der erzieherischen Flexibilität des deutschen Jugendstrafrechts. Sie kommt dann in Betracht, wenn der mit der Verhängung der Weisung bezweckte Erfolg nicht erreicht werden kann oder der bezweckte Erfolg bereits eingetreten ist.

---

[25] Schöch in: Meier/Rössner/Schöch § 8 Rn. 9

[26] Eisenberg, JGG, § 10 Rn. 3; vgl. Diemer in Diemer/Schoreit/Sonnen § 9 Rn. 6

[27] Schöch in: Meier/Rössner/Schöch § 8 Rn. 9; Schaffstein/Beulke § 15 II 2a

[28] Schöch in: Meier/Rössner/Schöch § 8 Rn. 10

[29] Brunner/Dölling § 10 Rn. 1

Umstritten ist, ob aufgrund des Verschlechterungsverbotes die abgeänderten Erziehungsmaßregeln auch stärker belastend sein können als die ursprünglich Angeordneten.[30]

dd) Dauer

Die Laufzeit von Weisungen darf nach § 11 I 2 JGG die Dauer von zwei Jahren nicht überschreiten. Die Betreuungsweisung soll aber nicht länger als für ein Jahr angeordnet werden. Die Weisung, an einem sozialen Trainingskurs teilzunehmen, soll nach § 11 I 2 JGG sechs Monate nicht überschreiten.

Nach § 11 II JGG kann der Richter aus Gründen der Erziehung die Dauer von Weisungen vor Ablauf der Laufzeit um höchstens ein Jahr verlängern. Damit kann die Höchstzeit der Weisungen drei Jahre betragen.

b) Die speziellen Weisungen nach § 10 I 3 JGG

Aufgrund des Wortlauts des § 10 I 3 JGG „insbesondere“ handelt es sich um eine beispielhafte Aufzählung. Nach § 10 I 3 JGG kann der Richter gegenüber dem Jugendlichen insbesondere die folgenden Weisungen anordnen:

- Weisungen zu befolgen, die sich auf den Aufenthaltsort beziehen
- bei einer Familie oder in einem Heim zu wohnen
- eine Ausbildungs- oder Arbeitsstelle anzunehmen
- Arbeitsleistungen zu erbringen
- sich der Betreuung und Aufsicht einer bestimmten Person (Betreuungshelfer) zu unterstellen
- an einem sozialen Trainingskurs teilzunehmen
- sich zu bemühen, einen Ausgleich mit dem Verletzten zu erreichen (Täter – Opfer -Ausgleich)
- den Verkehr mit bestimmten Personen oder den Besuch von Gast- oder Vergnügungsstätten zu unterlassen
- an einem Verkehrsunterricht teilzunehmen

---

[30] Streng, Jugendstrafrecht, § 10 Rn. 31; Brunner/Dölling § 11 Rn. 3; Diemer in Diemer/Schoreit/Sonnen § 11 Rn. 8; a.A.: Ostendorf, JGG, § 11 Rn. 4; Eisenberg, § 11 Rn. 5

c) Die Arbeitsweisung, § 10 I 3 Nr. 4 JGG

Exemplarisch für die Weisungen des § 10 I 3 JGG soll die Arbeitsleistung näher dargestellt werden. Diese Weisung dient in der Praxis insbesondere der Verwirklichung des Erziehungsgedankens als problemorientierte präventiv wirksame Hilfsmaßnahme der Verlagerung von stationären auf ambulante Sanktionen.[31] Sie soll vornehmlich dem Wohl des Täters dienen, indem sie erzieherisch auf ihn einwirkt.[32] Umstritten ist hierbei, ob die Arbeitsweisung nur verhängt werden kann, wenn durch sie gerade die Einstellung des Jugendlichen zur Arbeit positiv beeinflusst werden soll oder ob sie bereits unter allgemeinen erzieherischen Aspekten eingesetzt werden kann.[33] Nach der Rechtsprechung des Bundesgerichtshofes ist die Arbeitsweisung jedenfalls nur dann zulässig, wenn dadurch die Einstellung des Jugendlichen zu Arbeit beeinflusst werden kann und soll.

Durch eine Arbeitsleistung können die erzieherischen Ziele des JGG in besonderem Maße verwirklicht werden, da dem Jugendlichen durch seine Leistung die Einsicht vermittelt werden kann, dass er ein nützliches Glied der Gesellschaft ist.[34] Als erzieherisch wertvoll gelten Arbeitsweisungen, die zugleich der Wiedergutmachung dienen oder zugunsten gemeinnütziger Einrichtungen erfolgen.

Eine zeitliche Limitierung der Arbeitsleistung durch das JGG gibt es nicht. Es gilt daher der allgemeine Grundsatz des § 10 I 2. Hs. JGG, wonach unzumutbare Anforderungen an den Jugendlichen zu vermeiden sind. Arbeitsleistungen werden in der Regel in Stunden verhängt, wobei teilweise in der Justizpraxis als Grundregel davon auszugehen wird, dass vier Arbeitsstunden einem dem Jugendlichen zumutbaren Arbeitstag entsprechen.[35] Um die schulische und berufliche Ausbildung des Jugendlichen nicht zu gefährden, werden die Arbeiten regelmäßig in der Freizeit abzuleisten sein. Eine im Rhein-Neckar-Kreis durchgeführte Untersuchung kam zu dem Ergebnis, dass am häufigsten Arbeitsweisungen zwischen 20 und 29 Stunden angeordnet wurden.[36]

In der Praxis hat eine Verlagerung von der Arbeitsweisung zur Arbeitsauflage nach § 15 I 3 JGG stattgefunden. Dies trägt der Tatsache Rechnung, dass es sehr oft nicht möglich ist, Arbeit zu finden, die geeignet ist, den Jugendlichen

---

[31] Brunner/Dölling § 10 Rn. 9 m.w.N.

[32] Vgl. BVerfG, NStZ 1987, S. 275

[33] Vgl. zum Meinungsstand Eisenberg, JGG, § 10 Rn. 20; Brunner/Dölling § 10 Rn. 9a; Ostendorf, JGG, § 10 Rn. 12; BGH MDR 1976, 634; BayOblG StV 1984, S. 254; Böhm, S. 171; Böttcher/Weber NStZ 1990, S. 565; BVerfGE 74, S. 102, 127, 128; Arloth, StV 1984, S. 255

[34] Herz, S. 48

[35] So Nr. III a) aa) des Leitfadens für den Sitzungsstaatsanwalt in Verfahren vor den Jugendgerichten der Staatsanwaltschaft München I

[36] Kremerskothen, S. 137

beziehungsweise den Heranwachsenden in seinem Verhältnis zur Arbeit überhaupt erzieherisch zu beeinflussen.

d) Gesetzlich nicht geregelte Weisungen

Da die Weisungen in § 10 I 3 JGG nicht abschließend aufgezählt sind, kann der Jugendrichter kann eine Vielzahl von Geboten und Verboten, welche die Lebensführung des Jugendlichen beziehungsweise des Heranwachsenden regeln sollen, anordnen. In Betracht kommt zum Beispiel die Weisung, keine Schulden zu machen, insbesondere keine Abzahlungsgeschäfte vorzunehmen, Unterhaltspflichten zu erfüllen oder Gegenstände abzugeben, deren Besitz und Nutzung dem Jugendlichen in seiner Entwicklung hinderlich sein könnten.[37]

Zu beachten ist in diesem Zusammenhang das Verbot der Doppelbestrafung, so dass eine im Gesetz nicht genannte Weisung nicht auferlegt werden darf, um den Vollzug einer anderen Sanktion zu sichern oder eine andere Sanktion durchzusetzen.[38]

e) Die Weisungen nach § 10 II JGG

Nach § 10 II 1 JGG können als zusätzliche Erziehungsmaßregeln die heilerzieherische Behandlung und eine Entziehungskur angeordnet werden.

aa) Heilerzieherische Behandlung

Die heilerzieherische Behandlung, die durch einen Sachverständigen zu erfolgen hat, kommt in Betracht, wenn die Anlaßtat ihre Ursache hauptsächlich in außergewöhnlichen seelischen Konflikten, abnormen Erlebnisreaktionen oder charakterlichen Fehlhaltungen hat.[39] Anlaßtaten für eine heilerzieherische Behandlung sind häufig übersteigerte Aggressionstaten aus „nichtigem" Grund, Sexualdelikte oder Brandstiftungen.[40]

Aufgabe der heilerzieherischen Behandlung ist es, den Grund der Gesetzesverletzungen aufzudecken und dem Jugendlichen bewußt zu machen. Die heilerzieherische Behandlung umfaßt Heilpädagogik, Gesprächs- und Verhaltenstherapie und aufdeckende Behandlungsformen.[41] Es ist sowohl Gruppen- als auch Einzeltherapie möglich.

Wegen der intensiven Einflußnahme auf die Persönlichkeit des jugendlichen Straftäters ist die Zustimmung des gesetzlichen Vertreters beziehungsweise des

---

[37] Böhm, S. 175, Albrecht § 19 III
[38] Semler/Möller in Nix § 10 Rn. 11
[39] Diemer in: Diemer/Schoreit/Sonnen § 10 Rn. 51; vgl. Ostendorf, JGG, § 10 Rn. 26
[40] Ostendorf, JGG, § 10 Rn. 26
[41] Brunner/Dölling § 10 Rn. 15 a

Erziehungsberechtigten sowie die des Jugendlichen erforderlich. Die Zustimmung des gesetzlichen Vertreters entfällt zwar bei einem heranwachsenden Täter, jedoch sind bei diesen Tätern das Einverständnis und die Mitwirkung umso wichtiger, da deren Widerstand eine erzieherische Einwirkung verhindert.[42]

bb) Entziehungskur

Die Entziehungskur ist eine freiwillige Behandlung von alkohol- oder drogenabhängigen Straftätern. Entziehungskuren kommen insbesondere bei Drogendelikten oder Delikten, welche von Drogenabhängigen begangen wurden, in Betracht.[43] Der Begriff der Entziehungskur ist dabei nicht allzu eng auszulegen: Es kommen im Rahmen dieser Weisung auch die Teilnahme an therapeutische Wohngemeinschaften und Selbsthilfegruppen wie den anonymen Alkoholikern in Betracht.[44]

f) Hilfe zur Erziehung

§ 12 JGG führt zwei Hilfen zur Erziehung auf. Zum einen die Erziehungsbeistandschaft in Nr. 1 und zum anderen die Hilfe zur Erziehung in einer Einrichtung über Tag und Nacht (Heimerziehung) oder einer sonstigen betreuten Wohnform, § 12 Nr. 2 JGG. Diese Erziehungsmaßregeln stammen aus dem Jugendhilfegesetz und spielen in der Praxis des Jugendstrafrechts keine Rolle, da der Jugendrichter in aller Regel dem Familien- beziehungsweise Vormundschaftsrichter den Vortritt nach § 53 JGG lassen wird, wenn es um die Anordnung einer dieser Maßnahmen geht.[45]

Die Hilfe zur Erziehung ist zu gewähren, wenn eine dem Wohl des Jugendlichen entsprechende Erziehung nicht gewährleistet und die Hilfe für seine Entwicklung geeignet und notwendig ist. Die Hilfe zur Erziehung kommt generell dann in Betracht, wenn der Täter sozial zu verwahrlosen droht und nicht allzu schwere oder nicht viele Straftaten begangen hat.

---

[42] Brunner/Dölling § 10 Rn. 16; ebenso Semeler/Möller § 10 Rn. 12

[43] Semler/Möller in Nix § 10 Rn. 12

[44] Schöch in: Meier/Rössner/Schöch § 9 Rn. 19

[45] Herz, S. 47, vgl. auch Böhm S. 161, 162; Brunner/Dölling § 12 Rn. 5; anderer Auffassung ist Ostendorf, JGG, § 12 Rn. 9, der dafür plädiert, dass von einer Abtretung der Entscheidung an den Familien- beziehungsweise Vormundschaftsrichter nur in Ausnahmefällen Gebrauch gemacht werden sollte, da das Jugendstrafverfahren nicht unnötig in die Länge gezogen werden sollte und die Verfahrenssicherungen im Jugendstrafrecht nicht umgangen werden sollten. Ebenso Eisenberg, JGG, § 12 Rn. 36, wenn eine Straftat Anlaß für die Anordnung der Nr. 2 ist.

aa) Erziehungsbeistandschaft

Die Voraussetzungen der Erziehungsbeistandschaft sind ebenso wie die der Heimerziehung in § 27 I SGB VIII geregelt. Die Anordnung der Erziehungsbeistandschaft setzt voraus, dass die Anlaßtat zeigt, dass die geistige oder seelische Entwicklung des Jugendlichen gefährdet ist und die Maßnahme zur Abwendung der Gefahr oder zur Beseitigung des Schadens geboten und ausreichend erscheint.[46]

Art und Umfang der Erziehungsbeistandschaft richten sich nach dem erzieherischen Bedarf im Einzelfall. Nach § 30 SGB VIII soll der Jugendliche durch die Erziehungsbeistandschaft bei der Bewältigung von Alltagsproblemen möglichst unter Einbeziehung des sozialen Umfelds unterstützt werden. Im Rahmen der Erziehungsbeistandschaft wird dem Jugendlichen ein Erziehungsbeistand oder ein Betreuungshelfer zur Seite gestellt. Der Jugendliche soll aber in seiner Familie verbleiben und die Erziehungsberechtigten sollen in die Arbeit des Erziehungsbeistandes einbezogen werden.[47]

Im Jahr 2002 wurde die Erziehungsbeistandschaft in 0,22 Prozent aller jugendstrafrechtlichen Verurteilungen angeordnet.[48]

bb) Heimerziehung

Nach § 12 Nr. 2 JGG kann dem Jugendlichen auferlegt werden, Hilfe zur Erziehung in einer Einrichtung über Tag und Nacht oder in einer sonstigen betreuten Wohnform im Sinne des § 34 SGB VIII in Anspruch zu nehmen. Die Heimerziehung ist subsidiär zur Erziehungsbeistand und den Weisungen. Sie wird nur bei schwersten Erziehungsdefiziten angeordnet.

Aufgrund des sehr hohen Eingriffsgehalts in die Rechte des Betroffenen, kommt eine Anordnung der Heimerziehung nur in denjenigen Fällen in Betracht, in denen die Straftat zeigt, dass der Jugendliche erheblich hinter dem durchschnittlichen geistigen und seelischen Erziehungszustand anderer in vergleichbaren Verhältnissen lebender Jugendlicher zurückgeblieben ist oder zurückzubleiben droht und eine erhebliche geistige oder sittliche Gefährdung vorliegt.[49]

Im Jahr 2002 wurde die Heimerziehung in 0,03 Prozent aller Verurteilungen angeordnet.[50]

---

[46] Diemer in Diemer/Schoreit/Sonnen § 12 Rn. 10

[47] Schöch in: Meier/Rössner/Schöch § 8 Rn. 14; vgl. Eisenberg, JGG, § 12 Rn. 7

[48] Quelle: Statistisches Bundesamt, Fachserie 10, Reihe 3, Strafverfolgung. Gebiet: alte Länder einschließlich Berlin-Ost.

[49] Diemer in Diemer/Schoreit/Sonnen § 12 Rn. 13 m.w.N.

[50] Quelle: Statistisches Bundesamt, Fachserie 10, Reihe 3, Strafverfolgung. Gebiet: alte Länder einschließlich Berlin-Ost.

2. Zuchtmittel

Als Reaktionen ahnenden Charakters sieht das JGG die Zuchtmittel vor. Zuchtmittel sind nach § 13 II JGG die Verwarnung, die Erteilung von Auflagen und der Jugendarrest.

Zuchtmittel sind keine echten Kriminalstrafen und haben daher auch nicht die Rechtswirkungen einer Strafe, § 13 III JGG. Die Zuchtmittel unterscheiden sich von der Strafe dadurch, dass sie nicht Unrecht vergelten oder Schuld sühnen und auch keine öffentliche Mißbilligung von Tat und Täter bezwecken.[51] Sie werden auch nicht in das Strafregister eingetragen. Allerdings erfolgt nach § 60 I Nr. 2 BZRG eine Eintragung in das Erziehungsregister.

Durch die Verhängung von Zuchtmitteln soll neben der Ahndung der Tat primär eine Individualprävention mit dem Ziel, eine erneute Straftat zu verhindern, bezweckt werden.[52] Sekundär sollen die Zuchtmittel, dabei insbesondere die Geldbuße und der Arrest, eine negative Individualprävention im Sinne der individuellen Abschreckung („Denkzettel") bewirken.[53] Im Gegensatz zu Erziehungsmaßregeln und zu der Jugendstrafe sind die Zuchtmittel nicht auf Dauerwirkung angelegt.[54] Dadurch sollen negative Auswirkungen in der Schule oder Beruf vermieden werden.[55]

Nach der alten Richtlinie Nr. 1 zu § 13 JGG sollen die Zuchtmittel dazu dienen, das Ehrgefühl eines im Grunde gutgearteten Jugendlichen zu wecken.[56] In der Neufassung der Richtlinien zum JGG von 1994 wurde auf diesen Zusatz verzichtet. Die Zuchtmittel werden verhängt, wenn dem Jugendlichen eindringlich zum Bewußtsein gebracht werden muss, dass er für das von ihm begangene Unrecht einzustehen hat, §§ 13 I, 90 I 1 JGG. Aus § 17 II 1. Alt. JGG e contrario folgt, dass Zuchtmittel zugleich auch erzieherische Wirkung entfalten sollen. Insofern kommt ihnen eine repressive sowie präventive Wirkung zu. Zuchtmittel dürfen nach § 5 II JGG nur angewandt werden, wenn Erziehungsmittel nicht ausreichen. Sie sind aber dann nicht anzuordnen, wenn eine Jugendstrafe geboten ist, § 17 II JGG. Die Anordnung von Zuchtmitteln kommt für noch ansprechbare Jugendliche und Heranwachsende in Betracht, während sie für schwer kriminelle, verwahrloste oder stark gefährdete Jugendliche nicht geeignet ist.[57]

---

[51] Schöch in: Meier/Rössner/Schöch § 10 Rn. 1
[52] Vgl. Ostendorf, JGG, Grdl. zu §§ 13-16 Rn. 4
[53] Meyer-Höger, S. 10; Ostendorf, JGG, Grdl. zu §§ 13-16 Rn. 4
[54] Eisenberg, JGG, § 13 Rn. 9
[55] Vgl. Eisenberg, JGG, § 13 Rn. 9
[56] Kritisch dazu Eisenberg, JGG § 13 Rn. 12
[57] Vgl. Schöch in: Meier/Rössner/Schöch § 10 Rn. 4

a) Verwarnung

Die Verwarnung nach § 14 JGG ist die förmliche Zurechtweisung des jungen Täters, durch die ihm das Unrecht seiner Tat eindringlich vorgehalten werden soll. Der Jugendliche wird dabei auf die Schwere des Schuldvorwurfs und auf die Folgen des Verletzten sowie der Allgemeinheit hingewiesen.[58] Zugleich soll der Täter vor weiteren Verfehlungen gewarnt und unter Anrufung seiner Ehre und seines Gewissens zur Rücksichtnahme gegenüber anderen ermahnt werden.[59] Die Verwarnung nach § 14 JGG wird nur bei leichten einmaligen Vergehen ausgesprochen.

In einer Verwarnung liegt im Verhältnis zur formlosen Ermahnung, eine Steigerung der Mißbilligung der Tat.[60] Das Besondere beziehungsweise das möglicherweise Wirkungsvolle der Verwarnung ist die Form, in der sie ausgesprochen wird: das förmliche Urteil.[61] Ist die Verwarnung die einzige Reaktion auf das strafbare Handeln des Jugendlichen, so besteht allerdings die Gefahr, dass sich der Jugendliche als bestätigt erlebt, weil ja „nichts passiert" ist.[62] Um dem vorzubeugen, sollten Verwarnungen mit Weisungen und Auflagen verbunden werden.[63]

Im Jahr 2002 betrug der Anteil der Verwarnungen 19,3 Prozent aller im Jugendstrafrecht insgesamt verhängten Sanktionen.[64]

b) Auflagen

Die Auflagen stellen eine gesteigerte Form der Verwarnung dar.[65] Unter die Auflagen gemäß § 15 JGG fallen die Schadenswiedergutmachung, die persönliche Entschuldigung, die Arbeitsleistung und die Geldauflage.

Wie bei allen Zuchtmitteln ist es Sinn der Auflagen, dem Verurteilten das Unrecht seines Handelns zu verdeutlichen und die Tat im Sinne eines fühlbaren Eingriffs in die Rechte des jungen Täters zu ahnden. Die Auflagen haben also eine unrechtsverdeutlichende, repressive Funktion. Wie im Erwachsenenstrafrecht sollen die Auflagen im Jugendstrafrecht auch der Genugtuung des Verletz-

---

[58] Vgl. Eisenberg, JGG, § 14 Rn. 2; Herz S. 53; Semler in Nix § 14 Rn. 1

[59] Vgl. Eisenberg, JGG, § 14 Rn. 2

[60] Herz, S. 53

[61] Herz, S. 53

[62] Nach Böhm, S. 181

[63] Vgl. Böhm, S. 181; anderer Auffassung ist Semler in Nix § 14 Rn. 5, der aufgrund des Gebotes der erzieherischen Klarheit eine Verbindung der Verwarnung mit anderen Sanktionen als Ausnahmefall ansieht.

[64] Quelle: Statistisches Bundesamt, Fachserie 10, Reihe 3, Strafverfolgung. Gebiet: alte Länder einschließlich Berlin-Ost.

[65] Schöch in: Meier/Rössner/Schöch § 10 Rn. 11; Schaffstein/Beulke § 20 II

ten und der Rechtsgemeinschaft für das begangene Unrecht dienen.[66] Zum anderen soll aber auch durch die Ersatzleistung an den Geschädigten das Gewissen des Täters entlastet werden und die persönliche Beziehung zwischen Täter und Opfer verbessert werden.[67]

Die Auflage ist das in der Praxis am häufigsten angeordnete Zuchtmittel. Im Jahr 2002 wurde bei 56,4 Prozent aller zu Zuchtmitteln Verurteilten Auflagen angeordnet.[68]

aa) Schadenswiedergutmachung, § 15 I 1 Nr. 1 JGG

Die Anordnung einer Auflage, den Schaden nach Kräften wiedergutzumachen, ist erzieherisch besonders bedeutsam. Ostendorf bezeichnet die Schadenswiedergutmachung gar als Lehrstück für die Zivilisation.[69] Zwar wird einerseits durch die Anordnung der Zuchtmittel im Gegensatz zu den erzieherisch ausgestalteten Erziehungsmaßregeln die Ahndung der Tat bezweckt, dennoch wird die Anordnung der Schadenswiedergutmachung auch als erzieherisch besonders sinnvoll angesehen, da dem jugendlichen Straftäter ermöglicht wird, durch konstruktive Leistung Schuldgefühle abzubauen und Verantwortung zu übernehmen.[70] Der Jugendliche erkennt, was er angerichtet hat und erfährt so die Konsequenzen der Rechtsordnung.

Die Wiedergutmachung kann in der Form der Naturalrestitution geschehen, aber auch in der Form von Arbeitsleistungen, einer Ehrenerklärung oder in der Zahlung eines Geldbetrages.[71] Genaue gesetzliche Vorgaben, welche Leistungen und in welcher Art und Weise von dem Jugendlichen abgefordert werden können, gibt es nicht. Anerkannt ist, dass bei der Verletzung gemeinschaftlicher Rechtsgüter die Schadenswiedergutmachung ausscheidet, ansonsten sind aber alle Verletzungen von Individualrechtsgütern wiedergutmachungsfähig. Die Schadenswiedergutmachung ist also nicht auf Vermögensrechtsgüter beschränkt.[72]

Voraussetzung für das Eingreifen der Schadenswiedergutmachung ist das Bestehen einer zivilrechtlichen Schadensersatzpflicht und das Feststehen der Höhe der Forderung. Da die Schadenswiedergutmachung eine besondere Aus-

---

[66] Schaffstein/Beulke § 20 II

[67] Böhm, S. 182, 183

[68] Quelle: Statistisches Bundesamt, Fachserie 10, Reihe 3, Strafverfolgung. Gebiet: alte Länder einschließlich Berlin-Ost.

[69] Ostendorf, JGG, § 15 Rn. 2

[70] Ostendorf, JGG, § 15 Rn. 2; Böhm S. 184; vgl. Rössner/Klaus, 2.5.2.3; Brunner/Dölling, § 15 Rn. 3; Semler in Nix § 15 Rn. 1

[71] Diemer in: Diemer/Schoreit/Sonnen § 15 Rn. 4; vgl. Rössner/Klaus, 2.5.2.3; P.A. Albrecht S. 212; Ostendorf, JGG, § 15 Rn. 5; vgl. Eisenberg, JGG, § 15 Rn. 4

[72] Ostendorf, JGG, § 15 Rn. 2; Rössner/Klaus, 2.5.2.3

gestaltung des Täter-Opfer-Ausgleichs ist. darf sich die Wiedergutmachung nur auf den bei dem Opfer der Straftat entstandenen Schaden richten, und nicht auch auf mittelbar bei einem Dritten entstandene Vermögenseinbußen.[73] Die Höhe des zivilrechtlichen Anspruchs umschreibt die Höchstgrenze der Auflage.[74] Bei der Ausgestaltung dieser Auflage muss sich der Jugendrichter über die Leistungsfähigkeit des Verurteilten unterrichten, damit der Jugendliche die Leistung erbringen kann, ohne resignieren zu müssen.[75]

Die Anwendungshäufigkeit ist in der Praxis bezogen auf Urteile trotz der überwiegend positiven Bewertung dieser Sanktion gering. Nur 3,9 Prozent aller verhängten Auflagen im Jahr 2002 umfassten die Anordnung der Schadenswiedergutmachung.[76] Der Täter-Opfer-Ausgleich wird vielmehr in der Praxis nach § 45 II 2 JGG angeordnet. Die Ausgestaltung des Täter-Opfer-Ausgleichs als Weisung ist problematisch, da ein auf den Täter als auch dessen Opfer ausgeübter Druck aus rechtstaatlichen Gründen bedenklich ist.[77] Zudem ist durch die Aufnahme des Täter-Opfer-Ausgleichs in den Katalog der Weisungen und Auflagen das wichtige Element der freiwilligen Verantwortungsübernahme durch den jugendlichen Straftäter entfallen.[78]

bb) Entschuldigung, § 15 I 1 Nr. 2 JGG

Die Auflage, sich persönlich bei dem Verletzten zu entschuldigen, ist nur in sehr wenigen Fällen sinnvoll. Regelmäßig wird bereits die Einstellung des Verfahrens gemäß §§ 45, 47 JGG geboten sein.[79] Dementsprechend gering ist daher die praktische Bedeutung der Entschuldigung. Im Jahr 2002 wurden 0,4 Prozent aller zu einer Auflage Verurteilten zu einer Vornahme einer Entschuldigung verurteilt.[80]

Die Entschuldigung muss persönlich und möglichst unter den Augen des Richters erfolgen; eine schriftliche oder von Dritten übermittelte Entschuldigung

---

[73] Diemer in: Diemer/Schoreit/Sonnen § 15 Rn. 5; Eisenberg, JGG, § 15 Rn. 6

[74] Rössner/Klaus, 2.5.2.3; Brunner/Dölling, § 15 Rn. 4

[75] Böhm, S. 184; Brunner/Dölling § 15 Rn. 5; Eisenberg, JGG, § 15 Rn. 5

[76] Quelle: Statistisches Bundesamt, Fachserie 10, Reihe 3, Strafverfolgung. Gebiet: alte Länder einschließlich Berlin-Ost.

[77] Schaffstein/Beulke, § 16 IV; Schöch in Meier/Rössner/Schöch, § 9 Rn. 14

[78] Vgl. Schaffstein/Beulke, § 16 IV; Schöch in: Meier/Rössner/Schöch, § 9 Rn. 14

[79] Ostendorf, JGG, § 15 Rn. 11; so auch Rössner/Klaus, 2.5.2.3

[80] Quelle: Statistisches Bundesamt, Fachserie 10, Reihe 3, Strafverfolgung. Gebiet: alte Länder einschließlich Berlin-Ost.

genügt nicht.[81] Erforderlich sind immer die Bereitschaft des Täters zur Abgabe sowie die Bereitschaft des Opfers zur Annahme.[82]

Vielfach wird angenommen, dass die Entschuldigung bei Heranwachsenden seltener, wenn nicht sogar völlig unangebracht ist. Jedoch ist diese Auflage auch bei Heranwachsenden nicht grundsätzlich ungeeignet, da das Jugendstrafrecht auch dazu dient, vorhandene Erziehungsdefizite auszugleichen.[83]

cc) Arbeitsleistung, § 15 I 1 Nr. 3 JGG

Während Arbeitsleistungen bisher als Weisungen nach § 10 I 3 Nr. 4 JGG angeordnet werden durften, wenn dadurch die Einstellung des Jugendlichen zur Arbeit erzieherisch beeinflusst werden sollte, ist sie nunmehr seit dem 1. JGGÄndG auch als Auflage zulässig, um dem Jugendlichen eindringlich im Sinne eines Denkzettels zu Bewußtsein zu bringen, dass er für das von ihm begangene Unrecht einzustehen hat.

Die Arbeitsleistung ist eine Alternative zum Jugendarrest und zur Geldbuße. Im Vergleich zur Geldauflage ist von Vorteil, dass der Jugendliche beziehungsweise der Heranwachsende erfährt, welche gemeinnützige Leistung er für die Allgemeinheit erbringt. Gegenüber dem Jugendarrest bleibt ihm eine Stigmatisierung erspart. Die Arbeitszeiten lassen sich besser in den Lebensalltag des Jugendlichen einfügen als ein Jugendarrest, der grundsätzlich blockweise vollzogen wird. Beispiele solcher Arbeitsleistungen sind die Unterstützung Zivildienstleistender in einem Heim für behinderte Kinder, die Mithilfe in einem Altenheim oder bei einem gemeinnützigen Verein.

Im Jahr 2002 wurde die Arbeitsleistung gegenüber 64,8 Prozent aller zu einem Zuchtmittel Verurteilten angeordnet.[84] Die Arbeitsauflage ist damit das am häufigsten angeordnete Zuchtmittel sowie die am häufigsten angeordnete Sanktion im Jugendstrafrecht überhaupt.

---

[81] Vgl. Richtlinie Nr. 2 zu § 15; ebenso Diemer in: Diemer/Schoreit/Sonnen § 15 Rn. 13; Eisenberg, JGG § 15 Rn. 13

[82] Ostendorf, JGG, § 15 Rn. 11; Schaffstein/Beulke § 20 II 2; Eisenberg, JGG § 15 Rn. 13; Streng, Jugendstrafrecht, § 11 Rn. 9

[83] Diemer in: Diemer/Schoreit/Sonnen § 15 Rn. 13; P.A. Albrecht S. 214; ebenfalls Eisenberg, JGG, § 15 Rn. 13. Anderer Auffassung sind Ostendorf in Ostendorf, JGG, § 15 Rn. 11, der die Entschuldigung bei heranwachsenden Tätern regelmäßig als unangebracht ansieht und Brunner/Dölling § 15 Rn. 9, die diese Auflage bei Heranwachsenden als seltener angebracht ansehen.

[84] Quelle: Statistisches Bundesamt, Fachserie 10, Reihe 3, Strafverfolgung. Gebiet: alte Länder einschließlich Berlin-Ost.

dd) Geldauflagen, § 15 I 1 Nr. 4, II JGG

Die Auflage, einen Geldbetrag zu Gunsten einer gemeinnützigen Einrichtung zu zahlen, dient als Ersatz der im Jugendstrafrecht nicht vorgesehenen Geldstrafe. Sie kommt nur bei leichten Verfehlungen in Betracht und wenn gleichzeitig anzunehmen ist, dass der Jugendliche den Geldbetrag aus eigenen Mitteln zahlt, über die er selbständig verfügen darf, § 15 II Nr. 1 JGG.[85] Somit wird die Anordnung der Zahlung einer Geldauflage nur erfolgen, wenn der junge Täter bereits über eigenes Einkommen verfügt.[86]

Problematisch an dieser Sanktion ist, dass sie zwar die Tat angemessen ahndet, dem straffällig gewordenen Jugendlichen aber keine Hilfen in seiner persönlichen Entwicklung anbietet.[87] Zwar lauten auch im allgemeinen Strafrecht 80 Prozent aller Verurteilungen auf Geldstrafe[88], im Jugendstrafrecht besteht hingegen verstärkt die Gefahr, der Jugendliche oder Heranwachsende könnte in der Vermutung bekräftigt werden, man könne mit Geld alles abgelten.[89]

Die Höhe der Geldauflage ist gesetzlich nicht festgelegt. Sie richtet sich unter Berücksichtigung des Verhältnismäßigkeitsprinzips nach dem Unrechtsvorwurf.[90] Sie muss angemessen sein und die wirtschaftlichen Verhältnisse des jugendlichen Delinquenten angemessen berücksichtigen.

Trotz der Zunahme der Arbeitsauflage besitzt die Anordnung einer Geldauflage eine erhebliche praktische Bedeutung. Im Jahre 2002 wurde sie gegenüber 30,6 Prozent aller zu einer Auflage Verurteilten angeordnet.[91]

c) Jugendarrest

Der Jugendarrest ist eines der wichtigsten Zuchtmittel. Er ist stationärer Freiheitsentzug in einer Jugendarrestanstalt. Der Jugendarrest soll durch seine harte kurze Wirkung („short sharp shock“) jugendliche beziehungsweise heranwachsende „im Grunde gutartige“, erzieherisch noch ansprechbare Straftäter beeindrucken.[92] Dadurch soll künftigem Fehlverhalten vorgebeugt werden.

Bei dem Jugendarrest handelt es sich um eine Rechtsfolge, die im allgemeinen Strafrecht auch nicht ansatzweise vorkommt[93], da dort freiheitsentziehende

[85] Diemer in: Diemer/Schoreit/Sonnen § 15 Rn. 16; Schaffstein/Beulke § 20 II 4
[86] Nach Diemer in: Diemer/Schoreit/Sonnen § 15 Rn. 16; Schaffstein/Beulke § 20 II 4
[87] Vgl. Böhm, S. 187; Schöch in Meier/Rössner/Schöch § 10 Rn. 22; Semler in Nix § 15 Rn. 6
[88] Vgl. Böhm, S. 187
[89] Gegen diese Ansicht als Ausdruck idealistischer pädagogischer Vorstellungen sind Böhm S. 187, P.A. Albrecht S. 216
[90] Ostendorf, JGG, § 15 Rn. 16
[91] Quelle: Statistisches Bundesamt, Fachserie 10, Reihe 3, Strafverfolgung. Gebiet: Länder einschließlich Berlin-Ost.
[92] Kritisch dazu Ostendorf, JGG, Grdl. zu §§ 13-16 Rn. 4
[93] Böhm, S. 188

Sanktionen von einer Dauer von weniger als einem Monat nicht vorgesehen sind. So wurde auch der Jugendarrest vom Bundesgerichtshof in einer Entscheidung aus dem Jahr 1963 als „Ahndungsmittel eigener Art“ bezeichnet.[94]

aa) Anwendungsbereich

Jugendarrest darf nur dann angeordnet werden, wenn er als Ahndung der Tat und als Mittel zur Erziehung erforderlich und ausreichend ist. Es wird zusätzlich angenommen, dass das Verständnis vom Sinn des Jugendarrests und die erforderliche Ansprechbarkeit ein gewisses Niveau geistiger Entwicklung voraussetzt.[95] Aus diesem Grunde ist im Allgemeinen bei den 14- und 15-Jährigen Verurteilten eine nur zurückhaltende Verurteilung zum Arrest angezeigt, da den Verurteilten in dieser Altersstufe vielfach die entsprechende Reife fehlt.[96]

Jugendarrest soll vor allem in Betracht kommen bei Verfehlungen aus Unachtsamkeit, aus jugendlichem Kraftgefühl und Übermut, aus typisch jugendlichen Neigungen und jugendlichem Vorwärtsstreben, jugendlicher Trotzhaltung, jugendlicher Abenteuerlust und mangelnder Selbständigkeit.[97] Für besonders leichte Verfehlungen bedarf es des Jugendarrests nicht, während er für besonders schwere Verfehlungen gegebenenfalls nicht ausreichen wird.[98] Tendenziell wird der Jugendarrest in der Justizpraxis bei bereits erheblich gefährdeten Tätern verhängt, die eher schwerwiegende Delikte begangen haben: Knapp 40% aller Dauerarreste entfielen im Jahr 1993 auf Verurteilungen wegen gefährlicher Körperverletzung, Raubdelikten und schwerer Begehungsformen von Diebstahl.[99]

Heute hat sich die Erkenntnis durchgesetzt, dass der Jugendarrest begrenzte, wenn nicht sogar schädliche Wirkung hat, so dass er bei Ersttätern so gut wie nie verhängt wird.[100] Selbst bei leichteren Wiederholungstaten haben Diversionsmaßnahmen, soziale Trainingskurse, Betreuungsweisungen und gemeinnützige Arbeit meist Vorrang.[101]

---

[94] BGHSt. 18, 207, 209

[95] Eisenberg, JGG, § 16 Rn. 12. In der Richtlinie Nr. 2 zu § 16 JGG wurde einschränkend formuliert, dass der Arrest nicht für „Jugendliche, die verwahrlost oder geistig so zurückgeblieben sind, dass sie den Sinn des Jugendarrests nicht begreifen“, geeignet ist. Diese Empfehlungen wurden aber durch die Neufassung der Richtlinien 1994 gestrichen.

[96] § 16 Rn. 20, Eisenberg, JGG, § 16 Rn. 12

[97] Eisenberg, JGG, § 16 Rn. 11; Brunner/Dölling § 16 Rn. 2

[98] Eisenberg, JGG, § 16 Rn. 10; vgl. Feltes, NStZ 1993, S. 106

[99] Böhm, S. 193

[100] Schöch in: Meier/Rössner/Schöch § 10 Rn. 31

[101] Schöch in: Meier/Rössner/Schöch § 10 Rn. 31

bb) Arten des Jugendarrests

§ 16 JGG unterscheidet zwischen Freizeitarrest, Kurzarrest und Dauerarrest. Nicht in diese Kategorie gehört hingegen der Ungehorsamsarrest, der als Rechtsfolge bei Nichtbeachtung von Weisungen und Auflagen angeordnet werden kann.

(1) Freizeitarrest

Der Freizeitarrest wird für die wöchentliche Freizeit des Jugendlichen verhängt und auf eine oder zwei Freizeiten bemessen, § 16 II JGG. Normalerweise liegen diese Freizeiten an den Wochenenden, § 25 III JAVollzO. Sie beginnen am Samstag nach der Arbeit oder nach der Schule und enden am Montag so früh, dass der Verurteilte rechtzeitig am Arbeitsplatz erscheinen kann.[102] Dadurch soll eine Stigmatisierung der Jugendlichen vermieden werden. Konzept und Praxis des Freizeitarrests sind umstritten, da eine erzieherische Einwirkung auf die Jugendlichen bestenfalls nur in Einzelfällen stattfinden kann. Dennoch hat der Freizeitarrest eine große praktische Bedeutung: Im Jahr 2002 wurden 44,3 Prozent aller zu Arrest Verurteilten zu Freizeitarrest verurteilt.[103]

(2) Kurzarrest

Der Kurzarrest ist eine Ersatzform des Freizeitarrestes ohne selbständige Bedeutung.[104] Er wird an Stelle des Freizeitarrestes verhängt, wenn der zusammenhängende Vollzug aus Gründen der Erziehung zweckmäßig erscheint und weder die Ausbildung noch die Arbeit des Jugendlichen beeinträchtigt werden.[105] Zwei Tage Kurzarrest stehen einer Freizeit gleich, § 16 III 2 JGG. Im Jahr 2002 wurden 7,0 Prozent aller zu Arrest Verurteilten zu Kurzarrest verurteilt.[106]

(3) Dauerarrest

Der Dauerarrest beträgt mindestens eine Woche und höchstens vier Wochen, § 16 IV JGG und ist die am häufigsten gewählte Arrestform. Seine Dauer richtet sich nach spezialpräventiven Aspekten.[107] Sie ist abhängig von der Schwere der

---

[102] Böhm, S. 194
[103] Quelle: Statistisches Bundesamt, Fachserie 10, Reihe 3, Strafverfolgung. Gebiet: alte Länder einschließlich Berlin-Ost.
[104] Schaffstein/Beulke § 21 II 2, vgl. Herz S. 58; Vgl. Eisenberg, JGG, § 16 Rn. 26
[105] Schaffstein/Beulke § 21 II 2; Eisenberg, JGG, § 16 Rn. 26, vgl. Böhm, S. 196
[106] Quelle: Statistisches Bundesamt, Fachserie 10, Reihe 3, Strafverfolgung. Gebiet: alte Länder einschließlich Berlin-Ost.
[107] Sonnen in Diemer/Schoreit/Sonnen § 16 Rn. 24

Tat, Größe der Schuld und außerdem davon, ob und in welchem Umfang der Jugendliche oder Heranwachsende bereits früher auffällig war.[108] Von der Anwendung des Dauerarrests und gerade von der Verhängung der Höchstdauer sollte nur vorsichtig Gebrauch gemacht werden, um eine Abstumpfung und Gewöhnung zu vermeiden.[109]

Verschiedene empirische Studien kamen zu dem Ergebnis, dass Jugendarrest, der über zwei Wochen lang andauert, in der Regel negative Auswirkungen auf die jungen Straftäter hat.[110] Dennoch wurden 2002 48,7 Prozent aller zu Arrest Verurteilten zu Dauerarrest verurteilt.[111]

(4) Ungehorsamsarrest

Eine besondere Arrestform stellt der Ungehorsamsarrest[112] dar. Der Ungehorsamsarrest ist kein Zuchtmittel wie die übrigen Arrestformen. Er kann vielmehr gemäß §§ 11 III, 15 III JGG bei schuldhafter Nichtbefolgung von Weisungen und Auflagen verhängt werden und darf die Dauer von vier Wochen nicht überschreiten. Die Verhängung des Ungehorsamsarrests ist ebenfalls möglich, wenn der Jugendliche schuldhaft Bewährungsauflagen oder Weisungen nach § 23 I JGG nicht eingehalten hat oder Probleme mit der Zusammenarbeit mit dem Bewährungshelfer auftauchen, § 29 Satz 2 JGG. Die beiden zuletzt genannten Möglichkeiten bestehen nach §§ 88 VI Satz 1, 89 III JGG im Rahmen der Strafrestaussetzung.

Ungehorsamsarrest kann auch gegenüber Verurteilten angeordnet werden, auf die an sich nicht mehr das Jugendstrafrecht angewandt werden kann. Wird beispielsweise einem 20jährigen Heranwachsenden eine Weisung erteilt und dieser handelt während der Laufzeit als 22jähriger Erwachsener beharrlich und schuldhaft zuwider, so kann Jugendarrest gegen ihn verhängt werden, obwohl gegen zur Tatzeit 21jährige Personen das JGG nicht mehr anwendbar ist.[113]

Obwohl der Ungehorsamsarrest im Hinblick auf das Verbot einer Doppelbestrafung nach Art. 103 III GG stark umstritten ist und auch Zweifel an seiner kriminalpolitischen Notwendigkeit geltend gemacht werden, gilt er selbst bei

---

[108] Schöch in: Meier-Rössner-Schöch § 10 Rn. 36

[109] Brunner/Dölling § 16 Rn. 18; Nix in Nix § 16 Rn. 1; Eisenberg, JGG § 16 Rn. 33; vgl. Sonnen in Diemer/Schoreit/Sonnen § 16 Rn. 24

[110] Eisenberg, JGG, § 16 Rn. 33; Schöch in Meier/Rössner/Schöch § 10 Rn. 37 m.w.N.

[111] Quelle: Statistisches Bundesamt, Fachserie 10, Reihe 3, Strafverfolgung. Gebiet: alte Länder einschließlich Berlin-Ost.

[112] Das Gesetz verwendet den Begriff „Jugendarrest“, während die Literatur von Ungehorsams-, Beuge-, Zwangs-, Nichtbefolgungs- oder Beschlußarrest spricht, Feltes, NStZ 1993, S. 108. Herrschend ist die Meinung, die den Arrest al Reaktion jugendlichen Ungehorsams sieht und daher von Ungehorsamsarrest spricht, Feltes, NStZ 1993, S. 108.

[113] Nach Böhm, S. 178

den Gegnern des Jugendarrests als (weitgehend) unverzichtbar, da andernfalls die Befolgung von Weisungen und Auflagen ganz im Belieben des Verurteilten stünde.[114]

Die offiziellen amtlichen Statistiken geben keine Auskunft über die Anzahl der verhängten Ungehorsamsarreste. Die Anzahl der vollstreckten Ungehorsamsarreste sollte hingegen nicht unterschätzt werden. Umfragen ergaben, dass circa 20 bis 30 Prozent aller Arrestverbüßungen den Ungehorsamsarrest betrafen.[115]

3. Jugendstrafe

Die schärfste Sanktion des Jugendstrafrechts ist die Jugendstrafe. Sie ist die einzige Strafe im Rechtssinn, die das JGG enthält. Die Jugendstrafe ist eine Erziehungsstrafe und darf nicht mit der Freiheitsstrafe nach Erwachsenenstrafrecht gleichgesetzt werden. Die Jugendstrafe gilt allerdings als Vorstrafe und wird gemäß § 4 Nr. 1 BZRG in das Bundeszentralregister eingetragen. Nach § 17 II JGG darf die Jugendstrafe als ultima ratio nur verhängt werden, wenn Erziehungsmaßregeln oder Zuchtmittel zur Erziehung nicht ausreichen oder wenn wegen der Schwere der Schuld Strafe erforderlich ist.

a) Ziel und Funktion der Jugendstrafe

Zwar ist der Vollzug der Jugendstrafe nach §§ 91, 92 JGG erzieherisch ausgestaltet, aber dennoch dominiert die repressive Zielsetzung der Jugendstrafe: Dem Täter soll als Vergeltung für schuldhaft begangenes Unrecht ein Übel zugefügt werden.[116] Allerdings wird mittelbar durch das Verantwortlichmachen des Jugendlichen für sein Handeln ein erzieherischer Effekt erhofft.[117]

b) Voraussetzungen

Die Jugendstrafe wird als Reaktion auf eine Straftat verhängt, wenn Erziehungsmaßregeln oder Zuchtmittel nicht ausreichen und wenn „schädliche Neigungen“ vorliegen oder Jugendstrafe wegen der „Schwere der Schuld“ erforderlich ist.

In der Fachliteratur wird aufgrund der Schwere der Sanktion und der gesetzlichen Mindestdauer von sechs Monaten gefordert, dass Jugendstrafe nur dann zu verhängen ist, wenn die Tat, wäre sie von einem Erwachsenen begangen

---

[114] Schöch in: Meier/Rössner/Schöch § 10 Rn. 42 m.w.N.; mit dieser Argumentation ebenfalls Böhm, S. 178; Schaffstein, S. 402

[115] Vgl. Ostendorf, JGG, Grdl. zu §§ 13-16 Rn. 7

[116] Schaffstein/Beulke § 22 I; Schöch in: Meier-Rössner-Schöch § 11 Rn. 1

[117] Schöch in: Meier-Rössner-Schöch § 11 Rn. 1

worden, mit einer Strafe von mindestens sechs Monaten Freiheitsstrafe hätte geahndet werden müssen.[118].

Jugendstrafe wegen schädlicher Neigungen überwiegt in der Praxis. Auf diese Alternative fallen circa 70 Prozent, während etwa 15 Prozent auf Schwere der Schuld und weitere 15 Prozent auf beide Voraussetzungen entfallen.[119]

aa) Schädliche Neigungen

Schädliche Neigungen liegen nach der Definition des Bundesgerichtshofs dann vor, wenn erhebliche Anlage- oder Erziehungsmängel die Gefahr begründen, dass der Täter ohne längere Gesamterziehung durch weitere Straftaten die Gemeinschaftsordnung stören wird.[120] Die Neigung zu bloßer Gelegenheits-, Konflikts- und Notkriminalität ist grundsätzlich nicht ausreichend.[121] Es ist zwar nicht gänzlich ausgeschlossen, dass sich bereits in der ersten Tat eines jungen Straftäters schädliche Neigungen zeigen, jedoch ist bei Ersttaten in der Regel nicht von schädlichen Neigungen auszugehen.[122]

Um das Vorliegen von schädlichen Neigungen zu bejahen, muss eine Rückfallgefahr des Jugendlichen für erhebliche Straftaten bestehen. Nicht erheblich in diesem Sinne sind zum Beispiel vereinzelte Beförderungserschleichungen, kleine Ladendiebstähle mit geringem Schaden oder Fahren ohne Fahrerlaubnis im Rahmen einer Probierfahrt sind.[123]

Nach dem Gesetzeswortlaut müssen die schädlichen Neigungen in der abzuurteilenden Tat hervorgetreten sein. Die Rechtsprechung verlangt dabei die Feststellung von Persönlichkeitsmängeln, die schon vor der Tat bestanden haben müssen und noch im Zeitpunkt der Entscheidung vorliegen.[124] Letzteres ist zum Beispiel zu verneinen, wenn der jugendliche Täter sich inzwischen von der Gruppe, in der die Straftat begangen worden ist, ganz gelöst hat oder geläutert erscheint.[125]

Die Jugendstrafe wegen schädlicher Neigungen wird allein nach der Erziehungsbedürftigkeit beziehungsweise der Gefährlichkeit des Jugendlichen beurteilt. Rechtsgrund der Verhängung ist nicht die Tatschuld.

---

[118] Böhm, S. 202; Ostendorf, JGG, § 18 Rn. 5 mit zahlreichen Nachweisen

[119] Schöch in: Meier-Rössner-Schöch § 11 Rn. 7 m.w.N.; ebenso Eisenberg, JGG, Rn. 18 b m.w.N.

[120] BGHSt. 11, S. 169, 170; 16, S. 261

[121] BGHSt. 11, S. 169; 16, S. 261; Schaffstein/Beulke § 22 II 1; Böhm S. 203; anderer Auffassung LG Hamburg MDR 1959, S. 511, das bei einer Neigung zu geringfügigen Vergehen schädliche Neigungen annahm.

[122] BGHSt. 16, S. 261

[123] Vgl. LG Gera DVJJ-J 1998, S. 282; Schaffstein/Beulke § 22 II 1; Eisenberg, JGG, § 17 Rn. 18a; Schöch in: Meier-Rössner-Schöch § 11 Rn. 8

[124] BGH, NStZ 1984, S. 413; Schaffstein/Beulke § 22 II 1

[125] Schöch in: Meier-Rössner-Schöch § 11 Rn. 10 m.w.N.; BGH StV 1985, S. 419

bb) Schwere der Schuld

Jugendstrafe wird auch dann verhängt, wenn es wegen der Schwere der Schuld erforderlich ist. Jugendstrafe wegen Schwere der Schuld verfolgt den Strafzweck der Vergeltung und Sühne für verschuldetes schweres Tatunrecht.[126] Durch das Tatbestandsmerkmal Schwere der Schuld wird der im Jugendstrafrecht vorherrschende Erziehungsgedanke eingeschränkt.

Die Schwere der Schuld ist nicht primär nach der äußeren Tatschwere und dem objektiven Tatunrecht zu bestimmen, da die Jugendstrafe ohnehin nur in solchen Fällen zu verhängen ist, wenn Tat und Schuld der Straftat zu einer Verurteilung zu einer Freiheitsstrafe von mindestens sechs Monaten führen würde, hätte der junge Täter die Tat als Erwachsener begangen. Sie bestimmt sich vielmehr nach den „subjektiven, persönlichkeitsbegründenden Beziehungen des Täters zu seiner Tat".[127] Die Schwere der Schuld setzt also nicht nur das Vorliegen einer schweren Straftat, sondern auch einen schweren Schuldvorwurf voraus. Bei Vorsatzdelikten gewinnen die Tatfolgen aber dadurch mittelbare Bedeutung für die Bestimmung der Schuldschwere, dass sich der Vorsatz des Täters auf sie beziehen muss und insofern Schlüsse auf das Maß der persönlichen Schuld gezogen werden können.[128] Problematischer ist die Bestimmung der Schwere der Schuld bei Fahrlässigkeitsdelikten. Da bei diesen in den meisten Fällen die Schwere der Tatfolgen außer Verhältnis zur persönlichen Schuld steht, wird die Schwere der Schuld über das Ausmaß der Pflichtwidrigkeit ermittelt.[129]

Erforderlich ist die Jugendstrafe wegen der Schwere der Schuld nur dann, wenn ein Absehen von Strafe zugunsten von Erziehungsmaßregeln oder Zuchtmitteln in einem unerträglichen Widerspruch zum allgemeinen Gerechtigkeitsgefühl stehen würde.[130] Dies ist vor allem bei Kapitalverbrechen und bei den durch einen Todeserfolg qualifizierten vorsätzlichen Delikten der Fall, die vor einer Jugendkammer angeklagt werden müssen.[131] Bei sonstigen Verbrechen und Vergehen kommt Schwere der Schuld nur in Ausnahmefällen in Betracht, wenn schwere Tatfolgen mit besonders hoher Schuld herbeigeführt worden

---

[126] Schöch in: Meier-Rössner-Schöch § 11 Rn. 12

[127] BGHSt. 15, S. 224

[128] Böhm, NStZ 1997, S. 242

[129] Anderer Auffassung ist Ostendorf in Ostendorf, JGG, § 17 Rn. 6, der Schwere der Schuld nur bei vorsätzlichen Handeln bejaht.

[130] Schöch in: Meier-Rössner-Schöch § 11 Rn. 12 m.w.N.; Schaffstein/Beulke § 22 II 2 c

[131] Schöch in: Meier-Rössner-Schöch § 11 Rn. 12; Schaffstein/Beulke § 22 II 2 c; Brunner/Dölling § 17 Rn. 15b; Teschner in Nix § 17 Rn. 7; kritisch dazu Eisenberg, JGG, § 17 Rn. 32, der zu bedenken gibt, dass nicht alleine die objektive Verwirklichung einer schweren Straftat Aufschluss über die Täterpersönlichkeit gibt ist. Nach Ostendorf, JGG, § 17 Rn. 7 darf Jugendstrafe wegen Schwere der Schuld nur verhängt werden, wenn durch die Tat das Rechtsgut Leben betroffen ist.

sind.[132] Dabei ist auf die charakterliche Haltung des Täters, die Stärke seines verbrecherischen Willens, seine Beweggründe und die Zwecke, die er mit der Tat verfolgt, abzustellen.[133]

c) Bemessung der Jugendstrafe

Das deutsche Jugendstrafrecht kennt seit 1990 nur noch eine Jugendstrafe von zeitlich bestimmter Dauer, die wie im allgemeinen Strafrecht vom Gericht durch das Urteil festgesetzt wird.

aa) Gesetzlicher Strafrahmen, § 18 I JGG

Die Strafrahmen des allgemeinen Strafrechts gelten nach § 18 I 3 JGG nicht im Jugendstrafrecht. Bei der Bestimmung des gesetzlichen Strafrahmens ist vielmehr zwischen der Tat eines Jugendlichen und der Tat eines Heranwachsenden zu unterscheiden.

Nach § 18 I 1 JGG beträgt die Mindestdauer sechs Monate. Dieses Mindestmaß beruht auf der Vorstellung, ein kürzerer Zeitraum lasse eine erzieherische Einwirkung im allgemeinen nicht möglich erscheinen.[134] Außerdem soll dadurch die Verhängung der Jugendstrafe auf schwerwiegende Sachverhalte beschränkt werden und die Vollstreckung kurzer Freiheitsstrafen vermieden werden.[135] Die Lücke zwischen dem Jugendarrest mit einer Höchstdauer von vier Wochen und der Jugendstrafe mit der Mindestdauer von sechs Monaten wurde bewußt in Kauf genommen, um eine hohe Schwelle gegen die Verhängung von Jugendstrafe zu errichten und den Jugendrichter vorrangig zur Anwendung von Erziehungsmaßregeln oder Zuchtmitteln zu veranlassen.[136]

Die Höchststrafe beträgt bei Jugendlichen regelmäßig fünf Jahre. Dieses Höchstmaß beruht auf der Annahme, Anstaltserziehung könne nur bis zu einer Dauer von fünf Jahren Erfolg versprechen.[137] Für Verbrechen, die nach allgemeinem Strafrecht mit mehr als zehn Jahren bestraft werden, ist gemäß § 18 I S. 2 JGG für Jugendliche eine Höchststrafe von zehn Jahren vorgesehen.

Bei Heranwachsenden liegt der Strafrahmen hingegen immer zwischen sechs Monaten und zehn Jahren, § 105 III JGG.

---

132 Schöch in: Meier-Rössner-Schöch § 11 Rn. 12
133 BGHSt 15, S. 226
134 Eisenberg, JGG, § 18 Rn. 4; Schaffstein/Beulke § 23 II; P.A. Albrecht S. 254
135 Böhm, S. 211
136 Schöch in: Meier-Rössner-Schöch § 11 Rn. 20
137 Vgl. P.A Albrecht, S. 254, Ostendorf, JGG, § 18 Rn. 10, die hervorheben, dass nach dem jetzigen Stand der Sanktionsforschung nicht festgestellt werden kann, ob ein längerer oder kürzerer Strafvollzug größere Aussicht auf eine (Re-)Sozialisierung verspricht. Zustimmend Brunner/Dölling § 18 Rn. 3.

bb) Bemessung der Jugendstrafe nach erzieherischen Gesichtspunkten

Innerhalb des gesetzlichen Strafrahmens der Jugendstrafe hat der Richter wie bei der Strafzumessung im allgemeinen Strafrecht die Dauer der Jugendstrafe nach richterlichem Ermessen festzusetzen.

Nach § 18 II JGG ist die Jugendstrafe so zu bemessen, dass die erforderliche erzieherische Einwirkung möglich ist. Die allgemeinen Strafzumessungsgrundsätze des § 46 StGB finden im Jugendstrafrecht keine Anwendung. Der Erziehungsgedanke muss allerdings bei der Bemessung der Jugendstrafe im Vordergrund stehen. Das Gericht muss sich erkennbar mit diesem Gesichtspunkt auseinandergesetzt haben.[138] Der Erziehungsgedanke darf nicht nur beiläufig neben allgemeinen Strafzumessungserwägungen erwähnt werden.[139]

Wann und wie die erzieherische Einwirkung möglich ist, kann nicht durch das Aufstellen von einzelnen allgemeinen Kriterien beantwortet werden. Der Tatrichter sollte sich jedenfalls bei der Bemessung der Jugendstrafe an dem Gesichtspunkt orientieren, irreparablen Entwicklungsschäden vorzubeugen. Eine allzu lange Strafzeit kann nicht mehr für die Erziehungsarbeit nutzbar gemacht werden, sondern führt nur noch zu Abstumpfung und gefährlicher Gewöhnung an das Anstaltsleben.[140] Als konkrete erzieherische Bemessungskriterien wurden vom Bundesgerichtshof insbesondere berücksichtigt: Die Verhältnisse betreffend Schule und Berufsausbildung[141], die charakterliche Haltung und Persönlichkeitsbild des Jugendlichen[142], die bisherige Unbescholtenheit, festgestellte Reiferückstände, Beeinflußbarkeit und Beeinflussung durch Mittäter, alsbaldige Tataufdeckung, erlittene Untersuchungshaft[143].

cc) Generalpräventive Gesichtspunkte

Gerade bei Straftaten Jugendlicher stellt sich aufgrund und als Folge spektakulärer Medienberichte die Frage, ob nicht bei Verhängung und Strafzumessung auch generalpräventive Aspekte eine Rolle spielen sollten. In der Literatur wird dies zum Teil im Rahmen der Strafzumessung für zulässig gehalten, wobei aber einschränkend erklärt wird, dass diese „exemplarische" Strafe dem Erziehungszweck nicht zuwider laufen darf und noch im Rahmen der Tatschuld liegen muss.[144] Nach herrschender Ansicht dürfen generalpräventive Gesichtspunkte

---

[138] BGH StV 1986, S. 304, 1988, S. 307
[139] BGH StV 1986, S. 305
[140] Schaffstein/Beulke § 23 II
[141] BGH StV 1987, S. 306
[142] BGH StV 1981, S. 26
[143] BGH NStZ 1984, S. 508
[144] Schaffstein/Beulke § 17 I

weder bei Verhängung noch bei der Strafzumessung eine Rolle spielen, da dies der Regelung des JGG zuwiderläuft.[145]

dd) Schuldausgleich

Neben dem erzieherischen Gesichtspunkt ist anerkannt, dass die Schuld bei der Strafzumessung mitberücksichtigt werden darf, wenn auch nur in Maßen.[146] Insbesondere die Auswahl und die Bemessung der Jugendstrafe können nicht ohne ein gewisses Äquivalent zum Schuldausgleich auskommen. Besonders Eisenberg betont die Limitierungsfunktion des Schuldausgleiches: Eine schuldangemessenes Strafen überschreitende Dauer ist eine mit dem Rechtsstaatsprinzip unvereinbare Freiheitsbeschränkung; andernfalls würde der Jugendliche in unvertretbarer Weise zum „Erziehungsobjekt".[147] Nach anderer Ansicht im Schrifttum rechtfertige § 18 II JGG nur eine solche Strafhöhe nicht mehr, die außer jedem Verhältnis zur Tat stehe.[148]

4. Strafaussetzung der Jugendstrafe zur Bewährung

Das deutsche Jugendstrafrecht kennt drei Arten der Strafaussetzung zur Bewährung: Die Strafaussetzung nach § 21 JGG, die Strafrestaussetzung zur Bewährung nach §§ 88, 89 JGG sowie die Aussetzung der Verhängung der Jugendstrafe nach § 27 JGG. Möglich ist zudem die Aussetzung der Jugendstrafe oder eines Strafrestes im Gnadenweg, welche aber in der Praxis kaum eine nennenswerte Rolle spielen.

a) Die Aussetzung der Jugendstrafe zur Bewährung

Nach § 21 JGG wird die Vollstreckung der Jugendstrafe bis zu einem beziehungsweise zwei Jahren zur Bewährung ausgesetzt, wenn zu erwarten ist, dass der Jugendliche sich schon die Verurteilung zur Warnung dienen lassen wird und auch ohne die Einwirkung des Strafvollzuges unter der erzieherischen Einwirkung der Bewährungszeit künftig einen rechtschaffenden Lebenswandel führen wird. Die Aussetzung der Jugendstrafe zur Bewährung ist allerdings keine eigene jugendstrafrechtliche Sanktion, sondern vielmehr eine Frage der Vollstreckung der Jugendstrafe.[149]

---

[145] BGHSt. 15, S. 224, 226; 16, S. 261, 263; Eisenberg, § 18 Rn. 23; Böhm, S. 214
[146] Vgl. Schöch in: Meier-Rössner-Schöch § 11 Rn. 25 m.w.N.
[147] Eisenberg, § 18 Rn. 17
[148] Böhm, S. 210, 211; Schaffstein/Beulke § 23 III; Bruns StV 1982, S. 593, 594, 595
[149] Schaffstein/Beulke § 25 I 1; Böhm § 25 3f; Eisenberg, § 21 Rn. 4; Schöch in: Meier /Rössner/Schöch § 12 Rn. 1; vgl. Streng, Jugendstrafrecht, § 12 Rn. 40. Anderer Auffassung sind Brunner/Dölling § 21 Rn. 2; Ostendorf, JGG, Grdl. zu §§ 21-26a; Jagusch JZ 1953, S.

b) Die Aussetzung der Verhängung der Jugendstrafe

Die Aussetzung der Verhängung der Jugendstrafe nach § 27 JGG ist ebenfalls keine eigene Sanktion im Jugendstrafrecht.[150] Es handelt sich um eine besondere Verfahrensregelung. Nach § 27 JGG erfolgt eine bedingte Verurteilung, die bei Unklarheiten über das Vorliegen schädlicher Neigungen gewählt werden kann. Der Jugendrichter fällt lediglich einen Schuldspruch, wobei die Beweisführung für die Sanktionierung hinausgezögert wird. Im Falle eines günstigen Entwicklungsverlaufs des Jugendlichen wird der ursprüngliche bloße Schuldspruch durch den Richter getilgt, bei einer negativen Entwicklung wird nach § 30 JGG Jugendstrafe festgesetzt.

c) Vorbewährung

Die Vorbewährung ist nicht ausdrücklich im JGG geregelt, sondern vielmehr durch richterliche Praxis in Analogie zu §§ 8 II 1, 10, 15 JGG entwickelt worden.[151] Die Vorbewährung stellt ebenfalls keine eigene Sanktion im Jugendstrafrecht dar. Der Jugendliche beziehungsweise der Heranwachsende wird zu einer Jugendstrafe verurteilt, wobei sich der Jugendrichter die Entscheidung offenhält, ob die Jugendstrafe zur Bewährung ausgesetzt wird. Dem jungen Straftäter wird eine Frist gesetzt, in dem er dem Jugendrichter zeigen kann, dass die Jugendstrafe zur Bewährung ausgesetzt werden muss. Zumeist ergeht an den Jugendlichen die Weisung, während der obengenannten Zeitspanne mit einem Bewährungshelfer Kontakt aufzunehmen.

Die Entscheidung des Richters ist im Gegensatz zu der Regelung im allgemeinen Strafrecht bei Jugendstrafe bis zu einem Jahr und unter den Voraussetzungen des § 21 II JGG bis zu zwei Jahren auch noch nach der Rechtskraft des Urteils möglich.[152]

5. Maßregeln der Besserung und Sicherung im JGG

Nach § 7 JGG sind einige spezifische Maßregeln der Besserung und Sicherung auch im Jugendstrafrecht zulässig. Es handelt sich dabei um die Unterbringung in einem psychiatrischen Krankenhaus (§ 63 StGB) oder einer Entziehungsanstalt (§§ 64 StGB, 93 a JGG), der Anordnung der Führungsaufsicht (§ 68 StGB)

---

688. Die Strafaussetzung sei eine eigenständige Sanktion, da sie in der Zielsetzung und der praktischen Bedeutung von der Jugendstrafe grundsätzlich abweiche.

[150] Potrykus JR 1961, S. 408. Anderer Ansicht Streng Rn. 95; Brunner/Dölling § 27 Rn. 2; Ostendorf, JGG, Grdl. zu §§ 27-30 Rn. 1 und ausführlich in NJW 1981, S. 378, 379.

[151] Das Institut der Vorbewährung ist nicht gänzlich unumstritten. Vgl. dazu Ostendorf, JGG, § 57 Rn. 5-7, nach dessen Auffassung die Vorbewährung unter dem Vorbehalt des Gesetzes steht, es aber keine Rechtsgrundlage für die Vorbewährung gibt.

[152] Böhm, S. 219

sowie dem Entzug der Fahrerlaubnis (§ 69 StGB). Anders als im Erwachsenenstrafrecht ist eine Anordnung einer Sicherheitsverwahrung sowie des Berufsverbotes im Jugendstrafrecht nicht möglich. Der quantitative Stellenwert der Maßregeln der Besserung und Sicherung ist im Jugendstrafrecht mit Ausnahme der Entziehung der Fahrerlaubnis äußerst gering.

6. Nebenstrafen und -folgen

Gemäß § 8 III JGG kann der Jugendstrafrichter neben den Rechtsfolgen des § 5JGG alle Nebenstrafen und Nebenfolgen anordnen, soweit diese nicht durch § 6 JGG ausgeschlossen werden.

Möglich ist die Anordnung von Verfall und Einziehung nach §§ 73 ff. StGB und als Nebenstrafe das Fahrverbot nach § 44 StGB. Das Fahrverbot ist auch dann zulässig, wenn nur Erziehungsmaßregeln oder Zuchtmittel ausgesprochen werden. Dies ergibt sich aus dem Wortlaut des § 8 III JGG.[153] Gemäß § 6 JGG sind hingegen die Nebenfolgen der §§ 45, 165, 200 StGB ausgeschlossen.

Die Nebenfolgen sind nur dann anzuordnen, wenn die allgemeinen Voraussetzungen im StGB dafür vorliegen.[154] Das Fahrverbot besitzt die größte praktische Bedeutung hinsichtlich der Nebenfolgen und Nebenstrafen im Jugendstrafrecht. Es kann für ein bis zu drei Monate verhängt werden, wenn ein Jugendlicher oder Heranwachsender im Zusammenhang mit dem Führen eines Kraftfahrzeuges oder unter Verletzung der Pflichten eines Kraftfahrzeugführers eine Straftat begangen hat und deshalb Erziehungsmaßregeln oder Zuchtmitteln oder Jugendstrafe angeordnet worden.

Im Jahr 2002 wurde das Fahrverbot gegenüber 1.305 Jugendlichen und 3.607 Heranwachsenden verhängt.[155]

IV. Justizpraxis

1. Die Verteilung der Sanktionen

Die formellen jugendstrafrechtlichen Sanktionen verteilten sich zwischen 1970 und 2001 wie folgt:

Jahr	Sanktionen	Erziehungsmaßregeln	Zuchtmittel zusammen	Jugendstrafe

[153] Vgl. Diemer in: Diemer/Schoreit/Sonnen § 8 Rn. 10 m.w.N.; Lackner, JZ 1965, S. 92, 95

[154] Rössner in: Meier/Rössner/Schöch, § 6 Rn. 23

[155] Quelle: Statistisches Bundesamt, Fachserie 10, Reihe 3, Strafverfolgung. Gebiet: alte Länder einschließlich Berlin-Ost.

	insgesamt			
1970	125.901	13.153 (10,4 %)	101.161 (80,3 %)	11.687 (9,3 %)
1980	186.409	41.312 (22,2 %)	127.115 (68,2 %)	17.982 (9,6 %)
1990	108.471	32.861 (30,4 %)	63.507 (58,4 %)	12.103 (11,2 %)
1995	107.243	15.045 (14,0 %)	78.318 (73,1 %)	13.880 (12,9 %)
1998	130.955	17.763 (13,6 %)	95.972 (73,3 %)	17.220 (13,1 %)
1999	135.043	18.577 (13,7 %)	98.821 (73,2 %)	17.645 (13,1 %)
2000	136.576	19.026 (13,9 %)	99.797 (73,1 %)	17.753 (13,0 %)
2001	140.158	20.107 (14,3 %)	102.329 (73,1 %)	17.722 (12,6 %)
2002	148.390	21.909 (14,8 %)	108.797 (73,3 %)	17.684 (11,9 %)

Quelle: Statistisches Bundesamt, Fachserie 10, Reihe 3, Strafverfolgung. Gebiet bis 1990 altes Bundesgebiet, ab 1995 alte Länder einschließlich Berlin-Ost.

Seit 1970 ist ein stetiger Anstieg der Zahl der insgesamt angeordneten formellen Sanktionen im Jugendstrafrecht zu verzeichnen. Nur zwischen 1990 und 1995 erfolgte ein kurzfristiger Rückgang der Anordnung jugendstrafrechtlicher Sanktionen. Dieser war allerdings nur von kurzer Dauer, da seit 1995 die Anzahl der insgesamt ausgesprochenen Verurteilungen wieder angestiegen ist. Der Höchststand der insgesamt ausgesprochenen formellen Sanktionen wurde 1980 mit 186.409 Sanktionen erreicht.

Erziehungsmaßregeln wurden besonders oft zwischen 1980 und 1990 angeordnet. Diese erhöhte Bedeutung ging allerdings seit 1991 zurück und ist mit der durch das 1. JGGÄndG eingeführten Arbeitsauflage und dem Vordringen der Diversion zu erklären.[156] Die Anordnung von Erziehungsmaßregeln im Vergleich zu den Sanktionen insgesamt ist seit 1991 konstant bei knapp 14 Prozent geblieben.

In der deutschen Justizpraxis dominieren die Zuchtmittel. Während von 1980 bis 1990 ein Rückgang der Zuchtmittel zu verzeichnen war, liegt ihr Anteil seit den Neunziger Jahren konstant bei etwa 73 Prozent.

Der Anteil verhängter Jugendstrafen von allen insgesamt im Jugendstrafrecht Verurteilten belief sich in den Jahren von 1970 bis 2002 auf zwischen

[156] Vgl. dazu auch die Ausführungen unter § 2 IV. 2 a)

neun bis 13 Prozent. Seit 1991 ist ein erneuter Anstieg der verhängten Jugendstrafen zu verzeichnen. Die absoluten Zahlen der zur Jugendstrafe Verurteilten sind seit Anfang der 1990er Jahre beträchtlich angestiegen. Der Anteil der Jugendstrafe an den formellen Sanktionen insgesamt liegt seit 1995 konstant bei knapp 13 Prozent, wobei jedoch ein leichtes Sinken der Prozentzahlen seit dem Jahr 2000 zu beobachten ist.

Insgesamt überwiegen in der deutschen Justizpraxis die repressiven Sanktionen.

2. Erziehungsmaßregeln

a) Häufigkeit und Verteilung der einzelnen Erziehungsmaßregeln im Vergleich zu den Sanktionen insgesamt

Die einzelnen Erziehungsmaßnahmen verteilten sich seit 1970 wie folgt, wobei die in Klammern angegebenen Prozentzahlen den Anteil der jeweiligen Erziehungsmaßregel an den formellen Sanktionen insgesamt angeben:

Jahr	Weisungen	Erziehungs-beistandschaft	Fürsorgeerziehung / Heimerziehung
1970	12.207 (9,7 %)	654 (0,52 %)	292 (0,21 %)
1980	40.840 (21,9 %)	339 (0,18 %)	133 (0,07 %)
1985	49.655 (29,7 %)	214 (0,13 %)	82 (0,04 %)
1990	32.702 (30,1 %)	129 (0,12 %)	30 (0,03 %)
1995	14.763 (13,8 %)	214 (0,20 %)	68 (0,06 %)
1998	17.441 (13,3 %)	228 (0,17 %)	94 (0,07 %)
1999	18.234 (13,5 %)	274 (0,20 %)	69 (0,05 %)
2000	18.679 (13,7 %)	257 (0,19 %)	90 (0,07 %)
2001	19.763 (14,1 %)	265 (0,19 %)	79 (0,06 %)
2002	21.525 (14,5 %)	329 (0,22 %)	55 (0,03 %)

Quelle: Statistisches Bundesamt, Fachserie 10, Reihe 3, Strafverfolgung. Gebiet bis 1990 alte Länder, ab 1995 alte Länder einschließlich Berlin-Ost.

Die Weisungen waren bis zur Mitte der achtziger Jahre die am häufigsten angeordnete jugendstrafrechtliche Sanktion. Sie sind seither durch das Vordringen der Diversion und durch die Verlagerung der Arbeitsweisung auf die 1990 eingeführte Arbeitsauflage auf etwa ein Drittel ihres früheren Anwendungsbereichs zurückgegangen.[157] Inzwischen stehen die Weisungen nach den Auflagen und den Verwarnungen an dritter Stelle im Hinblick auf die Häufigkeit der jugendstrafrechtlichen Sanktionen.

Trotz dieses Rückgangs ist die praktische Bedeutung der Weisungen noch sehr groß. Die praktische Bedeutung der Erziehungsbeistandschaft und der Heimerziehung ist hingegen sehr gering.

b) Verteilung der Erziehungsmaßregeln untereinander

Die einzelnen Erziehungsmaßregeln verteilten sich untereinander wie folgt, wobei die angegebenen Prozentzahlen sich auf den Anteil der Erziehungsmaßregeln insgesamt beziehen:

Jahr	Weisungen	Erziehungsbeistandschaft	Fürsorgeerziehung[158] / Heimerziehung
1970	92,8 %	5,0 %	2,2 %
1980	98,9 %	0,8 %	0,3 %
1985	99,4 %	0,4 %	0,2 %
1990	99,5 %	0,4 %	0,1 %
1995	98,1 %	1,4 %	0,5 %
1998	98,2 %	1,3 %	0,5 %
1999	98,2 %	1,5 %	0,4 %
2000	98,2 %	1,4 %	0,5 %
2001	98,3 %	1,3 %	0,4 %
2002	98,2 %	1,5 %	0,3 %

Quelle: Statistisches Bundesamt, Fachserie 10, Reihe 3, Strafverfolgung. Gebiet bis 1990 alte Länder, ab 1995 alte Länder einschließlich Berlin-Ost.

[157] Schöch in: Meier/Rössner/Schöch § 8 Rn. 4

[158] Die Fürsorgeerziehung wurde durch das 1. JGGÄndG aufgehoben.

Bei den Erziehungsmaßregeln dominieren die Weisungen deutlich. Ihr Anteil an den Erziehungsmäßregeln liegt seit 1980 konstant bei rund 98 Prozent. Die Erziehungsbeistandschaft und die Heimerziehung haben im Vergleich zu den Weisungen kaum eine praktische Bedeutung.

3. Zuchtmittel

a) *Häufigkeit und Verteilung der Zuchtmittel im Verhältnis zu den Sanktionen insgesamt*

Die Zuchtmittel verteilten sich seit 1970 wie folgt, wobei die in Klammern angegebenen Prozentzahlen den Anteil des jeweiligen Zuchtmittels an den formellen Sanktionen insgesamt angeben:

Jahr	Jugendarrest	Geldbuße	Schadens-wieder-gutmachung	Verwar-nung	Arbeits-leistung
1970	25.270 (20,1 %)	36.354 (28,9 %)	2.173 (1,7 %)	33.780 (26,8 %)	-
1980	27.183 (14,6 %)	50.469 (27,1 %)	1.972 (1,1 %)	47.235 (25,3 %)	-
1990	12.785 (11,8 %)	24.154 (22,3 %)	1.678 (1,5 %)	24.755 (22,9 %)	-
1995	12.953 (12,1 %)	16.915 (15,8 %)	1.466 (1,4 %)	22.466 (20,9 %)	24.144 (22,5 %)
1998	16.958 (13,0 %)	17.530 (13,4 %)	1.823 (1,4 %)	26.106 (19,9 %)	33.003 (25,2 %)
1999	16.809 (12,4 %)	18.424 (13,6 %)	1.973 (1,5 %)	27.169 (20,1 %)	33.987 (25,2 %)
2000	16.832 (12,3 %)	18.927 (13,9 %)	2.224 (1,6 %)	27.055 (19,8 %)	34.315 (25,1 %)
2001	16.966 (12,1 %)	19.891 (14,2 %)	2.572 (1,8 %)	26.534 (18,9 %)	35.911 (25,6 %)
2002	18.751 (12,6 %)	18.749 (12,6 %)	2.364 (1,6 %)	28.701 (19,3 %)	39.736 (26,8 %)

Quelle: Statistisches Bundesamt, Fachserie 10, Reihe 3, Strafverfolgung. Gebiet bis 1990 alte Länder, ab 1995 alte Länder einschließlich Berlin-Ost.

Im Jahr 1970 machte der Jugendarrest ein Fünftel aller im Jugendstrafrecht verhängten Sanktionen aus. Seit 1970 ist zwar eine stetige Abnahme des Jugendarrests zu verzeichnen, aber trotz aller Kritik an dieser Sanktion wird in der Praxis nach wie vor eine sehr große Anzahl Jugendlicher und Heranwachsender zu Jugendarrest verurteilt. Der Prozentanteil des Jugendarrests an den formellen Sanktionen insgesamt beträgt seit 1990 etwa 12 Prozent.

Die Anzahl der Verurteilungen zur Zahlung einer Geldbuße sowie die Anordnung von Verwarnungen sind seit 1970 stetig zurückgegangen. Die Anordnung der Schadenswiedergutmachung ist trotz ihrer hohen pädagogischen Wirksamkeit seit jeher beinahe ohne praktische Bedeutung.

Sehr wichtig ist in der Praxis die Anordnung der Arbeitsauflage. Seit ihrer Einführung in das JGG beträgt ihr Anteil rund ein Viertel aller im Jugendstrafrecht insgesamt angeordneten formellen Sanktionen.

b) Verteilung der Zuchtmittel im Einzelnen

Die Zuchtmittel schlüsseln sich in der Justizpraxis wie folgt auf, wobei die in den Klammern angegebenen Prozentzahlen den Anteil des jeweiligen Zuchtmittels an der Gesamtzahl der verhängten Zuchtmittel angeben:

Jahr	Zuchtmittel zusammen	Jugendarrest	Auflagen	Verwarnungen
1970	101.061	25.270 (25,0 %)	42.003 (41,6 %)	33.780 (33,4 %)
1980	127.115	27.183 (21,4 %)	52.697 (41,5 %)	47.235 (37,2 %)
1985	99.534	23.990 (24,1 %)	36.061 (36,2 %)	39.483 (39,7 %)
1990	63.507	12.785 (20,1 %)	25.967 (40,9 %)	24.755 (39,0 %)
1995	78.318	12.953 (16,5 %)	42.899 (54,8 %)	22.466 (28,7 %)
1998	95.972	16.958 (17,7 %)	52.881 (55,1 %)	26.106 (27,2 %)
1999	98.821	16.809 (17,0 %)	54.843 (55,5 %)	27.169 (27,5 %)
2000	99.797	16.832 (16,9 %)	55.910 (56,0 %)	27.055 (27,1 %)
2001	102.329	16.966 (16,6 %)	58.829 (57,5 %)	26.534 (26,0 %)
2002	108.797	18.751 (17,2 %)	61.345 (56,4 %)	28.701 (26,4 %)

Quelle: Statistisches Bundesamt, Fachserie 10, Reihe 3, Strafverfolgung. Gebiet bis 1990 alte Länder, ab 1995 alte Länder einschließlich Berlin-Ost.

In der Justizpraxis der Zuchtmittel dominieren die Auflagen. Ihr Anteil ist seit 1990 angestiegen und hat sich bei rund 55 Prozent eingependelt. Die Bedeutung der Verwarnung hat seit 1970 abgenommen, etwa jedes vierte Zuchtmittel ist eine Verwarnung. Ebenfalls gesunken ist die Anzahl der Arrestanordnungen seit 1970. Sein Anteil an der Gesamtzahl der Zuchtmittel beträgt seit 1995 rund 17 Prozent.

c) Häufigkeit und Verteilung der Auflagen

Die Auflagen unterteilen sich wie folgt, wobei die in den Klammern angegebenen Prozentzahlen den Anteil der jeweiligen Auflage an der Gesamtzahl der angeordneten Auflagen wiedergibt:

Jahr	Auflagen zusammen	Geldbuße	Entschuldigung	Schadenswiedergutmachung	Arbeitsleistung	Arbeitsleistung und Entschuldigung
1970	42.003	36.354 (86,6 %)	3.476 (8,3 %)	2.173 (5,1 %)	-	-
1980	52.697	50.469 (95,8 %)	25 (0,5 %)	1.972 (3,7 %)	-	-
1985	36.061	34.308 (95,1 %)	148 (0,4 %)	1.605 (4,5 %)	-	-
1990	25.965	24.154 (93,9 %)	135 (0,5 %)	1.678 (6,5 %)	-	-
1995	42.899	16.915 (39,4 %)	108 (0,3 %)	1.466 (3,4 %)	24.144 (56,3 %)	296 (0,7 %)
1998	52.881	17.530 (33,1 %)	152 (0,3 %)	1.823 (3,4 %)	33.003 (62,4 %)	373 (0,7 %)
1999	54.843	18.424 (33,6 %)	131 (0,2 %)	1.973 (3,6 %)	33.987 (62,0 %)	328 (0,6 %)
2000	55.910	18.927 (33,9 %)	119 (0,2 %)	2.224 (4,0 %)	34.315 (61,4 %)	325 (0,6 %)
2001	58.829	19.891 (33,8 %)	144 (0,2 %)	2.572 (4,4 %)	35.911 (61,0 %)	311 (0,5 %)
2002	61.345	18.749 (30,6 %)	235 (0,4 %)	2.364 (3,9 %)	39.736 (64,8 %)	261 (0,4 %)

Quelle: Statistisches Bundesamt, Fachserie 10, Reihe 3, Strafverfolgung. Gebiet bis 1990 alte Länder, ab 1995 alte Länder einschließlich Berlin-Ost.

Besonders auffällig ist bei der Verteilung der Auflagen, dass der Anteil der Geldbußen sehr stark seit Einführung der Arbeitsleistung als Auflage zurückgegangen ist. Inzwischen entfallen etwa ein Drittel aller Auflagen auf die Geldbuße, wobei der Anteil der Geldbuße an der Gesamtzahl der verhängten Auflagen im Jahr 1990 beinahe 94 Prozent betrug.

Die Arbeitsleistung ist seit ihrer Einführung in das JGG als Weisung die am häufigsten verhängte Auflage. Ihr Anteil beträgt etwa 60 Prozent an der Gesamtzahl der angeordneten Auflagen. Die praktische Bedeutung der Schadenswiedergutmachung ist gering, der Entschuldigung kommt beinahe keinerlei praktische Bedeutung zu.

d) Häufigkeit und Verteilung des Jugendarrests

Die Arrestarten verteilten sich seit 1970 wie folgt, wobei die in den Klammern angegebenen Prozentzahlen den Anteil der jeweiligen Arrestart an der Gesamtzahl der verhängten Arrestarten wiedergibt:

Jahr	Arrestarten zusammen	Dauerarrest	Kurzarrest	Freizeitarrest
1970	25.270	10.983 (43,5 %)	1.196 (4,7 %)	13.091 (51,8 %)
1980	27.183	10.413 (38,3 %)	2.012 (7,4 %)	14.758 (54,3 %)
1985	23.990	9.931 (41,4 %)	1.914 (8,0 %)	12.145 (50,6 %)
1990	12.785	5.625 (44,0 %)	879 (6,9 %)	6.281 (49,1 %)
1995	12.953	6.717 (51,9 %)	841 (6,5 %)	5.395 (41,7 %)
1998	16.958	8.529 (50,2 %)	980 (5,8 %)	7.476 (44,0 %)
1999	16.809	8.340 (49,6 %)	1.049 (6,2 %)	7.420 (44,1 %)
2000	16.832	8.412 (50,0 %)	1.003 (6,0 %)	7.417 (44,1 %)
2001	16.966	8.409 (49,6 %)	1.109 (6,5 %)	7.448 (43,9 %)
2002	18.751	9.131 (48,7 %)	1.320 (7,0 %)	8.300 (44,3 %)

Quelle: Statistisches Bundesamt, Fachserie 10, Reihe 3, Strafverfolgung. Gebiet bis 1990 altes Bundesgebiet, ab 1995 alte Länder einschließlich Berlin-Ost.

Die Anordnung von Kurzarrest spielt in der Praxis kaum eine Rolle, wobei allerdings seit 1998 ein leichter Anstieg der Verhängung dieser Sanktion zu verzeichnen ist. Seit 1995 ist die am häufigsten angeordnete Arrestart der Dauerarrest. Sein Anteil beträgt inzwischen 50 Prozent an der Gesamtzahl der verhängten Arrestarten. Obwohl der Freizeitarrest kriminalpädagogisch sehr umstritten ist, ist dennoch seine praktische Bedeutung enorm. Sein Anteil beträgt knapp 44 Prozent an der Gesamtzahl aller Arrestarten.

4. Jugendstrafe

Der Anteil der Jugendstrafe an den formellen Sanktionen insgesamt beträgt knapp 13 Prozent, vgl. dazu IV 1.

a) Strafdauer

Die Strafdauer der Jugendstrafe verteilte sich seit 1970 wie folgt, wobei die in Klammern angegebenen Prozentzahlen den prozentualen Anteil der jeweiligen Strafdauer an der Gesamtzahl der verhängten Jugendstrafen angeben:

Jahr	6 Monate bis 1 Jahr	1 Jahr bis 2 Jahre	2 Jahre bis 5 Jahre	5 Jahre bis 10 Jahre
1970	8.318 (76,1 %)	2.071 (18,9 %)	496 (4,5 %)	45 (0,4 %)
1980	12.771 (72,2 %)	3.607 (20,4 %)	1.186 (6,7 %)	121 (0,7 %)
1985	11.493 (65,8 %)	4.343 (24,9 %)	1.488 (8,5 %)	139 (0,8 %)
1990	7.524 (62,2 %)	3.393 (28,0 %)	1.066 (8,8 %)	67 (0,6 %)
1995	7.890 (56,8 %)	4.496 (32,4 %)	1.416 (10,2 %)	78 (0,6 %)
1998	9.636 (56,0 %)	5.623 (30,9 %)	1.892 (10,4 %)	89 (0,5 %)
1999	9.856 (55,9 %)	5.763 (32,7 %)	1.931 (10,9 %)	95 (0,5 %)
2000	9.744 (54,9 %)	5.993 (33,8 %)	1.923 (10,8 %)	93 (0,5 %)
2001	9.912 (55,9 %)	5.911 (33,4 %)	1.818 (10,3 %)	81 (0,5 %)
2002	9.683 (54,8 %)	5.996 (33,9 %)	1.922 (10,9 %)	83 (0,5 %)

Quelle: Statistisches Bundesamt, Fachserie 10, Reihe 3, Strafverfolgung. Gebiet bis 1990 altes Bundesgebiet, ab 1995 alte Länder einschließlich Berlin-Ost. Bis 1990 wurden nur die bestimmten Jugendstrafen gezählt.

Bei der Verhängung der Jugendstrafe haben die Strafhöhen zugenommen. Es besteht eine deutliche Tendenz zur Verhängung höherer Jugendstrafen. Der Anteil der Jugendstrafe über zwei Jahre beträgt inzwischen knapp 11 Prozent, während er 1970 nur fünf Prozent betrug. Am häufigsten wird in der Justizpraxis die Jugendstrafe von sechs Monaten bis zu einem Jahr verhängt. Der Anteil dieser Strafhöhe liegt bei etwa 55 Prozent.

b) Strafaussetzung zur Bewährung

Von den aussetzungsfähigen Jugendstrafen (Jugendstrafe bis zu zwei Jahren) wurde seit 1970 folgender Anteil zur Bewährung nach § 21 JGG ausgesetzt:

Jahr	Aussetzungsfähige Jugendstrafen zusammen	Zur Bewährung ausgesetzte Jugendstrafen
1980	16.378	11.192 (68,3 %)
1985	15.836	10.936 (69,1 %)
1990	10.917	7.784 (71,3 %)
1995	12.386	8.875 (71,7 %)
1998	15.259	10.977 (71,9 %)
1999	15.619	11.193 (71,6 %)
2000	15.737	11.028 (70,1 %)
2001	15.823	11.168 (70,6 %)
2002	15.679	10.876 (69,4 %)

Quelle: Statistisches Bundesamt, Fachserie 10, Reihe 3, Strafverfolgung. Gebiet bis 1990 altes Bundesgebiet, ab 1995 alte Länder einschließlich Berlin-Ost. Bis 1990 wurden nur die bestimmten Jugendstrafen gezählt.

Von den aussetzungsfähigen Jugendstrafen werden konstant seit 1980 rund 70 Prozent zur Bewährung ausgesetzt. Von der Möglichkeit, Jugendstrafen bis zu zwei Jahren zur Bewährung auszusetzen, wird also in der Praxis unvermindert rege Gebrauch gemacht.

V. Reformdiskussion

Die Reformdiskussion hinsichtlich der formellen jugendstrafrechtlichen Sanktionen wird in Deutschland sehr rege geführt.

1. Erziehungsmaßregeln

a) Zeitliche Begrenzungen der Weisungen

Im Rahmen der Erziehungsmaßregeln wird im Schrifttum das Fehlen einer Höchstbegrenzung hinsichtlich der Anordnung von Weisungen kritisiert.

So wird vorgeschlagen, die Arbeitsweisung zeitlich zu begrenzen.[159] Die Vorschläge variieren zwischen einer Begrenzung von 80 und 120 Stunden, teilweise wird aber auch eine Obergrenze von maximal 60 Stunden gefordert.[160] Die Mehrheit der Teilnehmer des 64. Deutschen Juristentages hat sich für eine Begrenzung auf 120 Stunden ausgesprochen.[161]

In der Diskussion steht ebenfalls eine Begrenzung der Dauer der Betreuungsweisung im Regelfall auf sechs Monate, die nur in Ausnahmefällen auf ein Jahr ausgedehnt werden sollte.[162]

b) Streichung der Erziehungsbeistandschaft

Zudem gibt es Reformvorschläge dahingehend, Erziehungsbeistand und Heimerziehung aus dem JGG ersatzlos zu streichen und ausschließlich der Jugendhilfe zuzuordnen.[163] Mit großer Mehrheit wurde auf dem 64. Deutschen Juristentag

---

159 Generell gibt es Vorschläge, gesetzliche Obergrenzen für nicht freiheitsentziehende Rechtsfolgen festzulegen. Die Vorschläge der Stundenbegrenzungen gelten daher auch für die Arbeitsauflage.

160 Vgl. Ostendorf StV 2002, S. 438 und JGG, Grdl. zu §§ 9-12 Rn. 6 m.w.N., Albrecht Gutachten DJT S. 147; vgl. Beschlüsse des 64. Deutschen Juristentages, NJW 2002, S. 3078. Schaffstein/Beulke, § 16 I fordert eine Obergrenze von 60 Stunden in Anlehnung an die österreichische Regelung für die Erbringung von gemeinnützigen Arbeitsleistungen. Es wird dabei allerdings übersehen, dass die Obergrenze in Österreich gemäß § 7 III öJGG 120 Stunden beträgt.

161 Beschlüsse des 64. Deutschen Juristentages, NJW 2002, S. 3078

162 Ostendorf, JGG, Grdl. zu §§ 9-12 Rn. 6 m.w.N.

163 H.J Albrecht, DJT-Gutachten S. 144, 145

beschlossen, die Anordnung des Erziehungsbeistandschaft zu streichen und die entstehende Lücke durch eine Betreuungssanktion, die von ambulanter bis zu stationärer – aber nach außen offener – Intensivbetreuung reicht und auch Betreuung in Tageszentren umfasst, zu schließen.[164]

Des Weiteren wurde von den Teilnehmern des Juristentages beschlossen, die bisherige Unterteilung in Erziehungsmaßregel und Zuchtmittel durch eine Dreiteilung in unterstützende, medizinisch-therapeutische und ahnende Maßnahmen zu ersetzen.[165]

c) Einführung einer Meldepflicht

Die CDU/CSU Fraktion des Deutschen Bundestages und der Freistaat Bayern haben beantragt, eine Meldepflicht in den Katalog der Weisungen aufzunehmen (Bundestagesdrucksache 14/3189 vom 12.04.2000 beziehungsweise Bundesratsdrucksache 637/00 vom 17.10.2000). Mit der Meldepflicht soll bezweckt werden, bestimmte Urlaubsreisen zu verhindern oder den Besuch bestimmter Veranstaltungen unmöglich zu machen. Dieser Vorschlag wurde bisher noch nicht vom Gesetzgeber aufgegriffen. Es ist allerdings zu beachten, dass der Weisungskatalog des § 10 JGG nicht abschließend ist und bereits nach aktueller Gesetzeslage die Möglichkeit besteht, eine regelmäßige Meldepflicht anzuordnen. Die Mehrheit der Teilnehmer des 64. Deutsche Juristentages sprach sich ebenfalls für die Einführung einer Meldepflicht aus.[166]

2. Zuchtmittel

Die Reformdiskussion wird gerade im Bereich der Zuchtmittel sehr intensiv geführt.

a) Abschaffung der Zuchtmittelkategorie

Zunächst gibt es Vorschläge der Zweiten Jugendstrafrechtsreformkommission der DVJJ dahingehend, die Zuchtmittelkategorie gänzlich abschaffen, da mit diesem Begriff ein veraltetes Erziehungsverständnis ausgedrückt werde und die Abstufung der Rechtsfolge nicht stimme, wenn beispielsweise das Zuchtmittel

---

[164] Vgl. Beschlüsse des 64. Deutschen Juristentages, NJW 2002, S. 3077; Sabaß, MschrKrim 2003, S. 221, 222

[165] Vgl. Beschlüsse des 64. Deutschen Juristentages, NJW 2002, S. 3078; Schöch, RdJB 2003, S. 299, 304; Sabaß, MschrKrim 2003, S. 221, 222

[166] Beschlüsse des 64. Deutschen Juristentages, NJW 2002, S. 3078; Schöch, RdJB 2003, S. 299, 304; Sabaß, MschrKrim 2003, S. 221, 222

der Verwarnung als eingriffsintensiver als die Erziehungsmaßregeln gelten soll.[167]

Die Forderung der Zweiten Jugendstrafrechtsreformkommission der DVJJ muss im Zusammenhang mit ihrer Forderung nach einer grundsätzlichen Neufassung des Rechtsfolgensystems im Jugendstrafrecht betrachtet werden. Danach soll im jugendstrafrechtlichen Sanktionensystem nunmehr zwischen dem Schuldspruch ohne Strafe, ambulanten sozialpädagogischen Maßnahmen, ambulanten verpflichtenden Maßnahmen wie zum Beispiel der Arbeitsauflage, dem Einsatz der Bewährungshilfe und stationären Sanktionen wie der Jugendstrafe ohne Bewährung und der Unterbringung in einem psychiatrischen Krankenhaus oder einer Entziehungsanstalt unterschieden werden.

Einige Stimmen in der Fachliteratur fordern die Zusammenfassung von Weisungen und Auflagen zu einer einheitlichen Maßnahme mit der Begründung, dass auch die Weisungen ahnende Wirkung besäßen, und eine Abgrenzung ohnehin kaum möglich sei.[168]

Die Teilnehmer des 64. Deutschen Juristentages lehnten die von der DVJJ vorgeschlagene Aufgabe der Trennung von Erziehungsmaßregeln und Zuchtmitteln mit großer Mehrheit ab, da man auf eine gewisse Strukturierung der Sanktionen nicht verzichten könne.[169]

b) Jugendarrest

Ganz besonders im Kreuzfeuer der Kritik steht der Jugendarrest, wobei anzuführen ist, dass der Jugendarrest bereits seit seiner Einführung umstritten war. Die Kritik stützt sich vor allem auf die gegenwärtige Sanktions- und Vollzugspraxis und die hohe Rückfallquote der mit Jugendarrest sanktionierten Jugendlichen und Heranwachsenden. Der Arrest ist inzwischen in der Vollzugspraxis nicht mehr das geeignete Zuchtmittel bei kleinen und mittleren Verfehlungen („gutgearteter") Jugendlicher. So setzt sich die Arrestklientel inzwischen zu einem ganz erheblichen Teil aus „arrestungeeigneten" Jugendlichen zusammen.[170]

Empirische Befunde aus der Arrestpraxis deuten zudem darauf hin, dass der Arrest seine Abschreckungswirkung weitgehend verfehlt. In einer Befragung im Nürnberger Jugendarrest aus dem Jahr 1997 gaben zwar 57 Prozent der Jugendlichen an, vom Arrest „beeindruckt" zu sein[171], die Wirkung dieses Eindrucks

---

[167] Ostendorf, StV 2002, S. 442

[168] Vgl. Böhm, S. 183; Ostendorf, JGG, Grdl. zu §§ 9-12 Rn. 4, der von einem „gesetzlichen Etikettenschwindel" spricht; Viehmann, S. 457; für die Beibehaltung der geltenden Regelung hingegen Diemer in Diemer/Schoreit/Sonnen, § 9 Rn. 2, Eisenberg § 5 Rn. 19; Schlüchter, ZRP 1992, S. 390, 395

[169] Schöch, RdJB 2003, 299, 304

[170] Vgl. dazu Pfeiffer, MschrKrim 1981, 28, 36 ff., 49

[171] Schwegler, S. 249, 282

scheint aber in den meisten Fällen nicht länger anzudauern als der Arrestvollzug selbst.[172] Dieser Studie zufolge führt der Arrest zu einer Gewöhnung anstatt zur erforderlichen Selbstbesinnung.

Die Bandbreite der Änderungsvorschläge ist sehr groß. Sie reicht von der gänzlichen Streichung des Jugendarrests über eine Umwandlung in eine kurze Freiheitsstrafe bis hin zur Reformierung zu einer dem Erziehungs- oder sozialen Trainingskurs ähnlichen, nur noch teil-stationären Maßnahme bis hin zur unveränderten Beibehaltung des Jugendarrestes.

Schon in den Beratungen zum 1. JGGÄndG wurde eine Reform des Jugendarrests aufgegriffen, aber dann schließlich doch von einer Abschaffung des Jugendarrests abgesehen.

Die gänzliche Abschaffung des Jugendarrests[173] wird weiterhin mit unterschiedlichen Begründungen gefordert: Der Jugendarrest schade mehr, als er nütze. Außerdem habe auch im allgemeinen Strafrecht die Abschaffung kurzer Freiheitsstrafen bis zu einem Monat keine negativen Auswirkungen gehabt.[174]

Albrecht[175] fordert ein einheitliches System der freiheitsentziehenden Sanktionen. Der Jugendarrest sei abzuschaffen, da sich der Freiheitsentzug nur auf die Jugendstrafe beschränken sollte. Albrecht schlägt vor, eine als Erzwingungsarrest oder eine Erzwingungshaft zu bezeichnende Haftform beizubehalten, um die Implementation der nicht freiheitsentziehenden Sanktionen sicherzustellen. Für eine Umwandlung des Arrests in eine kurze Freiheitsstrafe spricht sich auch Feltes aus.[176]

Die Vereinigung für Deutsche Jugendgerichte und Jugendgerichtshilfen plädiert bereits seit langem für eine grundlegende Reform des Jugendarrests. Die zweite Jugendstrafrechtsreformkommission der DVJJ will lediglich den Freizeit- und Kurzarrest völlig abschaffen, den Dauerarrest bei einer Mindestdauer von einer Woche sowie einem Höchstmaß von zwei Wochen erzieherisch besser ausgestalten als bisher.[177] Diese Forderung war innerhalb Jugendstrafrechtsreformkommission nicht ganz unumstritten. Eine knappe Mehrheit hat sich gegen eine gänzliche Streichung des Jugendarrests und somit für eine Beibehaltung des Arrests in modifizierter Form ausgesprochen.

Außerdem schlägt die zweite Jugendstrafrechtsreformkommission der DVJJ die Einführung eines Ersatzarrestes vor. Dieser soll eine mögliche Dauer von zwei Tagen bis zwei Wochen haben und soll durch eine zunächst angeordnete

---

[172] Vgl. Schwegler, S. 285, 286, 287

[173] So Arbeitskreis junger Kriminologen, KrimJ 1982, S. 85, 93; Papendorf, KrimJ 1982, S. 137,150-152; Sommer, KrimJ 1990, S. 225, 229

[174] Vgl. Albrecht § 27 IV 1

[175] Albrecht Gutachten DJT, S. 148

[176] Feltes ZStW 1988, S. 158ff

[177] Ostendorf, StV 2002, S. 443

Maßnahme ersetzt werden können. Damit sollen die Probleme, welche der Ungehorsamsarrest mit sich bringt, gelöst werden.[178]

Die Teilnehmer des 64. Deutschen Juristentages kritisierten zwar den Jugendarrest, eine Abschaffung dieser Sanktion wurde indes nicht beschlossen.[179] Entscheidend für die Ablehnung einer Streichung des Jugendarrests war die Überlegung, dass es zwischen dem Scheitern von ambulanten Maßnahmen und der Jugendstrafe einer weiteren, letzten Zwischenstufe bedürfe.[180]

c) Einstiegsarrest

Diskutiert wird zudem die Einführung des so genannten Einstiegsarrests in das Sanktionensystem des JGG. Die Frage nach der Zulässigkeit der Koppelung von Jugendarrest mit der Aussetzung der Entscheidung über die Verhängung der Jugendstrafe nach § 27 JGG („Einstiegsarrest") stellt seit langem eines der umstrittensten Probleme des Jugendstrafrechts dar, da § 8 II JGG nur ausdrücklich die Jugendstrafe erwähnt.[181] Der Einstiegsarrest wird vielfach von Richtern und Politikern gefordert, bislang wurde er aber nicht gesetzlich im JGG normiert.

Im Jahr 1983 gab es bereits einen entsprechenden Vorschlag in einem Referentenentwurf aus dem Bundesjustizministerium. Der Vorschlag wurde 1999 in einer von der Bayerischen Staatsregierung veranlassten Bundesratsinitiative (Bundesratsdrucksache 449/99) erneut aufgegriffen. Der Einstiegsarrest wird mit der Begründung gefordert, Jugendarrest sei neben einer ausgesetzten Jugendstrafe pädagogisch sinnvoll und notwendig, damit der jugendliche Täter die Bewährung ernst nehme.

Die Schaffung des Einstiegsarrests als Sanktionsform für jugendliche Straftäter wurde von den Teilnehmern des 64. Deutschen Juristentages eindeutig abgelehnt.[182] Der vermeintlich heilsame Schock würde einen völlig anders konzeptionierten Arrestvollzug voraussetzen; außerdem fiele der Beginn des Einstiegs-

---

[178] Ostendorf, StV 2002, S. 443

[179] Beschlüsse des 64. Deutschen Juristentages, NJW 2002, S. 3078; vgl. Sabaß, MschrKrim 2003, S. 221, 223

[180] Vgl. Sabaß, MschrKrim 2003, S. 221, 223; Schöch, RdJB 2003, S. 299, 304

[181] Die Koppelung wird unzulässig gehalten von BGHSt. 18, S. 207; OLG Celle, NStZ 1988, S. 315; BayOblG NStZ – RR 1997, S. 216; Diemer in Diemer/Schoreit/Sonnen § 8 Rn. 6 m.w.N.; Schumann, ZRP 1984, S. 319, 323, 324; Voss, NJW 1962, 1095, 1096; Schöch in Meier/Rössner/Schöch § 10 Rn. 41; Ostendorf, JGG, § 8 Rn. 4, § 27 Rn. 10; Eisenberg, JGG, § 8 Rn. 11; Schaffstein NStZ 1986, S. 509, 510, der den Einstiegsarrest zwar für kriminalpolitisch wünschenswert hält, ihn aber de lege lata für unzulässig erachtet; ebenso Potrykus JR 1961, S. 408; anderer Auffassung Grethlein, NJW 1962, S. 1606, 1607; LG Augsburg, NStZ 1986, S. 507; Brunner NStZ 1986, S. 508, 509. Diese Streitfrage gilt entsprechend für die Anordnung einer Hilfe zur Erziehung nach § 12 Nr. 2JGG.

[182] Beschlüsse des 64. Deutschen Juristentages, NJW 2002, S. 3078; Sabaß, MschrKrim 2003, S. 221, 223

arrests zeitlich in der Regel in die bereits laufende Bewährung und würde deren Ziele konterkarieren.[183]

d) Warnschussarrest

Es wird zudem vorgeschlagen, einen so genannten Warnschussarrest in das JGG aufzunehmen, der neben einer zur Bewährung ausgesetzten Verhängung oder Vollstreckung der Jugendstrafe angeordnet werden kann. Einen entsprechenden Entwurf gab es bereits 1983 in einem Referentenentwurf aus dem Justizministerium und 1999 in einer von der Bayerischen Staatsregierung veranlassten Bundesratsinitiative (Bundesratsdrucksache 449/99).[184] Im Mai 2003 wurde ein entsprechender Vorschlag von den Ländern Baden-Württemberg, Bayern, Niedersachsen und Thüringen als Gesetzesantrag in den Bundesrat eingebracht (Bundesratsdrucksache 312/03). Der Bundesrat fasste am 20.06.2003 den Beschluss, den Antrag in den Deutschen Bundestag einzubringen.

Durch die Anordnung eines Warnschussarrests soll straffällig gewordenen Jugendlichen nachdrücklich der Ernst ihrer Situation und die Notwendigkeit einer Verhaltensänderung vor Augen geführt werden.

e) Festlegung des Umfangs der Arbeitsauflage, Geldbuße und Schadenswiedergutmachung

Das Fehlen einer Höchstbegrenzung für ambulante Sanktionen, insbesondere für die Arbeitsauflage sowie für die Geldbuße wird ebenfalls stark kritisiert.[185] Die Teilnehmer des 64. Deutschen Juristentages sprachen sich für eine gesetzliche Begrenzung der gemeinnützigen Leistungen bis 120 Stunden und der Geldauflage auf das doppelte Nettomonatseinkommen aus.[186]

Außerdem wird die Schaffung einer gesetzlichen Bestimmung verlangt, welche Umfang, Art und Weise der Schadenswiedergutmachungsleistungen festlegt.[187]

3. Jugendstrafe

Die Reformdiskussion im Bereich der Jugendstrafe beschäftigt sich hauptsächlich mit der Frage der Verhängung von Jugendstrafe wegen schädlicher Neigungen und der Strafdauer der Jugendstrafe.

---

183 Sabaß, MschrKrim 2003, S. 221, 223

184 Schöch in: Meier/Rössner/Schöch, § 10 Rn. 48

185 Vgl. Ostendorf, StV, 2002, S. 438

186 Beschlüsse des 64. Deutschen Juristentages, NJW 2002, S. 3078

187 Eisenberg, JGG, § 15 Rn. 10

a) Schädliche Neigungen

Die Jugendstrafe wegen schädlicher Neigungen wird bereits seit langem heftig kritisiert. Vehement wird in der Fachliteratur die gänzliche Streichung der Jugendstrafe wegen schädlicher Neigungen gefordert.[188] Bereits der Begriff der „schädliche Neigungen“ habe einen hohen Stigmatisierungseffekt und sei selbst schädlich.[189] In der Praxis dominiert die Verhängung der Jugendstrafe wegen schädlicher Neigungen[190], so dass bei einer völligen Streichung der Jugendstrafe wegen schädlicher Neigungen sich erhebliche Sanktionslücken ergäben.

Teilweise wird eine Begriffsänderung dahingehend vorgeschlagen, nach der Jugendstrafe dann zu verhängen ist, wenn eine negative Rückfallprognose für erhebliche Straftaten, deren Wiederholung nicht mehr effektiv mit ambulanten Sanktionen entgegengewirkt werden kann, besteht.[191]

Ein Arbeitsentwurf des Bundesjustizministeriums aus dem Jahr 1982 wollte den Begriff der schädlichen Neigungen durch die Formulierung einer „Gefährdung einer Störung der Persönlichkeitsentwicklung“ ersetzen.[192] Da diese Formulierung aber ebenfalls als zu unpräzise kritisiert wurde, wurde sie vom Gesetzgeber nicht aufgegriffen.

b) Dauer der Jugendstrafe

Die zur Dauer der Jugendstrafe vorgeschlagenen Änderungen umfassen ein breites Spektrum. Sie beinhalten Reduzierungen sowie Erhöhungen der Jugendstrafe. Zu den wichtigsten Reformforderungen gehören im Bereich der Jugendstrafe die Herabsetzung der Untergrenze der Mindeststrafe auf drei Monate und die Erhöhung der so genannten Bestrafungsmündigkeit auf 16 Jahre. Danach sollen die 14- und 15-jährigen aus dem Anwendungsbereich der Jugendstrafe herausfallen.[193] Nach diesen Vorschlägen sollen 14- und 15-jährige trotz Strafmündigkeit nur noch zu Erziehungsmaßregeln und Zuchtmitteln verurteilt werden kön-

---

188 Ostendorf, Grdl. zu §§ 17-18 Rn. 6 mit zahlreichen Nachweisen; Begemann ZRP 1991, 44, 45; die ersatzlose Streichung der Jugendstrafe wegen schädlicher Neigungen wurde ebenfalls von den Teilnehmern des 64. Deutschen Juristentages beschlossen, s. Beschlüsse des 64. Deutschen Juristentages, NJW 2002, S. 3078. Ebenso Walter in seinem Referat bei der Strafrechtslehrertagung im Mai 2001 in Passau, vgl. Walter, DVJJ-J 2001, 358, 366.

189 Böhm, S. 202, 203: Jugendliche, bei denen mehrfach schädliche Neigungen festgestellt worden, können meinen es sei ihr Schicksal und sie könnten dagegen nichts tun; ebenso Ostendorf, JGG, § 17 Rn. 3

190 Vgl. die Zusammenfassung von Ostendorf, JGG, Grdl. zu §§ 17-18 Rn. 4. Einzeluntersuchungen haben einen Anteil der Jugendstrafe wegen schädlicher Neigungen von bis zu 79 Prozent festgestellt.

191 Ostendorf, JGG, Grdl. zu §§ 17-18 Rn. 6 m.w.N.

192 Dünkel/Meyer, Reform von Jugendstrafe und Jugendstrafvollzug, S. 11 m.w.N.

193 Ostendorf, StV 2002, S. 443

nen. Im Hinblick auf schwerste Straftaten wird diese Forderung wiederum dahingehend eingeschränkt, dass es sich nicht um vorsätzliche Tötungsdelikte oder schwerste Gewaltverbrechen gegen eine Person handeln darf und der Jugendliche nicht schon wiederholt wegen anderer solcher Taten verurteilt worden ist oder andere ambulante Maßnahmen sich bislang erfolglos erwiesen haben.[194] Dabei soll eine verbindliche Obergrenze der Jugendstrafe von fünf Jahren normiert werden.

Es bestehen außerdem Vorschläge, die bisherigen Höchstgrenzen der Jugendstrafe von fünf auf zwei beziehungsweise von zehn auf fünf Jahre zu reduzieren.[195] Teilweise wird dieser Vorschlag dahingehend modifiziert, dass bei Kapitaldelikten die Regelung der bisherigen Höchststrafe bestehen bleiben soll.

Albrecht[196] hat in seinem Gutachten für den 64. Deutschen Juristentag vorgeschlagen, die Obergrenze für Jugendliche bei fünf Jahren zu belassen und eine Untergrenze von drei Monaten einzuführen. Die Höchstdauer sei bei Heranwachsenden bei zehn Jahren zu belassen, die Mindestdauer sei wie bei Jugendlichen zu regeln.

Teilweise wird für heranwachsende Täter eine Erhöhung der Jugendstrafe auf 15 Jahre gefordert. Am 20. Juni 2003 hat der Bundesrat den baden-württembergischen Entwurf eines *Gesetzes zur Verbesserung der Bekämpfung der Jugenddelinquenz* (Bundesratsdrucksache 312/03) beim Deutschen Bundestag eingebracht. Dieser Entwurf sieht die Erhöhung der Jugendstrafe von zehn auf 15 Jahre vor, soweit auf Heranwachsende noch Jugendstrafrecht angeordnet wird. Anträge der bayerischen Staatsregierung und der sächsischen Landesregierung (Bundesratsdrucksachen 662/97, 449/99 sowie 459/98), die ebenfalls eine Anhebung der Höchststrafe von zehn Jahren forderten, konnten bislang nicht im Bundestag keine Mehrheit finden.

Eine deutliche Mehrheit der Teilnehmer des 64. Deutschen Juristentages lehnte eine generelle Erhöhung der Jugendstrafe auf 15 Jahre ab, befürwortete aber eine Anhebung der Jugendstrafe bei Heranwachsenden auf 15 Jahre, wenn nach allgemeinem Strafrecht lebenslange Freiheitsstrafe angedroht ist.[197]

Ob in der Justizpraxis Bedarf für eine Anhebung des Strafrahmens der Jugendstrafe besteht, könnte bezweifelt werden, da im Zeitraum zwischen 1987 bis 1996 nur insgesamt 65 Jugendliche und Heranwachsende zu einer Höchststrafe

---

[194] Ostendorf, StV 2002, S. 443

[195] Pfeiffer in 2. Kölner Symposium S. 86

[196] Albrecht Gutachten DJT, S. 152

[197] Beschlüsse des 64. Deutschen Juristentages, NJW 2002, S. 3078; Schöch, RdJB 2003, S. 299, 306

von zehn Jahren Jugendstrafe verurteilt wurden.[198] Bislang scheint die Justizpraxis noch nicht einmal den bisherigen Rahmen von zehn Jahren auszuschöpfen.[199]

4. Nebenstrafen und -folgen

Im Bereich der Nebenstrafen und -folgen findet eine Diskussion über die Umwandlung des Fahrverbotes von einer Neben- zur Hauptstrafe statt.

Die Einführung des Fahrverbots als Zuchtmittel nicht unumstritten. Die Gegner einer solchen Regelung führen an, dass das Fahrverbot aufgrund der steigenden Mobilitätsanforderungen, der schweren Kontrollierbarkeit sowie aufgrund des hohen Prestigewerts von dem Führen von Kraftfahrzeugen abzulehnen sei.[200]

Im April 2000 brachte die CDU/CSU-Fraktion einen Gesetzesentwurf zur *Verbesserung der gesetzlichen Maßnahmen gegenüber Kinder- und Jugenddelinquenz* ein. Darin wurde die Einführung des Fahrverbots als Zuchtmittels aufgrund des hohen Prestigewerts, den das Führen von Kraftfahrzeugen bei Jugendlichen habe, gefordert. Auch der Entschließungsantrag von Baden-Württemberg an den Bundesrat vom 21.09.2000 (Bundesratsdrucksache 564/00), der Gesetzesantrag durch den Freistaat Bayern (Bundesratsdrucksache 637/00), der im Oktober 2000 in den Bundesrat eingebracht wurde sowie der Gesetzesantrag des Landes Brandenburg im Bundesrat vom 04.07.2002 (Bundesratsdrucksache 634/02) sprachen sich für die Einführung eines Fahrverbots als eigenständige Sanktion aus.

Der Arbeitsentwurf zur Reform des Sanktionenrechts vom Dezember 2000 schlägt die Einfügung des § 15 a JGG vor, wonach der Richter gegen den Jugendlichen ein Fahrverbot nach dem § 44 StGB anordnen kann. Der Arbeitsentwurf möchte das Fahrverbot von einer Neben- zur Hauptstrafe umwandeln. Die zulässige Höchstdauer soll nach diesem Entwurf sechs Monate betragen.

Am 20. Juni 2003 hat der Bundesrat den baden-württembergischen Entwurf eines *Gesetzes zur Verbesserung der Bekämpfung der Jugenddelinquenz* (Bundesratsdrucksache 312/03) beim Deutschen Bundestag eingebracht, der eine Verschärfung der bisherigen gesetzlichen Regelung des Fahrverbotes vorsieht. Der neu eingebrachte Gesetzesentwurf sieht die Möglichkeit eines eigenständigen Fahrverbots bis zu drei Monate auch für solche Fälle vor, in denen die Anlasstat kein Straßenverkehrsdelikt ist. Bisher kann das Fahrverbot nur verhängt werden, wenn es sich bei der Anlasstat um ein Straßenverkehrsdelikt handelt.

Der 64. Deutsche Juristentag beschäftigte sich ebenfalls mit der Sanktion des Fahrverbotes; die Teilnehmer lehnten aber eine Ausweitung dieser Sanktion auf

---

[198] Quelle: Schulz, MschrKrim 2001, S. 310, 311

[199] So auch Ostendorf am 64. Deutschen Juristentag. Vgl. dazu Schöch, RdJB 2003, S. 299, 305, 306.

[200] Sonnen, DVJJ-J 2000, S. 331

Straftaten ohne Bezug auf Straßenverkehrsdelikte mehrheitlich ab.[201] Begründet wurde die Ablehnung damit, dass ein fehlender innerer Zusammenhang zwischen Straftat und Sanktion das Rechtsgefühl vieler Bürger verletzen würde; zum anderen würde mit dem Fahrverbot die Gefahr der Sanktionseskalation insofern erhöht werden, als viele Jugendliche lieber einen Ungehorsamsarrest in Kauf nähmen, als auf das in einer bestimmten Altersphase besonders wichtige Statussymbol Kraftfahrzeug zu verzichten.[202]

VI. Gesamtbetrachtung

1. Dreiteilung der Sanktionen

Kennzeichnend für das deutsche jugendstrafrechtliche Sanktionensystem ist die Dreiteilung der Sanktionen in Erziehungsmaßregeln, Zuchtmittel und Jugendstrafe. Das starre Sanktionensystem des allgemeinen Strafrechts gilt im Jugendstrafrecht nicht.

2. Berücksichtigung des Erziehungsgedankens

Tragender Gedanke im deutschen Jugendstrafrecht ist der Erziehungsgedanke. Ihm haftet allerdings die ihm eigentümliche und teilweise widersprüchliche Zweideutigkeit an, die darin besteht, dass einerseits Erziehung statt Strafe, andererseits Erziehung durch Strafe erfolgen soll.[203]

Die jugendstrafrechtliche Strafzumessung wird oft angegriffen, weil sie zu hart sei und dem Erziehungsgedanken widerspräche. Des Weiteren wird teilweise gegen den im deutschen Jugendstrafrecht verankerten Erziehungsgedanken eingewandt, dass er eine Schlechterstellung von Jugendstraftätern gegenüber erwachsenen Straftätern bewirke.

Der Erziehungsgedanke ist aber im deutschen Jugendstrafrecht weiterhin vorherrschend. Der Referentenentwurf eines Zweiten Gesetzes zur Änderung des JGG des Bundesministeriums für Justiz bekennt sich deutlich zum Erziehungsgedanken als Leitprinzip des deutschen Jugendstrafrechts.[204] Nach dem Entwurf soll § 2 JGG dahingehend geändert werden, dass folgender Absatz 1 eingefügt wird: „Die Anwendung des Jugendstrafrechts soll vor allem erneuten Straftaten eines Jugendlichen oder Heranwachsenden entgegenwirken. Zur Er-

---

[201] Beschlüsse des 64. Deutschen Juristentages, NJW 2002, S. 3078; Sabaß, MschrKrim 2003, S. 221, 222, 223

[202] Sabaß, MschrKrim 2003, S. 221, 222, 223; Schöch, RdJB 2003, S. 299, 304

[203] Vgl. Rössner/Banneberg, S. 58; vgl. Streng, Jugendstrafrecht, § 1 Rn. 18

[204] Der Referentenentwurf eines Zweiten Gesetzes zur Änderung des JGG (Stand: 08. April 2004) ist bislang unveröffentlicht.

reichung dieses Ziels sind die Rechtsfolgen und, soweit möglich, auch das Verfahren vorrangig am Erziehungsgedanken auszurichten."

Diese Formulierung soll verdeutlichen, dass der junge Straftäter nicht als „Erziehungsobjekt" angesehen wird, sondern die Bedeutung des Erziehungsgrundsatzes vielmehr darin gesehen wird, dass zur Erreichung des Ziels künftiger Legalbewährung primär erzieherische Mittel eingesetzt werden sollen und dass auch im Übrigen nach Möglichkeit erzieherischen Gesichtspunkten Rechnung getragen wird.[205]

Trotz der Charakterisierung des Jugendstrafrechts als Erziehungsstrafrecht darf nicht vergessen werden, dass dem Jugendstrafrecht als echtem Strafrecht die Funktion zukommt, die Werte und Normen der Gesellschaft zu bestätigen und den Rechtsfrieden zu verteidigen.[206]

3. Prinzip der Subsidiarität jugendstrafrechtlicher Rechtsfolgen

§ 5 II JGG enthält den Grundsatz der Subsidiarität jugendstrafrechtlicher Rechtsfolgen.[207] Nach diesem Grundsatz haben nichtfreiheitsentziehende Sanktionen, soweit sie zur Erreichung bestehender Erziehungs- und Strafzwecke ausreichen, Vorrang vor freiheitsentziehenden Rechtsfolgen.[208] Entgegen dem Wortlaut des § 5 II JGG ist dessen Inhalt nicht auf die Aussage, Erziehungsmittel seien stets vor Zuchtmitteln anzuordnen, zu reduzieren. Es ist vielmehr konkret im Einzelfall zu fragen, welche von den zur Förderung des Legalverhaltens geeigneten Maßnahmen das mildeste Mittel ist, um das Normlernen zu fördern, wobei entscheidendes Kriterium die Eingriffsintensität der Reaktion ist.[209]

4. Sonderstellung der jugendstrafrechtlichen Sanktionen

Die Sonderstellung der jugendstrafrechtlichen Sanktionen gegenüber denjenigen des allgemeinen Strafrechts zeigt sich bei der Auswahl der möglichen Maßnahmen sowie den Grundsätzen der Strafzumessung. Im Jugendstrafrecht ist die begangene Straftat nur Anlass zur Verhängung einer Sanktion, § 5 I JGG.

Das Jugendstrafrecht ist Täterstrafrecht und nicht etwa ein Tatstrafrecht. Daher muss die Täterpersönlichkeit bei der Wahl der Tatfolge in besonderem Maße berücksichtigt werden. Nach der Rechtsprechung des Bundesgerichtshofes besteht der Vorrang des Täterstrafrechts auch bei der Jugendstrafe wegen Schwere

---

[205] So die Erläuterungen des Referentenentwurfes eines Zweiten Gesetzes zur Änderung des JGG (Stand: 08. April 2004)

[206] Vgl. Streng, Jugendstrafrecht, § 1 Rn. 16 m.w.N.

[207] P.A. Albrecht, § 15 I 3; Rössner in: Meier/Rössner/Schöch, § 6 Rn. 9; Brunner/Dölling, § 5 Rn. 1; Eisenberg, JGG, § 5 Rn. 20

[208] P.A. Albrecht, § 15 I 3; Eisenberg, § 5 Rn. 20

[209] P.A. Albrecht, § 24 II 2 b; Rössner in: Meier/Rössner/Schöch, § 6 Rn. 9

der Schuld. Die Grundsätze der Strafzumessung nach § 46 StGB, wonach der Schuldausgleich die Grundlage der Straffestsetzung ist, sind für den Jugendrichter nicht maßgebend. Aus der Systematik des JGG, insbesondere des § 5 JGG lassen sich zusätzlich zwei Grundsätze erkennen, die Leitlinien der Rechtsfolgenbestimmung sind: Zum einen ist stets der Vorrang der Erziehung vor Strafe zu beachten und zum anderen das Subsidiaritätsprinzip, nach welchem bei der Sanktionsauswahl das möglichst mildeste Mittel bei gleicher Wirkung zu verhängen ist.[210]

Im deutschen Jugendstrafrecht ist die Schwere der Schuld von grundsätzlich untergeordneter Bedeutung. Entscheidend sind vielmehr die Erziehungsbedürftigkeit- und Fähigkeit des jungen Straftäters auf der einen und die Ahndungsbedürftigkeit des Rechtsbruchs auf der anderen Seite.[211] Bei den Sanktionen des Jugendarrestes und der Jugendstrafe vermischt sich allerdings der Erziehungsgedanke mit repressiven Elementen wie dem Schuldausgleich und der Ahndung der Tat.

5. Breiter Spielraum bei Auswahl und Bemessung der jugendstrafrechtlichen Sanktionen

Anstelle der Strafrahmen des allgemeinen Strafrechts bestehen im JGG generalklauselartige Richtlinien, die dem Jugendrichter einen breiten Spielraum bei Auswahl und Bemessung einer geeigneten jugendstrafrechtlichen Sanktion lassen. Besonders deutlich wird dies beispielsweise im Rahmen der Anordnungen von Weisungen, da diese in § 10 JGG nicht abschließend aufgeführt sind.

6. Vorrang der Verfahrenseinstellung nach §§ 45, 47 JGG

Das Jugendstrafrecht gibt den Jugendstaatsanwälten und Jugendrichtern die notwendigen Instrumentarien, um auf die Entwicklung des Jugendlichen einzugehen und zu reagieren. Entsprechend der Konzeption des JGG ist zunächst zu prüfen, ob der Fall nach den §§ 45, 47 JGG informell erledigt werden kann. Der Vorrang der Verfahrenseinstellung nach §§ 45, 47 JGG erschien dem Gesetzgeber als so eindeutig, dass er dies nicht mehr im § 5 JGG erwähnte.[212] In Deutschland werden entsprechend dem Grundsatz des Vorrangs der Verfahrenseinstellung rund 70 Prozent aller Jugendstrafverfahren informell erledigt.[213] Dieser Aspekt wird möglicherweise in der öffentlichen Diskussion über Gesetzesänderungen im Bereich des deutschen Jugendstrafrechts zu sehr vernachlässigt.

---

[210] Rössner/Bannnenberg, S. 58, 59
[211] Rössner/Banneberg in Albrecht, Jugendstrafrecht in Europa, S. 58
[212] Rössner in: Meier/Rössner/Schöch, § 6 Rn. 7
[213] Quelle: Konstanzer Inventar Kriminalitätsentwicklung, Schaubild 6

§ 3 Österreich

I. Geschichte des österreichischen Jugendstrafrechts

Wie in der Geschichte des deutschen Jugendstrafrechts beginnt auch in Österreich die Festlegung besonderer Strafzumessungsbestimmungen für Jugendliche durch die „peinliche Halsgerichtsordnung“ Karls V. von 1532.[214] So sah beispielsweise Art. 164 für unter 14jährige Diebe ausdrücklich Strafmilderungen vor. Im Strafgesetz 1852 wurden Sonderregelungen für Kinder bis 14 Jahre geschaffen, von einem eigenen Jugendstrafrecht konnte zu diesem Zeitpunkt allerdings noch nicht gesprochen werden. Das Strafgesetz 1852 schloß die Strafbarkeit für Kinder unter zehn Jahren aus und überließ diese der häuslichen Züchtigung.[215] Für Verbrechen zehn bis 14jähriger Täter sah § 270 des Strafgesetzes 1852 eine Verschließung an einem gesonderten Verwahrungsort in der Dauer von einem Tag bis zu sechs Monaten vor. Vergehen oder Übertretungen wurden nach § 273 des Strafgesetzes der häuslichen Züchtigung, in Ermangelung einer solchen Züchtigung den Sicherheitsbehörden überlassen. Diese wirkten dann in aller Regel körperlich auf die zehn bis 14jährigen Delinquenten ein.[216]

Für jugendliche Täter ab dem 14. Lebensjahr sah das Strafgesetz 1852 keine eigenen Sonderregelungen vor. Sie wurden mit der vollen Härte des Gesetzes bestraft. Als Begründung dafür wurde angegeben, dass die Erziehung von Personen in dieser Altersgruppe den Gepflogenheiten der damaligen Zeit als abgeschlossen galt. Allerdings wurde dennoch in der Jugend des Täters (14. Lebensjahr bis zum 20. Lebensjahr) ein Strafmilderungsgrund erblickt. Zudem stellte das Strafgesetz 1852 das Verbot auf, gegen 14 bis 20jährige Täter Todesstrafe oder lebenslange Freiheitsstrafe zu verhängen.

1907 wurde in Österreich der erste Entwurf eines selbständigen, vom allgemeinen Strafgesetz getrennten, Jugendgerichtsgesetzes erarbeitet, welcher jedoch nie durch das österreichische Parlament verabschiedet wurde. 12 Jahre später entstanden die ersten eigenen Jugendgerichte in Österreich.[217]

---

[214] Vgl. § 2 I

[215] Vgl. zu den Regelungen des Strafgesetzes 1852 Maleczky, S. 11, Bogensberger, S. 13, 14

[216] Bogensberger, S. 13; vgl. kurze Darstellung bei Grafl, S. 22

[217] Löschnig-Gspandl, S. 269, Maleczky, S. 11, Bogensberger, S. 21; Köck, JRP 1999, S. 269, Grafl, S. 22

In der Weimarer Republik war eine die starke Zunahme der Jugendverwahrlosung zu verzeichnen.[218] Der Anstieg der Jugendkriminalität nach dem Ersten Weltkrieg ließ eine umgehende Regelung eines Jugendgerichtsgesetzes als nicht mehr aufschiebbar erscheinen.[219] Das Inkrafttreten des deutschen Jugendgerichtgesetzes am 01.07.1923 bewirkte eine Initialzündung für eine verstärkte und nunmehr auch konzentrierte Verfolgung des schon seit einiger Zeit angestrebten österreichischen Gesetzesentwurfes.[220] Am 01.01.1929 trat das Bundesgesetz über die Behandlung junger Rechtsbrecher (Jugendgerichtsgesetz 1928) in Kraft. Bereits der Gesetzestitel macht deutlich, dass mit diesem Gesetz nicht nur eine strafrechtliche Behandlung Jugendlicher verfolgt wurde, sondern vielmehr eine umfassende Behandlung junger Straftäter bezweckt war. Das österreichische Jugendgerichtsgesetz von 1928 führte dementsprechend wesentliche Neuerungen im Umgang mit jugendlichen Delinquenten ein. So hieß es im Bericht des zuständigen Strafrechtsausschusses[221]:

„Die Behandlung junger Rechtsbrecher in Österreich ist so ziemlich die rückständigste in der ganzen zivilisierten Welt. Immer noch müssen Unmündige, die ein Verbrechen, Jugendliche, die was immer für eine strafbare Handlung begangen haben, zu Strafen verurteilt werden, und zwar im wesentlichen zu den gleichen Strafen wie Erwachsene. Für einen Rechtsbruch ein Strafübel aufzulegen, das nicht nur der Größe der Schuld, sondern auch dem objektiven Werte des verletzten Rechtsgutes entspricht, ist nach der veralteten Auffassung unseres Strafgesetzes Aufgabe des Richters auch jungen Rechtsbrechern gegenüber. In allen Kulturstaaten ist dieser Standpunkt längst aufgegeben, ist Unmündigen oder Jugendlichen gegenüber von Vergeltung nicht mehr die Rede. Man erblickt die Aufgabe der Rechtspflege in bezug auf junge Rechtsbrecher nicht mehr in der Zufügung eines Strafleids, sondern in ihrer Läuterung und Erziehung zu einem rechtschaffenen und nützlichen Leben. Der Strafe im alten Sinn wird Berechtigung nur zuerkannt, soweit sie als Mittel zu diesem Zweck, also als Erziehungsmittel, in Betracht kommt.“

Bereits im Jugendgerichtsgesetz 1928 findet sich der Gedanke des Zurückdrängens der Geld- und Freiheitsstrafe durch andere Sanktionsformen.[222] Dieser Gedanke ist auch heute noch im österreichischen Jugendstrafrecht vorherrschend und prägt das österreichische Jugendstrafrecht. Das Strafmündigkeitsalter betrug im öJGG von 1928 14 Jahre, was mit dem Alter bei Ende der Schulpflicht zusammen hing.[223] Die Strafobergrenzen wurden für Jugendliche halbiert, wobei

---

[218] Bogensberger, S. 22

[219] Vgl. Bogensberger, S. 22

[220] Bogensberger, S. 23

[221] Nach Bogensberger, S. 25

[222] Schroll, ÖRZ 1986, S. 98; Vgl. Bogensberger, DVJJ-J 1991, S. 235

[223] Vgl. dazu Jesionek, Österreich, S. 289 sowie Jesionek, Reform des Jugendstrafrechts, S. 221

ein Höchstmaß von zehn Jahren Freiheitsstrafe festgelegt wurde. Stellte sich bei dem jungen Rechtsbrecher im Zusammenhang mit einer Straftat eine Erziehungsbedürftigkeit heraus, so konnten Erziehungsmaßregeln (Erziehungsaufsicht, Einweisung in eine Bundesanstalt für Erziehungsbedürftige, Unterbringung in einer Familie oder in einem Jugendheim) angeordnet werden. Durch die Einführung des Jugendgerichtgesetzes 1928 wurde in Österreich eine Kehrtwendung weg von der Vergeltungsstrafe hin zu einer pädagogisch orientierten Zweckstrafe vollzogen.[224]

Das Jugendgerichtsgesetz 1928 war im Wesentlichen auch zwischen 1938 und 1945 in Geltung, wurde aber durch eine Vielzahl von nationalsozialistischen Sondervorschriften praktisch außer Kraft gesetzt.[225] Durch die „Verordnung zur Ergänzung des Jugendstrafrechts" vom 04.10.1940 wurde unter anderem der Jugendarrest neu in das österreichische Jugendstrafrecht eingeführt. Schließlich trat am 01.01.1944 das (deutsche) Reichsjugendgerichtsgesetz in Kraft, das dadurch auch auf österreichischem Gebiet galt. Mit diesem Gesetz wurde das österreichische Jugendgerichtsgesetz 1928 aufgehoben.

Nach dem Ende des Zweiten Weltkrieges wurde 1945 das Jugendgerichtsgesetz 1928 erneut Teil der österreichischen Rechtsordnung und wurde erst im Jahr 1961 durch das Jugendgerichtsgesetz 1961 abgelöst, wobei letzteres Gesetz sehr stark durch den Leitgedanken: „Wo möglich Erziehung statt Strafe und Strafe nur als Mittel der Erziehung" geprägt war.[226]

Grundlegend neu gestaltet wurde das österreichische Jugendstrafrecht durch das Bundesgesetz vom 20.10.1988 über die „Rechtspflege bei Jugendstraftaten".[227] Hintergrund dieser Gesetzesreform bildete dabei aber nicht eine quantitativ oder qualitativ beunruhigende Entwicklung der Jugendkriminalität, da diese um die Mitte der achtziger Jahre sowohl absolut als auch bezogen auf die Wohnbevölkerung im jugendlichen Alter klar im Sinken begriffen war.[228] Den entscheidenden Anstoß zu den Reformbemühungen gab vielmehr die Erkenntnis, dass straffällig gewordenen Jugendliche in der sozialen Realität oft Nachteile erlitten, die – insbesondere Schwierigkeiten in der Schulkarriere oder bei der Suche nach einem Arbeitsplatz – in ihrem Gewicht über die eigentlichen strafrechtlichen Sanktionen weit hinausgingen.[229] Diesen unerwünschten Neben- und Spätfolgen einer Jugendstraftat stärker entgegenzuwirken war eines der Haupt-

---

[224] Bogensberger, S. 35

[225] Vgl. Jesionek, Entwicklung des Jugendstrafrechts, S. 7; Bogensberger, S. 37, 38, 40 sowie Bogensberger in DVJJ-J 1991, S. 235; Grafl, S. 24

[226] Vgl. Dearing, S. 259; vgl. Schroll, ÖRZ 1986, S. 98; Bogensberger, DVJJ-J 1991, S. 235

[227] Burgstaller, JAP 1993/94, S. 12; Löschnig-Gspandl, S. 269; Jesionek, Entwicklung des Jugendstrafrechts, S. 8

[228] Burgstaller, JAP 1993/94, S. 12, 13; Stangl, S. 233

[229] Burgstaller, JAP 1993/94, S. 13; vgl. Dearing, S. 304; Bogensberger, S. 117; Jesionek, Konfliktregelung, S. 170, 171; Jesionek, Reform des Jugendstrafrechts, S. 227

anliegen des neuen österreichischen Jugendgerichtsgesetzes. Besonders hervorzuheben ist, dass es sich bei dieser Gesetzesreform um eine von der Praxis indizierte Reform handelte.[230] Das öJGG 1988 führte ein umfassendes Diversionssystem mit absolutem Vorrang der diversionellen Erledigungen sowie eine Einbeziehung der 18jährigen in den Anwendungsbereich des Jugendstrafrechts ein, und die Anwendung des neuen Gesetzes führte zu einem weiteren Rückgang der Verurteilung jugendlicher Täter.[231] So wurden 1989 nur noch 15 Prozent der ermittelten tatverdächtigen Jugendlichen durch die Gerichte verurteilt.[232] Ziel des Gesetzes war es, dass strafbare Handlungen Jugendlicher nicht vorrangig oder ausschließlich in Schuld- und Straferkenntnisse münden sollten.[233]

Im Zuge einer Gesetzesänderung im Jahr 2001 wurden die 18jährigen unter Anpassung an die zivilrechtliche Volljährigkeitsgrenze wieder aus dem Anwendungsbereich des öJGG herausgenommen. Für die 18 bis einschließlich 20jährigen Straftäter wurden (stark umstrittene) Sonderregelungen eingeführt, ohne jedoch ein umfassendes eigenständiges Heranwachsendenstrafrecht zu schaffen.

II. Persönlicher und sachlicher Anwendungsbereich

1. Persönlicher Anwendungsbereich

Das österreichische Jugendstrafrecht unterscheidet in § 1 öJGG zwischen Unmündigen und Jugendlichen.

Nach § 1 Z 1 öJGG ist unmündig, wer das 14. Lebensjahr noch nicht vollendet hat. Unmündige, die eine mit Strafe bedrohte Handlung begehen, sind nicht strafbar gemäß § 4 I öJGG. Es können aber gegenüber Unmündigen familien- und jugendwohlfahrtrechtliche Verfügungen getroffen werden, wenn das Vormundschafts- oder Pflegschaftsgericht dies wegen einer Gefährdung der persönlichen Entwicklung des Unmündigen aus Anlaß der begangenen Straftat für erforderlich hält, § 2 öJGG.

Jugendliche sind nach § 1 Z 2 öJGG Personen, die zum Tatzeitpunkt das 14. Lebensjahr, aber noch nicht das 18. Lebensjahr vollendet haben.[234] Die 18jährigen wurden im Jahr 2001 aus dem Anwendungsbereich des Jugendstraf-

[230] Jesionek, Entwicklung des Jugendstrafrechts, S. 8; vgl. Dearing, S. 304; vgl. Stangl, S. 226
[231] Vgl. Jesionek, Entwicklung des Jugendstrafrechts, S. 8; vgl. Löschnig-Gspandl, S. 269, 270
[232] Stangl, S. 232, 233
[233] Bogensberger, DVJJ-J 1991, S. 236
[234] Der ursprüngliche Gedanke, die Strafmündigkeit vom 14. auf das 15. Lebensjahr anzuheben, weil zu diesem Zeitpunkt die Schulpflicht endet, wurde nicht vom Parlament aufgegriffen, vgl. Jesionek, Österreich, S. 272

rechts ausgeschlossen. Diese Gesetzesänderung hing mit dem Herabsenken der Altersgrenze der zivilrechtlichen Verantwortlichkeit von dem 19. auf das vollendete 18. Lebensjahr durch das Kindschafts-Änderungsgesetz 2001 zusammen. Der österreichische Gesetzgeber hielt eine Anpassung dieser Altersgrenze auch im Strafrecht für angezeigt.[235]

Eine Anwendung des Jugendstrafrechts auf Heranwachsende sieht das Gesetz nicht vor. Junge Erwachsene, worunter man nach § 46a öJGG Personen, die das 18., aber noch nicht das 21. Lebensjahr vollendet haben, werden vom österreichischen Jugendgerichtsgesetz nur von den grundlegenden verfahrensrechtlichen Vorschriften erfaßt, sofern sie nicht ihrer Natur nach nur bei Minderjährigen in Betracht kommen oder sonst bei Volljährigen nicht erforderlich sind.[236] Ein besonderes Strafrecht für Heranwachsende kennt das österreichische Recht also nicht, § 46a öJGG ist als ein Kompromiß hinsichtlich der strafrechtlichen Behandlung junger Erwachsener anzusehen. In materiellrechtlicher Hinsicht gelten für junge Erwachsene grundsätzlich die Regelungen des allgemeinen Strafrechts.

2. Sachlicher Anwendungsbereich

Das Jugendstrafrecht ist in persönlicher Hinsicht bei Jugendstraftaten anwendbar. Jugendstraftaten sind nach § 1 Z 3 öJGG mit gerichtlicher Strafe bedrohter Handlungen, die von einem Jugendlichen begangen werden.

3. Strafbefreiung

Das österreichische Jugendstrafrecht sieht einige Strafbefreiungen vor. So sind Unmündige, die eine mit Strafe bedrohte Handlung begangen haben, nach § 4 I öJGG nicht strafbar. Ein Jugendlicher, der eine mit Strafe bedrohte Handlung begeht, ist nicht nach § 4 II Z 1 öJGG strafbar, wenn er entwicklungsbedingt noch nicht reif genug ist, das Unrecht der Tat einzusehen oder dieser Einsicht nach zu handeln.

Zudem normiert § 4 II Z 2 öJGG eine weitgehende Strafbefreiung für 14- und 15-Jähriger Täter, wenn diese ein Vergehen begangen haben, sie kein schweres Verschulden trifft und nicht aus besonderen spezialpräventiven Gründen die Anwendung des Jugendstrafrechts geboten ist, um sie von strafbaren Handlungen abzuhalten. Nach österreichischem Recht liegt ein Vergehen dann vor, wenn die Tat bei Erwachsenen mit einer drei Jahre nicht übersteigenden Freiheitsstrafe bedroht ist, §§ 17 öStGB, 5 Z 7 öJGG. Da in Österreich zu den Vergehen die meisten gängigen Vermögensdelikte, außer Einbruchsdiebstahl, sowie die Körperverletzungsdelikte bis hinauf zur schweren Körperverletzung

[235] Kritisch dazu Fuchs, S. 68, 69; Miklau, S. 142
[236] Löschnig-Gspandl, S. 270, Jesionek, Entwicklung des Jugendstrafrechts, S. 9

zählen, und „schwere Schuld“ nur bei wirklich atypisch hohem Unrechts- und Schuldgehalt der konkreten Tat angenommen wird, ist die Straffreistellung nach § 4 II Z 2 öJGG in der Lage den weitaus überwiegenden Teil der Kriminalität der 14- und 15jährigen von vornherein aus dem Strafrechtsbereich auszuscheiden.[237] Die Vorschrift des § 4 II Z 2 öJGG bringt somit klar zum Ausdruck, dass die 14 und 15jährigen Delinquenten nur in schweren Fällen der Strafverfolgung unterliegen sollen.[238]

Des Weiteren sieht § 4 II Z 3 öJGG eine Strafbefreiung bei Vorliegen der Voraussetzungen des § 42 öStGB vor. Eine Strafbefreiung tritt nach dieser Vorschrift ein, wenn die Tat nur mit Geldstrafe oder höchstens drei Jahren Freiheitsstrafe bedroht ist, die Schuld des Täters gering ist, die Tat keine oder nur unbedeutende Folgen nach sich gezogen hat und der Täter sich um Schadenswiedergutmachung bemüht hat und weder spezial- oder generalpräventive Gründe entgegenstehen. Die Strafbefreiung aufgrund der mangelnden Strafwürdigkeit der Tat ist kein spezieller jugendrechtlicher Strafbefreiungsgrund, sondern gilt in grundsätzlich gleicher Weise im Erwachsenenstrafrecht.

III. Zuständigkeit der Gerichte

Für die Durchführung von Jugendstrafverfahren und Strafverfahren gegen junge Erwachsene ist das Bezirksgericht beziehungsweise das Landesgericht im Einzelrichterverfahren als Schöffen- oder als Geschworenengericht zuständig. Bei den Bezirksgerichten und den Landesgerichten sind einzelne für Jugendstrafsachen zuständige Geschäftsabteilungen eingerichtet. Die allgemeine Zuständigkeit der Bezirks- und Landesgerichte bestimmt sich nach den allgemeinen, nicht nach § 5 öJGG geminderten, Strafdrohungen. Bei Delikten mit einer Höchststrafdrohung bis zu einem Jahr ist grundsätzlich das Bezirksgericht zuständig. Bei Höchsstrafdrohungen über einem Jahr ist das Landesgericht zuständig.

In den drei größten österreichischen Städten Wien, Graz und Linz bestand bislang eine eigene Jugendgerichtsbarkeit gemäß §§ 23, 24 öJGG. Durch das Bundesgesetz, mit dem das öJGG 1998 und das Gerichtsorganisationsgesetzes geändert wurde (BGBl. I Nr. 30/2003), wurde die Auflösung des Wiener Jugendgerichtshofes beschlossen. Diese erfolgte dann am 30.06.2003. Die Aufgaben des Wiener Jugendgerichtshofes werden nunmehr seit dem 01.07.2003 von dem Landesgericht für Strafsachen Wien bzw. von den zuständigen Bezirksgerichten wahrgenommen. Die Sonderzuständigkeit des Bezirksgerichts Linz-Land wird zum 01.01.2005 durch das Bundesgesetz über die Verlegung des Bezirksgerichts Linz-Land nach Traun und die Änderung des Jugendgerichtsgesetzes

[237] Burgstaller, JAP 1993/94, S. 13, vgl. dazu auch Maleczky, S. 18; Jesionek, Entwicklung des Jugendstrafrechts, S. 15; Bogensberger, S. 163; Bogensberger, DVJJ-J 1991, S. 236
[238] Maleczky, S. 18

1988 (BGBl. I Nr. 116/2003) entfallen. Derzeit existiert der Entwurf des Bundesgesetzes über die Organisation der Bezirksgerichte in Graz und die Änderung des Jugendgerichtsgesetzes 1988, der die Aufhebung der Sonderzuständigkeit des Jugendgerichts Graz vorsieht. Das Gesetzgebungsverfahren ist aber noch nicht abgeschlossen.

IV. Grundkonzept des österreichischen Sanktionensystems

Ziel des österreichischen Sanktionensystems ist es, eine dem sozialen Fortkommen hinderliche Stigmatisierung weit möglichst zu vermeiden.[239] Daher wurde in Österreich ein Reaktionensystem geschaffen, das den Jugendlichen nicht nur die Strafe selbst, sondern auch einen formellen Schuldspruch sowie das Strafverfahren als solches zum Teil oder völlig ersparen kann.[240] So wurden in Österreich in den letzten Jahren auch nur knapp 13 Prozent aller Tatverdächtigen formell verurteilt. Das öJGG geht also insgesamt von einem Vorrang der Nichtintervention beziehungsweise der Diversion gegenüber der Bestrafung aus.[241] Im österreichischen Jugendstrafrecht werden also auch informelle Maßnahmen als geeignet angesehen, Jugendliche von der Begehung weiterer Straftaten abzuhalten.

Dabei ist das ultima ratio Prinzip streng zu beachten. Es sollen nur diejenigen Maßnahmen getroffen werden, die erforderlich sind, um auf Straftaten zu reagieren. Das Jugendgericht hat bei der Wahl der Sanktionen streng das Verhältnismäßigkeitsprinzip zu beachten. Es soll stets diejenige Reaktionsform wählen, die den geringsten Eingriff in die weitere Lebensführung des Jugendlichen bedeutet.

1. Erweiterte Reaktionsmöglickeiten

Das Jugendgerichtsgesetz sieht eine Vielzahl von Reaktionsmöglichkeiten vor. Die einzelnen Reaktionsformen des öJGG haben graduell ansteigende Voraussetzungen und Auswirkungen.[242] Es besteht ein Stufensystem, in dem die strengere Reaktion nur dann eingesetzt werden soll, wenn die jeweils mildere Reaktion im konkreten Fall ausscheidet.[243] Erst als letztes Mittel zur Sanktionierung von Jugendstrafen kommt die Strafe selbst zum Einsatz.[244]

---

[239] Vgl. Burgstaller, JAP 1993/94, S. 12
[240] Burgstaller, JAP 1993/94, S. 12
[241] Jesionek in Dünkel Entwicklungstendenzen Bd. 2, S. 270; Burgstaller, JAP 1993/94, S. 12
[242] Löschnig-Gspandl, S. 279
[243] Vgl. Burgstaller, JAP 1993/94, S. 12; Löschnig-Gspandl, S. 279
[244] Burgstaller, JAP 1993/94, S. 16

Es gilt der Grundsatz des absoluten Vorrangs der Diversion. Der Vorrang der Diversion gilt ebenfalls für junge Erwachsene, wobei der Anwendungsbereich bei diesen auf den Bereich der intervenierenden Diversion beschränkt ist.

Das österreichische Sanktionensystem für Jugendliche (nicht für junge Erwachsene) umfaßt im weiten Sinne:

- die Straflosigkeit bei mangelnder Strafwürdigkeit nach § 4 II Z 2 öJGG
- den Verfolgungsverzicht durch den Staatsanwalt nach § 6 öJGG (nichtintervenierende Diversion)
- die intervenierende Diversion nach § 7 öJGG, §§ 90a ff. öStPO
- der Schuldspruch ohne Strafe nach § 12 öJGG
- der Schuldspruch unter Vorbehalt der Strafe nach § 13 öJGG
- die Verhängung einer Geld- oder Freiheitsstrafe
- die Unterbringung jugendlicher Straftäter in einer Anstalt für geistig abnorme oder entwöhnungsbedürftige Rechtsbrecher

Funktionellen Strafcharakter besitzen nur die Schuldsprüche sowie die Geld- und Freiheitsstrafe. Die übrigen Reaktionsformen begründen keinen funktionellen Strafcharakter.

2. Absehen von Verfolgung, § 6 öJGG (nicht intervenierende Diversion)

Die schlichtende Diversion kann durch den Staatsanwalt nach § 6 I öJGG und nach Einleitung der Voruntersuchung oder Anklageerhebung gemäß § 6 III öJGG durch das Gericht erfolgen. Von der Verfolgung einer Jugendstraftat ist dann zwingend abzusehen, wenn diese mit nicht mehr als fünf Jahren Freiheitsstrafe bedroht ist und nicht Maßnahmen der intervenierenden Diversion nach § 7 öJGG geboten erscheinen, um den Verdächtigen von strafbaren Handlungen abzuhalten. Ein solches Vorgehen scheidet hingegen aus, wenn die Tat den Tod eines Menschen zur Folge gehabt hat.

Wenn es geboten erscheint, den verdächtigen Jugendlichen über das Unrecht von Taten wie der angezeigten und deren möglichen Folgen förmlich zu belehren, so hat nach § 6 II öJGG das Vormundschafts- oder Pflegschaftsgericht diese Belehrung vorzunehmen. Die Belehrung nach § 6 II öJGG stellt gegenüber dem einfachen Verfolgungsverzicht eine etwas schärfere Reaktionsform dar. Die Justiz setzt mit der Belehrung über das Tatunrecht und die Folgen der Tat auf einen zusätzlichen positiven Erziehungseffekt.

Das Absehen von der Verfolgung hat in der Justizpraxis eine große Bedeutung. Etwa die Hälfte aller Anzeigen gegen Jugendliche werden nach § 6 öJGG eingestellt.[245]

[245] Köck, JRP 1999, S. 276; Jesionek, Entwicklung des Jugendstrafrechts, S. 16

3. Intervenierende Diversion, § 7 öJGG, §§ 90a bis 90m öStPO

Nach § 7 öJGG i.V.m. §§ 90a bis 90m öStPO kann von der Verfolgung einer strafbaren Handlung zurückgetreten werden. Die Zuständigkeit für die Durchführung der intervenierende Diversion liegt grundsätzlich bei dem Staatsanwalt, macht er aber von der Möglichkeit der Diversion bis zur Erhebung der Anklage keinen Gebrauch, so kann das Gericht bis zum Schluß der mündlichen Hauptverhandlung das Verfahren im Wege der intervenierenden Diversion einstellen.

Das Jugendgericht kann bei allen Jugendstraftaten unabhängig von der Strafdrohung den Weg der intervenierenden Diversion wählen, § 7 I a.E öJGG, während die intervenierende Diversion durch den Staatsanwalt nur bei Jugendstraftaten möglich ist, die mit nicht mehr als fünf Jahren Freiheitsstrafe bedroht sind und nicht den Tod eines Menschen zur Folge hatten. Die Diversion durch ein Gericht ist im Gegensatz dazu auch bei Jugendstraftaten mit Todesfolge möglich.[246] Voraussetzung für die Durchführung der intervenierenden Diversion ist, dass kein Fall atypisch schwerer Schuld, sondern vielmehr ein Fall von leichter oder normaler deliktstypischer Schuld vorliegt.[247] Das Vorliegen von schwerer Schuld wird dann angenommen, wenn der Handlungs-, Gesinnungs- und Erfolgsunwert über dem deliktstypisch normalen Schuld- und Unwertsgehalt des jeweiligen tatbestandsmäßigen Verhalten liegt.[248] Die intervenierende Diversion scheidet außerdem dann aus, wenn die Bestrafung des Täters geboten ist, um ihn von weiteren strafbaren Handlungen abzuhalten, und wenn aus besonderen Gründen die Durchführung des Strafverfahrens oder der Ausspruch einer Strafe unerläßlich erscheint, um der Begehung strafbarer Handlungen durch andere entgegenzuwirken.[249]

Als intervenierende Diversionsmaßnahmen sind nach § 90a I öStPO die Zahlung eines Geldbetrages, die Erbringung gemeinnütziger Leistungen, die Bestimmung einer Probezeit, allenfalls in Verbindung mit Bewährungshilfe und/oder der Erfüllung von Pflichten sowie ein außergerichtlicher Tatausgleich vorgesehen. Die Maßnahmen können nicht miteinander verbunden werden, der Staatsanwalt beziehungsweise das Gericht muss sich für eine bestimmte Maßnahme entscheiden, § 90a I öStPO.

---

[246] Jesionek, Entwicklung des Jugendstrafrechts, S. 17; Stangl, S. 227 in Fußnote 4) mit Hinweis auf die gegenteilige Mindermeinung

[247] Vgl. Jesionek, Entwicklung des Jugendstrafrechts, S. 18

[248] Vgl. Jesionek, Entwicklung des Jugendstrafrechts, S. 18

[249] Jesionek, Entwicklung des Jugendstrafrechts, S. 18; vgl. Köck, JRP 1999, S. 276; Löschnig-Gspandl, S. 281

a) Zahlung eines Geldbetrages

Es kann angeordnet werden, dass der Jugendliche einen Geldbetrag zugunsten des Bundes zu zahlen hat, welcher nicht höher sein darf als ein Betrag, der einer Geldstrafe von 180 Tagessätzen entsprechen würde. Die Zahlung eines Geldbetrages soll nur dann angeordnet werden, wenn anzunehmen ist, dass der Jugendliche ihn aus eigenen Mitteln bezahlen kann, § 7 II öJGG. Da dies bei unter 18jährigen selten der Fall ist, kommt diese Diversionsform im Jugendstrafrecht eher selten vor.[250]

Soweit möglich soll die Einstellung des Verfahrens davon abhängig gemacht werden, dass der Jugendliche innerhalb einer Frist von maximal sechs Monaten den aus der Tat entstandenen Schaden wiedergutmacht und dies unverzüglich nachweist, § 90 c III öStPO. Nach § 7 V öJGG ist darauf zu achten, dass bei der Anordnung der Schadenswiedergutmachung und einem sonstigen Tatfolgenausgleich (§§ 90c III, 90d III, 90f II, 90g I öStPO) in angemessener Weise die Leistungsfähigkeit des Jugendlichen berücksichtigt wird und dass sein Fortkommen durch die Anordnung nicht unbillig erschwert wird.

b) Erbringung gemeinnütziger Leistungen

Die Erbringung gemeinnütziger Leistungen nach § 7 III öJGG darf täglich nicht mehr als sechs Stunden, wöchentlich nicht mehr als 20 Stunden und insgesamt nicht mehr als 120 Stunden in Anspruch nehmen. Sie soll ebenfalls mit der Verpflichtung zur Schadenswiedergutmachung binnen sechs Monaten verbunden werden, § 90d III öStPO.

Die Auswahl der von dem Jugendlichen zu erbringenden gemeinnützigen Leistungen soll möglichst in Beziehung zur Tat oder zur Persönlichkeit des Jugendlichen stehen: So sollen beispielsweise Jugendliche, die der Begehung von Sachbeschädigungsdelikten verdächtig sind, möglichst im Bereich der Behebung von Sachschäden eingesetzt werden, Jugendliche, die andere Menschen verletzt haben, sollen möglichst im Rettungswesen oder Krankenhäusern eingesetzt werden, Tierquäler in Tierschutzhäusern.[251]

c) Probezeit mit/ohne Erfüllung von Pflichten/Bewährungshilfe

Der Richter kann eine Probezeit von ein bis zwei Jahren bestimmen und diese damit verbinden, dass sich der Jugendliche bereit erklärt, während der Probezeit bestimmte Pflichten zu erfüllen und/oder die Betreuung durch einen Bewährungshelfer zu akzeptieren. Bei der Anordnung von Pflichten kann das Jugendgericht alles anordnen, was auch als Weisung nach § 51 öStGB angeordnet wer-

---

[250] Jesionek, Entwicklung des Jugendstrafrechts, S. 20

[251] Jesionek, Entwicklung des Jugendstrafrechts, S. 20

den kann, § 90f II öStPO. Dabei kommt insbesondere die Pflicht in Betracht, den entstandenen Schaden nach Kräften wieder gutzumachen und zum Ausgleich der Tatfolgen beizutragen. Weisungen sind nach § 51 I öStGB Gebote und Verbote, deren Beachtung geeignet erscheint, den Rechtsbrecher von weiteren mit Strafe bedrohten Handlungen abzuhalten. Das Gesetz enthält in § 51 II öStGB eine beispielhafte Aufzählung von zulässigen Weisungen. Zulässig sind danach folgende Weisungen:

- an einem bestimmen Ort, bei einer bestimmten Familie oder in einem bestimmten Heim oder in einer bestimmten Wohnung zu wohnen
- bestimmte Orte oder einen bestimmten Umgang zu vermeiden
- sich alkoholischer Getränke zu enthalten
- einen geeigneten, seinen Kenntnissen, Fähigkeiten und Neigungen tunlichst entsprechenden Beruf zu erlernen oder auszuüben
- jeden Wechsel seines Aufenthaltsortes oder Arbeitsplatzes anzuzeigen
- sich in bestimmten Zeitabständen bei Gericht oder einer anderen Stelle zu melden
- den aus der Tat entstandenen Schaden nach Kräften wiedergutzumachen

Ausdrücklich unzulässig sind gemäß § 51 I öStGB Weisungen, die einen unzumutbaren Eingriff in die Persönlichkeitsrechte oder in die Lebensführung des Jugendlichen darstellen.

Der Rücktritt von der Strafverfolgung eignet sich vor allem für Fälle, in denen erkennbar zumindest eine der Mitursachen der Deliquenz psychische oder soziale Probleme sind, die einer Behandlung oder Therapie bedürfen.[252] Ebenso hat sich bei Personen, die einer Betreuung oder zumindest einer Stütze bedürfen, die Bestellung eines Bewährungshelfers sehr bewährt.[253]

d) Außergerichtlicher Tatausgleich

Der außergerichtliche Tatausgleich nach § 90g öStPO umfaßt vor allem den Täter – Opfer-Ausgleich. Darüber hinaus ist die Durchführung des außergerichtlichen Tatausgleiches aber auch bei Taten möglich, bei denen durch die Tat kein materieller Schaden entstanden ist, wenn der Geschädigte nicht auffindbar ist oder es gar kein Opfer gibt (Versuchsdelikte, Ordnungsdelikte) oder wenn Gebietskörperschaften oder große Organisationen geschädigt wurden.[254] In den letztgenannten Fällen kann an Stelle des materiellen Ausgleiches zwischen Täter und Geschädigtem eine symbolische Wiedergutmachung, beispielsweise in

---

[252] Vgl. Jesionek, Entwicklung des Jugendstrafrechts, S. 21

[253] Jesionek, Entwicklung des Jugendstrafrechts, S. 22

[254] Vgl. Stangl, S, 226; vgl. Jesionek, Entwicklung des Jugendstrafrechts, S. 22 sowie Österreich, S. 274; Bogensberger, S. 166

Form einer Entschuldigung, oder eine mittelbare Wiedergutmachung in Form von gemeinnützigen Leistungen treten.[255]

Bei Taten, bei denen es ein Opfer gibt, ist das Opfer in den außergerichtlichen Tatausgleich miteinzubeziehen, hingegen setzt das Zustandekommen eines außerordentlichen Tatausgleiches nach § 7 IV öJGG die Zustimmung des Verletzten nicht voraus. Wenn sich das Opfer weigert, an dem außergerichtlichen Tatausgleich mitzuwirken, kann trotzdem eine symbolische Ausgleichshandlung erfolgen oder auch etwa eine Hinterlegung eines entsprechenden Opferentschädigungsbetrages bei Gericht.[256]

V. Strafen des öJGG

Nach der Intention des österreichischen Gesetzgebers sollen die vielfältigen, oben genannten Reaktionsmöglichkeiten die traditionelle Reaktionsform der Strafe aus dem Bereich der Bagatell-, Klein- bis Mittelkriminalität, soweit kein stark ausgeprägter Handlungs- und Gesinnungsunwert vorliegt, verdrängen.[257] Für den schmalen Restbereich der mittelschweren Kriminalität mit hohem tatbestandsmäßigem Unwertgehalt bis hin zur Schwerkriminalität steht im österreichischen Strafrecht ausschließlich die traditionelle Reaktionsform der Strafe in allen ihren Varianten zur Verfügung.[258]

1. Schuldsprüche

Die reinen Schuldsprüche nach §§ 12, 13 öJGG haben zwar begrifflich keinen Strafcharakter, wohl aber funktionell: Sie gelten als gerichtliche Verurteilungen und werden in das Strafregister eingetragen.[259]

a) Schuldspruch ohne Strafe, § 12 öJGG

Bei der Verhängung eines Schuldspruchs ohne Strafe nach § 12 öJGG wird die Verurteilung lediglich auf den formellen Schuldspruch beschränkt, das Gericht sieht also von einem Strafausspruch ab. Der Schuldspruch ohne Strafe kann somit als ein Tadel ohne Zufügung eines Übels angesehen werden.[260] Diese Reaktionsform ist vorgesehen, wenn für die Jugendstraftat nur eine geringe Strafe zu verhängen wäre und anzunehmen ist, dass der Schuldspruch allein genügen wird, den jugendlichen Täter von weiteren Straftaten abzuhalten, § 12 I öJGG.

---

[255] Stangl, S. 226; Jesionek, Österreich, S. 275; Köck, JRP 1999, 276
[256] Jesionek, Österreich, S. 275; Köck, JRP 1999, S. 276
[257] Bogensberger, DVJJ-J 1991, S. 237
[258] Vgl. Bogensberger, DVJJ-J 1991, S. 237
[259] Köck, JRP 1999, S. 273
[260] Maleczky, S. 26

Die Praxis setzt die Obergrenze der „geringen Strafe" bei etwa drei Monaten Freiheitsstrafe an.[261] Da nach dem ultima ratio Prinzip vor Anwendung des Schuldspruchs ohne Strafe die Möglichkeiten eines Verfolgungsverzichtes nach § 6 öJGG oder der Diversion nach § 7 öJGG zu prüfen sind, stellt der Schuldspruch ohne Strafe in der österreichischen Justizpraxis ein Ausnahmefall dar. In der Praxis wird vor allem von dem Verfolgungsverzicht nach § 6 öJGG Gebrauch gemacht, der weitgehend die gleichen Voraussetzungen hat. So bestünde zwar an sich bei der „geringen Strafe" von drei Monaten Freiheitsstrafe ein größerer Anwendungsbereich in der Praxis, der aber tatsächlich nicht gegeben ist.[262]

b) Schuldspruch unter Vorbehalt der Strafe, § 13 öJGG

Nach § 13 öJGG kann ein Schuldspruch unter Vorbehalt der Strafe gegenüber einem Jugendlichen verhängt werden, wenn anzunehmen ist, dass der Schuldspruch und die Androhung des Strafausspruches alleine oder in Verbindung mit anderen Maßnahmen genügen werden, um den jugendlichen Rechtsbrecher von weiteren Straftaten abzuhalten.

Bei einem Schuldspruch unter Vorbehalt der Strafe nach § 13 öJGG wird auf den Ausspruch einer Strafe nur mehr bedingt verzichtet, vorerst beschränkt sich das Urteil auch bei dieser Reaktionsform nur auf den bloßen Schuldspruch.[263] Für eine vom Gericht zu bestimmende Probezeit von einem bis zu drei Jahren bleibt aber die Verhängung einer Strafe vorbehalten.[264] Für diese Zeit können dem Verurteilten auch Weisungen erteilt werden und ein Bewährungshelfer bestellt werden, soweit dies aus spezialpräventiven Gründen notwendig oder zweckmäßig erscheint.[265]

Verläuft die Bewährungszeit positiv, d.h. wenn der Jugendliche keine weiteren Straftaten mehr begeht, wird der Strafverzicht endgültig. Verläuft die Bewährungszeit nicht positiv, kommt es zu einem nachträglichen Ausspruch der Strafe, § 15 I 1 öJGG. Die Strafe kann nach § 15 I 2 öJGG auch dann ausgesprochen werden, wenn der Jugendliche während der Probezeit eine Weisung des Gerichts trotz förmlicher Mahnung aus bösem Willen nicht befolgt oder sich beharrlich dem Einfluß des Bewährungshelfers entzieht. Diese Rechtsfolge ist aber nicht zwingend, da das öJGG keine zwingende Ungehorsamsrechtsfolge kennt.[266]

[261] Schroll, ÖRZ 1986, S. 100 mit ausführlicher Herleitung dieser Obergrenze; vgl. Burgstaller, JAP 1993/94, S. 16
[262] Vgl. Burgstaller, JAP 1993/94, S. 16; Jesionek, Entwicklung des Jugendstrafrechts, S. 24
[263] Burgstaller, JAP 1993/94, S. 16
[264] Burgstaller, JAP 1993/94, S. 16
[265] Burgstaller, JAP 1993/94, S. 16; Maleczky, S. 27; vgl. Jesionek, S. 92
[266] Jesionek, S. 279

Der Ausspruch eines Schuldspruches unter Vorbehalt der Strafe bildet in der Justizpraxis ebenfalls wie der Schuldspruch ohne Strafe den Ausnahmefall, da in der Praxis die diversionellen Erledigungen überwiegen.

2. Geldstrafe, § 5 Z 5, 6 öJGG

Wie das Erwachsenenstrafrecht sieht das Jugendstrafrecht die Sanktionsform der Geldstrafe vor, wobei gemäß § 5 Z 5 öJGG die für Erwachsene vorgesehene Obergrenze der Geldstrafe halbiert wird. Die gesetzliche Untergrenze der Geldstrafe beträgt zwei Tagessätze, die Obergrenze beträgt 360 Tagessätze. Die Höhe eines Tagessatzes beträgt bei Jugendlichen ebenso wie bei Erwachsenen mindestens zwei Euro und höchstens 327 Euro.

Zu beachten ist überdies, dass nach § 37 öStGB im Zweifel der Geldstrafe Vorzug vor der Verhängung kurzer Freiheitsstrafen zu geben ist. Eine Geldstrafe ist nach § 37 I öStGB an Stelle einer Freiheitsstrafe von bis zu sechs Monaten zu verhängen, wenn es nicht der Verurteilung einer Freiheitsstrafe bedarf, um den Täter von weiteren strafbaren Handlungen abzuhalten oder der Begehung strafbarer Handlungen durch andere entgegenzuwirken. Die Verhängung von Geldstrafen an Stelle kurzfristiger Freiheitsstrafen ist nach § 37 öStGB an verschiedene Voraussetzungen geknüpft, je nachdem ob die angedrohte Höchststrafe fünf oder zehn Jahre beträgt. Bei angedrohten Strafen bis zu zehn Jahren ist der Vorzug der Geldstrafe nur möglich, wenn aus besonderen Gründen die Anordnung einer Geldstrafe genügt, um der Begehung strafrechtlicher Handlungen durch andere entgegenzuwirken. Die Regelung des § 37 II öStGB ist aber nach § 5 Z 8 öJGG nicht im Jugendstrafrecht anwendbar, wobei dabei von den nach § 5 öJGG herabgesetzten Strafdrohungen auszugehen ist.[267]

Geldstrafen, deren Bemessung sich nach der Höhe eines Wertes, Nutzens oder Schadens richtet, einschließlich Verfalls- und Wertersatzstrafen dürfen nur verhängt werden, wenn dadurch das Fortkommen des Jugendlichen nicht gefährdet wird, § 5 Z 8 öJGG.

Das österreichische Strafrecht kennt das System der so genannten teilbedingten Strafen. Durch den Verweis des § 5 Z 9 öJGG auf die §§ 43, 43a öStGB wird dieses System auch im Jugendstrafrecht angewandt. So kann die Vollstreckung von Geldstrafen nach § 5 Z 9 öJGG i.V.m. § 43 öStGB zur Gänze oder zum Teil bedingt nachgesehen werden. Nach § 43a öStGB ist die Teilung einer Geldstrafe in einen bedingten und unbedingten Teil möglich. Außerdem ist die Verhängung einer unbedingten Geldstrafe neben einer bedingt nachgesehenen Freiheitsstrafe nach dieser Vorschrift möglich.

[267] Maleczky, S. 23

Geldstrafen werden in Österreich bei jugendlichen Straftätern selten verhängt. Sie werden überdies nur gegenüber Jugendlichen verhängt, die über ein eigenes Einkommen verfügen.[268]

3. Freiheitsstrafe, § 5 Z 2, 3, 4 öJGG

Das österreichische Jugendstrafrecht zielt darauf hin, kurzfristige Freiheitsstrafen jugendlicher Täter soweit wie möglich zu vermeiden. Eine Unterscheidung zwischen Jugendarrest und Jugendstrafe wird in Österreich nicht durchgeführt, es gibt vielmehr im österreichischen Jugendstrafrecht ebenso wie im österreichischen allgemeinen Strafrecht nur eine einheitliche Freiheitsstrafe.

Die Freiheitsstrafe ist neben der Untersuchungshaft und der Möglichkeit, geistig abnorme oder entwöhnungsbedürftige Rechtsbrecher in eine entsprechende Maßnahmeanstalt einzuweisen (was bei Jugendlichen in den letzten Jahren in Österreich nur in ganz extremen Ausnahmefällen vorgekommen ist) die einzige Form des unbedingten Freiheitsentzuges Jugendlicher.[269] Insbesondere im Bereich des Jugendwohlfahrtsrechts gibt es in Österreich keine geschlossenen Heime, Erziehungsanstalten und ähnliche Institutionen, da alle Erziehungseinrichtungen der Jugendwohlfahrt als freie Einrichtungen geführt werden.[270]

a) Dauer der Freiheitsstrafe

Bei der Verhängung der Freiheitsstrafe wird die für Erwachsene angedrohte Obergrenze der Freiheitsstrafe bei jugendlichen Straftätern nach § 5 Z 4 öJGG auf die Hälfte herabgesetzt. Die Verhängung einer lebenslangen Freiheitsstrafe ist gegenüber Jugendlichen nicht möglich. Das öJGG verzichtet auf die Festsetzung einer bestimmten Mindeststrafe, § 5 Z 4 öJGG, so dass es theoretisch möglich ist, eine Freiheitsstrafe von der Dauer von einem Tag unter Beachtung des § 18 II öStGB auszusprechen. Dies kommt in der Praxis allerdings nicht vor.[271]

Neben der Halbierung der Strafobergrenze bestehen für bestimmte Strafmaße besondere Regeln für die Strafzumessung. So sieht § 5 Z 2a öJGG in denjenigen Fällen, bei denen für Erwachsene (auch) eine lebenslange Strafandrohung angedroht ist und wenn die Tat durch einen Jugendlichen nach dessen 16. Lebensjahr begangen wurde, eine Strafdrohung von einem bis 15 Jahren vor. Wurde die Tat vor dem 16. Lebensjahr begangen, so beträgt der Strafrahmen nach § 5 Z 2b öJGG ein bis zehn Jahren. An die Stelle der Androhung der Freiheitsstrafe von zehn bis 20 Jahren tritt die Androhung einer Freiheitsstrafe von sechs Monaten bis zu zehn Jahren, § 5 Z 3 öJGG.

---

[268] Jesionek, Österreich, S. 280
[269] Jesionek, Österreich, S. 281
[270] Jesionek, Österreich, S. 281
[271] Jesionek, S. 280

b) Besondere jugendstrafrechtliche Regelungen der Freiheitsstrafe

Bei der Anordnung einer Freiheitsstrafe im Jugendstrafrecht ist die Regelung des § 5 Z 8 öJGG zu beachten, wonach die §§ 37 II und § 41 II öStGB nicht bei Jugendstraftaten gelten. § 37 II öStGB schränkt im Erwachsenenstrafrecht die Verhängung von Geldstrafen an Stelle von Freiheitsstrafen ein und § 41 II öStGB schließt eine außerordentliche Strafmilderung beim Vorliegen überwiegender Milderungsgründe aus, wenn die Tat den Tod eines Menschen zur Folge gehabt hat.

§ 5 Z 8 öJGG stellt somit sicher, dass im Bereich des Jugendstrafrechts keinerlei Strafmilderungsmöglichkeiten ausgeschlossen werden.

c) Bedingte Strafaussetzung

Anders als im Erwachsenenstrafrecht ist die bedingte Nachsicht eines Teiles oder der ganzen Strafe nach § 5 Z 9 öJGG bei Straftaten Jugendlicher auch dann möglich, wenn auf eine Freiheitsstrafe von mehr als zwei beziehungsweise drei Jahre erkannt wird oder zu erkennen wäre. Sie kann nach § 5 Z 9 öJGG i.V.m. § 43 öStGB zur Gänze bei jeder Freiheitsstrafe angeordnet werden. Sie ist also mit anderen Worten im Jugendstrafrecht grundsätzlich immer möglich.[272]

Daneben ist bei Jugendlichen wie bei den Erwachsenen die Verhängung einer bedingten Strafnachsicht nach § 5 Z 9 öJGG i.V.m. § 43 a II öStGB in der Kombination einer bedingt nachgesehenen Freiheitsstrafe mit einer gleichzeitig verhängten unbedingten Geldstrafe zulässig.

Zusätzlich kann die Verhängung einer mehr als sechs monatigen Freiheitsstrafe insoweit geteilt werden, dass ein Teil unbedingt ausgesprochen wird, während der Rest bedingt nachgesehen wird. Man spricht in diesen Fällen von einem teilbedingten Nachsehen der Strafe. Der nicht bedingt nachgesehene Teil der Strafe muss bei der teilbedingten Strafaussetzung zwischen einem Monat und einem Drittel der Gesamtstrafe betragen. Die teilbedingte Strafaussetzung ist nach dem Wortlaut des § 43a öStGB „im Hinblick auf frühere Verurteilungen des Rechtsbrechers“ insbesondere für Mehrfachtäter vorgesehen und kommt bei einer ungünstigen Prognose, die eine vollständige Strafaussetzung nicht zulässt, in Betracht. Auch bei dieser Möglichkeit der Strafaussetzung gelten im Jugendstrafrecht nicht die für erwachsene Straftäter vorgesehenen Strafobergrenzen des § 43 a öStGB.

Durch das teilbedingte Nachsehen der Strafen wurde im österreichischen Jugendstrafrecht eine weitere Möglichkeit geschaffen, den Vollzug von Freiheitsstrafen zurückzudrängen. In der Praxis spielt die teilbedingte Strafaussetzung allerdings nur eine geringe Rolle. Im Jahr 2002 wurden lediglich rund sechs Prozent aller Freiheitsstrafen teilbedingt nachgesehen.

---

[272] Maleczky, S. 21; Jesionek, Österreich, S. 280; Dünkel, Entwicklungstendenzen, S. 603

Wenn die Freiheitsstrafe bedingt oder teilbedingt nachgesehen wird, kann von dem Gericht eine Probezeit zwischen einem und drei Jahren festgelegt werden. Zusätzlich können dem Jugendlichen Weisungen nach § 50 I öStGB auferlegt werden, soweit dies aus spezialpräventiven Gründen notwenig oder zweckmäßig ist.

Wird der Jugendliche rückfällig und wird er erneut verurteilt, ist die bedingte Strafnachsicht nur dann zu widerrufen, „wenn dies in Anbetracht der neuerlichen Verurteilung zusätzlich geboten erscheint, um den Rechtsbrecher von weiteren strafbaren Handlungen abzuhalten“, § 53 I öStGB.

d) Bedingte Entlassung aus der Freiheitsstrafe

Eine bedingte Entlassung aus der Freiheitsstrafe nach § 17 öJGG ist bei guter Prognose in der Regel bei Verbüßung der Hälfte der Freiheitsstrafe möglich.[273] Nach der Verbüßung von zwei Dritteln der Freiheitsstrafe ist der Jugendliche ebenso wie ein erwachsener Straftäter bedingt zu entlassen, „es sei denn, dass besondere Gründe befürchten lassen, er werde in Freiheit weitere strafbare Handlungen begehen.“, § 46 II öStGB. Nach § 17 öJGG beträgt die mindestens zu verbüßende Strafzeit einen Monat, die Berücksichtigung generalpräventiver Aspekte wird durch § 17 öJGG ausgeschlossen.

Im Rahmen der bedingten Entlassung kann von dem Gericht eine Probezeit zwischen einem und drei Jahren festgelegt werden. Zusätzlich können dem Jugendlichen Weisungen nach § 50 I öStGB auferlegt werden, soweit dies aus spezialpräventiven Gründen notwenig oder zweckmäßig ist.

VI. Sonstige Reaktionsformen

1. Mit Freiheitsentzug verbundene vorbeugende Maßnahmen

Für Jugendliche und junge Erwachsene kommen als mit Freiheitsentziehung verbundene vorbeugende Maßnahmen die Einweisung in eine Anstalt für geistig abnorme Rechtsbrecher nach § 21 öStGB und in eine Anstalt für entwöhnungsbedürftige Rechtsbrecher gemäß § 22 öStGB.

Voraussetzung für eine Unterbringung in einer Anstalt für geistig abnorme Rechtsbrecher ist bei jugendlichen Tätern die Begehung einer Tat, die mit einer zwei Jahre übersteigenden Strafandrohung, bei jungen Erwachsenen eine einjährige Strafdrohung. Die Tat muss in einem Zustand, der auf einer geistigen oder seelischen Abartigkeit von höherem Grade beruhen. Außerdem muss zu befürchten sein, dass der Täter aufgrund seiner Person, seines Zustandes oder der

---

[273] Jesionek, Österreich, S. 282

Art der Tat unter dem Einfluß seiner geistigen oder seelischen Abartigkeit erneut eine mit Strafe bedrohte Handlung mit schweren Folgen begeht.

Eine Unterbringung in einer Anstalt für entwöhnungsbedürftige Rechtsbrecher ist nach § 22 öStGB vorgesehen, wenn der Täter dem Mißbrauch eines berauschenden Mittels oder Suchtmittels ergeben ist und wegen einer im Rausch oder sonst im Zusammenhang mit seiner Gewöhnung begangenen strafbaren Handlung oder wegen Begehung einer mit Strafe bedrohten Handlung im Zustand voller Berauschung verurteilt wird. Zusätzlich muss zu befürchten sein, dass der Täter ansonsten im Zusammenhang mit seiner Gewöhnung an berauschende Mittel oder Suchtmittel eine strafbare Handlung mit schweren Folgen begehen werde.

In der Justizpraxis besitzen diese Maßnahmen keine große Bedeutung.[274] Es wird nur in Ausnahmefällen von ihnen Gebrauch gemacht. An der Stelle von vorbeugenden Maßnahmen wird in der Regel der Versuch gemacht, mit ambulanten Therapieangeboten im Zusammenhang mit einer Verfahrenseinstellung nach § 9 öJGG beziehungsweise Weisungen im Zusammenhang mit einem Schuldspruch unter Vorbehalt der Strafe nach § 13 öJGG, einer bedingten Strafnachsicht nach §§ 43, 43a öStGB oder einer bedingten Entlassung nach §§ 46 öStGB, 17 öJGG vorzugehen.[275]

Eine Unterbringung in eine Anstalt für gefährliche Rückfalltäter gemäß § 23 öStGB ist weder bei Jugendlichen noch bei jungen Erwachsenen möglich. Sie setzt die Vollendung des 24. Lebensjahres voraus.

2. Familien- und jugendwohlfahrtsrechtliche Verfügungen

Der zweite Abschnitt des öJGG regelt in §§ 2, 3 öJGG familien- und jugendwohlfahrtsrechtliche Verfügungen.[276] Wenn einem Unmündigen oder Jugendlichen eine mit Strafe bedrohte Handlung angelastet wird und aus diesem Anlaß eine Gefährdung seiner persönlichen Entwicklung zu besorgen ist, muss geprüft werden, ob familien- oder jugendwohlfahrtsrechtliche Verfügungen getroffen werden müssen. Diese Regelung gilt nur für Jugendliche, nicht aber für junge Erwachsene.

Familien- und jugendwohlfahrtsrechtliche Verfügungen können während eines anhängigen Strafverfahrens aus Anlaß der Gefährdung der persönlichen Entwicklung vom Jugendgericht erlassen werden.[277] Sie können auch verhängt werden, wenn der Täter straflos im Sinne des § 4 öJGG ist, wenn von der Strafe

---

[274] Löschnig-Gspandl, S. 285 m.w.N

[275] Jesionek, § 57 Rn. 5

[276] Im öJGG 1961 stand dieser Abschnitt noch unter der Überschrift „Erziehungsmaßnahmen", vgl. Köck, JRP 1999, S. 272

[277] Köck, JRP 1999, 272

abgesehen wird, wenn der Strafausspruch aufgehoben wird oder die Tat bereits verjährt ist.[278]

Als familien- und jugendwohlfahrtsrechtliche Verfügungen kommen hauptsächlich in Betracht:

- Entziehung oder Einschränkung der Obsorge nach § 176 ABGB
- Unterbringung bei Verwandten, in Pflegefamilien, oder in einem Heim nach § 176a ABGB, 28 JWG
- Unterstützung der Erziehung nach § 27 JWG

Diese Maßnahmen stellen aber keine jugendstrafrechtlichen Sanktionen dar, auch dann nicht, wenn sie von einem Strafrichter getroffen werden.[279] Es handelt sich vielmehr um so genannte zivilrechtliche Außerstreitverfahren.[280] Die familien- und jugendwohlfahrtsrechtlichen Verfügungen fallen in die Zuständigkeit des Vormundschafts- oder Pflegschaftsgerichts. Ist aber gegen den Jugendlichen ein Strafverfahren anhängig, so können diese Verfügungen von dem Strafrichter angeordnet werden, wobei dies nur in Ausnahmefällen geschieht.

Familien- und jugendwohlfahrtsrechtliche Verfügungen sind völlig losgelöst von dem Gesichtspunkt der Tatvergeltung; sie werden angeordnet, um einer persönlichen Entwicklungsgefährdung entgegenzuwirken.[281]

3. Rechtsfolgen

Sind im Gesetz im Falle einer Verurteilung Rechtsfolgen, wie zum Beispiel in § 27 öStGB, vorgesehen, so treten diese Folgen bei Jugendstraftätern nicht ein, § 5 Z 10 öJGG. Ein wegen einer Jugendstraftat Verurteilter kann beispielsweise nicht sein Wahlrecht für den Nationalrat verlieren. Die Rechtsfolgen sind ausgeschlossen, um dem Jugendlichen nicht durch weitere negative Konsequenzen die Chancen für einen künftigen rechtstreuen Weg zu verschlechtern.[282]

VII. Justizpraxis

1. Verurteilungen jugendlicher Straftäter insgesamt

Die nachfolgende Tabelle stellt die Summe der Verurteilungen Jugendlicher in Österreich dar.

---

[278] Köck, JRP 1999, 272 m.w.N.
[279] Maleczky, S. 31; Löschnig-Gspandl, S. 286
[280] Löschnig-Gspandl, S. 286
[281] Köck, JRP 1999, S. 272
[282] Jesionek § 5 Rn. 84

Jahr	Verurteilungen ins- gesamt
1980	8823
1981	8936
1982	8477
1985	7083
1987	4365
1988	3562
1989	2808
1990	3630
1995	3335
1996	3491
1997	3502
1998	3760
1999	3764
2000	3720
2001	3793
2002	3278

Quelle: Sicherheitsbericht der Bundesregierung über die innere Sicherheit in Österreich

Die Anzahl der rechtskräftig verurteilten Jugendlichen ist in Österreich im untersuchten Zeitraum stetig gesunken. Im Jahr 2002 ist sie wiederum etwas gegenüber den Vorjahren gesunken. Während 2002 3278 Jugendstraftäter rechtskräftig verurteilt wurden, waren es im Jahr 2001 noch 3793 Personen. Die meisten Jugendlichen wurden 1981 verurteilt. 9352 Personen zwischen 14 und 18 Jahren wurden damals von den Gerichten verurteilt. Im Jahr 2002 wurden also 65 Prozent weniger Jugendliche als im Spitzenjahr 1981 verurteilt.

2. Verteilung der Strafen

Die nachfolgende Tabelle gibt die Verteilung der Strafen, welche in österreichischen Jugendstrafrechtsurteilen zwischen 1980 und 2002 angeordnet wurden, wieder:

Jahr	Unbedingte Strafen	Teilbedingte Strafen	Bedingte Strafen	Schuldspruch unter Vorbehalt der Strafe	Schuldspruch ohne Strafe	Sonstige Maßnahmen
1980	1.585 (18 %)	-	2.520 (29 %)	3.629 (41 %)	1.089 (12 %)	-
1981	1.346 (15 %)	-	2.813 (32 %)	3.786 (42 %)	991 (11 %)	-
1982	1.210 (14 %)	-	2.548 (30 %)	3.710 (44 %)	1.009 (12 %)	-
1985	1.493 (21,1 %)	-	1.746 (24,6 %)	2.937 (41,5 %)	907 (12,8 %)	-
1987	936 (21,4 %)	-	916 (24,0 %)	1.751 (40,1 %)	590 (13,5 %)	-
1988	651 (18,3 %)	77 (2,2 %)	1.088 (25,7 %)	1.417 (39,8 %)	501 (14,1 %)	-
1989	672 (23,9 %)	150 (5,3 %)	969 (34,5 %)	738 (26,3 %)	257 (9,2 %)	22 (0,8 %)
1990	754 (20,8 %)	253 (7,0 %)	1.390 (38,3 %)	986 (27,2 %)	224 (6,2 %)	23 (0,6 %)
1995	824 (24,7 %)	264 (7,9 %)	1.336 (40,1 %)	772 (23,1 %)	98 (2,9 %)	41 (1,2 %)
1996	826 (23,7 %)	287 (8,2 %)	1.380 (39,5 %)	833 (23,9 %)	115 (3,3 %)	50 (1,4 %)
1997	756 (21,6 %)	308 (8,8 %)	1.514 (43,2 %)	742 (21,2 %)	138 (3,9 %)	44 (1,3 %)
1998	889 (23,6 %)	343 (9,1 %)	1.537 (40,9 %)	787 (20,9 %)	144 (3,8 %)	60 (1,6 %)
1999	904 (24,0 %)	364 (9,7 %)	1.512 (40,2 %)	857 (22,8 %)	88 (2,3 %)	39 (1,0 %)
2000	797 (21,4 %)	452 12,2 %)	1.506 (40,5 %)	824 (22,2 %)	106 (2,8 %)	35 (0,9 %)
2001	855 (22,5 %)	454 (12,0 %)	1.628 (42,9 %)	714 (18,8 %)	99 (2,6 %)	43 (1,2 %)
2002	828 (25,3 %)	348 (10,6 %)	1.497 (45,7 %)	507 (15,5 %)	73 (2,2 %)	25 (0,7 %)

Quelle: Sicherheitsbericht der Bundesregierung über die innere Sicherheit in Österreich (Vor 1989 wurde der Schulspruch ohne Strafe unter der Reaktionsart „Ermahnung“ und der Schuldspruch unter Vorbehalt der Strafe wurde als „echte“ bedingte Verurteilung erfasst.)

Bei den Strafen des öJGG überwog in der österreichischen Justizpraxis bis 1988 der Schuldspruch unter Vorbehalt der Strafe. Der Höchststand dieser Sanktion war 1982 zu verzeichnen. Damals betrug der Anteil des Schuldspruchs unter Vorbehalt der Strafe 44 Prozent von allen in einem Jugendstrafurteil ausgesprochenen Strafen. Seit 1982 ist aber ein stetiger Rückgang der Anordnungen dieser Strafe zu verzeichnen. Im Jahr 2002 betrug der Anteil des Schuldspruchs unter Vorbehalt der Strafe nur noch 15,5 Prozent von allen in einem Jugendstrafurteil ausgesprochenen Strafen.

Seit 1989 wird die Mehrheit der verurteilten Jugendlichen in Österreich mit einer bedingten Strafe sanktioniert. Der Anteil der bedingten Strafen betrug im Jahr 2002 45,7 Prozent. Seit 1989 ist ein stetiger Anstieg der Anordnung von bedingten Strafen zu verzeichnen.

Der Anteil unbedingter Strafen liegt bei etwa 20 bis 25 Prozent. Der Höchststand wurde im Jahr 2002 mit 25,3 Prozent erreicht.

Der Schuldspruch ohne Strafe hat in der Justizpraxis stetig an Bedeutung verloren. Ein starker Rückgang der angeordneten Schuldsprüche ohne Strafe ist wiederum im Jahr 1989 zu verzeichnen. Während 1988 der Anteil dieser Strafe noch bei 14,1 Prozent lag, war im darauf folgenden Jahr ein Anteil von 9,2 Prozent zu verzeichnen. Im Jahr 2002 betrug der Anteil des Schuldspruchs ohne Strafe nur noch 2,2 Prozent von allen in einem Jugendstrafurteil ausgesprochenen Strafen.

3. Freiheitsstrafe

a) Häufigkeit der Freiheitsstrafen

Freiheitsstrafen wurden seit 1999 im österreichischen Jugendstrafrecht wie folgt verhängt, wobei die in den Klammern angegebenen Prozentzahlen den prozentualen Anteil der Freiheitsstrafen an der Gesamtzahl der im Jugendstrafrecht verhängten Strafen angeben.

Jahr	Summe der insgesamt verhängten Freiheitsstrafen	Unbedingte Freiheitsstrafen	Teilbedingte Freiheitsstrafen	Bedingte Freiheitsstrafen
1999	1.662 (44,5 %)	268 (7,2 %)	218 (5,8 %)	1.176 (31,5 %9
2000	1.774 (47,7 %)	258 (6,9 %)	281 (7,6 %)	1.235 (33,2 %)
2001	1.818 (47,9 %)	292 (7,7 %)	259 (6,8 %)	1.267 (33,4 %)

Jahr	Summe der insgesamt verhängten Freiheitsstrafen	Unbedingte Freiheitsstrafen	Teilbedingte Freiheitsstrafen	Bedingte Freiheitsstrafen
2002	1.658 (50,6 %)	289 (8,8 %)	207 (6,3 %)	1.162 (35,4 %)

Quelle: Sicherheitsbericht der Bundesregierung über die innere Sicherheit in Österreich

Mit der Verhängung von unbedingten Freiheitsstrafen wird in Österreich sehr zurückhaltend umgegangen. Der Anteil der unbedingt verhängten Freiheitsstrafen ist sehr gering und liegt deutlich unter zehn Prozent von allen in einem Jugendstrafrechtsurteil ergangenen Strafen. Die Form der teilbedingten Freiheitsstrafen wird am wenigsten oft verhängt. Die meisten Freiheitsstrafen werden im österreichischen Jugendstrafrecht bedingt angeordnet. Sie machen etwa ein Drittel aller Strafen, die in einem Jugendstrafrechtsurteil zwischen 1999 und 2002 ergangen sind, aus.

b) Dauer der bedingten Freiheitsstrafe

Die Strafdauer der bedingten ausgesprochenen Freiheitsstrafe verteilte sich wie folgt, wobei die in den Klammern angegebenen Prozentzahlen den prozentualen Anteil der jeweiligen Strafdauer an der Gesamtzahl der bedingt verhängten Freiheitsstrafen angeben.

Jahr	Bis 1 Monat	1 bis 3 Monate	3 bis 6 Monate	6 bis 12 Monate	12 Monate	Insgesamt
1993	408 (28,1 %)	548 (37,8 %)	317 (21,8 %)	127 (8,8 %)	51 (3,5 %)	1.451
1997	260 (21,2 %)	518 (42,3 %)	333 (27,2 %)	99 (8,1 %)	16 (1,3 %)	1.226
1998	324 (25,5 %)	462 (36,3 %)	353 (27,8 %)	92 (7,2 %)	41 (3,2 %)	1.272
1999	241 (20,5 %)	495 (42,1 %)	322 (27,4 %)	96 (8,2 %)	22 (1,9 %)	1.176
2000	211 (17,1 %)	463 (37,5 %)	388 (31,4 %)	135 (10,9 %)	38 (3,1 %)	1.235
2001	222 (17,5 %)	476 (37,6 %)	415 (32,8 %)	129 (10,2 %)	25 (2,0 %)	1.267
2002	210 (18,1 %)	413 (35,5 %)	414 (35,6 %)	108 (9,3 %)	17 (1,5 %)	1.162

Quelle: Gerichtliche Kriminalstatistik (Österreich)

Der Anteil der bedingt angeordneten Freiheitsstrafe bis zu einem Monat betrug im untersuchten Zeitraum zwischen 28 und 18 Prozent. Der Großteil der bedingt ausgesprochenen Freiheitsstrafen liegt zwischen einem und sechs Monaten. Im Jahr 2002 machte diese Strafdauer 71 Prozent der bedingt angeordneten Freiheitsstrafen aus.

Der Anteil der bedingt angeordneten Freiheitsstrafe zwischen sechs und 12 Monaten lag im betrachteten Zeitraum konstant zwischen sieben und zehn Prozent. Die bedingt angeordnete Freiheitsstrafe von 12 Monaten spielt hingegen in der Praxis keine nennenswerte Dauer.

c) *Dauer der unbedingten Freiheitsstrafe*

Die unbedingte Freiheitsstrafe bis 12 Monate verteilte sich wie folgt, wobei die in den Klammern angegebenen Prozentzahlen den prozentualen Anteil der jeweiligen Strafdauer an der Gesamtzahl der unbedingt verhängten Freiheitsstrafen angeben.

Jahr	Bis 1 Monat	1 bis 3 Monate	3 bis 6 Monate	6 bis 12 Monate
1993	22 (8,7 %)	60 (23,6 %)	89 (35,0 %)	59 (23,2 %)
1997	24 (10,5 %)	49 (21,5 %)	49 (21,5 %)	55 (24,1 %)
1998	27 (10,2 %)	66 (25,0 %)	63 (23,9 %)	72 (27,3 %)
1999	40 (15,0 %)	65 (24,3 %)	71 (26,5 %)	46 (17,2 %)
2000	36 (14,0 %)	69 (26,7 %)	53 (20,5 %)	57 (22,1 %)
2001	29 (9,9 %)	52 (17,8 %)	87 (29,8 %)	66 (22,6 %)
2002	21 (7,3 %)	54 (18,7 %)	66 (22,8 %)	90 (31,1 %)

Quelle: Gerichtliche Kriminalstatistik (Österreich)

Die unbedingte Freiheitsstrafe über 12 Monate verteilte sich folgendermaßen:

Jahr	1 bis 3 Jahre	3 bis 5 Jahre	5 Jahre	Insgesamt unbedingt ausgesprochene Freiheitsstrafe
1993	22 (8,7 %)	-	2 (0,8 %)	254

Jahr	1 bis 3 Jahre	3 bis 5 Jahre	5 Jahre	Insgesamt unbedingt ausgesprochene Freiheitsstrafe
1997	31 (13,6 %)	8 (3,5 %)	4 (1,8 %)	228
1998	31 (11,7 %)	3 (1,1 %)	2 (0,8 %)	264
1999	36 (13,4 %)	8 (3,0 %)	2 (0,8 %)	268
2000	37 (14,3 %)	2 (0,8 %)	4 (1,6 %)	258
2001	53 (18,2 %)	4 (1,4 %)	1 (0,3 %)	292
2002	55 (19,0 %)	2 (0,7 %)	1 (0,3 %)	289

Quelle: Gerichtliche Kriminalstatistik (Österreich)

Der Anteil kurzer Freiheitsstrafen bis zu einem Monat betrug im untersuchten Zeitraum zwischen 15 und sieben Prozent. Seit dem Jahr 2000 ist ein Rückgang der Verhängung von Freiheitsstrafen bis zu einem Monat zu verzeichnen. Der Hauptteil der Freiheitsstrafen wird in der Dauer zwischen einem und sechs Monaten verhängt. Zwischen 41 und 50 Prozent aller Strafen werden zwischen einen und sechs Monaten angeordnet. Aber auch bei diesen Strafhöhen ist seit dem Jahr 2000 ein Rückgang zu verzeichnen. Es fand eine leichte Verlagerung auf die Strafdauer von sechs bis 12 Monate statt. Der Anteil dieser Strafdauer betrug im untersuchten Zeitraum zwischen 17 und 31 Prozent. 1999 ist der Anteil der unbedingten Freiheitsstrafen von sechs Monaten bis 12 Monaten um zehn Prozent gegenüber dem Vorjahr abgesunken und betrug rund 17 Prozent. Allerdings war der Rückgang nur von kurzer Dauer, da in den darauf folgenden Jahren der Anteil der unbedingten Freiheitsstrafen von sechs Monaten bis 12 Monaten wieder angestiegen ist und den Höchststand im Jahr 2002 mit 31 Prozent erreichte. Der Anteil der unbedingten Freiheitsstrafe von einem bis zu drei Jahren ist im untersuchten Zeitraum angestiegen. Während sein Anteil 1993 rund acht Prozent betrug, wurden im Jahr 2002 bereits 19 Prozent aller unbedingten Freiheitsstrafen mit der Dauer von einem bis zu drei Jahren angeordnet. Unbedingte Freiheitsstrafen über drei Jahre werden in der österreichischen Justizpraxis sehr selten verhängt.

4. Geldstrafe

Die Geldstrafe wurde zwischen 1999 und 2002 wie folgt angeordnet, wobei die in den Klammern angegebenen Prozentzahlen den prozentualen Anteil der Geldstrafe an der Gesamtzahl im Jugendstrafrecht angeordneten Strafen angeben.

Jahr	Summe der insgesamt verhängten Geldstrafen	Unbedingte Geldstrafen	Teilbedingte Geldstrafen	Bedingte Geldstrafen
1999	1.091 (29,2 %)	636 (17,0 %)	146 (3,9 %)	336 (9,0 %)
2000	943 (25,3 %)	539 (14,5 %)	133 (3,6 %)	271 (7,3 %)
2001	1.078 (28,4 %)	562 (14,8 %)	154 (4,1 %)	361 (9,5 %)
2002	990 (30,2 %)	539 (16,4 %)	116 (3,5 %)	335 (10,2 %)

Quelle: Sicherheitsbericht der Bundesregierung über die innere Sicherheit in Österreich

Die meisten Geldstrafen wurden im untersuchten Zeitraum unbedingt verhängt. Der Anteil der teilbedingten Geldstrafen ist gering. Teilbedingt angeordnete Geldstrafen spielen in der österreichischen Justizpraxis keine nennenswerte Rolle. Der Anteil von bedingt angeordneten Geldstrafen liegt bei etwa zehn Prozent.

Die Freiheitsstrafe wird insgesamt häufiger als die Geldstrafe angeordnet. Während bei der Freiheitsstrafe die bedingte Anordnung der Freiheitsstrafe überwiegt, ist im Bereich der Geldstrafe die unbedingte Verhängung überwiegend.

VIII. Reformdiskussionen

Im Bereich der jugendstrafrechtlichen Sanktionen finden derzeit keine Reformdiskussionen statt. Es bestehen keinerlei Gesetzesentwürfe, die eine Änderung der bestehenden Sanktionen vorsehen.

Die Diskussion wird gegenwärtig hinsichtlich einer Entwicklung eines eigenständigen Jugenddeliktskatalogs sowie der gänzlichen Herausnahme der 14- bis 16jährigen aus dem Jugendstrafrecht und Unterstellung unter ein reformiertes Jugendhilferecht geführt, wobei diese Forderungen bislang nicht gesetzlich umgesetzt wurden.[283]

283 Vgl. Löschning-Gspandl, S. 299; Köck, JRP 1999, S. 278

Die Strafmündigkeitsgrenze stand in Österreich im Unterschied zur Bundesrepublik Deutschland in den letzten Jahren nicht zur Diskussion.[284] Lebhaft wird vielmehr über die obere Altersgrenze des öJGG (Erreichen des 18. oder 19. Lebensjahres) und die Schaffung eines selbständigen Strafrechts für junge Erwachsene debattiert.[285]

Anlass zur Diskussion gab der im Frühjahr 2002 bekanntgegebene Plan des Justizministeriums, den Wiener Jugendgerichtshof abzuschaffen.[286] Eine Besonderheit des Jugendgerichtshofes bestand in der räumlichen Nähe zu den Jugendstaatsanwaltschaften, der Jugendgerichtshilfe, den Mitarbeitern des Jugendamts, der Bewährungshilfe und der Polizei sowie zu den in der angegliederten eigenen Vollzugsanstalt tätigen Betreuern, Pädagogen und Psychologen, was eine enge Kooperation unterstützte. Eine weitere Besonderheit des Jugendgerichtshofes bestand darin, dass der Jugendgerichtshof Wien über Rechtsmittel gegen eine bezirksgerichtliche Entscheidung des Jugendgerichthofes Wien selbst entscheidet. Das Ministerium begründete die Abschaffung des Wiener Jugendgerichtshofes unter anderem damit, dass nur in Wien ein selbstständiger Jugendgerichtshof bestehe, die Jugendgerichtsbarkeit sollte aber in allen Bundesländern gleich organisiert werden.[287] Dadurch soll eine Vereinheitlichung der Gerichtsstruktur durch Beseitigung der atypischen Zwitterstellung des Jugendgerichtshofs Wien zwischen Gerichtshof und Bezirksgericht bezweckt werden. Außerdem solle die „rechtstaatlich bedenkliche Anomalie“[288] im Hinblick darauf, dass der Jugendgerichtshof selbst über Rechtsmittel der bezirksgerichtlichen Entscheidungen des Jugendgerichtshofes entscheidet, beseitigt werden. Zudem sei die Durchführung des außergerichtlichen Tatausgleichs im Bereich des Jugendgerichtshofs Wien im Vergleich zu anderen Gerichten stark unterrepräsentiert.[289] Des Weiteren entsprächen die Zellen der dem Jugendgerichtshof angegliederten Justizvollzugsanstalt nicht den internationalen Anforderungen an einen zeitgemäßen Jugendstrafvollzug.[290]

Den Argumenten des Bundesministeriums für Justiz wird entgegnet, dass ein eigenständiger Jugendgerichtshof in einem Ballungsraum wie Wien seine Berechtigung habe, da in Wien 20 Prozent der österreichischen Bevölkerung leben

---

[284] Jesionek, Entwicklung des Jugendstrafrechts, S. 10

[285] Vgl. dazu Maleczky, Änderungen des Jugendgerichtsgesetzes S. 64, Maleczky, S. 66; Löschnig-Gspandl, S. 300; Stoisits, RZ 2000, S. 262; Miklau, S. 143, 144, 145; Schroll, strafrechtliche Sanktionen, S. 190, der in der Jugendgerichtsnovelle 2001 den Anfang für ein Heranwachsendenstrafrecht sieht.

[286] Vgl. zur Abschaffung § 3 III

[287] Erläuterungen des Bundesministeriums für Justiz, S. 6, 9

[288] Diese Formulierung wurde vom Bundesministerium für Justiz verwandt, siehe dazu Erläuterungen des Bundesministeriums für Justiz, S. 9

[289] Erläuterungen des Bundesministeriums für Justiz, S. 6

[290] Erläuterungen des Bundesministeriums für Justiz, S. 7

und die speziellen Erscheinungen der Jugendkriminalität in einem großstädtischen Ballungsraum auch eine jugendspezifische Organisation der Gerichtsbarkeit erfordere.[291] Durch die Auflösung des Wiener Jugendgerichtshofes würde das bislang vorbildliche Zusammenarbeiten zwischen Richtern, Psychologen, Jugendgerichtshilfe, Jugendamt und Sozialarbeitern verloren gehen. Da die zuständigen Stellen im gleichen Gebäude untergebracht waren, konnte im Einzelfall rasch miteinander kooperiert werden und eine rasche jugendspezifische Erledigung erzielt werden.[292] Die kritisierte rechtsstaatliche Anomalie des Jugendgerichtshofes Wien zwischen Bezirksgericht und Landesgericht sei vom Gesetzgeber seit 1919 absichtlich gewollt und auch notwendig und zweckmäßig.[293]

Trotz der beachtlichen Gegenargumente wurde der Jugendgerichtshof Wien am 30.06.2003 aufgelöst.

IX. Gesamtbetrachtung

Das österreichische Jugendstrafrecht gilt in der Welt als führend und dient in zahlreichen Ländern, insbesondere in Mittel- und Osteuropa, bei Reformbewegungen im Jugendstrafrecht als Vorbild.[294] Es ist ein Strafrecht mit beinahe keinen Strafen. Eine Stigmatisierung junger Straftäter soll weit möglichst vermieden werden. Das österreichische Jugendstrafrecht geht insgesamt von einem Vorrang der Nichtintervention beziehungsweise der Diversion gegenüber der Bestrafung aus. Diese Intentionen spiegeln sich auch in der Justizpraxis wieder, da die meisten jugendstrafrechtlichen Fälle informell erledigt werden. Der Umgang mit Jugendkriminalität erfolgt hauptsächlich mit Nonintervention und mit Diversion. Im Jahr 2002 wurden infolge der konsequenten Durchführung der Nonintervention und der Diversion 65 Prozent weniger Jugendstraftäter rechtskräftig verurteilt als im Spitzenjahr 1981. Unbedingte Freiheitsstrafen werden in weniger als zehn Prozent aller Verurteilungen angeordnet.

Das öJGG erklärt in § 5 Z 1 ausdrücklich die Spezialprävention als vorrangigen Zweck des Jugendstrafrechts. Dadurch sollen generalpräventive Erwägungen zwar nicht schlechthin ausgeschlossen sein, aber im Verhältnis zum Erwachsenenstrafrecht weit zurückgedrängt werden.[295] Nach § 14 öJGG dürfen generalpräventive Gründe bei Jugendlichen nur ausnahmsweise angestellt werden. § 14 öJGG ist hingegen nicht bei jungen Erwachsenen anwendbar.[296]

---

[291] Vgl. Jesionek, Jugendgerichtshof Wien; vgl. Stellungnahme der österreichischen Richtervereinigung, Internetkapitel „Zur Pflegschaftsgerichtsbarkeit"

[292] Jesionek, Jugendgerichtshof Wien

[293] Jesionek, Jugendgerichtshof Wien

[294] Vgl. Dünkel, Heranwachsende, S. 52

[295] Jesionek § 14 Rn. 2

[296] Löschnig-Gspandl, S. 271; Jesionek § 14 Rn. 1

Durch den Vorrang der Spezialprävention trifft das öJGG gleichzeitig eine Klarstellung über die Grenzen des Erziehungsgedankens im Jugendstrafrecht.[297] Eine Berücksichtigung des Erziehungsgedankens bei der Strafzumessung ist nur insoweit zulässig, als er im Rahmen der Spezialprävention zur Legalbewährung gerechtfertigt und notwendig erscheint und findet seine absolute Grenze im Schuldprinzip.[298] Auch bei dringender Notwendigkeit von Erziehungsmaßnahmen sind für die strafrechtliche Beurteilung und durch den Einsatz der Maßnahmen des öJGG die durch die §§ 32ff. öStGB gesteckten Grenzen des Schuldstrafrechts maßgebend, das heißt, die konkrete Strafe darf die durch die Einzeltatschuld indizierte Grenze in keinem Fall übersteigen.[299] Der Erziehungsgedanke wird im öJGG nicht ausdrücklich erwähnt. Sofern Erziehungsmaßregeln erforderlich sind, werden sie nicht im Rahmen des Strafverfahrens, sondern vielmehr im Rahmen des Vormundschaftsverfahrens durch die dafür zuständigen Gerichte verfügt. Die Erziehungsbedürftigkeit eines jugendlichen Straftäters ist im österreichischen Jugendstrafrecht auch nicht als Strafzweck vorgesehen.[300]

In Österreich ist eine einheitliche Freiheitsstrafe vorgesehen. Jugendarrest für jugendliche Straftäter gibt es nicht. Insgesamt kann man von einer Abkehr von freiheitsentziehenden Sanktionen sprechen. Es hat sich dort eine gewisse Skepsis gegenüber den zwangsweisen Sanktionen breitgemacht.[301] Hinsichtlich der Mindestdauer der Freiheitsstrafe gibt es keine „Mindesteinwirkung", welche als erforderlich angesehen wird, um auf den jungen Delinquenten einzuwirken und um ihn auf einen rechtschaffenen Weg zurückzuführen. Bei Nichterfüllung von Auflagen sieht das Gesetz keine zwingenden Unrechtsfolgen, wie etwa den Ungehorsamsarrest vor.

Als Makel in dem ansonsten vorbildlich geregelten Jugendstrafrecht ist das Fehlen eines eigenständigen Strafrechts für Heranwachsende zu nennen. Zwar stellt § 46a öJGG eine Kompromißlösung dar, sie ist allerdings doch recht unbefriedigend, wenn man berücksichtigt, dass gerade zwischen dem 18. und 20 Lebensjahr die Kriminalität noch einmal deutlich ansteigt und danach wieder sinkt. Um auch in diesem Kriminalitätsbereich unnötige Stigmatisierungen zu vermeiden und das Fortkommen der Delinquenten nicht zu erschweren, wäre es unter Beachtung der Intention des österreichischen Gesetzgebers im Hinblick auf das öJGG nur konsequent, ein eigenes Strafrecht für junge Erwachsene zu schaffen.

In Österreich wird die Straftat eines Jugendlichen nicht mehr ausschließlich als Verletzung einer Norm angesehen, auf die mit einem (harten) Richterspruch zu reagieren ist. Man versteht die Verletzung der Strafgesetze vielmehr als kon-

---

[297] Jesionek § 5 Rn. 7
[298] Jesionek § 5 Rn. 7; Löschnig-Gspandl, S. 271
[299] Jesionek § 5 Rn.7
[300] Jesionek, Entwicklung des Jugendstrafrechts, S. 11; Vgl. Köck, JRP 1999, S. 270
[301] Bogensberger, S. 198

kreten gesellschaftlichen Konflikt, durch den in erster Linie das Opfer und dann erst der Täter und die Gesellschaft betroffen sind.[302]

---

[302] Vgl. dazu auch Jesionek, Konfliktregelung, S. 166, 167

§ 4 Schweiz

I. Einleitung

In der Schweiz findet derzeit eine große Strafrechtsreform statt. Im Zuge dieser Strafrechtsreform werden das Strafgesetzbuch, das Jugendstrafrecht sowie die Strafprozeßordnung reformiert. Da sich das schweizerische Jugendstrafrecht zur Zeit im Umbruch befindet, werden im Folgenden zunächst die geltende Rechtslage und anschließend die Rechtslage des reformierten Jugendstrafrechts nach dem Entwurf des Bundesgesetzes über das Jugendstrafgesetz (E-JStG)[303] dargestellt.

II. Geschichte des schweizerischen Jugendstrafrechts

Zu Beginn der ersten gesetzgeberischen Arbeiten zu einem gesamtschweizerischen Strafgesetzbuch enthielten die einzelnen Strafrechtskodifikationen der Kantone noch kein eigentliches Jugendstrafrecht.[304] Es gab nur einzelne Bestimmungen, welche die Zurechnungsfähigkeit und die Strafmilderung von Unmündigen betrafen. Das jugendliche Alter des Täters wurde lediglich bei der Strafmündigkeit, beim Strafmaß und selten auch im Rahmen des Strafvollzuges berücksichtigt. Jugendliche Täter sollten im Grundsatz nicht anders als erwachsene Straftäter behandelt werden, wohl aber milder.[305]

Grundlegend für die Entwicklung eines gesamtschweizerischen Jugendstrafrechts war die 1898 erfolgte Teilrevision der Bundesverfassung, welche dem Bund die Gesetzgebungskompetenz für das Strafrecht einräumte.[306]

Der erste Vorentwurf von 1893 zu einem einheitlichen schweizerischen Strafgesetzbuch sah dann aber bereits Sonderregelungen für Minderjährige vor.[307] Dieser Vorentwurf wurde in der Folgezeit mehrfach geändert, so dass schließlich in dem Vorentwurf von 1916 für ein einheitliches Strafgesetzbuch

[303] In dieser Arbeit wird der Entwurf des Bundesgesetzes über das Jugendstrafrecht in der Fassung vom 20. Juni 2003 wiedergegeben.
[304] Vgl. Menzi, S. 15
[305] Vgl. Menzi, S. 15; vgl. Guggenheim, S. 26
[306] Vgl. Menzi, S. 16
[307] Vgl. Gürber/Hug in Basler Kommentar, Vor. Art. 82 Rn. 1

die Grundsystematik des heutigen Jugendstrafrechts gelegt wurde. [308] In diesem Entwurf wurden die Kategorien der sittlichen Gefährdung, Verwahrlosung und Verdorbenheit aufgestellt. Als Strafen für Nichterziehungsbedürftige werden der Verweis, der Schularrest und die abgesonderte Einschließung erwähnt. Dadurch wurde das Jugendstrafrecht zum Sonderstrafrecht. Es stand nicht mehr systematisch neben Zurechnungsartikeln des Erwachsenenstrafrechts, sondern bildete vielmehr einen eigenen Abschnitt im Strafgesetzbuch.[309] Man kann aber noch keinesfalls von der Schaffung eines eigenen Jugendstrafgesetzes durch den Vorentwurf von 1916 sprechen.

Stark beeinflußt wurden die Entwicklungen des schweizerischen Jugendstrafrechts zu dieser Zeit durch die Reformbewegungen der Jugendstrafrechtspflege der USA. Die Idee, für straffällige Jugendliche besondere Rechtsfolgen mit erzieherischem Charakter und spezielle Behörden für die Behandlung jugendlicher Straftäter vorzusehen, hat zunächst in die Strafgesetzgebungen der schweizerischen Kantone Eingang gefunden und wurde dann auch von dem einheitlichen schweizerischen Strafgesetzbuch übernommen.[310]

Der Entwurf von 1916 bildete die Arbeitsgrundlage für einen weiteren Entwurf, den Entwurf von 1918. In diesem Entwurf waren als Sanktionen für Kinder eine Familien- und Anstaltsversorgung, besondere Maßnahmen für Kinder, die einer medizinischen Behandlung bedürfen, sowie Schularrest und Verweis als Strafen vorgesehen. [311] Straffällig gewordene Jugendliche konnten nach dem Entwurf von 1918 mit den Maßnahmen der Einweisung in eine Rettungsanstalt, der Familienversorgung und der besonderen Behandlung sanktioniert werden oder durch einen Verweis oder Einschließung bestraft werden.[312] Jugendliche, welche besonders „verderbt" angesehen wurden oder besonders schwere Verbrechen begangen hatten, sollten für mindestens drei Jahre in eine „Korrektionsanstalt" eingewiesen werden können.[313]

Dieser Gesetzesentwurf wurde am 30. Juli 1937 durch eine Volksabstimmung angenommen und trat am 1. Januar 1942 in Kraft. Damals hat das schweizerische Strafgesetzbuch die Strafgesetze der einzelnen Kantone abgelöst, die aufgrund der früher geltenden föderalistischen Kompetenzordnung galten.[314] In seinen Grundzügen blieb das seit 1942 geltende Jugendstrafrecht, welches im allgemeinen Teil des Strafgesetzbuches angeordnet ist, bis heute erhalten.

---

[308] Vgl. Menzi, S. 18
[309] Vgl. Menzi, S. 18
[310] Vgl. Schellenberg, DVJJ-J 2000, S. 3; vgl. Menzi, S. 15, 16; vgl. Boehlen, Vorbemerkung, S. 11
[311] Vgl. Menzi, S. 18
[312] Vgl. Menzi, S. 18
[313] Vgl. Menzi, S. 18, 19
[314] Schellenberg, DVJJ-J 2000, S. 3; vgl. Menzi, S. 16

1971 fand eine Revision des Jugendstrafrechts statt, auf der das geltende Jugendstrafrecht beruht.[315] Dabei wurde das Jugendstrafrecht verfeinert und ergänzt. Nahezu alle jugendstrafrechtlichen Artikel des schweizerischen Strafgesetzbuches (Art. 82-99 sStGB) wurden geändert, ohne dass allerdings die grundlegende Systematik des Jugendstrafrechts in Frage gestellt worden wäre.[316] Hauptziel der zahlreichen Änderungen war es, das als zu starr und zu wenig abgestuft geltende Jugendstrafrecht auf mehr Individualisierung auszurichten.[317] Es wurden zudem neue Vollzugsformen und Sanktionen wie die Halbgefangenschaft und die Arbeitsleistung in die jugendstrafrechtlichen Vorschriften eingeführt.

In der Folgezeit wurde von den Praktikern des Jugendstrafrechts kein dringendes Revisionsbedürfnis des Jugendstrafrechts angemeldet. In der Rechtslehre wurde hingegen zuweilen der weite Ermessensspielraum des Jugendstrafrechts und die Tatsache, dass zwischen den Sanktionen und dem Strafmaß für Jugendliche unter 18 Jahren, für die die jugendstrafrechtlichen Bestimmungen anwendbar sind und den Tätern über 18 Jahren ein zu großer Unterschied bestehe, kritisiert.[318]

Das Eidgenössische Justiz- und Polizeidepartement beauftragte 1985 den Genfer Professor Martin Stettler mit der Ausarbeitung eines Vorentwurfes für ein neues Jugendstrafrecht. Professor Stettler hatte einen solchen Vorentwurf bereits ein Jahr später ausgearbeitet. Er sah erstmals ein eigenständiges Jugendstrafgesetz vor.

Dieser Entwurf von 1986 wurde von einer großen Expertenkommission, welche auch einen Vorentwurf für die Gesamtrevision des Allgemeinen Teils des schweizerischen Strafgesetzbuches vorzubereiten hatte, überarbeitet.[319] Mitte Juli 1993 wurde über diesen Vorentwurf das Vernehmlassungsverfahren[320] eröffnet. Das Eidgenössische Justiz- und Polizeidepartement lud das Bundesgericht, die Kantone, die in der Bundesversammlung vertretenen Parteien sowie interessierte Organisationen ein, zu dem Entwurf Stellung zu nehmen. Im September 1995 beauftragte der Bundesrat das Eidgenössische Justiz- und Polizeidepartement, auf der Grundlage der Ergebnisse des Vernehmlassungsverfahrens den Vorentwurf zu überarbeiten und eine Botschaft an das Parlament zu erstel-

---

[315] Trechsel, Vor. Art. 82 Rn. 1; vgl. Baechthold, S. 316; Hug, S. 4; Comte Fontana, S. 349

[316] Vgl. Botschaft des Bundesrats an das Parlament in Schweizerischem Bundesgesetzblatt 1999, S. 2226; vgl. Kober, S. 19

[317] Vgl. Hug, S. 4, 5; vgl. Kober, S. 20; Gürtler-Schlör, S. 44

[318] Vgl. Schellenberg, DVJJ-J 2000, S. 3

[319] Backmann/Stump, S. 361

[320] Das Vernehmlassungsverfahren stellt ein Vorverfahren im Rahmen des Gesetzgebungsverfahrens dar, in welchem die Annahme- und Verwirklichungschancen des Gesetzes in den Kantonen, Parteien und Verbänden geprüft werden.

len.[321] Das Ergebnis dieser Arbeit wurde am 21. September 1998 als „Bundesgesetz über das Jugendstrafrecht“ dem Parlament zugeleitet und im Anschluss daran erneut mehrmals überarbeitet.

Die Gesetzesreform steht nun unmittelbar vor dem Abschluß, mit einem Inkrafttreten des neuen Jugendstrafgesetzes kann Anfang 2005 gerechnet werden.

III. Überblick über das jugendstrafrechtliche Strafverfolgungssystem

Das Sanktionensystem des schweizerischen Jugendstrafrechts ist eidgenössisch kodifiziert. Die Gesetzgebungskompetenz des Jugendstrafverfahrens lag hingegen bis zum Inkrafttreten des geänderten Art. 123 der schweizerischen Bundesverfassung am 01.04.2003 bei den Kantonen, so dass bislang 26 kantonale und drei eidgenössische Jugendstrafverfahrensordnungen existieren. Der revidierte Art. 123 der Bundesverfassung räumt aber nunmehr die Gesetzgebungskompetenz über das Jugendstrafverfahren dem Bund ein. Die derzeit 29 Jugendstrafverfahrensrechte sollen dann vereinheitlicht werden.

Nach bislang geltender Rechtslage unterscheidet man hauptsächlich zwischen dem Jugendanwaltssystem und dem Jugendrichtersystem, wobei sich der Vorentwurf des Bundesgesetzes über das Jugendstrafverfahren für das Jugendrichtermodell entschieden hat.

1. Das Jugendanwaltsmodell

Das Jugendanwaltsmodell[322] ist hauptsächlich in der deutschsprachigen Schweiz verbreitet. Dem Jugendanwalt obliegt die Aufgabe, den Tatbestand und die Persönlichkeit des jungen Delinquenten zu erforschen. Der Jugendanwalt kann dann das Verfahren einstellen, das Kind oder den Jugendlichen freisprechen oder zur Urteilsphase übergehen.

Bei leichten Taten oder Taten, die lediglich Disziplinarstrafen oder ambulante Maßnahmen mit sich ziehen, ist der Jugendanwalt sachlich als Einzelrichter zuständig. Müssen schwerere Straftaten abgeurteilt werden und kommt eine Freiheitsstrafe von mehr als einer bestimmten Dauer, beispielsweise mehr als 30 Tage oder eine Entfernung aus der Familie in Betracht, so überweist der Jugendanwalt den Fall an das ordentliche Gericht, welches dann als Jugendgericht tagt.

Vor Gericht nimmt der Jugendanwalt eine zweifache Funktionen ein: Zum einen übernimmt er durch die Überweisung an das Jugendgericht die Rolle eines Anklägers, zum anderen ist er aber auch eine Art von Verteidiger des Kindes

---

[321] Vgl. Botschaft des Bundesrats an das Parlament in Schweizerischem Bundesgesetzblatt 1999, S. 1988

[322] Darstellung des Jugendanwaltsmodells nach dem Begleitbericht zum VE-JStV, S. 38, 39; vgl. auch Backmann/Stump, S. 364, 365

oder des Jugendlichen, weil er wie ein Verteidiger in einem Plädoyer geeignete Sanktionsmaßnahmen vorschlägt.

Der Vollzug der Entscheide, die der Jugendanwalt oder das Jugendgericht getroffen haben, liegt dann im Verlauf des weiteren Verfahrens alleine in der Zuständigkeit des Jugendanwalts.

2. Das Jugendrichtermodell

Das Jugendstrafverfolgungssystem nach dem Jugendrichtermodell[323] ist heute vorwiegend in der Westschweiz verbreitetet. Es unterscheidet sich bis zum Zeitpunkt der Urteilsphase nicht von dem Jugendanwaltsmodell.

Im Rahmen des Jugendrichtersystems obliegt zunächst auch dem Jugendanwalt die Aufgabe, den Tatbestand und die Persönlichkeit des jungen Täters zu untersuchen. Nach dieser Phase wird das Verfahren entweder von dem Jugendanwalt eingestellt oder die Beschuldigung wird aufrecht gehalten und der Jugendanwalt schreitet zur Urteilsphase.

Nach dem Jugendrichtersystem ist entweder der Jugendrichter als Einzelrichter oder das Jugendgericht sachlich zur Aburteilung des jungen Täters sachlich zuständig.

Der Vollzug der Entscheide des Jugendrichters beziehungsweise des Jugendgerichts obliegt dem Jugendrichter.

Das Jugendrichtermodell unterscheidet sich daher vom Jugendanwaltsmodell dadurch, dass der Jugendrichter stets nur als Prozessleiter tätig wird, während der Jugendanwalt zugleich Ankläger und Prozessbeteiligter ist.[324]

3. Modell des Vorentwurfs des Jugendstrafverfahrensgesetzes

Der Vorentwurf des bundeseinheitlichen Jugendstrafverfahrensgesetzes hat sich für das zuletzt dargestellte Jugendrichtersystem entschieden. Begründet wurde dies hauptsächlich damit, dass das Jugendrichtermodell ein einheitliches gerichtliches Eingreifen ermöglicht und dass dieses System die von internationalen Standards und im E-JStG geforderte Spezialisierung von Jugendstrafsachen gewährleistet.[325]

---

[323] Darstellung des Jugendrichtermodells nach dem Begleitbericht zum VE-JStV, S. 40, 41; vgl. auch vgl. auch Backmann/Stump, S. 365

[324] Vgl. Backmann/Stump, S. 365

[325] Begleitbericht zum VE-JStV, S. 47; Backmann/Stump, S. 365

IV. Persönlicher und sachlicher Anwendungsbereich des Jugendstrafrechts

1. Persönlicher Anwendungsbereich

a) Nach geltendem Recht

Das schweizerische Jugendstrafrecht unterscheidet zwischen Kindern bis zu sieben Jahren, Kinder zwischen sieben und 14 Jahren und Jugendlichen zwischen 15 und 17 Jahren. Maßgebend für die Anwendbarkeit des Jugendstrafrechts ist das Alter zur Zeit der Tatbegehung.

Junge Erwachsene zwischen 18 und 25 Jahren fallen nicht in den Anwendungsbereich des Jugendstrafrechts. Sie unterliegen mit einigen Besonderheiten grundsätzlich den Regelungen des Erwachsenenstrafrechts.

Kinder bis zu sieben Jahren sind nach Art. 82 Ziff. 1 sStGB noch nicht strafmündig. Begehen sie eine vom Gesetz mit Strafe bedrohte Handlung, so kann die Vormundschaftsbehörde Kinderschutzmaßnahmen nach den Art. 307ff. ZGB anordnen. Im Übrigen bleibt eine Reaktion auf die Tat den Inhabern der elterlichen Gewalt überlassen.

In der Schweiz wird zwischen dem Kinderstrafrecht und dem Jugendstrafrecht unterschieden. Die Strafmündigkeit beginnt nach derzeit geltendem Recht gemäß Art. 82 Ziff. 2 StGB mit dem siebten Lebensjahr.[326] Die Schweiz hat damit zusammen mit Irland die niedrigste Strafmündigkeitsgrenze in Europa. Die Altersgrenze von sieben Jahren wurde dem Durchschnittsalter bei der Einschulung angepaßt und wird teilweise mit dem „väterlichen" Charakter des Kinderstrafrechts gerechtfertigt.[327] Die Anwendung des Kinderstrafrechts endet mit dem 15. Geburtstag, Art. 82 Ziff. 2 sStGB.

Vom Jugendstrafrecht sind Jugendliche, die das 15., aber noch nicht das 18. Lebensjahr vollendet haben, erfaßt. Die Grenzziehung zwischen Kindern und Jugendlichen beim 15. Lebensjahr beruht darauf, dass zu diesem Zeitpunkt re-

---

[326] Vereinzelt kommen in verschiedenen Kantonen jugendstrafrechtliche Maßnahmen bei Kindern generell nie zur Anwendung. Der Grund dafür liegt nach Gürber/Hug in Basler Kommentar, Art. 84 Rn. 4 darin, dass für die Straftaten von Kindern in diesen Kantonen nicht eine spezialisierte Behörde, sondern Laienbehörden zuständig sind.

[327] Trechsel, Art. 82 Rn. 1, 3 mit Hinweis auf die Verfechter des „väterlichen" Charakters des Kinderstrafrechts. Trechsel selbst weist hingegen auf die schädliche stigmatisierende Wirkung des Kinderstrafrechts hin. Anders Rehberg, Strafrecht II, S. 197, der die geltende Regelung als unbedenklich ansieht, da das schweizerische Jugendstrafrecht rein spezialpräventiv ausgestaltet ist und keine Kriminalstrafen kennt.

gelmäßig die obligatorische Schulpflicht beendet wird und der Minderjährige in diesem Alter bereits über eine gewisse Reife und Selbständigkeit verfügt.[328]

b) Nach dem E-JStG

Die Strafrechtsreform sieht eine Änderung der Strafmündigkeitsbestimmung vor. Der persönliche Geltungsbereich des E-JStG umfaßt nach Art. 3 I E-JStG Personen zwischen dem vollendeten zehnten und dem vollendeten 18. Lebensjahr. Die Einteilung von Kinder- und Jugendstrafrecht wird somit aufgehoben.

Nach dem E-JStG ist also eine Anhebung der unteren Strafmündigkeitsgrenze von sieben auf zehn Jahre vorgesehen.[329] Die Anhebung wurde damit begründet, dass Kinder bis zum zehnten Lebensjahr die Strafverfolgungsbehörden in wenigen Fällen beschäftigen, die von ihnen begangenen Straftaten oftmals den Bagatellbereich nicht überschreiten würden und außerdem würde die Beurteilung der strafrechtlichen Schuldfähigkeit ein unsicheres und fragwürdiges Unterfangen darstellen.[330]

Nach dem reformierten Jugendstrafrecht sind Kinder unter zehn Jahren noch nicht strafmündig. Begehen sie Straftaten, so wird nach Art. 4 E-JStG der gesetzliche Vertreter des Kindes benachrichtigt. Liegen Anzeichen vor, dass das Kind besondere Hilfe benötigt, so ist zusätzlich die Vormundschaftsbehörde oder das kantonal zuständige Jugendamt zu benachrichtigen. Diese Regelung erfolgte aufgrund der Erkenntnis, dass strafbares Verhalten von Kindern oft auch Ausdruck einer verfehlten Erziehung ist.

Die obere Strafmündigkeitsgrenze wurde bei 18 Jahren belassen. In der Diskussion stand eine Erhöhung auf 20 Jahre oder mehr, eine Änderung dieser Altersgrenze unterblieb aber hauptsächlich mit dem Hinweis auf die 1996 erfolgte Herabsetzung der zivilrechtlichen Volljährigkeit nach Art. 14 ZGB auf 18 Jahre.[331]

---

[328] Rehberg, Strafrecht II, S. 197; Kober, S. 23, 24; Boehlen, Einführung in das Jugendstrafrecht, S. 85

[329] Der VE zum Jugendstrafgesetz schlug eine Erhöhung der Strafmündigkeitsgrenze von 12 Jahren vor. Dieser Vorschlag wurde aber nicht angenommen.

[330] Bundesgesetzblatt 1999, S. 2232; vgl. Comte Fontana, S. 354; Backmann/Stump, S. 368; Gürber/Hug in Basler Kommentar, Vor. Art. 82 Rn. 26

[331] Vgl. Bundesgesetzblatt 1999, S. 2232

2. Sachlicher Anwendungsbereich

a) Nach geltendem Recht

Die Anordnung jugendstrafrechtlicher Sanktionen setzt gemäß Art. 82 Ziff. 2 und 89 sStGB voraus, dass der Täter eine vom Gesetz mit Strafe bedrohte Tat verübt hat. Darunter fallen Taten des Besonderen Teils des schweizerischen Strafgesetzbuches sowie der Nebengesetze, die dessen Allgemeinen Teil für anwendbar erklären.[332] Das Jugendstrafrecht findet auf kantonales Recht nur dann Anwendung, wenn das kantonale Recht dies ausdrücklich festlegt.[333]

b) Nach dem E-JStG

Das reformierte Recht führt zu keiner Änderung des sachlichen Anwendungsbereiches des Jugendstrafrechts. Nach Art. 1 I a E-JStG ist Voraussetzung für eine jugendstrafrechtliche Verfolgung, dass der Jugendliche eine nach dem schweizerischen Strafgesetzbuch oder einem anderen Bundesgesetz mit Strafe bedrohte Tat begangen hat.

V. Sanktionen nach geltendem Recht

Die jugendstrafrechtlichen Bestimmungen befinden sich zurzeit im allgemeinen Teil des schweizerischen Strafgesetzbuches unter dem Abschnitt „Besondere Regelungen für Kinder und Jugendliche" in den Art. 82 bis 99 sStGB.

Die allgemeinen Vorschriften des sStGB sind für Kinder und Jugendliche nur insoweit anwendbar als sie dem Sinn der jugendstrafrechtlichen Sondervorschriften nicht widersprechen.

Das geltende Recht unterscheidet zunächst zwischen Kindern und Jugendlichen. Das Gesetz unterscheidet drei Arten kindlicher beziehungsweise jugendlicher Straftäter: Dies sind die behandlungsbedürftigen, (nach-)erziehungsbedürftigen und „normalen" Straftäter. Nach dieser Dreiteilung unterscheidet das schweizerische Jugendstrafrecht zwischen besonderen Behandlungsmaßnahmen, Erziehungsmaßnahmen sowie Strafen.

Das schweizerische Sanktionssystem des Jugendstrafrechts verlangt aufgrund seiner streng spezialpräventiven Ausrichtung zunächst eine richterliche Prüfung, ob der Straftäter ungeachtet der Schwere der Straftat einer besonderen erzieherischen Betreuung oder einer besonderen Behandlung bedarf.[334] Erweist

---

[332] Rehberg, Strafrecht II, S. 198; vgl. Boehlen, Art. 82 N. 2 m.w.N.
[333] Boehlen, Art. 82 N. 2 m.w.N.
[334] Backmann/Stump, S. 378

sich der jugendliche Straftäter als erziehungsbedürftig, so ordnet der Richter ausschließlich eine Maßnahme an, andernfalls wird er eine Strafe verhängen. Das geltende Recht folgt also dem monistischen System, wonach der Richter mit Ausnahme des Art. 91 Ziff. 1 II, 95 Ziff. 1 II sStGB entweder eine Strafe oder eine Maßnahme anordnet. Kombinationen von Strafen und Maßnahmen sind grundsätzlich nicht zulässig, so dass ein jugendlicher Straftäter nur bestraft oder einer Maßnahme unterworfen werden kann.

1. Erziehungsmaßnahmen, Art. 84, 91 sStGB

Als Reaktion auf strafbare Handlungen von Kindern und Jugendlichen sieht das schweizerische Jugendstrafrecht in erster Linie Erziehungsmaßnahmen vor. Die Erziehungsmaßnahmen haben des Weiteren auch Vorrang gegenüber zivilrechtlichen Kindesschutzmaßnahmen nach Art. 307ff. ZGB.[335] Im Jahr 2002 erreichten die Erziehungsmaßnahmen einen Anteil von 3,1 Prozent aller gegenüber Kindern und Jugendlichen ausgesprochen Sanktionen.

a) Allgemeine Voraussetzungen

Erziehungsmaßnahmen werden angeordnet, wenn der Jugendliche zumindest eine tatbestandsmäßige und rechtswidrige Handlung begangen hat und einer erzieherischen Betreuung bedarf. Erziehungsmaßnahmen sind also nach schweizerischem Recht für erziehungsbedürftige Straftäter vorgesehen.

aa) Begehung einer Straftat

Voraussetzung für eine die Anordnung einer Erziehungsmaßnahme ist zumindest ein tatbestandsmäßiges und rechtswidriges Verhalten.[336]

Während bei den kurativen Maßnahmen, also den besonderen Behandlungsmaßnahmen, unumstritten auf das Erfordernis der Schuld verzichtet wird, ist bei erzieherischen Maßnahmen umstritten, ob zusätzlich auch ein schuldhaftes Handeln vorliegen muss.[337] Dieser Streit resultiert daraus, dass das Schuldprinzip „nulla poena sine culpa“ im schweizerischen Jugendstrafrecht nicht normiert ist.[338]

Die Befürworter des Verschuldenserfordernisses führen an, dass Erziehung unter anderem als Motivierung angesehen werden kann und dort, wo die Fähig-

---

[335] BGE 117 IV, S. 9, 12, 13

[336] Ruf, S. 22 m.w.N.

[337] Ruf, S. 22 m.w.N.; Trechsel, Art. 84 Rn. 3; Backmann/Stump, S. 379; vgl. Menzi, S. 35; Schultz, S. 231; Gürber/Hug in Basler Kommentar, Vor. Art. 82 Rn. 18

[338] Vgl. Botschaft des Bundesrats an das Parlament in Schweizerischem Bundesgesetzblatt 1999, S. 2240; Backmann/Stump, S. 379

keit fehlt, motiviert zu werden, sei auch kein Raum für Erziehung.[339] Vor allem verlange die Erziehung Mitarbeit des Kindes, die kaum erwartet werden könne, wenn sich im Kind von vornherein kein Gefühl der Verantwortung für die Anlaßtat wecken ließe.[340] Die Schuld sei auch deshalb zu fordern, weil Erziehungsmaßnahmen wie gewisse Strafen ins Strafregister eingetragen werden.[341]

Nach der Gegenauffassung ist für die Anordnung einer Maßnahme die Täterpersönlichkeit maßgeblich und darüber hinaus gebe es eine Proportionalität von Tat und Maßnahme nicht.[342] Das Verschulden als Voraussetzung einer Erziehungsmaßnahme könnte zu einem Kompetenzgerangel zwischen jugendstrafrechtlichen und zivilrechtlichen Behörden führen, und auch die Tatsache, dass erzieherische und kurative Maßnahmen kombiniert werden können, erfordere übereinstimmende Voraussetzungen für deren Anordnung.[343]

In der Praxis kommt der Frage keine große Bedeutung zu, da dort unbestritten ist, dass verminderte Zurechnungsfähigkeit Erziehungsmaßnahmen nicht ausschließt.[344]

bb) Erziehungsmaßnahmen bei geringfügigen Delikten

Weiterhin ist umstritten, ob aus Gründen der Verhältnismäßigkeit Erziehungsmaßregeln auch bei geringfügigen Delikten, wie zum Beispiel bei Ordnungswidrigkeiten, angeordnet werden können. Nach dem Grundsatz der Verhältnismäßigkeit darf eine Maßnahme nur dann angeordnet werden, wenn sie der Art und Schwere sowie der Höhe der Wahrscheinlichkeit neuer Straftaten entspricht.[345]

Das Bundesgericht weist auf den besonderen Charakter des schweizerischen Jugendstrafrechts als Täterstrafrecht und den klaren Wortlaut des Art. 89 sStGB hin.[346] Das geltende Recht knüpft nicht an die Schwere der begangenen Tat an. Daher sei die Anordnung einer Erziehungsmaßnahme auch bei geringfügigen Delikten zulässig.[347]

Nach einer Mindermeinung in der Rechtslehre ist der Verhältnismäßigkeitsgrundsatz bei der Anordnung von Erziehungsmaßregeln zu beachten. Danach sollten Erziehungsmaßregeln grundsätzlich nur bei erheblichen Vergehen und

---

[339] Trechsel, Art. 84 Rn. 3
[340] Trechsel, Art. 84 Rn. 3
[341] Gürber/Hug in Basler Kommentar, Vor. Art. 82 Rn. 18 unter Hinweis auf BGE 88 IV, S. 72, 74, 75
[342] Vgl. Menzi, S. 35
[343] Gürber/Hug in Basler Kommentar, Vor. Art. 82 Rn. 18
[344] Gürber/Hug in Basler Kommentar, Vor. Art. 82 Rn. 18
[345] Vgl. Schultz, S. 135; Kober, S. 31
[346] BGE 117 IV, S. 9, 12
[347] BGE 117 IV, S. 9, 12; vgl. Boehlen, Vorbemerkung S. 20, 21; vgl. Gürber/Hug in Basler Kommentar, Vor. Art. 82 Rn. 1

Verbrechen, welche die Gefahr weiterer bedeutender Delinquenz zum Ausdruck bringen, angeordnet werden.[348] Ansonsten wäre eine Sanktion pädagogisch unwirksam.

In der Praxis werden in den verschiedenen Kantonen bei bloßem Vorliegen von Übertretungen fast nie Maßnahmen ausgesprochen.[349] Generell ist aber noch einmal festzuhalten, dass es bei der Verhängung von Erziehungsmaßnahmen anders als im schweizerischen Erwachsenenstrafrecht nicht auf die Schwere der begangenen Tat ankommt.

cc) Sachzusammenhang

Außerdem ist umstritten, ob zwischen dem Zustand des jungen Täters und der Straftat ein besonderer Zusammenhang gefordert werden muss.[350] Die herrschende Auffassung weist darauf hin, dass der Wortlaut des Gesetzes einen solchen Sachzusammenhang nicht erfordert. Eine Mindermeinung in der Rechtslehre spricht sich allerdings für ein solches zusätzliches Erfordernis aus, da ein bei der Untersuchung nur zufällig festgestelltes Bedürfnis nach einer Maßnahme keine ausreichende Grundlage darstelle, Maßnahmen auf dem strafrechtlichen anstelle auf dem zivilrechtlichen Wege anzuordnen.[351] Nach dieser Auffassung reicht es aber schon aus, dass Mangelsituation beziehungsweise Fehlentwicklung des jungen Täters am Zustandekommen des Delikts lediglich mitbeteiligt waren.[352]

dd) Besondere erzieherische Betreuung

Des Weiteren setzt die Anordnung einer Erziehungsmaßnahme voraus, dass der Täter einer besonderen erzieherischen Betreuung bedarf. Das Gesetz definiert nicht, wann eine solche Betreuungsbedürftigkeit vorliegt. Es nennt vielmehr drei Zustände, bei denen eine Erziehungsmaßnahme angeordnet werden soll: Der Täter muss schwer erziehbar, verwahrlost oder erheblich gefährdet sein. Diese Aufzählung ist nicht abschließend, vielmehr gilt ein Kind beziehungsweise ein Jugendlicher dann als besonders betreuungsbedürftig, wenn sein Verhalten auf eine erzieherische Mangelsituation oder Fehlentwicklung schließen läßt, weil er in erheblichem Maße negativ vom Normalverhalten eines Kindes oder Jugendlichen in seinem Alter abweicht und die bisherigen Erzieher außerstande sind,

---

[348] Rehberg, Strafrecht II, S. 200
[349] Gürber/Hug in Basler Kommentar, Art. 84. Rn. 4
[350] Ruf, S. 23 m.w.N.; Trechsel, Art. 84 Rn. 4
[351] Rehberg, Strafrecht II, S. 201
[352] Rehberg, Strafrecht II, S. 201

dieser Situation mit eigenen Kräften genügend zu begegnen.[353] Unerheblich ist dabei, ob die Ursache der Betreuungsbedürftigkeit bei der Erziehungsperson oder bei dem Kind liegt.[354]

Die Erziehungsfähigkeit des Kindes oder des Jugendlichen ist für die Anordnung von Erziehungsmaßnahmen nicht entscheidend. Das schweizerische Jugendstrafrecht geht vielmehr von der Annahme aus, jedes Kind sei erziehungsfähig.[355]

(1) Schwere Erziehbarkeit

Schwere Erziehbarkeit wird dann angenommen, wenn das Kind während längerer Zeit durch die Erziehungsberechtigten nicht so beeinflußt werden kann, wie es zu seiner Entwicklung zu einer selbst verantwortlichen normbewußten Lebensführung erforderlich ist.[356]

(2) Verwahrlosung

Verwahrlost ist ein junger Mensch, wenn infolge Versagens der Inhaber der elterlichen Gewalt ihm nicht die notwendige erzieherische und sonstige Fürsorge zukommt, die er benötigt.[357]

Verwahrlosung beruht regelmäßig auf einem „Mangel an leiblicher und geistiger Fürsorge und Erziehung".[358] Eine erhebliche Entwicklungsgefährdung bezeichnet das Vorstadium einer Verwahrlosung und läßt sich an verschiedenen, nicht nur vorübergehenden Symptomen des Sozialversagens ablesen.[359] Die Verwahrlosung ist ein Zustand, in welchem sich das Kind oder der Jugendliche während längerer Zeit mangels Betreuung gehen lässt, unstet und unordentlich ist und keinen Respekt für sich selbst, für andere Menschen und für ethische Werte hat.[360]

---

[353] Rehberg, Strafrecht II, S. 201; vgl. Schultz, S. 227
[354] Gürber/Hug in Basler Kommentar, Art. 84 Rn. 3
[355] Vgl. Boehlen, Art. 84 N. 9
[356] Heine/Lochner S. 6 m.w.N.; Trechsel, Art. 84 Rn. 6; Schultz, S. 227
[357] Vgl. Schultz, S. 226
[358] Heine/Lochner S. 6 m.w.N.
[359] Heine/Lochner S. 6, 7 m.w.N.
[360] Vgl. Trechsel, Art. 84 Rn. 7

(3) Erhebliche Gefährdung

Gefährdet ist ein Kind oder ein Jugendlicher, wenn eine ernstliche Beeinträchtigung seiner Entwicklung aus äußeren oder inneren Gründen wahrscheinlich ist.[361]

b) Die Erziehungsmaßnahmen im Einzelnen

Als Erziehungsmaßnahmen sieht Art. 84 sStGB für Kinder und Art. 91 Ziff. 1 sStGB für Jugendliche Erziehungshilfe, Unterbringung in einer geeigneten Familie oder in einem Erziehungsheim vor. Diese Erziehungsmaßnahmen stehen gleichwertig nebeneinander. Maßgebend für die Auswahl einer geeigneten Erziehungsmaßnahme ist nicht die gesetzliche Reihenfolge der Aufzählung der Maßnahmen. Es ist vielmehr diejenige Maßnahme auszuwählen und anzuordnen, die den größten erzieherischen Erfolg verspricht.[362] Die Anordnung einer Erziehungsmaßnahme setzt auch nicht die Begehung eines Delikts von einer gewissen Schwere voraus. Die urteilende Behörde hat bei der Wahl der Erziehungsmaßnahmen ein weites Ermessen.[363] Für die Auswahl der geeigneten Erziehungsmaßnahmen kann die Unterscheidung in Schwererziehbare, Verwahrloste und erheblich Gefährdete eine gewisse Richtschnur geben, da diese verschiedenartige erzieherische Betreuung erfordern.[364]

aa) Erziehungshilfe

Die Anordnung von Erziehungshilfe kommt in Betracht, wenn eine lediglich stützende Begleitung des Kindes oder des Jugendlichen ausreicht, da die bestehenden Lebensumstände nahezu befriedigend sind und die Person des Täters keine großen Schwierigkeiten bereitet.[365] Im Rahmen der Erziehungshilfe kann das Kind beziehungsweise der Jugendliche in seiner bisherigen Umgebung belassen werden.

Nach Art. 84 Ziff. 2 sStGB soll die Erziehungshilfe dafür sorgen, dass das Kind angemessen gepflegt, erzogen und unterrichtet wird. Der Erziehungshelfer fördert durch Beratung und Betreuung die Entwicklung des Kindes und unterstützt zugleich die Erziehungsberechtigten des jungen Delinquenten. Dem Erziehungshelfer stehen keine Zwangsmittel zur Verfügung.[366] Im Rahmen der

---

[361] Schultz, S. 227
[362] Backmann/Stump, S. 379 m.w.N.
[363] Trechsel, Art. 84 Rn. 11; vgl. Boehlen, Art. 84 N. 9; vgl. Rehberg, S. 145, Art. 84; Heine/Locher, S. 7; Rehberg, Strafen II, S. 203
[364] Vgl. Boehlen, Art. 84 N. 9 m.w.N.
[365] Vgl. Trechsel, Art. 84 Rn. 8
[366] Trechsel, Art. 84 Rn. 8

Erziehungshilfe fügt das Gesetz bei Jugendlichen zusätzlich hinzu, dass darauf zu achten ist, dass der Jugendliche regelmäßig arbeitet und seine Freizeit und seinen Verdienst angemessen verwendet.

Da die Rechte des gesetzlichen Vertreters unberührt bleiben und das Kind oder der Jugendliche in seiner Umgebung belassen wird, stellt die Erziehungshilfe die am wenigste einschneidende Maßnahme dar.[367]

Die Zuständigkeit für die Durchführung der Erziehungshilfe bestimmt sich gemäß Art. 369 sStGB nach kantonalem Recht. Nach Art. 370 sStGB kann die Erziehungshilfe auch durch geeignete freiwillige Vereinigungen und Privatpersonen durchgeführt werden.

Im Jahr 2002 wurde die Erziehungshilfe gegenüber 2,1 Prozent aller verurteilten Kinder und Jugendlichen angeordnet.[368]

bb) Unterbringung in einer Pflegefamilie

Wenn die Erziehungshilfe nicht ausreichend ist, soll das Kind oder der Jugendliche in einer geeigneten Pflegefamilie, die über erzieherischen Fähigkeiten verfügt, untergebracht werden. Eine Pflegefamilie erscheint dann als geeignet, wenn sie über die nötigen erzieherischen Fähigkeiten verfügt und dem Kind ein harmonisches familiäres Milieu bieten kann, in dem es akzeptiert wird und das sich auf das Kind fördernd auswirken kann.[369] Die Unterbringung in einer Pflegefamilie kommt grundsätzlich nur für solche Delinquenten in Betracht, die in ihrem Sozialverhalten nicht zu sehr aus dem Normbereich fallen und als erzieherisch ansprechbar gelten.[370]

Bei Jugendlichen ist die Unterbringung in einer geeigneten Familie überdies problematisch, da sie sich zumeist bereits in einem Ablösungsprozess von ihren Eltern befinden.[371] Möglich ist aber die Einweisung in eine therapeutische Wohngemeinschaft, da in der Praxis der Begriff der Familie sehr weit ausgelegt wird. Von der Sanktion der Einweisung in eine Fremdfamilie werden alle Versetzungen mit umfasst, die keine Einweisung in eine Erziehungsanstalt bedeuten, so zum Beispiel eine Haushaltsstelle in einem Sanatorium oder eine therapeutische Wohngemeinschaft für Drogensüchtige.[372] Letztere ist nach einer Entscheidung des Basler Appelationsgerichtes zwischen der Familien- und der Heimgemeinschaft anzusiedeln und daher durchaus für eine förderliche erzieherische Arbeit geeignet.[373]

---

[367] Vgl. Backmann/Stump, S. 380; Rehberg, Strafen II, S. 204, 205; Kober, S. 36
[368] Quelle: Schweizerisches Bundesamt für Statistik, Jugendstrafrechtsurteile
[369] Rehberg, Strafrecht II, S. 205; Boehlen, Art. 84 N. 13 m.w.N.
[370] Vgl. Heine/Locher, S. 8; Kober, S. 38
[371] Rehberg, Strafen II, S. 206
[372] Vgl. Schultz, S. 227
[373] Kober, S. 38; Rehberg, Strafrecht II, S. 206; Schultz, S. 228

Die praktische Bedeutung dieser Sanktion ist sehr gering. Als Grund hierfür wird angeführt, dass nur sehr wenige Familien für diese anspruchsvolle Aufgabe zur Verfügung stehen.[374]

Im Jahr 2002 erreichte die Unterbringung in einer geeigneten Familie einen Anteil von 0,1 Prozent aller Sanktionen, die gegenüber Kindern und Jugendlichen ausgesprochen wurden.[375]

cc) Einweisung in ein Erziehungsheim

Erweisen sich die Erziehungsdefizite als besonders gravierend, wird das Kind beziehungsweise der Jugendliche in ein Erziehungsheim eingewiesen. Diese Maßnahme ist als ultima ratio für die besonders schweren Fälle zu sehen.

Die Einweisung in ein Erziehungsheim kommt vor allem in Betracht, wenn der Delinquent derart schwer erziehbar, verwahrlost oder gefährdet ist, dass seine Unterbringung in einer Einrichtung mit pädagogisch besonders geschultem Personal erforderlich ist.[376]

Was unter einem Erziehungsheim zu verstehen ist, wird gesetzlich nicht definiert. Nach Art. 382 Ziff. 1 sStGB müssen die Kantone dafür Sorge tragen, dass entsprechende Anstalten vorhanden sind. Die Heime sind in der Regel von kleiner bis mittlerer Größe, mit meist zwischen 15 und 30 Plätzen, die größtenteils nicht straf-, sondern zivilrechtlich eingewiesene Klienten betreuen.[377] Erziehungsheime für Kinder und Jugendliche können auch entsprechende Privatanstalten sein.

Die Einweisung in ein Erziehungsheim machte im Jahr 2002 einen Anteil von 0,9 Prozent aller Sanktionen, welche gegenüber Kindern und Jugendlichen ausgesprochen wurden, aus.[378]

c) Besonderheiten für die Anordnung von Erziehungsmaßnahmen gegenüber jugendlichen Straftätern

Bei der Anordnung von Erziehungsmaßnahmen gegenüber jugendlichen Delinquenten sind einige Besonderheiten zu beachten.

---

[374] Trechsel, Art. 84 Rn. 9; Boehlen, Art. 84 N. 13; Rehberg, Strafen II, S. 205; Kober, S. 38
[375] Quelle: Schweizerisches Bundesamt für Statistik, Jugendstrafrechtsurteile
[376] Rehberg, Strafen II, S. 206
[377] Baechthold, S. 318; Boehlen, Art. 84 N. 13
[378] Quelle: Schweizerisches Bundesamt für Statistik, Jugendstrafrechtsurteile

aa) Berufliche Eingliederung

Zunächst stellt bei den Erziehungsmaßnahmen die berufliche Eingliederung des straffälligen Jugendlichen eine ganz wesentliche Zielsetzung dar.[379] Mit den Jugendlichen sollen berufliche Perspektiven erarbeitet werden, berufliche Integrationsmöglichkeiten gefördert werden und schließlich erste konkrete Integrationsschritte vorgenommen werden.[380]

bb) Durchbrechung des Monismus

Eine Besonderheit gegenüber der Regelung der Erziehungsmaßnahmen bei Kindern besteht darin, dass die Erziehungshilfe nach Art. 91 Ziff. 1 II sStGB mit den Strafen der Einschließung bis zu 14 Tagen oder Buße verbunden werden kann. Mit dieser Regelung soll die Erziehungshilfe, die von den Betroffenen nicht sehr stark empfunden wird, verstärkt werden.[381] In der Praxis wird statt der zusätzlichen Anordnung einer Einschließung oder der Buße zumeist die Verpflichtung zu einer Arbeitsleistung gewählt, die aufgrund eines gesetzgeberischen Versehens in Art. 91 Ziff. 1 II sStGB unerwähnt blieb, diese Lücke ist aber in freier Rechtsfindung so zu füllen, dass die aufgeführte Vorschrift mit einer Verpflichtung zu einer Arbeitsleistung zu ergänzen ist.[382]

cc) Erteilung von Weisungen

Zusätzlich können den Jugendlichen neben Erziehungsmaßnahmen Weisungen erteilt werden. Weisungen sind behördliche Vorschriften, mit denen auf die Lebensführung des jugendlichen Delinquenten Einfluss genommen werden soll, um ihn sowohl vor Rückfall zu bewahren als ihn auch auf diesem Weg zu einem normgemäßen Leben auf pädagogisch sinnvolle Weise zu unterstützen.[383]

Art. 91 Ziff. 1 III sStGB enthält keine abschließende Aufzählung von möglichen Weisungen. Das Gesetz zählt vielmehr beispielhaft Weisungen auf. Danach können dem Jugendlichen insbesondere Weisungen über die Erlernung eines Berufes, Aufenthalt, Verzicht auf alkoholische Getränke und den Ersatz des entstanden Schadens innerhalb einer bestimmten Frist erteilt werden. Bei der Anordnung von Weisungen hat die urteilende Behörde stets zu beachten, dass

---

[379] Gürber/Hug in Basler Kommentar, Vor. Art. 82 Rn. 11

[380] Vgl. Gürber/Hug in Basler Kommentar, Vor. Art. 82 Rn. 11

[381] Vgl. Boehlen, Art. 91 N. 5; Rehberg, Strafen II, S. 204; Kober, S. 37

[382] Vgl. Rehberg, Strafen II, S. 205; vgl. Gürber/Hug in Basler Kommentar, Vor. Art. 82 Rn. 15

[383] Hug, S. 120

Weisungen nicht zu einer verkappten Bestrafung missbraucht werden sollen.[384] Die Weisungen sind vielmehr nach erzieherischen Gesichtspunkten auszuwählen und anzuordnen.

Weisungen können jederzeit, also auch während des Vollzugs von Maßnahmen von der urteilenden, nicht aber durch die vollziehende Behörde verfügt werden. Die Weisungen können auch jederzeit von der urteilenden Behörde aufgehoben oder abgeändert werden.[385]

dd) Qualifizierte Maßnahmen nach Art. 91 Ziff. 2 sStGB

Art. 91 Ziff. 2 sStGB sieht für Jugendliche zusätzlich eine „qualifizierte Maßnahme" vor. Zielgruppe für die qualifizierten Maßnahmen sind zum einen jugendliche Delinquenten, die unabhängig von der Tatschwere der begangenen Tat besonders verdorben sind oder jugendliche Straftäter, die ein Verbrechen oder schweres Vergehen verübt haben, welches einen hohen Grad der Gefährlichkeit oder Schwererziehbarkeit bekundet.

Die qualifizierte Maßnahme ist als ultima ratio bei besonders schweren Fällen vorgesehen und muss zwingend bei Vorliegen der Voraussetzungen von der urteilenden Behörde verfügt werden.

(1) Verdorbenheit

Verdorben ist der Jugendliche, wenn er an Schwererziehbarkeit oder Verwahrlosung das zur Anordnung einer Erziehungsmaßnahme erforderliche Maß weit übersteigt.[386]

(2) Tatschwere

Auslegungsprobleme ergeben sich hinsichtlich der Anordnungsvoraussetzung der „Tatschwere". Umstritten ist dabei, ob sich das Tatbestandsmerkmal „schwer" entgegen dem Gesetzeswortlaut auch auf Verbrechen beziehen muss. Befürwortet wird dies im Schrifttum aufgrund des ultima ratio Charakters dieser Sanktion.[387] Als ausreichend wurden von der Rechtsprechung bislang die Begehung einer schweren Körperverletzung mit Todesfolge, Raub, weitere Vermögensdelikte, Nötigung und Verstöße gegen das StVG angesehen.[388]

---

[384] Hug, S. 120; vgl. Boehlen, Art. 91 N. 4
[385] Trechsel, Art. 91 Rn. 4
[386] Trechsel, Art. 91 Rn. 7; vgl. Boehlen, Art. 91 N. 9
[387] Trechsel, Art. 91 Rn. 8; Gürber/Hug in Basler Kommentar, Art. 91 Rn. 13
[388] Trechsel, Art. 91 Rn. 8

Umstritten ist zudem, ob bereits die objektive Tatschwere der Tat ausreichend ist oder ob die Tat vielmehr Indiz für eine verhängnisvolle Entwicklung des jugendlichen Täters sein muss.[389] Für letztere Ansicht spricht, dass es nach der Konzeption des geltenden schweizerischen Jugendstrafrechts nicht auf die objektive Tatschwere, sondern nur auf die Einteilung von Tätergruppen ankommt. Die Gesetzesalternative der Schwererziehbarkeit ergibt sich zudem auch ausschließlich aus der Täterpersönlichkeit und nicht aus der Schwere der begangenen Straftat.

In der Rechtslehre gibt es einige Stimmen, welche die qualifizierte Maßnahme nur auf angehende Schwerverbrecher anwenden wollen.[390] Nach dieser Ansicht genügt nicht die Begehung jedes Verbrechens, das wäre zum Beispiel jeder Diebstahl nach Art. 137 Ziff. 1 sStGB. Es muss vielmehr ein Verbrechen begangen werden, das ein hohes Maß an Gefährlichkeit oder Schwererziehbarkeit des Jugendlichen verrät.[391]

(3) Vollzugsorte

Die Täter müssen mindestens zwei Jahre in ein Erziehungsheim eingewiesen werden. Die qualifizierte Maßnahme kann von der vollziehenden Behörde nach Art. 93bis Ziff. 2 sStGB in einer Arbeitserziehungsanstalt vollzogen werden, wenn der Jugendliche das 17. Lebensjahr vollendet hat.

Zusätzlich kann nach Art. 93ter Ziff. 2 sStGB ein Jugendlicher, der in ein Erziehungsheim nach Art. 91 sStGB oder in eine Arbeitserziehungsanstalt nach Art. 93bis sStGB eingewiesen wurde, in ein Therapieheim eingewiesen werden, wenn er sich als außerordentlich schwer erziehbar erweist.

Jugendliche, die sich in einem Erziehungsheim als untragbar erweisen und nicht in ein Therapieheim gehören, können nach Art. 93ter sStGB von der vollziehenden Behörde in eine Anstalt für Nacherziehung eingewiesen werden. Eine Einweisung in eine Anstalt für Nacherziehung ist in diesem Rahmen auch nur vorübergehend aus disziplinarischen Gründen möglich.

d) Dauer der Erziehungsmaßnahmen

Erziehungsmaßnahmen werden auf unbestimmte Zeit ausgesprochen und sind zum einen dann aufzuheben, wenn sie ihren Zweck erfüllt haben.[392] Zum ande-

---

389 Boehlen, Art. 91 N. 9; Gürber/Hug in Basler Kommentar Art. 91 Rn. 13; Trechsel, Art. 91 Rn. 8; Schultz, S. 236

390 Boehlen, Art. 91 N. 9, Rehberg II S. 236; Schultz, S. 236; Gürber/Hug in Basler Kommentar, Art. 91 Rn. 13

391 Schultz, S. 236

392 Rehberg, Strafrecht II, S. 203; Backmann/Stump, S.379, Baechthold, S. 317; Trechsel, Art. 84 Rn. 12; Boehlen, Vorbemerkung S. 19

ren sind Erziehungsmaßnahmen unabhängig von ihrem Erfolg dann nach Art. 86bis Ziff. 3 sStGB sowie Art. 94 Ziff. 5 sStGB aufzuheben, wenn das Kind das 20. Lebensjahr und der Jugendliche das 22. Lebensjahr vollendet hat. Gegenüber einem Kind kann also theoretisch eine Maßnahme 13 Jahre lang andauern.

Begründet wird die Anordnung von Erziehungsmaßnahmen von unbestimmter Dauer mit ihrem Zweck: Erziehungsmaßnahmen sollen die erzieherische Mangelsituation beziehungsweise den krankhaft-abnormen Zustand des Täters nach Möglichkeit beheben und den jungen Täter zur sozialen Eingliederung befähigen.[393] Welchen Zeitraum diese Aufgabe in Anspruch nehmen wird, kann auch nur mit Wahrscheinlichkeit nicht vorausgesagt werden.[394] Maßnahmen, die ihren Zweck nach einem Jahr erreicht haben, bilden die Ausnahme; in der Regel ist eine längere Dauer, unter Umständen von mehreren Jahren erforderlich.[395]

In den Ausnahmefällen der Art. 91 Ziff. 2 sStGB, Art. 94 Ziff. 1 sStGB ist zudem auch eine Minimaldauer von zwei Jahren der Maßnahmen geregelt: Die Einweisung von Jugendlichen in ein Erziehungsheim nach Art. 91 Ziff. 2 sStGB muss mindestens für zwei Jahre erfolgen, wobei in diesen Fällen auch eine bedingte Entlassung vor Verbüßung von zwei Jahren in einem Erziehungsheim nach Art. 94 Ziff. 1 sStGB nicht in Frage kommt. Nach Art. 94 Ziff. 5 sStGB kann diese Maßnahme sogar bis zum 25. Lebensjahr des Delinquenten aufrechterhalten werden. Sie kann daher mitunter zehn Jahre dauern. Somit ist die Unterbringung in einem Erziehungsheim nach Art. 91 Ziff. 2 sStGB zwar gegenüber der Freiheitsstrafe die eingriffschwächere Sanktion, dies darf aber nicht darüber hinwegtäuschen, dass sie als die längste Sanktion angeordnet werden kann.

Obwohl weder für die Erziehungshilfe noch für die Familieneinweisung eine Mindestdauer vorgesehen ist, ist anzunehmen, dass diese Maßnahmen wenigstens in der Regel ebenfalls für mindestens ein Jahr durchzuführen sind, weil vorher eine dauernd erfolgreiche Einwirkung auf den Jugendlichen kaum erzielt werden kann.[396]

e) Änderung der Erziehungsmaßnahmen, Art. 86, 93 sStGB

Art. 86 und 93 sStGB bieten der urteilenden Behörde die Möglichkeit, die ursprünglich getroffene Erziehungsmaßnahme abzuändern. Es kann nur eine Maßnahme durch eine andere ersetzt werden, es ist hingegen nicht möglich, eine Erziehungsmaßnahme durch eine andere Sanktion zu ersetzen. Die Abänderbarkeit von Maßnahmen ist ein Wesenselement des jugendstrafrechtlichen Maßnahme-

393 Boehlen, Vorbemerkung S. 19
394 Boehlen, Vorbemerkung S. 19 m.w.N.; Menzi, S. 35
395 Boehlen, Vorbemerkung S. 19
396 Schultz, S. 236

rechts.[397] Die Möglichkeit der Abänderung von Erziehungsmaßnahmen ist deshalb so wichtig, weil Erziehungsmaßnahmen nach schweizerischem Recht auf unbestimmte Zeit angeordnet werden. Es muss daher fortwährend geprüft werden, ob die angeordnete Maßnahme noch zweckmäßig ist und der Entwicklung des Kindes oder des Jugendlichen angepaßt ist.

Art. 86 sStGB nennt als formelle Voraussetzung für die Abänderung von Maßnahmen das Vorliegen eines rechtskräftigen Urteils. Die materiellen Voraussetzungen sind nicht normiert, ergeben sich aber aus der Ratio der Abänderbarkeit von Erziehungsmaßnahmen: Wenn die angeordnete Maßnahme ungeeignet ist, um die notwendige erzieherische Wirkung zu erzielen, oder die Maßnahme über das hinausgeht, was erzieherisch noch erforderlich ist, mit anderen Worten: sobald die Erziehungsmaßnahme nicht mehr zweckmäßig ist, so ist sie abzuändern.[398]

Sie kann bereits vor Vollzugsbeginn abgeändert werden, wenn die notwendige Wirkung nicht mehr erzielt werden kann.[399] Eine Abänderung ist bei Kindern unter Berücksichtigung des Art. 86bis Ziff. 3 sStGB bis zur Vollendung des 20. Lebensjahrs möglich. Teilweise wird in der Literatur eingrenzend gefordert, dass die Abänderung von Maßnahmen aber nur so lange durchgeführt werden kann, als noch ein ausreichend langer Zeitraum zur Verfügung steht, um die neue Maßnahme wirkungsvoll durchführen zu können.[400] In Analogie zu Art. 86bis Ziff. 2 sStGB sind nach Erreichen des 15. Lebensjahres anstatt der Erziehungsmaßnahmen für Kinder diejenigen der Jugendlichen anzuordnen.

Hinsichtlich der Voraussetzungen für die Abänderbarkeit von Erziehungsmaßnahmen Jugendlicher gilt das für Kinder Gesagte. Problematischer ist hier allerdings, dass eine bedingte Entlassung aus der einfachen Heimeinweisung erst nach einem Jahr Heimaufenthalt möglich ist und die qualifizierte Heimeinweisung für mindestens zwei Jahre anzuordnen ist. Richtigerweise ist aber darauf abzustellen, dass eine Maßnahme bei Unzweckmäßigkeit abzuändern ist und die Unzweckmäßigkeit auch die Frist umfaßt. Hinsichtlich der einfachen Heimeinweisung ist daher eine Abänderung der Maßnahme unproblematisch möglich, da das Gesetz keine Mindestdauer für die einfache Heimdauer anordnet, sondern vielmehr für die Anordnung einer bedingten Entlassung aus dem Heim. Bedingte Heimentlassung und Abänderung der Maßnahme sind aber von einander zu trennen. Umstrittener ist dies bei der qualifizierten Heimeinweisung, da hier eine gesetzliche Mindestfrist normiert ist und einige Stimmen in der Literatur meinen, dass eine Abänderung vor Ablauf der Mindestfrist der Ratio legis widersprechen würde.[401]

[397] Boehlen, Art. 86 N 3; vgl. Menzi, S. 41
[398] Vgl. Boehlen, Art. 86 N. 4; vgl. Menzi, S. 88, 89; vgl. Rehberg, Strafen II, S. 210
[399] Rehberg, S. 149, Art. 93
[400] Boehlen, Art. 86 N. 3
[401] Darstellung bei Boehlen, Art. 93 N. 4

f) Bedingte Entlassung, Art. 94 Ziff. 1-3, Ziff. 4 II sStGB

Eine bedingte Entlassung aus den Erziehungsmaßnahmen ist nur bei Jugendlichen, nicht aber bei Kindern möglich. Wenn der Jugendliche nach Art. 91 Ziff. 1 oder 2 sStGB in ein Erziehungsheim eingewiesen wurde und er dort, in einer Arbeitserziehungsanstalt oder in einem Sonderheim gemäß Art. 93ter sStGB die gesetzliche Mindestdauer verbracht hat, kann er bedingt entlassen werden, wenn anzunehmen ist, dass der Zweck der Maßnahme erreicht sei.

Der Zweck dieser Maßnahme ist dann erreicht, wenn sich das Sozialverhalten des Jugendlichen normalisiert, seine Lebenstüchtigkeit und Gemeinschaftsfähigkeit sich so weit entwickelt hat, dass den Kräften des Jugendlichen vertraut werden darf, wenn die Gefahr einer erneuten Verwahrlosung behoben ist.[402]

Der Jugendliche kann nach Art. 94 Ziff. 4 II sStGB aus den übrigen Erziehungsmaßnahmen (Erziehungshilfe und Fremdfamilienplatzierung) bedingt entlassen werden, auch wenn diese ihren Zweck nicht vollständig erreicht haben. Dies geschieht in der Praxis in Ermangelung eines entsprechenden Bedürfnisses nie.[403]

Wird der Jugendliche bedingt entlassen, bestimmt die vollziehende Behörde eine Probezeit von sechs Monaten bis zu einem Jahr. Bei der bedingten Heimentlassung wird der Jugendliche zwingend unter Schutzaufsicht gestellt, bei der Entlassung aus den übrigen Erziehungsmaßnahmen kann dies fakultativ geschehen. Dem Jugendlichen können zusätzlich Weisungen nach Art. 91 Ziff. 1 III sStGB erteilt werden.

Bewährt sich der Jugendliche während der Probezeit nicht, handelt er also trotz förmlicher Mahnung einer ihm erteilten Weisung zuwider oder mißbraucht seine Freiheit in anderer Weise, so sieht das Gesetz verschiedene Sanktionen für dieses Verhalten vor: Der Jugendliche kann verwarnt werden, ihm können erneut Weisungen erteilt werden, er kann in die Maßnahme zurückversetzt werden, es können andere Maßnahmen angeordnet werden und die Probezeit kann auf höchstens drei Jahre verlängert werden. Es ist im konkreten Fall diejenige der Sanktionen zu wählen, die im konkreten Einzelfall notwendig und nach erzieherischen Gesichtspunkten am günstigsten erscheint.[404]

---

402 Vgl. Boehlen, Art. 94 N. 4

403 Rehberg, Strafrecht II, S. 212

404 Vgl. Rehberg, Strafrecht II, S. 212, 213; vgl. Boehlen, Art. 94 N. 11

2. Besondere Behandlungsmaßnahmen, Art. 85, 92 sStGB

a) Behandlungsbedürftigkeit

Hat ein Kind oder ein Jugendlicher eine Straftat begangen und liegt bei dem Täter ein Zustand der besonderen Behandlungsbedürftigkeit vor, so sind besondere Behandlungsmaßnahmen anzuordnen. Die besondere Behandlungsbedürftigkeit hat Vorrang vor der Erziehungs- und Betreuungsbedürftigkeit.[405]

Behandlungsbedürftigkeit von Kindern liegt nach Art. 85 sStGB vor, wenn das Kind schwere geistige oder körperliche Entwicklungsstörungen aufweist. Das Gesetz zählt hierbei sieben – nicht nur vorübergehende – Erscheinungen auf: Geisteskrankheit, Schwachsinn, Blindheit, erhebliche Gehör- oder Sprachbehinderung, erhebliche Störung in der geistigen oder sittlichen Entwicklung oder ein ungewöhnliches Zurückbleiben des Kindes. Das Gleiche gilt nach Art. 92 sStGB ebenfalls für Jugendliche, wobei bei diesen erweiternd eine besondere Behandlungsmaßnahme angeordnet werden kann, wenn sie trunk- und/oder rauschgiftsüchtig sind. Eine besondere erzieherische Betreuungsbedürftigkeit wird weder bei Kindern noch bei Jugendlichen vorausgesetzt.[406]

Nach Art. 85 Ziff. 2 sStGB kann die besondere Behandlung jederzeit neben den Erziehungsmaßnahmen angeordnet werden. Dies setzt voraus, dass neben der besonderen Behandlungsbedürftigkeit auch die besondere erzieherische Betreuungsbedürftigkeit vorliegt.

Insgesamt ist die praktische Bedeutung der besonderen Behandlung gering. Sie wurde 2002 in nur 111 Fällen, was 0,9 % aller Sanktionen gegenüber Kinder und Jugendlichen entspricht, verhängt.[407]

b) Behandlungsbedürftigkeit als alleiniges Kriterium der Anordnung

Für die Anordnung der besonderen Behandlungsmaßnahme ist alleine die besondere Behandlungsbedürftigkeit des Täters entscheidend und nicht die begangene Straftat. Es muss der objektive Tatbestand einer mit Strafe bedrohten Tat, nicht aber der subjektive der Schuld und der Zurechnungsfähigkeit nachgewiesen sein, damit eine besondere Behandlung angeordnet werden kann.[408]

---

[405] Gürber/Hug in Basler Kommentar, Art. 85 Rn. 1
[406] Boehlen, Art. 85 N. 3
[407] Quelle: Schweizerisches Bundesamt für Statistik, Jugendstrafrechtsurteile
[408] Boehlen, Art. 85 N. 2

c) Ambulante und stationäre Behandlungen

Art. 85 sStGB sagt nichts über den Begriff der besonderen Behandlungsmaßnahme aus und legt damit auch nicht fest, welche Behandlungsmaßnahmen durchgeführt werden können. Der Grund dafür dürfte darin liegen, dass die notwendige Behandlung eines behandlungsbedürftigen Kindes oder Jugendlichen immer nur im Einzelfall bestimmt werden kann. Die besondere Behandlung muss dem besonderen Zustand des Täters angepaßt und geeignet sein, eine Besserung seines Zustands herbeizuführen.[409]

In Betracht kommen aber jedenfalls sowohl ambulante als auch stationäre Behandlungen medizinischer, psychiatrischer oder psychologischer Art.[410]

Nach dem Gesetzeswortlaut wird keine Zustimmung des Delinquenten zu der Durchführung der Behandlungsmaßnahmen gefordert. Dies wird teilweise in der Rechtslehre kritisiert und gefordert, dass bei Operationen oder schmerzhaften Behandlungen die Maßnahme nur dann durchgeführt werden kann, wenn der urteilsfähige Täter dem zustimmt.[411]

d) Dauer der besonderen Behandlung

Die Anordnung der besonderen Behandlungsmaßnahme erfolgt auf unbestimmte Zeit und wird erst dann aufgehoben, wenn ihr Zweck erreicht ist. Bei Kindern nach Art. 86bis Ziff. 3 sStGB unabhängig von ihrem Erfolg spätestens nach Vollendung des 20. Lebensjahres, bei Jugendlichen spätestens nach Vollendung des 22. Lebensjahres, Art. 94bis i.V.m. Art. 94 Ziff. 2 sStGB.

3. Strafen, Art. 87, 95 sStGB

Die Strafe wird vom schweizerischen Gesetzgeber wie die Erziehungsmaßregeln als Erziehungsmittel begriffen.[412] Sie ist also eine reine Erziehungsstrafe. Sie soll weitere Strafen des Täters verhindern, zugleich aber auch seine Integration in die Gesellschaft fördern.

Die Strafe ist subsidiär gegenüber der Maßnahme.[413] Dies beruht auf der Erwägung, dass der schweizerische Gesetzgeber Strafen für Kinder und Jugendliche als schädlich ansah und sie durch ein autonomes System erzieherisch wirkender Sanktionen ersetzen wollte.[414] In der Justizpraxis betrug im Jahr 2002 der

---

[409] Gürber/Hug in Basler Kommentar, Art. 85 Rn. 2

[410] Vgl. Schellenberg, DVJJ-J 2000, S. 3; Kritisch zur Anordnung einer längeren stationären Behandlung von behandlungsbedürftigen Kindern, Boehlen, Art. 85 N. 6

[411] Veillard, ZStR 68 (1953), S. 208, 212

[412] Ruf, S. 23 m.w.N.; vgl. Rehberg, Strafrecht II, S. 216

[413] Vgl. BGE 94 IV, S. 17, 19

[414] Vgl. Backmann/Stump, S. 378

Anteil der Strafen allerdings 89,7 Prozent aller im Jugendstrafrecht angeordneten Sanktionen.[415]

a) Voraussetzungen

Nach dem Wortlaut von Art. 95 sStGB kommt eine Bestrafung von Jugendlichen auch erst dann in Betracht, wenn von den Maßnahmen keine in Betracht kommt. Die Strafe ist somit im schweizerischen Jugendstrafrecht für die „normalen" Täter oder die Gelegenheitstäter vorgesehen. Es handelt sich hierbei um die überwiegende Mehrheit von Minderjährigen, die eine Straftat aus Unwissenheit, Sorglosigkeit, Leichtsinn und dergleichen begangen haben.[416]

Die Verhängung einer Strafe setzt eine fehlende Erziehungs- und Behandlungsbedürftigkeit des Delinquenten voraus, wobei von diesem Grundsatz aber zwei Ausnahmen gemacht werden: Nach Art. 91 Ziff. 1 II sStGB kann Erziehungshilfe mit Einschließung bis zu 14 Tagen oder Buße verbunden werden und nach Art. 95 Ziff. 1 II sStGB kann ein Jugendlicher, der sich im Maßnahmevollzug erneut strafbar gemacht hat, mit einer Buße oder Einschließung oder mit beiden Strafen zugleich bestraft werden.

Eine Strafe kann nur dann verhängt werden, wenn der Täter eine tatbestandswidrige, rechtswidrige und schuldhafte Handlung begangen hat, wobei unbestritten das Verschuldenserfordernis gegeben sein muss.[417]

b) Die Strafen im Einzelnen

Im Kinderstrafrecht spricht man von Disziplinarstrafen. Das Gesetz sieht in Art. 87 sStGB als Disziplinarstrafen den Verweis, die Verpflichtung zu einer Arbeitsleistung und den Schularrest vor.

Gegen Jugendliche kann nach Art. 95 sStGB der Verweis, Verpflichtung zu einer Arbeitsleistung, Buße und Einschließung von einem Tag bis zu einem Jahr verhängt werden.

aa) Verweis

Der Verweis ist eine förmliche Mißbilligung der Tat, ein Tadel.[418] Er stellt die mildeste Strafe dar. Der Verweis kann in mündlicher oder in schriftlicher Form erfolgen. Die erzieherische Wirkung dieser Sanktion wird teilweise bestritten.

---

[415] Quelle: Schweizerisches Bundesamt für Statistik, Jugendstrafrechtsurteile

[416] Vgl. BGE 96 IV, S. 9, 12 m.w.N., Gürtler-Schlör, S. 51; Hug, S. 9 m.w.N.

[417] Vgl. BGE 88 IV, S. 72, 75; Hug, S. 16, 17; Gürber/Hug in Basler Kommentar, Art. 87 Rn. 2

[418] Trechsel, Art. 87 Rn. 4; Boehlen, Art. 87 N. 7; Gürtler-Schlör, S. 72; Rehberg, Strafen II, S. 217; Hug, S. 44

Der Verweis sollte sich nicht in einer bloßen Rüge des Verhaltens erschöpfen. Er sollte vielmehr mündlich erfolgen und an den guten Willen und das Verantwortungsgefühl des Täters appellieren. Schriftliche Verweise werden im Allgemeinen wenig wirksam sein.[419] Dennoch ist in einigen Kantonen die Erteilung des Verweises in einem schriftlichen Verfahren gesetzlich vorgesehen.

Ein Verweis kommt als Sanktion in Betracht, wenn das Verschulden unter Berücksichtigung aller Umstände leicht ist und Strafempfindlichkeit, Einsicht und Reue vorhanden sind.[420] Die strafbare Tat muss aber nicht objektiv geringfügig sein.[421] Wird der Verweis als zu leicht empfunden, so hat sich die urteilende Behörde für eine andere Strafe zu entscheiden.[422]

Gegenüber Jugendlichen erscheint der Verweis nicht so häufig wie gegenüber Kindern begründet, weil Jugendliche nach Alter und Reife im Allgemeinen weniger leicht beeindruckbar als Kinder sind.[423] Im Jahr 2002 erreichte der Verweis einen Anteil von 31,2 Prozent aller Sanktionen, welche gegenüber Kindern und Jugendlichen ausgesprochen wurden.[424]

bb) Arbeitsleistung

Die Verpflichtung zur Arbeitsleistung wurde 1971 in das Strafgesetzbuch eingeführt. Sie wird als besonders geeignete Sanktion angesehen, weil sie als sinnvoll erlebt werden kann und ein Element der Wiedergutmachung enthält.[425] Anstatt ein Übel passiv zu erdulden, kann der Delinquent das begangene Unrecht selbst aktiv wiedergutmachen. Der Strafcharakter der Arbeitsleistung besteht darin, dass der minderjährige Täter freie Zeit aufwenden muss, eine Arbeit verrichten muss und dafür nicht vergütet wird.

Der Gesetzgeber hat auf eine Umschreibung des zulässigen Inhalts der zu erbringenden Arbeitsleistungen und ihrer zeitlichen Dauer verzichtet, was rechtsstaatlich als sehr bedenklich erscheint.[426]

Als besonders geeignete Formen der Arbeitsleistung werden generell Tätigkeiten im Bereich der Pflege und Betreuung angesehen, wobei aber auch direkte Leistungen zugunsten des Geschädigten in Betracht kommen.[427]

---

[419] Boehlen, Art. 87 N. 7; vgl. Hug, S. 49; vgl. Gürtler-Schlör, S. 74; Kober, S. 43; Gürber/Hug in Basler Kommentar, Art. 87 Rn. 6

[420] Boehlen, Art. 87 N. 7 und Art. 95 N. 3; vgl. Hug, S. 50

[421] BGE 94 IV, S. 56, 59; Boehlen, Art. 95 N. 3

[422] Vgl. Boehlen, Art. 87 N. 8

[423] Vgl. Boehlen, Art. 95 N. 3

[424] Quelle: Schweizerisches Bundesamt für Statistik, Jugendstrafrechtsurteile

[425] Trechsel, Art. 87 Rn. 5; vgl. Rehberg, Strafrecht II, S. 218; Boehlen, Art. 87 N. 9; vgl. Hug, S. 50; vgl. Gürber/Hug in Basler Kommentar, Art. 87 Rn. 11

[426] So auch Rehberg, Strafrecht II, S. 218, ebenso Schultz, S. 240

[427] Trechsel, Art. 87 Rn. 5; vgl. Boehlen, Art. 87 N. 9

Im Kinderstrafrecht wird angenommen, dass die Dauer der Arbeitsleistungen die gesetzlichen Grenzen von sechs Halbtagen für den Schularrest nicht überschreiten darf.[428] Dies ist aber nicht unumstritten. Denn anders als beim Schularrest steht bei der Arbeitsleistung die persönliche Wiedergutmachungsleistung, die dem konkreten Verschulden des Täters entspricht, im Vordergrund. Es kann also der Fall eintreten, dass bei einem besonders schwerwiegenden Verschulden eine Arbeitsleistung mehr als sechs Halbtage in Anspruch nehmen kann.[429]

Bei Jugendlichen ist ebenfalls keine zeitliche Beschränkung der Arbeitsleistungen vorgenommen worden. Dies beruht ebenfalls auf der Überlegung, die Arbeitsleistung jederzeit dem konkreten Verschulden des Täters anpassen zu können. Bei Jugendlichen über 15 Jahren wird in der Literatur vorgeschlagen, den zeitlichen Rahmen der Arbeitsleistungen auf drei Monate zu begrenzen.[430] In der Praxis bewegt sich die Dauer in der Regel zwischen einem halben Tag und drei Wochen.[431]

Sanktionen für den Fall der Weigerung, die Arbeitsleistung zu erbringen, oder für den Fall der Schlechtleistung sind gesetzlich nicht vorgesehen. Dies führt dazu, dass die urteilende Behörde sich vor Anordnung der Sanktion überzeugen muss, ob der Täter bereit ist, die erzieherisch wertvolle Arbeitsleistung zu erbringen. Liegt eine solche Bereitschaft bei dem Kind oder dem Jugendlichen nicht vor, wird die urteilende Behörde eine andere Sanktion wählen müssen, bei Jugendlichen wird sie die Einschließung anordnen können und müssen.[432]

In der Justizpraxis betrug im Jahr 2002 der Anteil der Arbeitsleistung 28,0 Prozent aller im Jugendstrafrecht angeordneten Sanktionen.[433]

cc) Schularrest

Schularrest kann gegenüber einem straffällig gewordenen Kind für eine Dauer von ein bis sechs Halbtagen verfügt werden. Das Kind wird dann im Schulhaus außerhalb des Schulunterrichts eingeschlossen. Insofern ist im Schularrest ein Ansatz zur Freiheitsstrafe zu sehen.[434] Es handelt sich bei dem Schularrest um eine auf das Kinderstrafrecht zugeschnittene kurzfristige Freiheitsstrafe.[435] Ge-

---

[428] Rehberg, Strafrecht II, S. 218; Gürtler-Schlör, S. 83. Vgl. zur Dauer des Schularrests § 4 V 3 b) cc)
[429] Hug, S. 56; vgl. Boehlen, Art. 87 N. 9
[430] Darstellung bei Trechsel, Art.87 Rn. 5
[431] Gürber/Hug in Basler Kommentar, Art. 95 Rn. 9
[432] Vgl. Boehlen, Art. 95 N. 10
[433] Quelle: Schweizerisches Bundesamt für Statistik, Jugendstrafrechtsurteile
[434] Boehlen, Art. 87 N. 8
[435] Hug, S. 59 m.w.N.

legentlich werden die zu Schularrest verurteilten Kinder im Schulhaus mit Putzarbeiten oder zusätzlichen Schularbeiten beschäftigt.[436]

Der Sinn des Schularrests soll darin liegen, dass das Kind zum Nachdenken veranlaßt wird.[437] Die erzieherische Wirkung dieser Sanktion hängt also sehr stark von der Ausgestaltung des Vollzuges des Schularrests ab.[438] Zu bedenken ist aber bei dieser Strafe, dass ein Kind noch nicht zur Selbsterziehung fähig ist. Wenn sich während des Vollzugs niemand mit dem Kind auseinandersetzt, besteht die Gefahr, dass der Schularrest bloße Übelszufügung und Vergeltung ist.[439]

Der Schularrest wird kritisiert, weil er eine Zweckverfremdung der Schule darstelle. Der Schule wird mit dem Vollzug des Arrests eine wesensfremde Aufgabe zugemutet, die sie oftmals nur widerwillig erfüllt.[440] Zudem wird ein Kind mit dem Nachdenken leicht überfordert sein und das Eingeschlossensein als vorwiegend abschreckendes Übel empfinden.[441] Ein Kind fühlt sich leicht vor seinen Schulkameraden bloßgestellt und steht in der Gefahr, von ihnen an den Pranger gestellt zu werden.[442]

Es gibt Vorschläge in der Rechtslehre, den Schularrest nur in denjenigen Ausnahmefällen anzuwenden, in denen die von dem Kind begangene Straftat in engem Zusammenhang mit der Schule steht (Garderobendiebstahl, der Sachbeschädigung in der Schule) und wenn zusätzlich der mit dem Vollzug der Strafe beauftragte Lehrer bereit ist, den Schularrest erzieherisch sinnvoll zu gestalten.[443]

Die Sanktion des Schularrests hat aber heute keine praktische Bedeutung mehr. Im Jahr 2002 wurde der Schularrest in lediglich 11 Fällen angeordnet, was 0,1 Prozent aller gegenüber Kindern und Jugendlichen angeordneten Sanktionen entspricht.[444]

dd) Buße

Die Buße ist nur bei Jugendlichen vorgesehen und stammt aus dem Erwachsenenstrafrecht. Ihr liegt die Überlegung zugrunde, dass die Verletzung der Rechtsordnung durch eine Geldleistung zugunsten der Allgemeinheit ausgeglichen werden soll.[445] Sie sollte nur bei verschuldensmäßig leichten

[436] Boehlen, Art. 87 N. 10
[437] Boehlen, Art. 87 N. 8 m.w.N.; vgl. Hug, S. 59; Gürtler-Schlör, S. 89; Gürber/Hug in Basler Kommentar, Art. 87 Rn. 17
[438] Boehlen, Arbeitsleistung, S. 13 m.w.N.
[439] Boehlen, Arbeitsleistung, S. 13
[440] Trechsel, Art. 87 Rn. 6; Boehlen, Art. 87 N. 8; vgl. Hug, S. 62
[441] Boehlen, Art. 87 N. 8
[442] Boehlen, Arbeitsleistung, S. 13
[443] Vgl. Hug, S. 62, 63
[444] Quelle: Schweizerisches Bundesamt für Statistik, Jugendstrafrechtsurteile

chen werden soll.[445] Sie sollte nur bei verschuldensmäßig leichten Delikten angewandt werden.[446]

Bei der Verhängung der Buße soll darauf geachtet werden, dass wirklich der Jugendliche und nicht seine Eltern die Einbuße erleiden, ansonsten kommt dieser Sanktion kein pädagogischer Sinn zu.[447] Die Buße kommt daher vor allem für ältere Jugendliche, die bereits über ein eigenes Einkommen verfügen, in Betracht.[448]

Das Gesetz regelt die Verhängung der Buße nur sehr rudimentär und verweist in Art. 95 Ziff. 2 sStGB auf die Vorschriften der Art. 48 – 50 sStGB, welche die Buße im Erwachsenenrecht regeln.

In der Schweiz besteht kein Tagessatzsystem, sondern vielmehr ein Geldsummensystem. Der Täter zahlt eine bestimmte Geldsumme an den Staat. Nach Art. 48 Ziff. 1 sStGB beträgt der Höchstbetrag einer Buße ebenso wie bei Erwachsenen für Jugendliche 40.000 Schweizer Franken. Für Übertretungen wird nach Art. 106 sStGB, der auch bei Jugendlichen anzuwenden ist, ein Höchstbetrag von 5.000 Schweizer Franken festgelegt. Es ist hierbei aber zu berücksichtigen, dass diese vom Gesetzgeber vorgesehenen Höchstbeträge auf der finanziellen Leistungsfähigkeit erwachsener Straftäter beruhen und daher für Jugendliche kaum nennenswerte Beachtung verdienen.[449]

Die Grundsätze der Strafzumessung sind nicht im Jugendstrafrecht, sondern vielmehr im allgemeinen Strafrecht in Art. 48 Ziff. 2 sStGB geregelt. Der Betrag der Buße wird gemäß Art. 48 Ziff. 2 I sStGB nach den Verhältnissen des Täters so bestimmt, dass er eine Einbuße erleidet, die seinem Verschulden angemessen ist. Grundlage für die Strafzumessung einer Buße ist demnach in erster Linie das Verschulden des Täters. Die Anwendung dieses Grundsatzes eine systemfremde Abweichung von dem im Jugendstrafrecht vorherrschenden Erziehungsgedanken. Sie wird nur dadurch abgemildert, dass zusätzlich weitere Umstände, die für den Jugendlichen wesentlich sind, berücksichtigt werden müssen.[450]

Im Falle der Umwandlung der Buße in Haft nach Art. 49 Ziff. 3 Abs. 1 sStGB, tritt bei jugendlichen Tätern die Einschließung gemäß Art. 95 Ziff. 2 Satz 2 sStGB.

---

[445] Hug, S. 85; Boehlen, Art. 95 N. 5

[446] Hug, S. 95

[447] Vgl. Gürber/Hug in Basler Kommentar, Art. 95 Rn. 10; vgl. Rehberg, Strafrecht II, S. 219; Trechsel, Art. 95 Rn. 5; Gürtler-Schlör, S. 78; Boehlen, Art. 95. N. 5; Hug, S. 93

[448] Trechsel, Art. 95 Rn. 5; Boehlen, Art. 95 N. 5; Hug, S. 85

[449] Hug, S. 86 m.w.N.; Gürtler-Schlör, S. 77

[450] A.A. ist Boehlen, Art. 95 N. 6, die in der Anwendung des oben dargestellten Grundsatzes keine systemfremde Abweichung sieht.

In der Justizpraxis erreichte im Jahr 2002 der Anteil der bedingt angeordneten Bußen 4,0 Prozent und der unbedingt angeordneten Bußen 19,3 Prozent aller im Jugendstrafrecht angeordneten Sanktionen.[451]

ee) Einschließung

Anstelle des Schularrests für Kinder sieht das Gesetz bei Jugendlichen die Einschließung vor. Einschließung ist die Verhängung von Freiheitsstrafe von einem Tag bis zu einem Jahr.[452] Der Gesetzgeber strebt mit der Einschließung eine erzieherische Beeinflussung des Täters an. Die Einschließung dient zugleich aber auch der Vergeltung und Abschreckung.[453]

Die Verhängung von Einschließung kann mit der Buße verbunden werden. Diese Kombination kann vor allem dann sinnvoll sein, wenn zu befürchten ist, dass sich der Jugendliche von der Einschließung zu wenig beeindrucken lasse.[454]

Im Jahr 2002 betrug der Anteil der bedingt ausgesprochenen Einschließung 5,4 Prozent und der unbedingt verhängten Einschließung 1,8 Prozent aller im Jugendstrafrecht angeordneten Sanktionen.[455]

ff) Bedingter Vollzug der Einschließung und der Buße, Art. 96 sStGB

Art. 96 Ziff. 1 sStGB sieht für Jugendliche die Möglichkeit des bedingten Vollzugs der Einschließung und der Buße für den Fall vor, dass Verhalten und Charakter des Jugendlichen erwarten lassen, er werde keine weiteren Straftaten mehr begehen, insbesondere wenn er vorher noch keine oder nur geringfügige strafbare Handlungen begangen hat.

Anders als im Erwachsenenstrafrecht besteht allerdings keine Pflicht zur Gewährung des bedingten Strafvollzugs, wenn dessen Voraussetzungen vorliegen. Begründet wird dies mit dem Erziehungsgedanken, wonach es teilweise erzieherischen Gesichtspunkten entgegenstehe, den Vollzug aufzuschieben. Dies kann insbesondere bei der Verhängung einer geringen Buße der Fall sein.[456] Die Möglichkeit, den Vollzug einer Buße probeweise aufzuschieben besteht zudem auch nur im Jugendstrafrecht, im Erwachsenenstrafrecht ist eine derartige Möglichkeit nicht vorgesehen.

---

[451] Quelle: Schweizerisches Bundesamt für Statistik, Jugendstrafrechtsurteile

[452] Im Zuge der Revision des Jugendstrafrechts im Jahr 1971 wurde dieses Strafmaß heftig diskutiert. Vorgeschlagen wurde damals eine Verkürzung des Strafmaßes auf drei Monate. Vgl. dazu Gürtler-Schlör, S. 92, dort insbesondere Fußnote 109.

[453] Vgl. Gürtler-Schlör, S. 94; Boehlen, Art. 95 N. 7

[454] Vgl. Trechsel, Art. 95 Rn. 6

[455] Quelle: Schweizerisches Bundesamt für Statistik, Jugendstrafrechtsurteile

[456] Rehberg, Strafrecht II, S. 222

Wird der bedingte Strafvollzug gewährt, bestimmt die urteilende Behörde eine Probezeit von sechs Monaten bis zu drei Jahren, in welcher der Jugendliche unter Schutzaufsicht gestellt wird. Dem Jugendlichen können Weisungen gemäß Art. 91 Ziff. 3 sStGB erteilt werden, also insbesondere über die Erlernung eines Berufes, Aufenthalt, Verzicht auf alkoholische Getränke und Ersatz des Schadens.

In der Praxis wird der bedingte Strafvollzug öfters gerade deshalb gewährt, weil dadurch die Möglichkeit eröffnet wird, auch nicht maßnahmebedürftige Jugendliche für einige Zeit unter Schutzaufsicht zu stellen.[457] Bewährt sich der Jugendliche in der Probezeit nicht, so ist die Strafe zu vollziehen. Bei leichteren Fällen kann anstelle des Strafvollzuges eine weitere Weisung angeordnet werden und die Probezeit höchstens um die Hälfte der ursprünglich festgesetzten Dauer verlängert werden. Bewährt sich der Jugendliche, wird der Eintrag ins Strafregister gelöscht.

4. Absehen von Maßnahmen und Strafen, Art. 88, 98 sStGB

Die urteilende Behörde kann von der Verhängung einer Maßnahme oder Strafe absehen, wenn dem Täter ein strafbares Verhalten nachgewiesen wurde, aber aus Gründen der Spezialprävention ein Absehen von einer Maßnahme oder Strafe zweckmäßig ist. Dies ist nach Art. 88, 98 sStGB dann der Fall, wenn das Kind oder der Jugendliche bereits anderweitig durch den gesetzlichen Vertreter, der Vormundschaftsbehörde oder einen Dritten sanktioniert wurde, oder wenn der Täter aufrichtig Reue zeigt, insbesondere den Schaden aus eigenen Kräften wiedergutgemacht hat oder seit der Tat eines Kindes drei Monate verstrichen sind, bei Jugendlichen ein Jahr. Wenn eine der drei genannten Voraussetzungen erfüllt ist, kann grundsätzlich in jedem Fall, auch bei schwerstem Verschulden oder offenbarer Maßnahmebedürftigkeit von jeder Sanktion abgesehen werden.[458] Es wird allerdings nicht von der Sanktion abgesehen, wenn ihre Verhängung aus spezialpräventiven Gründen erforderlich ist.

Das Absehen von Strafen und Maßnahmen soll der erzieherischen Zielsetzung des geltenden schweizerischen Jugendstrafrechts dienen.[459] Es soll vermieden werden, überflüssige und damit schädliche Sanktionen zu verhängen.

5. Strafzumessung

Die Strafzumessung ist nicht in den jugendstrafrechtliche Bestimmungen der Art. 82 ff. sStGB geregelt. Sie erfolgt vielmehr nach den allgemeinen Vorschrif-

---

[457] Rehberg, Strafrecht II, S. 222
[458] Boehlen, Art. 88 N. 2
[459] Vgl. Boehlen, Art. 88 N. 1

ten über die Strafzumessung nach Art. 63 ff sStGB. Die Art. 64-66 sStGB behandeln die Strafmilderungen, in den Art. 67, 68 sStGB sind die Strafschärfungen geregelt.

Nach Art. 63 sStGB bestimmt sich die Strafe des Täters nach dessen Verschulden. Bei der Bestimmung des Verschuldens sind die Beweggründe der Tat, das Vorleben und die persönlichen Verhältnisse zu berücksichtigen. Erzieherische Gesichtspunkte spielen im Erwachsenenstrafrecht im Rahmen der Strafzumessung keine Rolle. Lediglich der Vollzug der Zuchthaus- und Gefängnisstrafe soll nach Art. 37 Ziff. 1 I sStGB erzieherisch auf den Gefangenen einwirken. Daher können die allgemeinen Vorschriften über die Strafzumessung auch nur modifiziert im Jugendstrafrecht angewandt werden. Schließlich ist im Jugendstrafrecht der Erziehungsgedanke vorherrschend.

Das Verschulden eines minderjährigen Täters muss dementsprechend nach besonderen Kriterien beurteilt werden.[460] Bei der Beurteilung des Verschuldens fallen zum Beispiel das Alter und die Entwicklung des Täters stark ins Gewicht, bei der Angemessenheit der Strafe Strafempfindlichkeit, Einstellung zur begangenen Tat und ein vorheriges strafrechtliches Inerscheinungtreten des minderjährigen Täters.[461] Im Rahmen dieser Kriterien sind auch Strafmilderungs- und Strafschärfungsgründe zu berücksichtigen.[462]

Nach Auffassung des Bundesgerichts soll der Gedanke der Erziehung und Besserung, nicht das Verschulden maßgebliches Kriterium der Strafzumessung sein.[463] Bei der Auswahl der Strafen hat sich die Ermessensentscheidung der urteilenden Behörde primär an dem Gedanken der Erziehung und Besserung unter Berücksichtigung der nicht abgeschlossenen Entwicklung des jungen Täters zu orientieren, das Verschulden darf dabei nach der Vorgabe des Bundesgerichts aber nicht gänzlich unberücksichtigt bleiben.[464] Es soll aber auch nicht das entscheidende Strafzumessungskriterium sein.[465] Das schweizerische Bundesgericht sieht in seiner höchstrichterlichen Rechtsprechung vor, dass die Strafzumessung im Jugendstrafrecht in erster Linie nach dem Alter und der Persönlichkeit des jugendlichen Täters zu bemessen ist und erst in zweiter Linie nach seinem Verschulden.[466] Begründet wird dies mit dem im Jugendstrafrecht vorherrschenden Erziehungsgedanken. Im Jugendstrafrecht spielen Sühne und Vergeltung eine völlig untergeordnete Rolle. Vielmehr steht der Gedanke der Erzie-

---

[460] Rehberg, Strafrecht II, S. 217, Boehlen, Art. 87 N. 5; Hug, S. 21

[461] Vgl. Rehberg, Strafrecht II, S. 217;

[462] Rehberg, Strafrecht II, S. 217; vgl. Hug, S. 21, 22, der allerdings die Strafmilderungsgründe der Art. 65 und 66 sStGB für nicht anwendbar hält, da sie ausschließlich auf die erwachsenen Täter zugeschnitten seien. Ebenso Boehlen, Art. 87 N. 5.

[463] BGE 94 IV, S. 56, 57, 58, Schultz, S. 241

[464] BGE 94 IV, S. 56, 57, 58

[465] BGE 94 IV, S. 56, 57, 58

[466] Backmann/Stump, S. 386, BGE 94 IV, S. 56, 57, 58; zustimmend Schultz, S. 241

hung und Besserung im Vordergrund. Es ist davon auszugehen, dass bei Jugendlichen die Charakterbildung sowie die geistige und sittliche Entwicklung noch nicht abgeschlossen sind und sie daher noch der unterstützenden Führung bedürfen.[467] Folgt man dem Bundesgericht, so kann konsequenterweise ein relativ schweres Delikt mit einer leichten Strafe, zum Beispiel dem Verweis sanktioniert werden.

Entgegen diesen grundlegenden Ausführungen des Bundesgerichts wird in der Lehre vereinzelt vertreten, die Strafe sei nach dem Verschulden des Täters, in einem gewissen Verhältnis zur Straftat zuzumessen.[468] Schließlich wirke das Maß der Schuld auch strafbegrenzend. Ansatzpunkt dieser Auffassung ist, dass die allgemeinen Bestimmungen des sStGB nur dann im Jugendstrafrecht herangezogen werden dürfen, wenn sie mit dem Sinn und Zweck des Jugendstrafrechts in Einklang stehen.[469] Aus pädagogischen Gesichtspunkten ist eine Erziehungsstrafe aber nur bei vorliegendem Tatverschulden sinnvoll.[470] Tat und Tatverschulden dürfen nicht bagatellisiert werden, ansonsten könne sich dies erzieherisch ebenso nachteilig auswirken wie unangemessen harte Strafen.[471]

Eine Ausnahme zu dem oben Ausgeführten bildet die Buße, da sie gemäß Art. 95 Ziff. 2 sStGB nach den Regeln des Erwachsenenstrafrechts bemessen wird.

VI. Justizpraxis

1. Vorbemerkung

Zunächst waren bis 1975 in der Schweiz die Jugendstrafrechtsurteile neben den Erwachsenenurteilen in der Strafurteilsstatistik enthalten. 1971 wurden im Zuge der Revision des schweizerischen Strafgesetzbuches die Eintragungsbestimmungen für das Strafregister geändert, was zu einer Aufhebung der Eintragungspflicht von Jugendstrafurteilen in das Strafregister führte. In der Folgezeit standen somit beinahe keine Daten von Verurteilungen von Kindern und Jugendlichen zur Verfügung.

1988 bis 1998 wurde eine Erhebung aggregierter Daten bei den schweizerischen Jugendanwaltschaften und Jugendgerichten durchgeführt. Diese Aggregatsstatistik konnte aber den Anforderungen einer umfassenden und differen-

---

[467] BGE 94 IV, S. 56, 58

[468] Boehlen, Art. 87 N. 5 m.w.N.

[469] BGE 94 IV, S. 56, 57 m.w.N., Boehlen, Vorbemerkung, S 30; Hug, S. 20; Gürtler-Schlör, S. 70

[470] Hug, S. 21 m.w.N.

[471] Boehlen, Art. 87 N. 5

zierten Datensammlung nicht genügen, da die Daten durch die Kantone nach unterschiedlichsten Kriterien erhoben wurden.[472]

Seit 1999 wurde mit einer neuen „fallbezogenen" Erhebungsweise der Jugendstrafurteilsstatistik begonnen. Da die Aggregatsstatistik nach anderen Prinzipen als die neue Erhebung durchgeführt wurde, sind die Ergebnisse der statistischen Erfassungen von 1988 bis 1998 und seit 1999 nicht miteinander vergleichbar. Daher wird nachfolgend die Darstellung der Justizpraxis zwischen beiden Erfassungsräumen getrennt dargestellt und unabhängig voneinander bewertet.

2. Verurteilungen von Kindern

a) Nach der Art der Sanktion von 1988 bis 1998

Die Statistik von 1988 bis 1998 beruht auf einer Zusammenarbeit der Schweizerischen Vereinigung für Jugendstrafrechtspflege und dem Bundesamt für Statistik. Die Daten wurden auf Kantonsebene aggregiert erhoben. Die Verteilung der Sanktionen im Kinderstrafrecht stellt sich wie folgt dar:

Jahr	Erziehungsmaßnahmen	Besondere Behandlung	Disziplinarstrafen	Absehen von Strafen und Maßnahmen	Insgesamt
1988	143 (6,2 %)	18 (0,8 %)	1907 (82,4%)	247 (10,7 %)	2315
1989	140 (7,3 %)	5 (0,3 %)	1574 (82,4 %)	191 (10,0 %)	1910
1990	119 (5,4 %)	8 (0,4 %)	1747 (79,1 %)	336 (15,2 %)	2210
1991	159 (7,0 %)	18 (0,8 %)	1798 (79,0 %)	300 (13,2 %)	2275
1992	133 (6,1 %)	11 (0,5 %)	1762 (81,2 %)	263 (12,1 %)	2169
1993	153 (6,3 %)	22 (0,9 %)	1946 (80,7 %)	292 (12,1 %)	2413
1994	189 (6,9 %)	16 (0,6 %)	2220 (81,5 %)	299 (11,0 %)	2724
1995	169 (6,3 %)	18 (0,7 %)	2238 (83,8 %)	245 (9,2 %)	2670

[472] Vgl. Schellenberg, Erziehung versus Strafen, S. 371

Jahr	Erziehungsmaßnahmen	Besondere Behandlung	Disziplinarstrafen	Absehen von Strafen und Maßnahmen	Insgesamt
1996	203 (7,0 %)	19 (0,7 %)	2421 (83,5 %)	256 (8,8 %)	2899
1997	193 (6,4 %)	17 (0,6 %)	2433 (80,1 %)	393 (12,9 %)	3036
1998	204 (6,0 %)	29 (0,9 %)	2778 (81,8 %)	387 (11,4 %)	3398

Quelle: Schweizerisches Bundesamt für Statistik, Jugendstrafrechtsurteile

In der Praxis des Kinderstrafrechts überwiegen die Disziplinarstrafen deutlich. Sie sind die am häufigsten angeordneten Sanktionen. Ihren Höchststand erreichten sie 1995. In diesem Jahr machten sie 83,8 Prozent aller in einem Urteil ausgesprochenen Sanktionen aus. Der Disziplinarstrafe folgen mit deutlichem Abstand das Absehen von Strafen und Maßnahmen und die Erziehungsmaßnahmen. Der Anteil der Erziehungsmaßnahmen beträgt rund sechs Prozent. Die besondere Behandlung spielt beinahe keine Rolle in der Justizpraxis des Kinderstrafrechts.

b) Erziehungsmaßnahmen

aa) Häufigkeit und Verteilung der einzelnen Erziehungsmaßnahmen im Vergleich zu den Sanktionen insgesamt

Die Aufschlüsselung der einzelnen Erziehungsmaßnahmen und der besonderen Behandlung ergibt folgendes Bild, wobei die in Klammern angegebenen Prozentzahlen den Anteil der jeweiligen Erziehungsmaßnahmen an den formellen Sanktionen insgesamt angeben:

Jahr	Erziehungshilfe	Geeignete Familie	Erziehungsheim	Besondere Behandlung
1988	95 (4,1 %)	3 (0,1 %)	45 (1,9 %)	18 (0,8 %)
1989	103 (5,4 %)	1 (0,1 %)	37 (1,9 %)	5 (0,3 %)
1990	88 (4,0 %)	2 (0,1 %)	29 (1,3 %)	8 (0,4 %)

Jahr	Erziehungs-hilfe	Geeignete Familie	Erziehungs-heim	Besondere Be-handlung
1991	115 (5,1 %)	1 (0,04 %)	43 (1,9 %)	18 (0,8 %)
1992	101 (4,7 %)	1 (0,1 %)	31 (1,4 %)	11 (0,5 %)
1993	102 (4,2 %)	5 (0,2 %)	46 (1,9 %)	22 (0,9 %)
1994	143 (5,3 %)	1 (0,04 %)	46 (1,7 %)	16 (0,6 %)
1995	100 (3,8 %)	4 (0,2 %)	65 (2,4 %)	18 (0,7 %)
1996	143 (4,9 %)	2 (0,1 %)	58 (2,0 %)	19 (0,7 %)
1997	132 (4,4 %)	3 (0,1 %)	58 (1,9 %)	17 (0,6 %)
1998	131 (3,9 %)	14 (0,4 %)	59 (1,7 %)	29 (0,9 %)

Quelle: Schweizerisches Bundesamt für Statistik, Jugendstrafrechtsurteile

Die am häufigsten ausgesprochene Erziehungsmaßnahme ist die Anordnung der Erziehungshilfe. Der Anteil der Erziehungshilfe an allen im Kinderstrafrecht verhängten Sanktionen beträgt allerdings nur zwischen vier und fünf Prozent.

Die Familienfremdplatzierung spielt in der Praxis nahezu keine Rolle mehr. In den Jahren 1989, 1991, 1992 und 1994 wurde sie jeweils in nur einem Fall angeordnet.

Die besondere Behandlung besitzt in der Praxis ebenfalls eine kaum nennenswerte Bedeutung. 1998 betrug der Anteil der besonderen Behandlung an allen im Kinderstrafrecht verhängten Sanktionen 0,4 Prozent.

Die Einweisung in ein Erziehungsheim spielt ebenfalls keine große Rolle im Kinderstrafrecht. 1995 war der Höchststand mit 65 Anordnungen zu verzeichnen. Dies entsprach 2,4 Prozent aller im Kinderstrafrecht angeordneten Sanktionen im Jahr 1995. Ansonsten beträgt der Anteil der Einweisungen in ein Erziehungsheim zwischen 1,4 und 2,4 Prozent.

bb) Verteilung der Erziehungsmaßnahmen untereinander

Die einzelnen Erziehungsmaßnahmen verteilten sich untereinander wie folgt, wobei die angegebenen Prozentzahlen sich auf den Anteil der Erziehungsmaßregeln insgesamt beziehen:

Jahr	Erziehungs-hilfe	Geeignete Familie	Erziehungs-heim	Besondere Be-handlung
1988	95 (59,0 %)	3 (1,9 %)	45 (28,0 %)	18 (11,2 %)
1989	103 (70,5 %)	1 (0,7 %)	37 (25,3 %)	5 (3,4 %)
1990	88 (69,3 %)	2 (1,6 %)	29 (22,8 %)	8 (6,3 %)
1991	115 (65,0 %)	1 (0,6 %)	43 (24,3 %)	18 (10,2 %)
1992	101 (70,1 %)	1 (0,7 %)	31 (21,5 %)	11 (7,6 %)
1993	102 (58,3 %)	5 (2,9 %)	46 (26,3 %)	22 (12,6 %)
1994	143 (69,4 %)	1 (0,5 %)	46 (22,3 %)	16 (7,8 %)
1995	100 (53,5 %)	4 (2,1 %)	65 (34,8 %)	18 (9,6 %)
1996	143 (64,4 %)	2 (0,9 %)	58 (26,1 %)	19 (8,6 %)
1997	132 (62,9 %)	3 (1,4 %)	58 (27,6 %)	17 (8,1 %)
1998	131 (56,2 %)	14 (6,0 %)	59 (25,3 %)	29 (12,4 %)

Quelle: Errechnet nach den Daten des Schweizerischen Bundesamts für Statistik, Jugendstrafrechtsurteile. Aufgrund von Auf- und Abrundungen ergibt sich nicht immer die Summe von 100 Prozent.

Bei den Erziehungsmaßnahmen im Kinderstrafrecht dominieren die Anordnungen der Erziehungshilfe. Ihr Anteil betrug zwischen 1988 und 1998 zwischen 70 und 56 Prozent. Mit deutlichem Abstand folgt die Einweisung in ein Erziehungsheim und die besondere Behandlung. Die Familienfremdplatzierung ist die am seltensten verfügte Erziehungsmaßnahme im schweizerischen Kinderstrafrecht.

(1) Disziplinarstrafen

Die Disziplinarstrafen wurden in der schweizerischen Justizpraxis zwischen 1988 und 1998 wie folgt verteilt, wobei die in Klammern angegebenen Prozentzahlen den Anteil der jeweiligen Disziplinarstrafe an den formellen Sanktionen insgesamt angeben:

Jahr	Verweis	Arbeitsleistung	Schularrest
1988	786 (34,0 %)	1.085 (46,9 %)	36 (1,6 %)
1989	583 (30,5 %)	938 (49,1 %)	33 (1,7 %)
1990	718 (32,5 %)	995 (45,0 %)	34 (1,5 %)
1991	713 (31,3 %)	1.039 (45,7 %)	46 (2,0 %)
1992	602 (27,8 %)	1.146 (52,8 %)	14 (0,7 %)
1993	635 (26,3 %)	1.292 (53,5 %)	19 (0,8 %)
1994	826 (30,3 %)	1.449 (53,2 %)	20 (0,7 %)
1995	849 (31,8 %)	1.353 (50,7 %)	36 (1,4 %)
1996	961 (33,2 %)	1.446 (49,9 %)	14 (0,5 %)
1997	925 (30,5 %)	1.489 (49,0 %)	19 (0,6 %)
1998	891 (26,2 %)	1.872 (55,1 %)	15 (0,4 %)

Quelle: Schweizerisches Bundesamt für Statistik, Jugendstrafrechtsurteile

Bei den in der Praxis des Kinderstrafrechts überwiegenden Disziplinarstrafen wird die Erbringung einer Arbeitsleistung am häufigsten angeordnet. Der Höchststand war 1998 mit 55,1 Prozent von allen im Kinderstrafrecht angeordneten Sanktionen zu verzeichnen. Die am zweithäufigst angeordnete Sanktion im Kinderstrafrecht der Schweiz ist die Anordnung eines Verweises. Der Verweis erreichte zwischen 26 und 34 Prozent aller im Kinderstrafrecht angeordneten Sanktionen. Der in der Rechtslehre als besonders kritisch angesehene Schularrest hat in der Praxis kaum eine Bedeutung.

3. Verurteilungen von Jugendlichen

a) Nach der Art der Sanktion von 1988 bis 1998

Die Verteilung der Sanktionen im Jugendstrafrecht stellt sich wie folgt dar:

Jahr	Erziehungsmaßnahmen	Besondere Behandlung	Strafen	Absehen von Strafen und Maßnahmen	Insgesamt
1988	366 (6,7 %)	42 (0,8 %)	4.833 (88,2 %)	239 (4,4 %)	5480
1989	375 (7,3 %)	48 (0,9 %)	4.415 (86,3 %)	277 (5,4 %)	5115
1990	346 (7,4 %)	39 (0,8 %)	3.998 (85,9 %)	274 (5,9 %)	4657
1991	410 (7,9 %)	51 (1,0 %)	4.409 (85,3 %)	300 (5,8 %)	5170
1992	346 (6,6 %)	51 (1,0 %)	4.559 (86,5 %)	314 (6,0 %)	5270
1993	454 (8,5 %)	64 (1,2 %)	4.458 (83,5 %)	366 (6,9 %)	5342
1994	416 (7,7 %)	67 (1,2 %)	4.644 (85,6 %)	300 (5,5 %)	5427
1995	444 (8,5 %)	44 (0,8 %)	4.518 (86,4 %)	226 (4,3 %)	5232
1996	433 (7,3 %)	36 (0,6 %)	5.218 (87,5 %)	276 (4,6 %)	5963
1997	457 (7,3 %)	47 (0,8 %)	5.423 (86,1 %)	370 (5,9 %)	6297
1998	427 (6,5 %)	39 (0,6 %)	5.855 (89,0 %)	260 (4,0 %)	6581

Quelle: Schweizerisches Bundesamt für Statistik, Jugendstrafrechtsurteile

Ebenso wie im Kinderstrafrecht überwiegen auch im schweizerischen Jugendstrafrecht die Strafen. Die Anzahl der angeordneten Strafen überwiegen deutlich die übrigen Sanktionen. Rund 90 Prozent aller im Jugendstrafrecht verhängten Rechtsfolgen in einem Urteil stellen eine Strafe dar. Mit großem Abstand folgen den Strafen die Erziehungsmaßnahmen, wobei die besondere Behandlung im Jugendstrafrecht ebenfalls keine große praktische Bedeutung besitzt.

b) Erziehungsmaßnahmen

aa) Häufigkeit und Verteilung der einzelnen Erziehungsmaßnahmen im Vergleich zu den Sanktionen insgesamt

Die Erziehungsmaßnahmen verteilen sich im Jugendstrafrecht folgendermaßen, wobei die in Klammern angegebenen Prozentzahlen den Anteil der jeweiligen Erziehungsmaßnahme an den formellen Sanktionen insgesamt angeben:

Jahr	Erziehungshilfe	Geeignete Familie	Erziehungsheim	Besondere Behandlung
1988	190 (3,5 %)	31 (0,6 %)	152 (2,8 %)	42 (0,8 %)
1989	211 (4,1 %)	21 (0,4 %)	153 (3,0 %)	48 (0,9 %)
1990	188 (4,0 %)	7 (0,2 %)	151 (3,2 %)	39 (0,8 %)
1991	211 (4,1 %)	26 (0,5 %)	173 (3,4 %)	51 (1,0 %)
1992	181 (3,4 %)	26 (0,5 %)	141 (2,7 %)	51 (1,0 %)
1993	238 (4,5 %)	9 (0,2 %)	207 (3,9 %)	64 (1,2 %)
1994	225 (4,2 %)	9 (0,2 %)	185 (3,4 %)	67 (1,2 %)
1995	207 (4,0 %)	8 (0,2 %)	196 (3,8 %)	44 (0,8 %)
1996	243 (4,1 %)	12 (0,2 %)	178 (3,0 %)	36 (0,6 %)
1997	238 (3,8 %)	8 (0,1 %)	211 (3,4 %)	47 (0,8 %)
1998	247 (3,8 %)	12 (0,2 %)	168 (2,6 %)	39 (0,6 %)

Quelle: Schweizerisches Bundesamt für Statistik, Jugendstrafrechtsurteile

Ebenso wie bei den Kindern ist auch bei jugendlichen Straftätern die am häufigsten ausgesprochene Erziehungsmaßnahme die Anordnung der Erziehungshilfe. Die Zahl der Fälle, in denen Erziehungshilfe angeordnet wurde, blieb zwischen 1988 und 1998 relativ konstant und bewegt sich zwischen 181 und 247 Fällen, was einen Anteil zwischen 3,5 und 4,5 Prozent aller im Jugendstrafrecht in einem Urteil ausgesprochenen Sanktionen entspricht.

Die Unterbringung in einem Erziehungsheim ist die zweithäufigst angeordnete Erziehungsmaßnahme im schweizerischen Jugendstrafrecht. Im Jahr 1998 ist ein leichter Rückgang der Anordnung dieser Sanktion zu beobachten. Der Anteil der Unterbringung in einem Erziehungsheim betrug zwischen 1988 und 1998 zwischen 2,6 und 3,8 Prozent.

Die besondere Behandlung besitzt in der Justizpraxis eine sehr geringe Bedeutung. Der Höchststand der Anordnung dieser Erziehungsmaßnahme wurde 1993 und 1994 erreicht. In diesen Jahren erreichte die besondere Behandlung Anteil von 1,2 Prozent aller im Jugendstrafrecht in einem Urteil ausgesprochenen Sanktionen.

Die Unterbringung in einer geeigneten Familie besitzt in der Justizpraxis bei jugendlichen Straftätern ebenfalls keine praktische Bedeutung. Der Anteil der Unterbringung in einer geeigneten Familie betrug zwischen 1988 und 1998 zwischen 0,1 und 0,6 Prozent.

bb) Verteilung der Erziehungsmaßnahmen untereinander

Die einzelnen Erziehungsmaßnahmen verteilten sich untereinander wie folgt, wobei die angegebenen Prozentzahlen sich auf den Anteil der Erziehungsmaßregeln insgesamt beziehen:

Jahr	Erziehungshilfe	Geeignete Familie	Erziehungsheim	Besondere Behandlung
1988	190 (45,8 %)	31 (7,5 %)	152 (36,6 %)	42 (10,1 %)
1989	211 (48,7 %)	21 (4,8 %)	153 (35,3 %)	48 (11,1 %)
1990	188 (48,8 %)	7 (1,8 %)	151 (39,2 %)	39 (10,1 %)
1991	211 (45,8 %)	26 (5,6 %)	173 (37,5 %)	51 (11,1 %)
1992	181 (45,4 %)	26 (6,5 %)	141 (35,3 %)	51 (12,8 %)
1993	238 (45,9 %)	9 (1,7 %)	207 (40,0 %)	64 (12,4 %)
1994	225 (46,3 %)	9 (1,9 %)	185 (38,1 %)	67 (13,8 %)
1995	207 (45,5 %)	8 (1,8 %)	196 (43,1 %)	44 (9,7 %)

Jahr	Erziehungs-hilfe	Geeignete Familie	Erziehungs-heim	Besondere Be-handlung
1996	243 (51,8 %)	12 (2,6 %)	178 (40,0 %)	36 (7,7 %)
1997	238 (47,2 %)	8 (1,6 %)	211 (41,9 %)	47 (9,3 %)
1998	247 (53,0 %)	12 (2,6 %)	168 (36,1 %)	39 (8,4 %)

Quelle: Errechnet nach den Daten des Schweizerischen Bundesamts für Statistik, Jugendstrafrechtsurteile. Aufgrund von Auf- und Abrundungen ergibt sich nicht immer die Summe von 100 Prozent.

Wie bereits im Kinderstrafrecht überwiegt bei den Erziehungsmaßnahmen im schweizerischen Jugendstrafrecht die Erziehungshilfe. Die am zweithäufigsten angeordnete Erziehungsmaßnahme ist die Einweisung in ein Erziehungsheim. Der Anteil der besonderen Behandlung liegt im untersuchten Zeitraum zwischen acht und 13 Prozent. Die Familienfremdplatzierung spielt in der Justizpraxis bei Jugendlichen ebenfalls keine Rolle.

c) Strafen

aa) Verweis und Arbeitsleistung

Der Verweis und die Arbeitsleistung wurden in der Praxis zwischen 1988 und 1998 wie folgt verteilt, wobei die in Klammern angegebenen Prozentzahlen den Anteil der jeweiligen Strafe an den formellen Sanktionen insgesamt angeben:

Jahr	Verweis	Arbeits-leistung
1988	768 (14,0 %)	1275 (23,3 %)
1989	764 (14,9 %)	1315 (25,7 %)
1990	714 (15,3 %)	1314 (28,2 %)
1991	850 (16,4 %)	1499 (29,0 %)
1992	821 (15,6 %)	1569 (29,8 %)
1993	787 (14,7 %)	1713 (32,1 %)

Jahr	Verweis	Arbeitsleistung
1994	1.006 (18,5 %)	1601 (29,5 %)
1995	1.026 (19,6 %)	1735 (33,2 %)
1996	1.244 (20,9 %)	1830 (30,7 %)
1997	1.305 (20,8 %)	1861 (29,6 %)
1998	1.092 (16,6 %)	2025 (30,8 %)

Quelle: Schweizerisches Bundesamt für Statistik, Jugendstrafrechtsurteile

bb) Einschließung

Die Einschließung wurde in der Praxis zwischen 1988 und 1998 wie folgt verteilt, wobei die in Klammern angegebenen Prozentzahlen den Anteil der Einschließung an den formellen Sanktionen insgesamt angeben:

Jahr	Einschließung bedingt bis 30 Tage	Einschließung bedingt über 30 Tage	Einschließung unbedingt bis 30 Tage	Einschließung unbedingt über 30 Tage
1988	512 (9,3 %)	97 (1,8 %)	113 (2,1 %)	25 (0,5 %)
1989	402 (7,9 %)	79 (1,5 %)	86 (1,7 %)	23(0,5 %)
1990	318 (6,8 %)	65 (1,4 %)	99 (2,1 %)	13 (0,3 %)
1991	343 (6,6 %)	79 (1,5 %)	93 (1,8 %)	10 (0,2 %)
1992	431 (8,2 %)	133 (2,5 %)	93 (1,8 %)	20 (0,4 %)
1993	407 (7,6 %)	113 (2,1 %)	84 (1,6 %)	10 (0,2 %)
1994	468 (8,6 %)	115 (2,1 %)	88 (1,6 %)	18 (0,3 %)
1995	441 (8,4 %)	93 (1,8 %)	101 (1,9 %)	15 (0,3 %)
1996	495 (8,3 %)	116 (2,0 %)	121 (2,0 %)	17 (0,3 %)

Jahr	Einschließung bedingt bis 30 Tage	Einschließung bedingt über 30 Tage	Einschließung unbedingt bis 30 Tage	Einschließung unbedingt über 30 Tage
1997	517 (8,2 %)	120 (1,9 %)	162 (2,6 %)	35 (0,6 %)
1998	647 (9,8 %)	134 (2,0 %)	230 (3,5 %)	69 (1,1 %)

Quelle: Schweizerisches Bundesamt für Statistik, Jugendstrafrechtsurteile

cc) Buße

Die Buße wurde in der Praxis zwischen 1988 und 1998 wie folgt verteilt, wobei die in Klammern angegebenen Prozentzahlen den Anteil der Buße an den formellen Sanktionen insgesamt angeben:

Jahr	Buße bedingt	Buße unbedingt
1988	705 (12,9 %)	1.338 (24,4 %)
1989	483 (9,4 %)	1.268 (24,8 %)
1990	416 (8,9 %)	1.059 (22,7 %)
1991	444 (8,6 %)	1.091 (21,1 %)
1992	370 (7,0 %)	1.361 (25,8 %)
1993	341 (6,4 %)	1.003 (18,8 %)
1994	266 (4,9 %)	1.089 (20,1 %)
1995	239 (4,6 %)	868 (16,6 %)
1996	306 (5,1 %)	1.089 (18,3 %)
1997	315 (5,0 %)	1.108 (17,6 %)
1998	479 (7,3 %)	1.179 (17,9 %)

Quelle: Schweizerisches Bundesamt für Statistik, Jugendstrafrechtsurteile

(1) Die praktische Bedeutung der Arbeitsleistung

Die am häufigsten angeordnete Strafe ist die Erbringung einer Arbeitsleistung. Ihr Anteil beträgt rund 30 Prozent aller in einem Urteil in Jugendstrafsachen ergehenden Sanktionen. Die Anordnung der Erbringung einer Arbeitsleistung nahm im untersuchten Zeitraum von 1988 bis 1998 stetig zu.

(2) Die praktische Bedeutung der Buße

Die 1998 am zweithäufigsten in einem Urteil verhängte Sanktion im Jugendstrafrecht war die Verhängung einer unbedingten Buße. In den Jahren 1995 bis 1997 stand sie an dritter Stelle, da in diesen Jahren mehr Verweise als unbedingte Bußen angeordnet wurden. Der Anteil der unbedingten Buße betrug zwischen 1988 und 1998 zwischen 18 und 24 Prozent aller in einem Urteil in Jugendstrafsachen ergehenden Sanktionen. Die Buße wird wesentlich häufiger unbedingt als bedingt verhängt. Dies kann damit zusammenhängen, dass die erzieherische Wirkung einer bedingt angeordneten Buße ohnehin sehr fragwürdig ist. Der Anteil der bedingt verhängten Bußen betrug zwischen 1988 und 1998 zwischen 4,9 und 12,9 Prozent aller in einem Urteil in Jugendstrafsachen ergehenden Sanktionen. Der Höchststand wurde mit 12,9 Prozent im Jahr 1988 erreicht. In den Folgejahren sank die Anzahl der angeordneten bedingt ausgesprochenen Bußen, wobei allerdings seit 1996 ein leichter Anstieg zu verzeichnen ist.

(3) Die praktische Bedeutung des Verweises

Der Verweis war 1998 die am dritthäufigsten in einem Jugendstrafurteil angeordnete Sanktion. Sein Anteil beträgt im untersuchten Zeitraum zwischen 14 und 21 Prozent. In den Jahren 1995, 1996 und 1997 war er sogar die am zweithäufigsten verfügte Sanktion im schweizerischen Jugendstrafrecht.

(4) Die praktische Bedeutung der Einschließung

Unbedingte Einschließungen über 30 Tage werden deutlich weniger häufig angeordnet als unbedingte Einschließungen bis zu 30 Tagen. Die meisten unbedingt angeordneten Einschließungen über 30 Tage wurden 1998 ausgesprochen. Damals betrug ihr Anteil 1,1 Prozent aller in einem Urteil ergehenden Sanktionen. Unbedingt angeordnete Einschließungen bis 30 Tage erreichten im untersuchten Zeitraum einen Anteil zwischen 3,5 und 1,6 Prozent aller in einem Urteil in Jugendstrafsachen ergehenden Sanktionen.

Die meisten Einschließungen werden im Jugendstrafrecht bedingt bis zu 30 Tagen ausgesprochen. Der Höchststand an Anordnungen dieser Strafe wurde 1998 mit 9,8 Prozent verzeichnet. Bedingte bis zu 30 Tagen angeordnete Einschließungen erreichten von 1988 bis 1998 einen Anteil zwischen 6,6 und 9,8 Prozent.

Bedingt über 30 Tage angeordnete Einschließungen werden im Vergleich zu den bedingt angeordneten Einschließungen bis 30 Tage weitaus weniger häufig angeordnet. Sie erreichen einen Anteil von allen in einem Jugendstrafurteil verfügten Sanktionen von 1,5 bis 2,5 Prozent. Einschließungen über 30 Tage werden damit häufiger bedingt als unbedingt angeordnet.

4. Verurteilungen von Kindern und Jugendlichen seit 1999

a) Nach der Art der Sanktion

In den statistischen Erhebungen ab 1999 wurden die Verurteilungen von Kindern und Jugendlichen nicht mehr getrennt dargestellt. Die Sanktionen im Kinder- und Jugendstrafrecht ergeben von 1999 bis 2002 folgende Verteilung:

Jahr	Erziehungs-maß-nahmen (einschließlich besonderer Behandlung)	Strafen	Insgesamt
1999	441 (3,6 %)	10.907 (89,1 %)	11.348
2000	570 (5,0 %)	9971 (88,1 %)	10.541
2001	506 (4,1 %)	10.949 (88,9 %)	11.455
2002	513 (4,0 %)	11.531 (89,7 %)	12.044

Quelle: Schweizerisches Bundesamt für Statistik, Jugendstrafrechtsurteile

Die Anzahl der Verurteilungen blieb in dem Beobachtungsraum relativ konstant. Lediglich im Jahr 2000 ergab sich ein leichter Rückgang der Verurteilungen kindlicher und jugendlicher Straftäter. Die Verurteilungen stiegen aber in dem Folgejahr wiederum etwas an und blieben insgesamt auf einem gleich hohen Niveau.

aa) Deutliches Überwiegen der Strafen in der Justizpraxis

Strafen werden in nahezu 90 Prozent aller kinder- und jugendstrafrechtlichen Verurteilungen ausgesprochen. Mit deutlichem Abstand folgen das Absehen von Strafen und Maßnahmen und die Erziehungsmaßnahmen. Erziehungsmaßnahmen wurden im untersuchten Zeitraum in etwa vier Prozent aller Fälle ausgesprochen.

bb) Regionale Unterschiede in der Sanktionspraxis

Bei der Verteilung der Sanktionen bestehen teilweise erhebliche regionale Unterschiede: So betrug zum Beispiel im Jahr 2001 der Anteil der Strafen im Kanton Zürich 91,8 Prozent, während die Erziehungsmaßnahmen 3,2 Prozent erreichten.

Im Kanton Genf ergab sich eine davon stark abweichende statistische Verteilung. Dort erreichten die Strafen 50,0 Prozent und die Erziehungsmaßnahmen 16,7 Prozent. Erziehungsmaßnahmen wurden demnach im Kanton Genf deutlich häufiger als im Kanton Zürich und sogar als im Landesdurchschnitt angeordnet.

b) Erziehungsmaßnahmen

Die Erziehungsmaßnahmen einschließlich der besonderen Behandlung verteilten sich folgendermaßen, wobei die in Klammern angegebenen Prozentzahlen den Anteil der jeweiligen Erziehungsmaßnahmen an den formellen Sanktionen insgesamt angeben:

Jahr	Erziehungshilfe	Geeignete Familie	Erziehungsheim	Besondere Behandlung
1999	302 (2,4 %)	10 (0,1%)	130 (1,1 %)	60 (0,5 %)
2000	405 (3,5 %)	21 (0,2 %)	129 (1,1 %)	75 (0,7 %)
2001	290 (2,3 %)	17 (0,1 %)	152 (1,2 %)	87 (0,7 %)
2002	275 (2,1 %)	14 (0,1 %)	113 (0,9 %)	111 (0,9 %)

Quelle: Schweizerisches Bundesamt für Statistik, Jugendstrafrechtsurteile

Die am häufigsten angeordnete Erziehungsmaßname ist die Erziehungshilfe. Trotzdem macht diese Sanktion im Verhältnis zu allen angeordneten Sanktionen lediglich circa zwei Prozent aller Verurteilungen aus.

Die zweithäufigste angeordnete Erziehungsmaßnahme ist die Einweisung in ein Erziehungsheim. 2002 wurden ebenso viele Einweisungen in ein Erziehungsheim wie besondere Behandlungen angeordnet. In der Gesamtbetrachtung besitzen aber beide Maßnahmen in der Praxis keine sehr große Bedeutung. Sie machen jeweils etwa ein Prozent aller Sanktionen aus.

Die Familienfremdplatzierung spielt in der Praxis kaum noch eine Rolle. Sie machen 0,1 Prozent aller Sanktionen im Jugendstrafrecht aus.

c) *Strafen*

aa) Verweis, Schularrest und Arbeitsleistung

Der Verweis, der Schularrest und die Arbeitsleistung verteilten sich in den Jahren 1999 bis 2002 wie folgt, wobei die in Klammern angegebenen Prozentzahlen den Anteil der jeweiligen Strafen an den formellen Sanktionen insgesamt angeben:

Jahr	Verweis	Schularrest	Arbeitsleistung
1999	3.805 (30,8 %)	14 (0,1 %)	3861 (31,3 %)
2000	3.607 (31,4 %)	21 (0,2 %)	3479 (30,2 %)
2001	3.880 (30,7 %)	17 (0,1 %)	3816 (30,2 %)
2002	4.008 (31,2 %)	11 (0,1 %)	3600 (28,0 %)

Quelle: Schweizerisches Bundesamt für Statistik, Jugendstrafrechtsurteile

bb) Einschließung

Die Einschließung verteilte sich in den Jahren 1999 bis 2002 wie folgt, wobei die in Klammern angegebenen Prozentzahlen den Anteil der Einschließung an den formellen Sanktionen insgesamt angeben:

Jahr	Einschließung bedingt bis 30 Tage	Einschließung bedingt über 30 Tage	Einschließung unbedingt bis 30 Tage	Einschließung unbedingt über 30 Tage
1999	537 (4,4 %)	134 (1,1 %)	215 (1,8 %)	113 (0,9 %)
2000	428 (3,8 %)	96 (0,8 %)	136 (1,2 %)	95 (0,8 %)
2001	513 (4,2 %)	94 (0,7 %)	141 (1,1 %)	60 (0,5 %)
2002	611 (4,8 %)	82 (0,6 %)	181 (1,4 %)	46 (0,4 %)

Quelle: Schweizerisches Bundesamt für Statistik, Jugendstrafrechtsurteile

cc) Buße

Die Buße verteilte sich in den Jahren 1999 bis 2002 wie folgt, wobei die in Klammern angegebenen Prozentzahlen den Anteil der Buße an den formellen Sanktionen insgesamt angeben:

Jahr	Buße bedingt	Buße unbedingt
1999	547 (4,4 %)	1806 (14,6 %)
2000	438 (3,8 %)	1866 (16,2 %)
2001	470 (3,7 %)	2270 (18,0 %)
2002	509 (4,0 %)	2483 (19,3 %)

Quelle: Schweizerisches Bundesamt für Statistik, Jugendstrafrechtsurteile

(1) Die praktische Bedeutung des Verweises

In den Jahren 2001 und 2002 war der Verweis die am häufigsten ausgesprochene kinder- und jugendstrafrechtliche Rechtsfolge. 1999 und 2000 stand die Erbringung einer Arbeitsleistung an erster Stelle. Der Verweis und die Arbeitsleistung machen zusammen knapp 60 Prozent aller angeordneten Sanktionen aus.

(2) Die praktische Bedeutung der Einschließung

Die meisten Einschließungen werden bedingt bis zu 30 Tage angeordnet. In der schweizerischen Justizpraxis werden darüber hinaus Einschließungen öfter bedingt als unbedingt angeordnet. Die bedingt verhängten Einschließungen wurden in circa fünf Prozent aller Verurteilungen ausgesprochen.

Die unbedingte angeordnete Einschließung macht rund zwei Prozent aller Verurteilungen aus. Lediglich 1999 war der Anteil der unbedingten Einschließung mit 2,7 Prozent höher zu verzeichnen. Die meisten der unbedingten ausgesprochenen Einschließungen werden bis zu 30 Tage verhängt. Unbedingte Einschließungen über 30 Tage wurden zwischen 0,4 und 0,9 Prozent verhängt.

(3) Die praktische Bedeutung der Buße und des Schularrests

Die meisten Bußen wurden zwischen 1999 und 2002 unbedingt verhängt, wobei der Anteil der unbedingt angeordneten Buße leicht angestiegen ist und inzwischen bei knapp 19 Prozent liegt.

Der Schularrest spielt in der Justizpraxis keine bedeutsame Rolle. Er macht lediglich 0,1 Prozent aller Sanktionen aus.

(4) Regionale Unterschiede in der Sanktionspraxis

Auch nach der neuen Erhebungsweise der statischen Daten besteht bei der Häufigkeit der Einschließung zwischen der deutsch- und der französischsprachigen Schweiz ein starkes Gefälle. So betrug zum Beispiel im Jahr 2001 der Anteil der unbedingten Einschließungen im Kanton Zürich 0,9 Prozent und im Kanton Genf 12,0 Prozent. In der Westschweiz wird kurzen Einschließungsstrafen eher ein pädagogischer Wert beigemessen als in der deutschsprachigen Schweiz.[473]

(5) Zusammenfassung

Auf den ersten Blick scheinen die schweizerischen Jugendstrafbehörden den Erziehungsgedanken in der Justizpraxis nicht zu berücksichtigen, da rund 90 Prozent aller angeordneten Sanktionen Strafen sind. Eine genauere Betrachtung der Verteilung der Strafen in der Justizpraxis zeigt aber vielmehr, dass der Verweis und die Erbringung der Arbeitsleistung als pädagogisch besonders wertvolle Strafen beinahe 60 Prozent aller Sanktionen ausmachen. Die Einschließung macht bei den Strafen nur einen geringen Anteil aus. Somit ist trotz des geringen

[473] Gürber/Hug in Basler Kommentar, Art. 95 Rn. 19

Anteils der Erziehungsmaßnahmen in der Justizpraxis die schweizerische Jugendstrafrechtspflege pädagogisch orientiert.[474]

VII. Gesamtbetrachtung der Sanktionen des geltenden Jugendstrafrechts

1. Ausrichtung auf Erziehung und Fürsorge

Das geltende Jugendstrafrecht dient ausschließlich der Erziehung und Fürsorge und enthält einen Katalog eigenständiger spezialpräventiver Sanktionen. Es ist zwar im Strafgesetzbuch enthalten, stellt aber eher ein Erziehungs- und Betreuungsrecht als ein Strafrecht im klassischen Sinne dar. Die jugendstrafrechtlichen Sanktionen sind ausschließlich auf Erziehung und Fürsorge ausgerichtet. Die begangene Straftat ist nur Anlaß der strafrechtlichen Reaktion, nicht aber bestimmend für die Wahl der Sanktion. Eine erneute Straffälligkeit von Kindern und Jugendlichen soll in erster Linie durch Erziehung, Behandlung und Betreuung und nicht durch das Aussprechen von Strafen verhindert werden.

2. Grundsatz des Vorrangs und der Ausschließlichkeit der Maßnahme

Charakteristisch für das derzeit noch geltende schweizerische Jugendstrafrecht ist der Grundsatz des Vorrangs und der Ausschließlichkeit der Maßnahme. Beim schweizerischen Jugendstrafrecht handelt es sich also um ein monistisches Täterstrafrecht. Eine Kombination aus Strafe und Maßnahme ist mit den Ausnahmen des Art. 91 Ziff. 1 Absatz 2 und des Art. 95 Ziff. 1 Absatz 2 StGB (Verbindung von Erziehungshilfe mit Einschließung bis zu 14 Tagen oder Buße) nicht zulässig. Damit wird zum Ausdruck gebracht, dass der Gesetzgeber die regulären Strafen für Kinder und Jugendliche als schädlich befand und durch ein autonomes System erzieherisch wirkender Sanktionen ersetzen wollte.[475]

Der geltende Monismus wird stark kritisiert, da er es nicht erlaubt, straffällig gewordene Kinder und Jugendliche gleichzeitig zu bestrafen und zu betreuen. Nur in den Fällen, in denen eine Maßnahme nicht angezeigt ist, kann eine Strafe ausgesprochen werden. Eine Auflockerung des Monismus erfolgt durch die Regelung des Art. 97 sStGB, wonach für Jugendliche der Entscheid über die Verhängung einer Strafe oder einer Erziehungsmaßnahme aufgeschoben werden kann, wenn nicht mit Sicherheit gesagt werden kann, ob eine Strafe oder eine Erziehungsmaßnahme zu verhängen ist. Diese Möglichkeit besteht allerdings

---

[474] So auch Schellenberg, Erziehung versus Strafen, S. 381

[475] Backmann/Stump, S. 378 m.w.N.

nur bei Jugendlichen. Eine Art. 97 sStGB entsprechende Regelung fehlt im Kinderstrafrecht gänzlich.

3. Die Persönlichkeit des Täters steht im Vordergrund

Das schweizerische Jugendstrafrecht ist nicht als Tat, sondern als Täterstrafrecht konzipiert. Die Persönlichkeit des Täters steht im Vordergrund, Tat und Schuld rücken in den Hintergrund.[476] Das Jugendstrafrecht sieht keine tatvergeltenden Sanktionen, sondern vielmehr nur Sanktionen mit spezialpräventivem Charakter vor. Sie sollen in vorwiegend pädagogischer oder therapeutischer Art die jungen Täter von weiterer Delinquenz abhalten.[477]

Für die Einteilung der Täter in die gesetzlichen Tätergruppen spielt die Art der Tat und die Schwere der Tat grundsätzlich keine Rolle. Entscheidend ist alleine die Täterpersönlichkeit.

Dieses starres System der Einteilung von Kindern und Jugendliche in bestimmte Tätergruppen wird oft zu Recht kritisiert, da es zur Folge hat, dass ein späterer Wechsel von einer Maßnahme zu einer Strafe oder umgekehrt ausgeschlossen ist. Möglich ist eine neue Einteilung des jungen Straftäters in eine andere Täterkategorie nur dann, wenn der junge Delinquent erneut eine Straftat begeht.

Sehr kritisch anzusehen ist des Weiteren, dass die gesetzliche Definition der Tätergruppen im Jugendstrafrecht sehr stark auf eine ermessensmäßige Interpretation der zuständigen Behörden angewiesen ist.[478] Oft entsprechen Kinder beziehungsweise Jugendliche auch nicht ausschließlich der einen oder der anderen Kategorie. Zu wünschen wäre stattdessen eine klare Regelung, um Rechtsklarheit und Rechtssicherheit zu schaffen. Allerdings soll der pädagogische Ermessenspielraum bei der Festlegung der geeigneten Rechtsfolgen auch im reformierten Jugendstrafrecht als ein dem Jugendstrafrecht wesentliches Merkmal bestehen bleiben.

4. Vorrang der erzieherischen Rechtsfolgen

Gerade den erzieherischen und kurativen Rechtsfolgen wird im schweizerischen Jugendstrafrecht eine Vorrangstellung eingeräumt. Das ergibt sich daraus, dass die jugendstrafrechtlichen Bestimmungen als Rechtsfolgen einer Tat in erster

---

[476] Boehlen, Vorbemerkungen, S. 15; vgl. Rehberg, Strafrecht II, S. 193

[477] Vgl. Schellenberg, DVJJ-J 2000, S. 3; vgl. Baechthold, S. 317; vgl. Botschaft des Bundesrats an das Parlament in Schweizerischem Bundesgesetzblatt, S. 2226; Rehberg, Strafen II, S. 193

[478] Vgl. Boehlen, Vorbemerkung S. 17

Linie Maßnahmen erwähnen und umschreiben.[479] Strafen können nur für den Fall angeordnet werden, dass eine Maßnahmebedürftigkeit des Kindes oder des Jugendlichen nicht vorliegt.

Der schweizerische Gesetzgeber hat mit dieser Konzeption des Jugendstrafrechts der auch in anderen Staaten gemachten Erfahrung Rechnung getragen, dass der Vollzug von gewöhnlichen Freiheitsstrafen für jugendliche Straftäter schädlich wirkt und Rückfälle geradezu fördert.[480] Ferner ließ sich der schweizerische Gesetzgeber von der Erkenntnis leiten, dass Jugendkriminalität meist nur eine Begleiterscheinung der normalen Entwicklung junger Menschen ist und angesichts ihrer vorübergehenden Natur keine drastische Reaktion erfordert.[481]

5. Reformbedürftige Gesichtspunkte bei der Arbeitsleistung und der Buße

Rechtsstaatlich sehr bedenklich ist, dass keine zeitliche Begrenzung der Arbeitsleistung in den kinder- und jugendstrafrechtlichen Bestimmungen normiert ist. Begründet wird das Fehlen eines zeitlichen Höchstmaßes damit, dass die Erbringung der Arbeitsleistung dem Verschulden des Täters angemessen sein muss. Diese Begründung vermag aber nicht darüber hinwegzutäuschen, dass die Grundsätze der Rechtssicherheit und der Rechtsklarheit eine gesetzliche Begrenzung des Höchstmaßes einer Sanktion erfordern.

Wünschenswert ist zudem eine auf jugendliche Täter abgestimmte Regelung der Buße. Die bislang geltenden Rechtsvorschriften legen einen Höchstbetrag in Höhe von 40.000 Schweizer Franken fest, welcher für Jugendliche viel zu hoch angesetzt ist.

VIII. Sanktionensystem des reformierten Jugendstrafrechts

Das Sanktionensystem des reformierten schweizerischen Jugendstrafrechts sieht eine Zweiteilung der Sanktionen vor. Das Gesetz unterscheidet nunmehr zwischen den Schutzmaßnahmen und den Strafen.

1. Schutzmaßnahmen, Art. 12-15 E-JStG

Die Schutzmaßnahmen werden an die Stelle von Erziehungsmaßnahmen und der besonderen Behandlung für Kinder und Jugendliche im geltenden schweizerischen Recht treten. Das reformierte Jugendstrafrecht sieht als Schutzmaßnah-

---

[479] Boehlen, Vorbemerkung S. 18

[480] Botschaft des Bundesrats an das Parlament in Schweizerischem Bundesgesetzblatt 1999, S. 2226

[481] Botschaft des Bundesrats an das Parlament in Schweizerischem Bundesgesetzblatt 1999, S. 2226

men die Aufsicht, die persönliche Betreuung, die ambulante Behandlung sowie die Unterbringung vor, wobei diese in ihrer Eingriffsintensität in die Freiheit der Jugendlichen und in die Kompetenzen der Eltern ansteigen. Maßgebend für die Anordnung der Schutzmaßnahmen ist der Grundsatz der Verhältnismäßigkeit.

Allgemeine Voraussetzung für die Anordnung von Schutzmaßnahmen ist nach Art. 10 E-JStG, dass der Jugendliche eine Straftat begangen hat und er einer besonderen erzieherischen Betreuung oder therapeutischen Behandlung bedarf. Ob der Jugendliche einer solchen Behandlung bedarf, wird nach Art. 9 E-JStG durch eine Abklärung der persönlichen Verhältnisse des Jugendlichen festgestellt.

Die erzieherische Betreuung kann nach Art. 14 II E-JStG mit einer therapeutischen Behandlung verbunden werden. Schutzmaßnahmen können nach Art. 10 I 2 E-JStG auch dann verhängt werden, wenn die Tat nicht schuldhaft begangen wurde. Mit dieser ausdrücklichen Klarstellung wurde der Streit über die Schuldfrage bei Verhängung von Erziehungsmaßnahmen nach geltendem Recht klargestellt. Begründet wurde das fehlende Schulderfordernis damit, dass auch bei Jugendlichen, bei denen die Schuldfähigkeit nicht vorhanden ist, die Notwendigkeit einer therapeutischen oder erzieherischen Maßnahme bestehen kann und dass unter Umständen die fehlende Schuldfähigkeit gerade auf eine mangelnde Erziehung zurückzuführen ist.[482]

a) Aufsicht, Art. 12 E-JStG

Wenn der Jugendliche eine strafbare Handlung begangen hat und er einer erzieherischen oder therapeutischen Maßnahme bedarf, soll es zunächst den Eltern oder den Pflegeeltern überlassen bleiben, die erforderlichen Maßnahmen zu treffen.

Um sicherzustellen, dass die Eltern oder die Pflegeeltern die erforderlichen Vorkehrungen treffen, um eine geeignete erzieherische Betreuung oder therapeutische Behandlung des Jugendlichen zu gewährleisten, bestimmt die urteilende Behörde eine geeignete Person oder Stelle, der die Eltern oder die Pflegeeltern Einblick und Auskunft zu geben haben. Als geeignete Stellen kommen hauptsächlich Sozialarbeiter und Jugendämter in Betracht.

Hervorzuheben ist, dass diese Person oder Stelle den Eltern nach Art. 12 I 2 E-JStG ebenfalls Weisungen erteilen kann. Angezeigt sein soll dies vor allem dann, wenn die geeignete Pflege des Jugendlichen, seine Ausbildung oder eine geordnete Freizeit sicherzustellen ist.[483] Die Weisung kann aber auch dahingehend lauten, dass die Eltern mit dem Jugendlichen in regelmäßigen Abständen

---

[482] Vgl. Botschaft des Bundesrats an das Parlament in Schweizerischem Bundesgesetzblatt 1999, S. 2238

[483] Botschaft des Bundesrats an das Parlament in Schweizerischem Bundesgesetzblatt 1999, S. 2242

einen Therapeuten aufsuchen sollen und sich von Fachleuten beraten lassen sollen.[484] Wirken die Eltern oder die Pflegeeltern im Rahmen der Aufsicht nicht freiwillig mit oder mißachten Weisungen der Behörden, so ist die Aufsicht durch weitergehende Maßnahmen zu ersetzen.

Angemessen ist die Verhängung der Aufsicht nur dann, wenn die verantwortlichen Personen selbst in der Lage sind, die erforderlichen Vorkehrungen zur Sicherstellung der geeigneten Maßnahmen zu treffen.[485] Es handelt sich um einen Anwendungsfall des im Zivilrecht geltenden Subsidaritätsprinzips, wonach es in erster Linie Sache der Inhaber der elterlichen Sorge oder der Pflegeeltern sein soll, die erforderlichen Maßnahmen zu treffen.[486] Die Aufsicht entspricht weitestgehend der Erziehungshilfe für Kinder und Jugendliche nach geltendem Recht.

Nach Erreichen des Mündigkeitsalters, das bei 18 Jahren liegt, kann die Aufsicht nur mit Einverständnis des betroffenen Delinquenten angeordnet werden.

b) Persönliche Betreuung, Art. 13 E-JStG

Ist die Anordnung einer Aufsicht nicht ausreichend, bestimmt die urteilende Behörde eine geeignete Person, welche die Eltern in ihrer Erziehungsaufgabe unterstützt und den Jugendlichen persönlich betreut. Die persönliche Betreuung im reformierten Jugendstrafrecht entspricht inhaltlich in etwa der zivilrechtlichen Beistandschaft nach Art. 308 ZGB.

Anders als im geltenden Kinder- und Jugendstrafrecht werden in Art. 13 E-JStG die Befugnisse des Betreuers nicht nur allgemein, sondern vielmehr konkret umschrieben. Der persönliche Betreuer wirkt aktiv bei der Erziehung des Jugendlichen mit, indem er auch insbesondere die Eltern des Jugendlichen berät und unterstützt. Die Eltern sind verpflichtet, mit dem Betreuer zusammenzuarbeiten, was faktisch eine gewisse Einschränkung der elterlichen Gewalt bedeutet.[487] Im Rahmen der persönlichen Betreuung ist es sogar nach Art. 13 II E-JStG möglich, die elterliche Sorge bezüglich der Erziehung, Behandlung und Ausbildung des Jugendlichen förmlich zu beschränken, indem die urteilende Behörde dem Betreuer Befugnisse bezüglich der Erziehung, Behandlung und Ausbildung des Jugendlichen einräumt.

Der Betreuer kann auch die Verwaltung des Erwerbseinkommens des Jugendlichen übernehmen.

---

[484] Botschaft des Bundesrats an das Parlament in Schweizerischem Bundesgesetzblatt 1999, S. 2242

[485] Schellenberg, S. 46

[486] Schellenberg, S. 46; Botschaft des Bundesrats an das Parlament in Schweizerischem Bundesgesetzblatt 1999, S. 2241

[487] Botschaft des Bundesrats an das Parlament in Schweizerischem Bundesgesetzblatt 1999, S. 2243

Nach Art. 13 IV E-JStG kann in Ausnahmefällen die persönliche Betreuung nach Erreichen des Mündigkeitsalters angeordnet werden, wenn der Betroffene dem zustimmt.

c) Ambulante Behandlung, Art. 14 E-JStG

Die ambulante Behandlung entspricht im Wesentlichen der besonderen Betreuung des geltenden Rechts nach Art. 85, 92 sStGB, wobei allerdings eine Erweiterung des Anwendungsbereiches dadurch erfolgte, dass gegenüber Jugendlichen, die in „anderer Weise" als von Suchtstoffen abhängig sind, also arzneimittelabhängige Jugendliche, eine Teilnahme an einer ambulanten Behandlung angeordnet werden kann.

Die Behandlung von körperlichen Gebrechen wurde aus dem Jugendstrafrecht herausgenommen. Im Unterschied zum geltenden Recht beschränkt sich die Maßnahme nach dem reformierten Recht nur auf ambulante Maßnahmen. Eine stationäre Behandlung ist somit nicht mehr möglich.

Nach Art. 14 II E-JStG kann die ambulante Behandlung mit den übrigen Schutzmaßnahmen verbunden werden.

d) Unterbringung, Art. 15 E-JStG

Eine Unterbringung eines delinquenten Jugendlichen wird nach Art. 15 I E-JStG angeordnet, wenn die anderen Schutzmaßnahmen nach den Art. 12 bis 14 E-JStG für eine notwendige Erziehung und Behandlung des Jugendlichen nicht ausreichend sind. Der Grundsatz der Verhältnismäßigkeit wurde somit noch einmal ausdrücklich im Gesetz aufgenommen.

Die Rechtsfolge der Unterbringung besteht darin, dass der Jugendliche aus seiner bisherigen Umgebung an einen anderen dauernden Aufenthaltsort gebracht wird.[488] Vorgesehen ist in Art. 15 I E-JStG die Unterbringung bei Privatpersonen oder in Erziehungs- oder Behandlungseinrichtungen, wobei diese Aufzählung aber nicht abschließend sein soll, um möglichen Entwicklungen der Jugendhilfe Rechnung tragen zu können.[489]

Im reformierten Jugendstrafrecht findet anders als im geltenden Recht keine gesetzliche Einteilung der Erziehungseinrichtungen in den Kategorien des Erziehungsheims, des Therapieheims und der Anstalt für Nacherziehung statt. Die Aufgabe dieser Unterscheidungen wird damit begründet, dass es sich als unnötig und sogar als falsch herausgestellt hat, die Jugendlichen in bestimmte Katego-

---

[488] Botschaft des Bundesrats an das Parlament in Schweizerischem Bundesgesetzblatt 1999, S. 2245

[489] Vgl. Botschaft des Bundesrats an das Parlament in Schweizerischem Bundesgesetzblatt 1999, S. 2245

rien ihrer Erziehbarkeit und Bedürftigkeit einzuteilen und nach diesem Kriterium bestimmten Erziehungsanstalten zuzuordnen.[490]

Art. 15 II E-JStG erlaubt die Unterbringung in einer geschlossenen Einrichtung. Sie darf nur dann angeordnet werden, wenn sie für den persönlichen Schutz oder für die Behandlung der psychischen Störung des Jugendlichen unumgänglich oder für den Schutz Dritter vor schwer wiegender Gefährdung durch den Jugendlichen notwendig ist. Erforderlich ist des Weiteren eine vorherige medizinische oder psychologische Begutachtung des Jugendlichen. Ohne eine solche Begutachtung kann ein jugendlicher Straftäter nicht in eine geschlossene Einrichtung eingewiesen werden.

e) Dauer / Änderung der Schutzmaßnahmen

Alle Schutzmaßnahmen werden auf unbestimmte Zeit angeordnet und enden gemäß Art. 19 II E-JStG spätestens mit der Vollendung des 22. Lebensjahres. Nach Art. 19 I E-JStG kann die Schutzmaßnahme aufgehoben werden, wenn ihr Zweck erreicht ist oder feststeht, dass sie keine erzieherische oder therapeutische Wirkung mehr entfaltet.

Neu gegenüber der geltenden Regelung wurde in das Jugendstrafgesetz aufgenommen, dass die Vollzugsbehörde jährlich prüft, ob und wann die Schutzmaßnahme aufgehoben werden kann.

Wenn eine Zweckerreichung der Schutzmaßnahme nicht mehr möglich ist und auch eine Änderung der Maßnahme keinerlei erzieherische oder therapeutische Wirkung entfaltet, der Jugendliche zum Beispiel eine Behandlung verweigert oder sich sonst beharrlich allen erzieherischen Einwirkungen gegenüber als unzugänglich erweist, ist eine Weiterführung der Schutzmaßnahmen sinnlos. Die Maßnahmen sind dann in solchen Fällen gänzlich aufzuheben. Wurde aber neben der Schutzmaßnahme Freiheitsentzug angeordnet, so muss nach Art. 32 III E-JStG die urteilende Behörde prüfen, ob und inwieweit der Freiheitsentzug noch zu vollziehen ist.

Der Entwurf des Jugendstrafgesetzes sieht nicht mehr die bedingte beziehungsweise die probeweise Entlassung als ersten Schritt der Beendigung von stationären Maßnahmen vor. Stattdessen wird zukünftig im Falle einer notwendigen Nachbetreuung des Jugendlichen die stationäre Maßnahme in eine ambulante Maßnahme nach Art. 18 E-JStG abgeändert. Scheitert die ambulante Maßnahme, so kann die Unterbringung erneut angeordnet werden. Von der bedingten beziehungsweise probeweisen Entlassung bei der Beendigung von stationären Maßnahmen wurde abgesehen, da die Schutzmaßnahmen inhaltlich an das

---

[490] Vgl. Botschaft des Bundesrats an das Parlament in Schweizerischem Bundesgesetzblatt 1999, S. 2245, 2246

Zivilrecht angeglichen wurden und klar von den Strafen des Jugendstrafrechts abgegrenzt werden sollen.[491]

Bei Veränderung der Verhältnisse kann nach Art. 18 I E-JStG eine Schutzmaßnahme durch eine andere ersetzt werden. Es kann auch eine härtere Maßnahme angeordnet werden. Eine Änderung der Maßnahmen kann zukünftig sowohl von dem betroffenen Jugendlichen als auch von seinen gesetzlichen Vertretern beantragt werden.

f) Zusammenfassende Gegenüberstellung mit dem geltenden Recht

Die Terminologie der Schutzmaßnahmen im Entwurf zum Jugendstrafgesetz wurde aus dem schweizerischen Zivilgesetzbuch übernommen. Somit wurde der inhaltlichen Entsprechung der jugendstrafrechtlichen Maßnahmen mit den zivilrechtlichen Schutzmaßnahmen aus den Art. 307 ff ZGB auch in begrifflicher Hinsicht Rechnung getragen.[492]

Der erweiterte Katalog der jugendstrafrechtlichen Schutzmaßnahmen orientiert sich an den zivilrechtlichen Kindesschutzmaßnahmen, so dass in diesem Bereich eine Annäherung an das Zivilrecht erfolgte.[493]

Das reformierte schweizerische Jugendstrafrecht verzichtet auf eine nähere Umschreibung der Jugendlichen durch die stark diffamierenden Begriffe „schwer erziehbar", „verwahrlost" sowie „erheblich gefährdet". Dies ist ausdrücklich zu begrüßen.

Allerdings bleibt auch nach dem reformierten schweizerischen Jugendstrafrecht die Eigentümlichkeit bestehen, dass trotz des Subsidiaritätsgrundsatzes die Schutzmaßnahmen erheblich länger andauern als der Freiheitsentzug. Die Unterbringung in einer Erziehungseinrichtung kann bis zur Vollendung 22. Lebensjahres andauern. Sie ist somit theoretisch in der Dauer von zwölf Jahren möglich. Zwar wurde die Dauer des Freiheitsentzuges für Jugendliche auf bis zu vier Jahren angehoben, die Unterbringung in einer Erziehungseinrichtung ist jedoch für einen erheblich längeren Zeitraum vorgesehen.

Hervorzuheben ist, dass in dem Entwurf zum Jugendstrafgesetz die Befugnisse des Betreuers mit Beaufsichtigungs- und Weisungsrechten näher ausgestaltet wurden. Gleichzeitig wird dadurch die elterliche Erziehungsgewalt in größerem Maße als bisher eingeschränkt.[494]

Art. 20 E-JStG regelt die notwendige Zusammenarbeit zwischen Behörden des Zivilrechts und des Jugendstrafrechts. Obwohl sich die Schutzmaßnahmen

---

[491] Vgl. Botschaft des Bundesrats an das Parlament in Schweizerischem Bundesgesetzblatt 1999, S. 2250

[492] Backmann/Stump, S. 382; vgl. Schellenberg, DVJJ-J 2000, S. 5; vgl. Botschaft des Bundesrats an das Parlament in Schweizerischem Bundesgesetzblatt 1999, S. 2228 und S. 2241

[493] Schellenberg, S. 39

[494] Backmann/Stump, S. 382

nach zukünftigem Recht weiter an die zivilrechtlichen Kinderschutzmaßnahmen angenähert haben, wurde ausdrücklich davon abgesehen, sie durch eine Behörde des Zivilrechts zu verhängen.

2. Strafen, Art. 21 ff. E-JStG

Wenn der Jugendliche schuldhaft eine mit Strafe bedrohte Tat begangen hat, kann die urteilende Behörde alleine oder neben der Anordnung von Schutzmaßnahmen eine Strafe nach den Art. 21 ff. E-JStG verhängen. In Reihenfolge der Eingriffsschwere sieht der E-JStG als Strafen den Verweis, die persönliche Leistung, die Buße und den Freiheitsentzug vor. Der im geltenden Recht umstrittene Schularrest wurde somit aus dem Strafenkatalog herausgenommen.

Der Entwurf zum Jugendstrafgesetz stellt in Art. 11 II E-JStG ausdrücklich klar, dass die Verhängung von Strafen im Gegensatz zum Maßnahmerecht ein Verschulden des jugendlichen Täters voraussetzt. Ein solches liegt nach Art. 11 II E-JStG vor, wenn der Jugendliche fähig ist, das Unrecht seiner Tat einzusehen und nach dieser Einsicht zu handeln.

Der Vollzug jeder dieser Strafen endet nach Art. 37 II E-JStG spätestens, wenn der verurteilte Jugendliche das 25. Lebensjahr vollendet hat.

a) Verweis, Art. 22 E-JStG

Der Verweis wurde aus dem geltenden Recht übernommen. Die urteilende Behörde spricht einen Verweis aus, wenn eine förmliche Mißbilligung der Tat voraussichtlich ausreicht, um den Jugendlichen von weiteren Straftaten abzuhalten. Der Verweis ist somit die leichteste Form der Strafe.

Allerdings wurde diese Strafe dadurch erweitert und aufgewertet, dass ein Verweis zukünftig nach Art. 22 II E-JStG mit einer Probezeit von sechs Monaten bis zu zwei Jahren verbunden werden kann. Während der Probezeit können dem Jugendlichen zusätzlich Weisungen auferlegt werden. Erfüllt der Jugendliche die Weisungen nicht oder begeht eine erneute Straftat, so sieht das Gesetz als Unrechtsfolge vor, dass die urteilende Behörde eine andere, schärfere Strafe als den Verweis verhängen kann. Diese Unrechtsfolge ist ebenfalls neu im Gesetz aufgenommen wurden.

b) Persönliche Leistung, Art. 23 E-JStG

Das geltende Recht regelt die Erbringung von Arbeitsleistungen nur äußerst rudimentär. So war es insbesondere rechtsstaatlich sehr bedenklich, dass das schweizerische Strafgesetzbuch keine Höchstgrenze bei der Erbringung von Arbeitsleistungen vorsah. Der Entwurf zum Bundesgesetz über das Jugendstrafgesetz regelt die Arbeitsleistungen, die jetzt als Erbringung von persönlichen Leistungen bezeichnet werden, ausführlicher. Das schweizerische Jugendstrafgesetz legt zukünftig fest, worin die persönliche Leistung besteht, wie lange sie andauern kann und welche Rechtsfolgen eintreten, wenn die Leistung nicht ordnungsgemäß erbracht wird.

Art. 23 I E-JStG sieht vor, dass der jugendliche Delinquent zu einer persönlichen Leistung zu Gunsten von sozialen Einrichtungen, von Werken im öffentlichen Interesse, von hilfsbedürftigen Personen oder des Geschädigten mit deren Zustimmung verpflichtet werden kann. Es wird also gesetzlich festgelegt, zu wessen Gunsten eine Arbeitsleistung erbracht werden darf. Bei den Leistungen zu Gunsten der Allgemeinheit können beispielsweise Küchendienste oder ähnliche Dienste in Krankenhäusern, Altersheimen oder die Pflege von öffentlichen Parks erfolgen.[495] Möglich ist aber auch ein Einsatz, der von sozialen Institutionen organisiert wird, zum Beispiel Hilfe für psychisch kranke oder behinderte Personen, Arbeit für Bergbauern, Reinigung der Umwelt oder der Unterhalt von Wanderwegen oder historischen Stätten.[496]

Neu in das Jugendstrafrecht mitaufgenommen wurde die Regelung, als persönliche Leistung auch die Teilnahme von Kursen oder ähnlichen Veranstaltungen anordnen zu können, Art. 23 II E-JStG. Aus diesem Grund wurde auch die Bezeichnung Arbeitsleistung in persönliche Leistung umbenannt.

Als geeignete Kurse kommen nach Art. 23 II E-JStG Verkehrserziehungskurse, Kurse zur Gesundheitserziehung in Betracht. Mit den ähnlichen Veranstaltungen sind Aktivitäten gemeint, die nicht unbedingt als Kurse bezeichnet werden und die aber auch nicht als ambulante Behandlungen gelten. Gedacht wurde vom schweizerischen Gesetzgeber an das niederländische Modell der „intermediären" Behandlung, welches stark strukturierte und kontrollierte Tages- oder Abendprogramme für ältere Jugendliche entwickelt hat.[497] Diese Programme werden auf den einzelnen Jugendlichen abgestimmt und bieten Möglichkeiten der Erziehung, Bildung, Freizeitbeschäftigung und sogar Behandlungen, wie zum Beispiel die Teilnahme an einem Verhaltenstraining an.

Die persönliche Leistung ist also mehr als eine Wiedergutmachungsleistung des Jugendlichen, sie stellt vielmehr für den Jugendlichen ein Angebot zur Rehabilitation dar, an welchem er aktiv mitwirken kann. Sie kann aus erzieherischen Gründen nur gegenüber solchen Jugendlichen angeordnet werden, bei de-

---

[495] Vgl. Botschaft des Bundesrats an das Parlament in Schweizerischem Bundesgesetzblatt 1999, S. 2257

[496] Vgl. Botschaft des Bundesrats an das Parlament in Schweizerischem Bundesgesetzblatt 1999, S. 2258

[497] Vgl. Botschaft des Bundesrats an das Parlament in Schweizerischem Bundesgesetzblatt 1999, S. 2258

nen vorauszusehen ist, dass sie positiv auf die persönliche Leistung reagieren werden.[498]

Ausdrücklich ergänzt wurden die Bestimmungen der Arbeitsleistung im geltenden Recht um Vorschriften hinsichtlich der Dauer der Erbringung der persönlichen Leistungen und einer Unrechtsfolge.

Nach Art. 23 III 1 E-JStG beträgt die Höchstdauer der persönlichen Leistung zehn Tage. Für Jugendliche, die zur Tatzeit das 15. Lebensjahr vollendet und ein Verbrechen oder Vergehen begangen haben, beträgt die Höchstdauer drei Monate. Bei ihnen kann die Erbringung von persönlichen Leistungen mit der Verpflichtung, sich an einem bestimmten Ort aufzuhalten, verbunden werden, Art. 23 III 2 E-JStG. Letztere Bestimmung resultiert aus der Überlegung, dass die Erbringung bestimmter Arbeiten nur ortgebunden erfolgen kann.

Erbringt der Jugendliche die persönliche Leistung nicht fristgemäß oder mangelhaft, so wird er von der vollziehenden Behörde unter Setzung einer Frist angemahnt. Jugendliche, die zur Tatzeit das 15. Lebensjahr noch nicht vollendet haben, können nach fruchtlosem Fristablauf verpflichtet werden, die Leistung unter unmittelbarer Aufsicht der vollziehenden Behörde oder einer von ihr bestimmten Person zu erbringen. Bei jugendlichen Delinquenten, die zur Tatzeit das 15. Lebensjahr bereits vollendet haben, ist als Unrechtsfolge anstelle der Erbringung der persönlichen Leistung die Verhängung einer Buße oder Freiheitsentzug vorgesehen. Dadurch wird die Glaubwürdigkeit der Erbringung der persönlichen Leistung gestärkt. Wird eine persönliche Leistung bis zu zehn Tagen nicht oder schlecht erbracht, so wird nach zukünftigem Recht anstelle der persönlichen Leistung eine Buße verhängt. Bei Leistungen über zehn Tagen wird als Unrechtsfolge eine Buße oder Freiheitsentzug angeordnet, wobei die Dauer des Freiheitsentzuges die Dauer der umgewandelten Leistung nicht übersteigen darf.

c) Buße, Art. 24 E-JStG

Art. 24 E-JStG enthält eine eigene jugendstrafrechtliche Regelung über die Verhängung der Buße. Damit wird die Eigenständigkeit der Buße im Jugendstrafrecht gegenüber der Buße im Erwachsenstrafrecht hervorgehoben.

Die Buße kann nur gegenüber Jugendlichen, die das 15. Lebensjahr vollendet haben, angeordnet werden. Diese Altersgrenze wurde in das Gesetz aufgenommen, weil nach den Regelungen des schweizerischen Arbeitsrechts ein Jugendlicher ab 15 Jahren als Arbeitnehmer beschäftigt werden darf und die Verhängung einer Buße nur dann sinnvoll ist, wenn der Jugendliche sie aus eigenen

---

[498] Vgl. Botschaft des Bundesrats an das Parlament in Schweizerischem Bundesgesetzblatt 1999, S. 2261

Erwerbsmitteln bezahlen kann.[499] Diese Gedanken wurden bislang in der Justizpraxis berücksichtigt. Die Buße wurde nur gegenüber älteren Jugendlichen, die bereits über ein eigenes Einkommen verfügen, verhängt.

Das Geldsummensystem wurde beibehalten. Die Buße wird weiterhin unter Berücksichtigung der persönlichen Verhältnisse des Jugendlichen festgesetzt, das Höchstmaß beträgt nach reformiertem Recht aber nunmehr 2.000 Schweizer Franken.

Nach Art. 24 II E-JStG kann die vollziehende Behörde dem Jugendlichen Fristerstreckungen und Teilzahlungen gewähren. Diese Erleichterungen beruhen auf der Überlegung, dass höchstwahrscheinlich ein Dritter und nicht der Jugendliche selbst bei zu hohen finanziellen Belastungen die Zahlung übernehmen wird, die Buße ohnehin nur dann einen erzieherischen Wert hat, wenn der Jugendliche die Buße selbst bezahlt.

Der Jugendliche kann zudem die Vollzugsbehörde ersuchen, die Buße ganz oder teilweise in eine persönliche Leistung umzuwandeln. Verschlechtern sich die persönlichen Verhältnisse des Jugendlichen nach dem Urteilsspruch ohne sein Verschulden, so kann die urteilende Behörde die Buße herabsetzen. Wenn der jugendliche Delinquent die Buße schuldhaft nicht innerhalb der ihm gesetzten Zeit bezahlt, wird sie von der urteilenden Behörde in eine Freiheitsstrafe von bis zu 30 Tagen umgewandelt. Ein Umwandlungsschlüssel besteht nicht, es obliegt der zuständigen Behörde eine angemessene Dauer der Freiheitsstrafe festzulegen.

Nach Art. 35 I E-JStG kann die Buße auch weiterhin bedingt ausgesprochen werden. Sie kann ganz oder auch nur teilweise bedingt ausgesprochen werden, soweit eine unbedingte Strafe nicht notwendig erscheint, um den Jugendlichen von der Begehung weiterer Straftaten abzuhalten.

d) Freiheitsentzug, Art. 25 E-JStG

Art. 25 I E-JStG sieht die Verhängung von Freiheitsstrafe von einem Tag bis zu einem Jahr für Jugendliche, die nach Vollendung des 15. Lebensjahres ein Verbrechen oder Vergehen mittlerer Schwere begangen haben, vor.

Insofern unterscheidet sich der Entwurf des Jugendstrafgesetzes nicht von der geltenden Regelung des Art. 95 sStGB. Die Praktiker der Jugendstrafrechtspflege waren sich einig, dass diese Sanktion beibehalten werden sollte, da ein Verweis nur bei geringfügigen Straftaten in Betracht kommt und die persönlichen Leistungen und die Buße nur dann angeordnet werden sollen, wenn der Jugendliche positiv auf diese Sanktionen reagiert.[500] Wenn keine dieser Sanktio-

---

[499] Vgl. Botschaft des Bundesrats an das Parlament in Schweizerischem Bundesgesetzblatt 1999, S. 2259

[500] Vgl. Botschaft des Bundesrats an das Parlament in Schweizerischem Bundesgesetzblatt 1999, S. 2261

nen in Betracht kommt, soll als ultima ratio eine Freiheitsstrafe verhängt werden können.

aa) Freiheitsentzug bei Begehung besonders schwerer Delikte

Jugendliche, die das 16. Lebensjahr vollendet haben und die besonders schwerere Delikte begangen haben, können nach Art. 25 II E-JStG mit einer Freiheitsstrafe von bis zu vier Jahren bestraft werden. Eine Untergrenze des Freiheitsentzuges wurde für diese Fälle nicht festgelegt.

Unter die besonders schweren Delikte fallen nach Art. 25 II a E-JStG Verbrechen, die nach dem Erwachsenenrecht mit einer Freiheitsstrafe von nicht unter drei Jahren bedroht sind. Dazu gehören die vorsätzliche Tötung, Mord, qualifizierte Formen des Raubes, Geiselnahme, sexuelle Nötigung, Vergewaltigung und vorsätzliche Brandstiftung.

Der Freiheitsentzug bis zu vier Jahren soll zusätzlich nach Art. 25 II b E-JStG verhängt werden, wenn der über 16 Jahre alte Jugendliche eine schwere Körperverletzung, einen bandenmäßigen oder sonst besonders gefährlichen Raub sowie Straftaten gegen die Freiheit unter erschwerenden Umständen begangen hat und der Beweggrund des Jugendlichen, der Zweck der Tat oder die Art ihrer Ausführung eine besonders verwerfliche Gesinnung offenbaren.

Nach bislang geltendem Recht waren in diesen schweren Fällen die Einweisung in ein Erziehungsheim für mindestens zwei Jahre oder eine einjährige Einschließung vorgesehen.

bb) Umwandlung von Freiheitsentzug

Nach Art. 26 E-JStG besteht die Möglichkeit, den Freiheitsentzug bis zu drei Monaten in die Erbringung einer persönlichen Leistung von gleicher Dauer umzuwandeln. Zuständig hierfür ist die urteilende Behörde.

Die Umwandlung ist nur dann ausgeschlossen, wenn der Freiheitsentzug an Stelle nicht erbrachter persönlicher Leistungen ausgesprochen wurde. Es ist aber nicht gesetzlich festgelegt, unter welchen Voraussetzungen der Freiheitsentzug in eine Erbringung einer persönlichen Leistung umgewandelt wird.

cc) Bedingte Entlassung aus dem Freiheitsentzug

Eine bedingte Entlassung aus dem Freiheitsentzug kann nach Art. 28 E-JStG nach Verbüßung der Hälfte des Freiheitsentzuges, mindestens aber nach einer Verbüßung von zwei Wochen Freiheitsentzug, erfolgen. Die bedingte Entlassung ist von den Vollzugsbehörden von Amts wegen zu prüfen.

Sie wird nach Art. 29 E-JStG mit einer Probezeit verbunden, deren Dauer dem Strafrest entspricht, mindestens aber sechs Monate und höchstens zwei Jahre andauert. Während der Probezeit ist der Jugendliche von einer geeigneten Person zu begleiten. Die Vollzugsbehörde kann dem Jugendlichen Weisungen, insbesondere solche, welche die Teilnahme an Freizeitveranstaltungen, die Wiedergutmachung des Schadens, den Besuch von Lokalen, das Führen eines Motorfahrzeuges oder die Abstinenz von Stoffen, die das Bewußtsein beeinträchtigen, betreffen.

Die Weisungen haben den Zweck, den Jugendlichen zu unterstützen und zu ermutigen, sich zu bewähren, wobei wichtig ist, dass dem Jugendlichen keine unnötigen und lediglich disziplinierenden Weisungen erteilt werden.[501] Der Schweizer Gesetzgeber wollte mit der Konkretisierung der Weisungen im Vergleich zum geltenden Recht vor allem erreichen, dass in der Praxis die Wiedergutmachung des Schadens eine noch größere Bedeutung erhält.[502]

Wenn sich der Jugendliche bis zum Ablauf der Probezeit bewährt, wird er gemäß Art. 30 E-JStG endgültig entlassen. Im Falle der Nichtbewährung erfolgt nach Art. 31 I E-JStG eine Rückversetzung. Der Jugendliche muss einen Teil oder den Rest des Freiheitsentzuges verbüßen. Ein Fall der Nichtbewährung ist auch dann anzunehmen, wenn der Jugendliche gegen eine Weisung verstößt und deswegen zu erwarten ist, dass er weitere Straftaten verüben wird.

Im Übrigen kann ein Teilvollzug nur einmal gewährt werden. Verpaßt der Jugendliche die Chance, die ihm die Rechtsordnung durch Gewährung der bedingten Entlassung aus dem Freiheitsentzug bietet, kann ein erneuter Teilvollzug nicht mehr erneut gewährt werden.

e) Bedingter Vollzug von Strafen, Art. 35 E-JStG

Der bedingte Vollzug von Strafen (Aussetzung der Strafe zur Bewährung) ist für die Buße, die Erbringung einer persönlichen Leistung und den Freiheitsentzug von höchstens 30 Monaten vorgesehen, wenn eine unbedingte Strafe nicht notwendig erscheint, um den Jugendlichen von der Begehung weiterer Straftaten abzuhalten. Im Gegensatz zum geltenden Recht des Art. 96 Ziff. 1 sStGB verzichtet der Entwurf des Jugendstrafgesetzes darauf, Verhalten und Charakter des Jugendlichen zu erwähnen. Entscheidend für die Anordnung des bedingten Vollzuges von Strafen sind vielmehr die Gesamtumstände des Falles.

Der bedingte Vollzug der oben genannten Strafen ist ganz oder teilweise möglich. Wie bei der bedingten Entlassung aus dem Freiheitsentzug ist gegen-

---

501 Vgl. Botschaft des Bundesrats an das Parlament in Schweizerischem Bundesgesetzblatt 1999, S. 2266

502 Vgl. Botschaft des Bundesrats an das Parlament in Schweizerischem Bundesgesetzblatt 1999, S. 2266

über dem Jugendlichen eine Probezeit von sechs Monaten bis zu zwei Jahren anzuordnen.

Die Vorschriften der Art. 29-31 E-JStG finden bei dem bedingten Vollzug von Strafen ebenfalls Anwendung, so dass hinsichtlich der Probezeit auf die Ausführungen bei der bedingten Entlassung aus dem Freiheitsentzug unter VIII 2 d) cc) verwiesen werden kann.

f) Verbindung von Strafen, Art. 33 E-JStG

Im Normalfall soll gegen jugendliche Straftäter nach dem Willen des Gesetzgebers nur eine Strafe verhängt werden. Die Verbindung verschiedener Strafen aus spezialpräventiven Gründen wird aber dann als sinnvoll angesehen, wenn zu vermuten ist, dass der Jugendliche eine Sanktion wie die persönliche Leistung in Form der Kursteilnahme oder den bedingten Freiheitsentzug alleine nicht als Strafe empfindet.[503] Aus diesem Grund wurde in den Entwurf des Jugendstrafgesetzes im Art. 33 E-JStG die Regelung aufgenommen, die persönliche Leistung nach Art. 23 II E-JStG und den Freiheitsentzug mit der Buße verbunden zu können. Ausgeschlossen ist lediglich die Kombination des Verweises mit der Buße.

g) Zusammenfassende Gegenüberstellung mit dem geltenden Recht

Neu in das Jugendstrafrecht übernommen wurde die Freiheitsstrafe bis zu vier Jahren bei schweren Straftaten. Der Freiheitsentzug wird somit nicht mehr von Persönlichkeits- oder Erziehungsdefiziten abhängig gemacht, sondern unterliegt einer tatschuldbezogenen, durch das Verhältnismäßigkeitsprinzip begrenzten Eingriffsvoraussetzung.[504]

3. Strafzumessung

Ebenso wie im geltenden Recht werden Strafzumessungsregeln im Entwurf über das Bundesgesetz für das Jugendstrafrecht nicht normiert. Das Jugendstrafgesetz verweist auf die Vorschriften des Erwachsenenrechts. Nach Art. 1 II b E-JStG sind die Strafzumessungsregeln sinngemäß der Art. 47, 48 sowie 51 E-StGB anzuwenden.

Begründet wurde der Verzicht auf die ausdrückliche Normierung von konkreten Strafzumessungsregeln mit der spezialpräventiven Ausrichtung des Ju-

---

[503] Vgl. Botschaft des Bundesrats an das Parlament in Schweizerischem Bundesgesetzblatt 1999, S. 2268

[504] Backmann/Stump, S. 385 m.w.N.

gendstrafrechts, die eine flexible Regelung verlange, um auf die individuellen erzieherischen Bedürfnisse jedes einzelnen Jugendlichen einzugehen.[505]

Die Strafzumessung richtet sich in erster Linie nach erzieherischen Gesichtspunkten.[506] Die Strafe muss aber auch in einem vernünftigen Verhältnis zur Schwere der Tat stehen, damit der Jugendliche sie einerseits nicht als ungerecht empfindet und andererseits genügend ernst nimmt.[507]

Die Grundsätze der Strafzumessung, welche im bislang geltenden Kinder- und Jugendstrafrecht angewandt werden, sollen auch durch die Jugendstrafrechtsreform nicht verändert werden.

4. Zusammentreffen von Schutzmaßnahmen und Freiheitsentzug

Nach dem Reformentwurf des Jugendstrafgesetzes ist die gleichzeitige Anordnung von Strafen und Schutzmaßnahmen zulässig.

Art. 32 E-JStG regelt die Reihenfolge des Vollzuges, wenn Schutzmaßnahmen und Freiheitsentzug aufeinandertreffen. Nach dieser Vorschrift geht der Vollzug einer Unterbringung dem Freiheitsentzug stets vor. Der Vorrang des Vollzuges der Unterbringung gilt auch für diejenigen Fälle, in denen der Freiheitsentzug wegen Widerrufs des bedingten Vollzuges der Freiheitsstrafe oder wegen Rückversetzung im Fall der Nichtbewährung der Probezeit bei einer bedingten Entlassung aus dem Freiheitsentzug zu vollziehen ist.

Art. 32 II E-JStG bestimmt, dass ein aufgeschobener Freiheitsentzug nicht mehr vollzogen wird, wenn die Unterbringung wegen Zweckerreichung aufgehoben wurde. Dadurch soll vermieden werden, dass ein nachträglicher Strafvollzug den mit der Maßnahme erreichten Erfolg wieder in Frage stellt.[508]

Wenn die Unterbringung allerdings aus anderen Gründen aufgehoben wird, etwa weil sie keinerlei erzieherische oder therapeutische Auswirkungen auf den Jugendlichen zeigt, kann nach Art. 32 III E-JStG die Vollzugsbehörde entweder den Vollzug des ganzen oder eines Teils des Freiheitsentzuges anordnen oder gänzlich auf den Vollzug des Freiheitsentzuges verzichten. Entscheidet sich die Behörde für einen Vollzug des Freiheitsentzuges, so ist die mit der Unterbringung verbundene Freiheitsbeschränkung anzurechnen.

Trifft der Vollzug einer der anderen Schutzmaßnahmen, also eine ambulante Behandlung, eine persönliche Betreuung oder eine Aufsicht mit dem Vollzug

---

505 Vgl. Botschaft des Bundesrats an das Parlament in Schweizerischem Bundesgesetzblatt 1999, S. 2240

506 Vgl. Botschaft des Bundesrats an das Parlament in Schweizerischem Bundesgesetzblatt 1999, S. 2269

507 Botschaft des Bundesrats an das Parlament in Schweizerischem Bundesgesetzblatt 1999, S. 2240

508 Vgl. Botschaft des Bundesrats an das Parlament in Schweizerischem Bundesgesetzblatt 1999, S. 2268

von Freiheitsentziehung zusammen, bestimmt die urteilende Behörde nach Art. 32 IV E-JStG, in welcher Reihenfolge die Sanktionen vollzogen werden sollen. Wird der Aufschub des Freiheitsentzuges angeordnet, ist bei Aufhebung der Schutzmaßnahmen Art. 32 II, III E-JStG sinngemäß anzuwenden und zu entscheiden, ob und wieweit der Freiheitsentzug noch zu vollziehen ist.

IX. Gesamtbetrachtung des reformierten Jugendstrafrechts

1. Eigenständiges Gesetz

Im Entwurf des Bundesgesetzes über das Jugendstrafrecht werden zwei grundlegende Neuerungen vorgenommen: Zum einen wird das schweizerische Jugendstrafrecht von nun ab in einem eigenständigen Gesetz geregelt und ist nicht mehr als Sonderstrafrecht im Erwachsenenstrafrecht eingegliedert. Damit wird gesetzestechnisch und nicht zuletzt optisch die Botschaft festgehalten, dass das Jugendstrafrecht eine vom Erwachsenenstrafrecht klar zu trennende Rechtsordnung darstellt.[509]

Diese Trennung bietet auch die Möglichkeit, den Maßnahmenbereich noch stärker an die Kinderschutzmaßnahmen des Zivilrechts anzuknüpfen.[510] Das neue Bundesgesetz über das Jugendstrafrecht ist aber keineswegs als Jugendwohlfahrtsgesetz zu sehen.[511] Jugendstrafrecht ist Strafrecht. Nach dem Willen des schweizerischen Gesetzgebers muss strafbares Handeln klar von anderen abweichenden Verhaltensweisen unterschieden werden, um das Bewußtsein der Jugendlichen für die besondere Bedeutung der strafrechtlich geschützten Rechtsgüter zu wecken und zu erhalten.[512] Im Übrigen kann mit wohlfahrtsrechtlichen Maßnahmen nicht angemessenen auf schwere Delikte reagiert werden.

---

[509] Vgl. Backmann/Stump, S. 362, 363; vgl. Schellenberg, S. 39; vgl. Botschaft des Bundesrats an das Parlament in Schweizerischem Bundesgesetzblatt 1999, S.1986

[510] Botschaft des Bundesrats an das Parlament in Schweizerischem Bundesgesetzblatt 1999, S. 2227; Schellenberg, DVJJ-J 2000, S. 4; Backmann/Stump, S. 363

[511] Botschaft des Bundesrats an das Parlament in Schweizerischem Bundesgesetzblatt 1999, S. 2228; Backmann/Stump, S. 363

[512] Botschaft des Bundesrats an das Parlament in Schweizerischem Bundesgesetzblatt 1999, S. 2228

2. Aufgabe des Prinzips des Vorrangs und der Ausschließlichkeit der Maßnahme vor der Strafe

In der Schweiz gilt nach bislang geltendem Jugendstrafrecht das Prinzip des Vorrangs und der Ausschließlichkeit der Maßnahme vor der Strafe. Maßnahme und Strafe schließen sich gegenseitig aus und können daher grundsätzlich nicht miteinander kombiniert werden. Der schweizerische Gesetzgeber hat sich nun in seinem Entwurf für ein reformiertes Jugendstrafrecht von dem in der Vergangenheit vielfach kritisierten richterlichen Monismus abgewandt und sich für ein dualistisch-vikariierendes Sanktionensystem entschieden. Dadurch wurde die Grundlage geschaffen, jugendliche Straftäter gleichzeitig zu bestrafen und zu betreuen. Die Möglichkeit, Strafen und Schutzmaßnahmen miteinander kombiniert verhängen zu können, ist somit die zweite bedeutsame Änderung des schweizerischen Jugendstrafrechts.

3. Stärkung des Erziehungsgedankens

Die Grundmaxime des reformierten schweizerischen Jugendstrafrechts wird deutlich in Art. 2 E-JStG festgelegt: Entscheidend für die Anwendung des Jugendstrafrechts sind der Schutz und die Erziehung des Jugendlichen. Den Lebens- und Familienverhältnissen des Jugendlichen sowie der Entwicklung seiner Persönlichkeit sind besondere Beachtung zu schenken. Die erzieherische Zielsetzung des Jugendstrafrechts wird nunmehr deutlicher als im bislang geltenden Recht zum Ausdruck gebracht. Wie bereits nach derzeit geltender Rechtslage geht auch der Entwurf des Jugendstrafgesetzes von einem Vorrang der Erziehung und sozialen Integration vor den Strafen aus.

Die Schweiz folgt auch im reformierten Jugendstrafrecht dem klassischen Behandlungsmodell. Schutzmaßnahmen werden weiterhin auf unbestimmte Zeit ausgesprochen und werden erst dann aufgehoben, wenn sie ihren Zweck erfüllt haben. Auch nach dem Entwurf für ein reformiertes Jugendstrafrecht ist die Unterbringung in einer Erziehungseinrichtung gegenüber der Freiheitsstrafe zwar die eingriffsschwächere Sanktion, es darf aber nicht darüber hinweggesehen werden, dass die Unterbringung aber bis zu zwölf Jahre andauern kann und damit erheblich länger sein kann als die Freiheitsstrafe. Dennoch ist nicht dieser Gesichtspunkt, sondern die Erhöhung des Freiheitsentzuges auf vier Jahre zentraler Kritikpunkt des reformierten Jugendstrafrechts.[513] Bislang bestand eine Höchstgrenze der Einschließung von einem Jahr. Begründet wurde der erhöhte

[513] Schellenberg, DVJJ-J 2000, S. 8; vgl. kurze Darstellung bei Baechthold, S. 325; vgl. Botschaft des Bundesrats an das Parlament in Schweizerischem Bundesgesetzblatt 1999, S. 2262

Strafrahmen mit der Notwendigkeit, angemessen auf schwere Jugendstraftaten reagieren zu können.[514]

4. Aufgabe der Unterscheidung zwischen Kinder- und Jugendstrafrecht

Im reformierten schweizerischen Jugendstrafrecht wird die Unterscheidung zwischen Kinder- und Jugendstrafrecht aufgehoben. Im Bereich der Buße und der Einschließungen wurden hingegen weitere Altersgrenzen im Entwurf des Jugendstrafgesetzes aufgenommen. Die Buße kann nur gegenüber Jugendlichen, welche das 15. Lebensjahr vollendet haben angeordnet werden. Das Gesetz berücksichtigt daher die Erkenntnis, dass eine auferlegte Buße nur dann sinnvoll ist, wenn sie der Jugendliche aus eigenen Mitteln tilgt. Die verschärfte Form der Einschließung, der Freiheitsentzug bis zu vier Jahren, kann nur gegenüber Jugendlichen, die das 16. Lebensjahr vollendet haben, angeordnet werden.

5. Gesetzliche Neuerungen

Das reformierte Jugendstrafrecht vereinigt das Motto „Erziehung und Strafe". Dabei wurde zugleich das System der Strafen erweitert, um noch flexibler auf Straftaten junger Menschen reagieren zu können. So kann beispielsweise in Zukunft der Verweis als leichteste Strafe mit einer Probezeit verbunden werden. Die Arbeitsleistung wurde gesetzlich konkreter gefaßt. Der Entwurf des Jugendstrafgesetzes sieht für die Verpflichtung einer Arbeitsleistung eine Höchstdauer vorgesehen und legt genau fest, zu wessen Gunsten die Arbeitsleistung erfolgen kann. Der im geltenden Jugendstrafrecht bislang umstrittene Schularrest wurde gänzlich aus dem Strafenkatalog gestrichen.

Interessanterweise war im Vorentwurf zu dem Entwurf des Jugendstrafgesetzes als Sanktion für Jugendliche ein Fahrverbot vorgesehen, welches aber nicht im E-JStG übernommen wurde. Vorgesehen war, das Fahrverbot hauptsächlich zur Ahndung von Verstößen gegen das Straßenverkehrsgesetz anzuwenden. Die Aufnahme eines Fahrverbotes als Hauptstrafe wurde aber sowohl im Erwachsenen- als auch im Jugendstrafrecht abgelehnt.

Hervorzuheben ist, dass der Entwurf des schweizerischen Jugendstrafgesetzes eine stärkere Einschränkung der elterlichen Erziehungsgewalt als nach bisherigem Recht vorsieht. Nach Art. 12 I 2 E-JStG können im Rahmen der Aufsicht sogar Weisungen an die Eltern oder die Pflegeeltern erteilt werden. Dadurch soll erreicht werden, den jugendlichen Delinquenten länger in seinem El-

[514] Vgl. Botschaft des Bundesrats an das Parlament in Schweizerischem Bundesgesetzblatt 1999, S. 2260, 2261, 2262

ternhaus in vertrauter Umgebung zu belassen anstatt eine Fremdbetreuung anzuordnen.[515]

Die Reformierung der jugendstrafrechtlichen Vorschriften führte aber im Bereich der freiheitsentziehenden Sanktionen zu einer nicht unerheblichen Strafschärfung. Während nach geltender Rechtslage die Einschließung bis zu einem Jahr andauern konnte, sieht das reformierte schweizerische Jugendstrafrecht Freiheitsentzug bis zu vier Jahren bei der Begehung schwerer Straftaten vor.

6. Zusammenfassung

Die schweizerische Jugendstrafrechtsreform hat ein eigenständiges Jugendstrafgesetz geschaffen und den im Jugendstrafrecht hinderlichen richterlichen Monismus abgeschafft, eine grundlegende Änderung der jugendstrafrechtlichen Sanktionen wurde hingegen nicht herbeigeführt. Das Sanktionensystem wurde teilweise erweitert, einzelne Sanktionen „moderner" gestaltet, indem auf diskriminierende Tatbestandsmerkmale verzichtet wurden, einzelne im geltenden Jugendstrafrecht vorhandene Gesetzeslücken wurden geschlossen und der Schularrest wurde abgeschafft. Dieses ist insgesamt eine ordentliche Leistung, es ist aber kein grundsätzlich neues, „revolutionäres" Jugendstrafrecht geschaffen worden.

[515] Vgl. dazu auch Backmann/Stump, S. 383

§ 5 USA

I. Einführung

In den USA gibt es nicht ein Jugendstrafrechtssystem, sondern vielmehr 51 verschiedene Systeme. Jeder Bundesstaat sowie der District of Columbia haben ein eigenes Jugendstrafrechtsssystem.[516] Zusätzlich besitzt die Bundesregierung die Jurisdiktion über eine kleine Anzahl von Jugendlichen, die Verbrechen in Indianerreservaten oder Nationalparks begehen.[517] Obwohl sich die Jugendstrafrechtssysteme der Bundesstaaten und das des Bundes voneinander unterscheiden, gibt es einige Aspekte, die allen Systemen gemeinsam sind, wie zum Beispiel die Festlegung der Jurisdiktion des *juvenile courts* sowie eines Höchstalters, bis zu welchem das Jugendgericht für die Straftaten eines Jugendlichen zuständig ist, sowie eine Auflistung von besonders schweren Straftaten, bei welchen die Jurisdiktion des Jugendgerichts entfällt.

Im Folgenden wird ein kurzer Überblick über die Geschichte des Jugendstrafrechts der USA gegeben, um einige Besonderheiten des amerikanischen Jugendstrafrechts besser einordnen zu können. Aus diesem Grund erfolgt auch eine kurze Darstellung des Jugendstrafrechtsverfahrens der USA. Bei der Erörterung der Sanktionen werden grundsätzlich nur diejenigen Sanktionen dargestellt, die ein Jugendstrafrichter im Jugendstrafverfahren gegenüber straffälligen Jugendlichen verhängen kann. Es werden nicht die Sanktionen dargestellt, die ein (Erwachsenen-)Strafrichter gegenüber einem Jugendlichen anordnen kann.

II. Geschichte des Jugendstrafrechtssystems in den USA

Die Entwicklung des Jugendstrafrechts in den USA kann in sechs Hauptperioden eingeteilt werden: die Kolonialperiode (1636-1824), die Periode des *House of Refuge* (Haus der Zuflucht), die Periode des Jugendgerichts, die Periode der

---

[516] In der Entscheidung des U.S Supreme Court *Eddings v. Oklahoma* hat das Gericht erklärt, dass Kinder einen besonderen Platz im Recht einnehmen, was dadurch belegt werde, dass jeder Bundesstaat seinen eigenes vom Erwachsenenstrafrecht getrenntes Jugendstrafrecht besitzt. Vgl. dazu Forst, S. 283

[517] McCord, S. 155

Reform Agenda von 1970 und die *get through* Verbrechenskontrollpolitik seit 1980.[518]

Zur Zeit der amerikanischen Revolution wurden Jugendliche wie Erwachsene behandelt, da es kein eigenes Jugendstrafrechtssystem gab.[519] Kinder, die unter sieben Jahre alt waren, konnten für die Begehung einer schweren Straftat nicht verantwortlich gemacht werden.[520]

Zwischen 1770 und 1800 befanden sich die Vereinigten Staaten in einer Periode von großer Unordnung, bedingt durch das Anwachsen von Städten und die zu Ende gehende ländliche Lebensart.[521] Es wuchs die Sorge darüber, wie man mit der wachsenden Anzahl von Jugendlichen, die auf den Straßen lebten oder sich von den Normen der Gesellschaft abgewandt hatten, umgehen sollte.[522] In dieser Zeit entstand die Idee, Institutionen für Kinder nach dem Vorbild einer gut funktionierenden Familie zu errichten.[523] Damit wollte man zwei Zwecke verfolgen: Zum einen sollten die Jugendlichen Disziplin, Ordnung und die Fürsorge einer Familie erfahren und zum anderen sollten die Jugendlichen vor den bedauerlichen Bedingungen in den Gefängnissen und Arbeitshäusern bewahrt werden.[524] Aus dieser Bewegung heraus wurde 1823 in New York das erste *House of Refuge* (Haus der Zuflucht) für weibliche Jugendliche und 1825 für männliche Jugendliche gegründet.[525] Allerdings wuchsen viele der Häuser zu rasch und in den meisten Häusern verschwanden Disziplin und Ordnung.[526] Zudem wurden immer noch Jugendliche zusammen mit Erwachsenen in Gefängnisse eingesperrt.[527] Zwar wurden die Zufluchtshäuser gebaut, um den straffällig gewordenen Kindern ein neues zu Hause zu begründen, jedoch sah die Realität der Zufluchtshäuser bald anders aus: Die Zufluchtshäuser wurden als Einrichtungen errichtet, in denen Jugendliche, welche die Regeln brachen, hart bestraft wurden. Aus dieser Situation heraus begann eine neue Bewegung der Jugendstrafrechtssystems, aus der eine eigene Jugendrechtspflege hervorging.[528]

---

[518] Vgl. Bartollas, S. 302; eine sehr kurze Darstellung der Geschichte des amerikanischen Jugendstrafrechts befindet sich bei Blomberg, S. 1-3

[519] Bartollas, S. 302; Howell, S. 3; McCord, S. 157

[520] Craig/Stafford, S. 272; McCord, S. 157; Snyder/Sickmund, S. 86; Light, S. 400

[521] Vgl. Bartollas, S. 302

[522] Vgl. Bartollas, S. 302; Finckenauer, S. 113; Roberson, S. 34

[523] Vgl. Bartollas, S. 302; vgl. Howell, S. 7

[524] Vgl. Bartollas, S. 302; Finckenauer, S. 113

[525] Bartollas, S. 302, eine sehr knappe Darstellung findet sich bei Champion, S. 420; Roberson, S. 35; Finckenauer, S. 112, 113; Clement, S. 10,11; Light, S. 401

[526] Bartollas, S. 302

[527] Vgl. Bartollas, S. 302; Clement, S. 14

[528] Vgl. Kuhn, S. 21; Roberson, S. 36

Im Zuge dieser Bewegung wurde das erste Jugendgericht in Cook County (Chicago) 1899 gegründet.[529] Die *parens patriae* Doktrin diente dabei als rechtliche Grundlage für die Errichtung der Jugendgerichte.[530] Der Gedanke der *parens patriae* besagt, dass der Staat schutzbedürftige Personen, also diejenigen Personen, die nicht die volle rechtliche Handlungsfähigkeit besitzen, einschließlich Geisteskranker und straffälliger Kinder und Jugendlichen, schützen muss.[531] Ziel der Reformidee bei der Gründung des Jugendgerichts war, jugendliche Straftäter davor zu schützen, wie kriminelle Erwachsene behandelt zu werden.[532] Jugendliche Delinquenten sollten vorrangig resozialisiert anstatt bestraft werden.[533] Es war nicht wichtig, weshalb der Jugendliche vor das Jugendgericht treten musste, sondern nur wie ihm dort geholfen werden konnte.[534]

Die Jugendgerichte waren sehr beliebt. So hatten 1925 alle Bundesstaaten, mit der Ausnahme von zweien Jugendgerichte eingerichtet.[535] Die Auswahl der Dispositionen[536] erfolgte primär im Hinblick auf das erzieherische Wohl des jungen Straftäters. Sie wurden von unbestimmter Dauer verhängt und dauerten an, bis das Kind geheilt war oder die Jurisdiktion des Gerichts endete, was dann der Fall war, wenn der junge Straftäter erwachsen, also damals 21 Jahre alt wurde.[537]

Die Jugendgerichte sahen sich allerdings alsbald breiter Kritik ausgesetzt. Man warf ihnen vor, sie hätten ihr Ziel, die Resozialisierung der Jugendlichen, nicht erreicht.[538] Die Kritik ging sogar soweit, dass man den Jugendgerichten vorwarf, dass sie den Jugendlichen, die vor ihnen erscheinen mussten, schadeten anstatt ihnen zu helfen.[539] Bei der gesamten Kritik an den Jugendgerichten ist aber klarzustellen, dass die Grundidee und die hinter der Errichtung der Jugendgerichte stehende Philosophie in keinster Weise in Frage standen.[540]

---

[529] McCord, S. 157; Finckenauer, S. 116; Bartollas, S. 303; Light, S. 403; vgl. Craig/Stafford, S. 273; Snyder/Sickmund, S. 85, 86; eine sehr ausführliche Darstellung der Geschichte des ersten Jugendgerichts in Chicago befindet sich bei Bernard, S. 84ff.; kurze Zusammenfassung der *parens patriae*-Doktrin findet sich bei Champion, S. 419; kurze Darstellung findet sich bei Kuhn, S. 21

[530] Vgl. Bartollas, S. 303; Flowers, S. 151

[531] Roberson, S. 8; Howell, S. 7; Snyder/Sickmund, S. 86; Light, S. 402; Flowers, S. 150

[532] Vgl. McCord, S. 157; Finckenauer, S. 117

[533] Scott, S. 853; Howell, S. 13; McCord, S. 157

[534] McCord, S. 157; vgl. Snyder/Sickmund, S. 86

[535] Snyder/Sickmund, S. 86

[536] Die Sanktionen, die gegen straffällig gewordene Kinder und Jugendliche verhängt werden können, werden in der amerikanischen Rechtsterminologie als *dispositions* bezeichnet.

[537] Snyder/Sickmund, S. 87

[538] Vgl. Bartollas, S. 303; vgl. McCord, S. 158

[539] Vgl. Bartollas, S. 303

[540] Snyder/Sickmund, S. 87

Die Kritik an dem Jugendgericht führte zu einer Reihe von Entscheidungen des *U.S. Supreme Courts*, welche den Kurs der Jugendgerichte veränderten.[541] Durch die Entscheidungen des *U.S. Supreme Courts* wurden die Verfahren vor den Jugendgerichten formaler und damit den Verfahren vor den allgemeinen Strafgerichten ähnlicher.[542] Der bedeutendste Fall, den der *U.S. Supreme Court* im Hinblick auf die Rechte von Kindern und Jugendlichen in Jugendstrafverfahren zu entscheiden hatte, war der Fall *In re Gault* aus dem Jahr 1967, in dem der *U.S. Supreme Court* entschied, dass Kinder und Jugendliche im Jugendstrafverfahren bestimmte Rechte und Garantien (wie zum Beispiel das Recht, sich rechtlich beraten zu lassen) besitzen, die durch die Verfassung geschützt werden.[543]

Die Reformagenda des Jugendstrafrechts in den 70er Jahren des 20. Jahrhunderts betonte eine Politik der Entkriminalisierung von Jugendlichen. Sie konzentrierte sich auf den Umgang und das Verfahren mit *status offenses* (Handlungen, die wenn sie von einem Erwachsenen begangen werden, legal sind, aber illegale Handlungen eines Jugendlichen darstellen, wie z.B. Schulschwänzen oder das Ausreißen von zu Hause).[544]

In den 80er und 90er Jahren des 20. Jahrhunderts wurde die Aufmerksamkeit in der amerikanischen Politik hauptsächlich auf schwierige, gewalttätige Jugendliche und jugendliche Serientäter gerichtet.[545] Die dieser Politik zugrunde liegende Gedankenrichtung bezeichnet man als *just deserts*-Philosophie.[546] Gerade in dieser Zeit haben die Bundesstaaten eine Vielzahl von Gesetzen erlassen, um härter gegen jugendliche Straftäter vorgehen zu können. Einige Gesetze legten fest, dass bestimmte jugendliche Straftäter nicht mehr unter die Jurisdiktion des Jugendgerichts fielen, sondern vielmehr als Erwachsene im (Erwachsen-) Strafgericht verurteilt wurden.[547] Andere Gesetze hingegen bestimmten, dass das Jugendstrafrechtssystem mehr dem Erwachsenstrafrechtssystem angepasst wird.[548]

Die Bewegung in dieser Zeit basiert auf den Gedanken, dass eine harte Bestrafung vor der Begehung erneuter Straftaten abschrecke und eine solche Be-

---

541 Vgl. Bartollas, S. 303; vgl. McCord, S. 158, 159

542 Snyder/Sickmund, S. 87

543 Eine ausführliche Falldarstellung ist bei Bernard, S. 114 bis 120 zu finden; vgl. Finckenauer, S. 120, 122; vgl. auch Howell, S. 17, 18; vgl. McCord, S. 159 vgl. Adler/Mueller/Laufer Criminal Justice, S. 472, 473; vgl. Craig/Stafford, S. 298; Roberson, S. 191-194; Flowers, S. 153

544 Bartollas, S. 303, 304; Snyder/Sickmund, S. 166; vgl. McCord, S. 162; Coffee/Pestridge, S. 62

545 Vgl. Bartollas, S. 303; Roberson, S. 44, 45; Flowers, S. 159, 160

546 Howell, S. 20

547 Snyder/Sickmund, S. 88; Flowers, S. 160

548 Vgl. Snyder/Sickmund, S. 88

strafung jugendlicher Straftäter für die Aufrechterhaltung der sozialen Ordnung unabdingbar sei.[549]

III. Überblick über das Juvenile Court System

1. Die Zuständigkeit der Juvenile Courts[550]

Aus der gewachsenen Distanz zum Strafrecht und der Ausrichtung am Kindeswohl folgt eine umfassende jugendrechtliche Zuständigkeit der Jugendgerichte, die in etwa die Aufgabenbereiche des deutschen Vormundschaftsrichters und der Jugendstrafgerichtsbarkeit zusammenfasst.[551] Die Regelungen der Jurisdiktion der Jugendgerichte variieren in den jeweiligen Bundesstaaten. Dennoch lassen sich vier Hauptgruppen bilden, die den Aufgabenbereich der Jugendgerichte allgemein beschreiben:[552]

- Reaktionen auf Taten, die bei Erwachsenen mit Strafe bedroht werden (*delinquency offenses*)[553]
- Behandlung von *status offenses*.[554] Diese Straftaten sind speziell auf Jugendliche zugeschnitten, da das gleiche Verhalten nicht strafbar ist, wenn es von Erwachsenen begangen wird. Zu den *status offenses* gehören beispielsweise Verhaltensweisen wie *being habitually disobedient* oder *being habitually and voluntarily truant*, also gewohnheitsmäßiger Ungehorsam oder gewohnheitsmäßiges und mutwilliges Schulschwänzen. In einigen Bundesstaaten wurden diese Verhaltensweisen inzwischen aber entkriminalisiert.[555]
- Eingreifen im Fall von *dependent children*. Darunter fällt die Zuständigkeit des Jugendgerichts im Bereich der Personenfürsorge bei unverschuldeter Untätigkeit oder Fehlen des Erziehungsberechtigten.[556]
- Eingreifen im Fall von *child neglect*. Dazu gehören Fälle der verschuldeten Unfähigkeit oder Untätigkeit der Erziehungsberechtigten, wozu auch der Missbrauch von Kindern und Jugendlichen (*child abuse*) gerechnet wird.[557]

---

[549] Vgl. Howell, S. 19; Roberson, S. 46; Snyder/Sickmund, S. 88

[550] In jedem Bundesstaat gibt es wenigstens ein Jugendgericht. Diese wird nicht in allen Staaten *juvenile court* bezeichnet, sondern beispielsweise *Family oder Probate Court*. Die andere Bezeichnung ändert aber nichts an der Jurisdiktion.

[551] Kuhn, S. 22

[552] Kuhn, S. 22; Überblick der Zuständigkeit der Juvenile Courts bei Torcia, § 8; vgl. Snyder/Sickmund, S. 87

[553] Kuhn, S. 22; Roberson, S. 7; Finckenauer, S. 3, Albrecht USA, S. 1216

[554] Vgl. dazu Finckenauer, S. 3; Snyder/Sickmund, S. 166; Albrecht USA, S. 1216

[555] Snyder/Sickmund, S. 166

[556] Kuhn, S. 23

Insgesamt ist die Jurisdiktion der Jugendgerichte sehr weit reichend. Sie kann in einigen Bundesstaaten sogar beinahe jedes jugendliche Fehlverhalten, wie den Umgang mit bösartigen und unmoralischen Personen bis hin zu nächtlichem Herumlaufen auf den Straßen, umfassen.[558]

2. Altersgrenzen der Juvenile Courts

Die Gesetze der amerikanischen Bundesstaaten legen zumeist ein Mindestalter und immer eine Höchstgrenze der Altersstufe fest, in der die Jugendgerichte zuständig sind.
Diese Altersgrenzen variieren innerhalb der einzelnen Bundesstaaten und manchmal auch bezüglich der einzelnen Straftaten.[559] So werden zum Beispiel in manchen Bundesstaaten verheiratete Jugendliche von der Jurisdiktion der Jugendgerichte ausgeschlossen.[560]

Darüber hinaus gibt es in vielen Bundesstaaten Ausnahmeregelungen zu diesen grundsätzlichen Altersgrenzen. Die Ausnahmeregelungen knüpfen an unterschiedliche Kriterien – zumeist die Schwere des vorgeworfenen Delikts und ein eventuell vorheriges strafrechtliches Inerscheinungtreten des Jugendlichen – an und bestimmen dann, dass die (Erwachsenen-)Strafgerichte die originäre Zuständigkeit für diese jungen Straftäter besitzen.[561]

a) Festlegung eines Mindestalters

Davon ausgehend, dass Kinder unter einer bestimmten Altersstufe für ihr (strafrechtliches) Verhalten nicht zur Verantwortung gezogen werden können, legen 16 amerikanische Bundesstaaten ein Mindestalter für die Zuständigkeit der Jugendgerichte in strafrechtlichen Angelegenheiten fest.[562]

Kinder, die das Mindestalter noch nicht erreicht haben, werden dann zumeist in diesen Bundesstaaten als *dependent children* vormundschaftsrechtlich durch das Jugendgericht behandelt.

Die nachfolgende Tabelle zeigt das Mindestalter für die originäre Jurisdiktion der Jugendgerichte in strafrechtlichen Angelegenheiten auf:

Vollendetes Lebensjahr	Bundesstaat
6	North Carolina

[557] Kuhn, S. 23
[558] Finckenauer, S.3
[559] McCord, S. 206
[560] Snyder/Sickmund, S. 93
[561] Vgl. Snyder/Sickmund, S. 93
[562] Snyder/Sickmund, S. 93; vgl. Griffin/Torbet, S. 11

Vollendetes Lebensjahr	Bundesstaat
7	Maryland, Massachusetts, New York
8	Arizona
10	Arkansas, Colorado, Kansas, Louisiana, Minnesota, Mississippi, Pennsylvania, South Dakota, Texas, Vermont, Wisconsin

In den übrigen Bundesstaaten – und das sind die meisten Bundesstaaten – wird ein Mindestalter der Kinder oder Jugendlichen nicht festgelegt. Das Jugendgericht hat dann die originäre Zuständigkeit für alle Kinder und Jugendliche, die ein (Straf-)Gesetz verletzt haben und zum Tatzeitpunkt, zum Zeitpunkt der Verhaftung oder zum Zeitpunkt der Gerichtsverhandlung unter 18 Jahre alt sind.[563] Das bedeutet nach den *common law* Bestimmungen, dass die Jurisdiktion bei sieben Jahren, der Altersgrenze der allgemeinen Strafmündigkeit, beginnt.

In den Bundesstaaten bestehen derweil Unterschiede bei der Regelung der Frage, ob es bei der Bestimmung für die Zuständigkeit auf den Tatzeitpunkt, den Zeitpunkt der Verhaftung oder den Zeitpunkt der Gerichtsverhandlung ankommt. In den meisten Bundesstaaten wird auf den Tatzeitpunkt abgestellt.

b) Festlegung eines Höchstalters

Alle Bundesstaaten der USA haben Regelungen getroffen, welche ein Höchstalter für die Zuständigkeit des *juvenile courts* festlegen. Diese Höchstgrenze variiert zwischen 16 bis 19 Jahren, wobei allerdings die Altersgrenze von 18 Jahren in den meisten Bundesstaaten gewählt wurde. Die nachfolgende Tabelle gibt das Höchstalter für die originäre Zuständigkeit der Jugendgerichte in strafrechtlichen Angelegenheiten an:[564]

Vollendetes Lebensjahr	Bundesstaat
15	Connecticut, New York, North Carolina
16	Georgia, Illinois, Louisiana, Massachusetts, Michigan, Missouri, New Hampshire, South Carolina, Texas, Wisconsin

563 Snyder/Sickmund, S. 93
564 Nach Snyder/Sickmund, S. 93

17	Alabama, Alaska, Arizona, Arkansas, California, Colorado, Delaware, District of Columbia, Florida, Hawaii, Idaho, Indiana, Iowa, Kansas, Kentucky, Maine, Maryland, Minnesota, Mississippi, Montana, Nebraska, Nevada, New Jersey, New Mexico, North Dakota, Ohio, Oklahoma, Oregon, Pennsylvania, Rhode Island, South Dakota, Tennessee, Utah, Vermont, Virginia, Washington, West Virginia, Wyoming

c) Festlegung einer extended juvenile jurisdiction

Zusätzlich haben viele Bundesstaaten eine so genannte *extended juvenile jurisdiction* normiert. Im Rahmen der *extended juvenile jurisdiction* wird die Zuständigkeit der Jugendgerichte in strafrechtlichen Angelegenheiten für bereits zuvor straffällig gewordene Jugendliche bis zu deren 21. Lebensjahr ausgedehnt. Zweck dieser Regelung ist, diesen Jugendlichen eine Inhaftierung in Erwachsenengefängnissen zu ersparen und sie länger mit den Instrumentarien des Jugendstrafrechts beaufsichtigen zu können.

3. Ausschluss jugendlicher Straftäter von den Juvenile Courts

Eine Besonderheit des amerikanischen Jugendstrafrechts stellt die Möglichkeit dar, bestimmte ausgewählte jugendstrafrechtliche Fälle im Wege verschiedener Instrumentarien nicht vor den *juvenile courts*, sondern vielmehr vor den *criminal courts*, den allgemeinen Strafgerichten zu verhandeln. Es gibt generell drei Arten, den Fall eines Jugendlichen vor ein allgemeines Strafgericht abzugeben: *Waiver*, *exclusion* und die direkte Anklageerhebung vor den *criminal courts* als *direct file*.

a) Waiver (Verzicht) und Transfer

Die herkömmlichste Art der *transfer laws* ist die so genannte *waiver* – Entscheidung. Die meisten Bundesstaaten der USA haben eine Vorkehrung getroffen, die dem Jugendstrafrichter erlaubt, auf seine Zuständigkeit zu verzichten und den Fall an das allgemeine Strafgericht abzugeben.[565] Dieser Vorgang wird allgemein als *transfer* oder *waiver* bezeichnet.

Die *waiver*-Regelungen sind allerdings kein neues Phänomen, schließlich gibt es dieses Institut in einigen Bundesstaaten bereits seit den 20er Jahren des

---

[565] Vgl. Adler/Mueller/Laufer Criminal Justice, S. 476; Finckenauer, S. 6

20. Jahrhunderts.[566] Alle Bundesstaaten der USA haben bereits seit vielen Jahren mindestens eine gesetzliche Vorkehrung getroffen, Jugendliche wie Erwachsene im (Erwachsenen-) Gericht zu behandeln.[567]

Kriterien für ein solches Vorgehen sind in vielen Bundesstaaten das Erreichen einer bestimmten Altersgrenze, die Schwere des Verbrechens, das frühere Verhalten des Jugendlichen (bereits straffällig gewesen, familiärer Hintergrund).[568] Generell sind die Voraussetzungen für eine *waiver*-Entscheidung sehr weit gefasst und den Richtern wird ein breiter Ermessensspielraum eingeräumt.[569] Eine *waiver*-Entscheidung erfolgt insbesondere bei Jugendlichen, die wiederholt vor einem Jugendgericht standen und bereits mehrfach mit Arrest bestraft wurden und bei diejenigen Jugendlichen, die aufgrund ihres Alters nicht mehr lange unter die Gerichtsbarkeit der Jugendgerichte fallen.[570] Hintergedanke hierbei ist, dass man die Strafen, die einem Jugendstrafrichter zur Verfügung stehen, in den oben genannten Fällen für nicht ausreichend hält.[571]

Die folgende Tabelle zeigt das Mindestalter von Kinder und Jugendlichen auf, in welchem ihr Strafrechtsfall durch eine *waiver*-Entscheidung vor ein allgemeines Strafgericht gelangen kann.[572]

Alter	Bundesstaat
Keine Altersgrenze vorgesehen	Alaska, Arizona, Delaware, District of Columbia, Florida, Georgia, Hawaii, Idaho, Indiana, Maine, Maryland, Nebraska, Nevada, Oklahoma, Oregon, Pennsylvania, Rhode Island, South Carolina, South Dakota, Tennessee, Washington, West Virginia, Wisconsin
10	Kansas, Vermont
12	Colorado, Missouri, Montana
13	Illinois, Mississippi, New Hampshire, New York, North Carolina, Wyoming

566 Vgl. Snyder/Sickmund, S. 102

567 Snyder/Sickmund, S. 102

568 Finckenauer, S. 6; vgl. McCord, S. 206, 207; vgl. Podkopacz, S. 1002

569 Vgl. dazu Podkopacz, S. 1002, 1003, die auf verschiedene Studien hinweist, in welchen festgestellt wurde, dass insbesondere die ethnische Herkunft des Delinquenten einen entscheidenden Einfluss auf die *waiver*-Entscheidung des zuständigen Richters spielt und dass es erhebliche regionale Unterschiede bei der Anwendung von *waiver*-Entscheidungen gibt. Teilweise werden ähnliche Fälle von demselben Richter ohne Grund unterschiedlich entschieden.

570 Vgl. McCord, S. 207

571 Vgl. McCord, S. 207; vgl. Snyder/Sickmund, S. 99; Redding, Sentencing Juveniles, S. 128

572 Nach Snyder/Sickmund, S. 106

Alter	Bundesstaat
14	Alabama, Arkansas, California, Connecticut, Iowa, Kentucky, Louisiana, Massachusetts, Michigan, Minnesota, New Jersey, North Dakota, Ohio, Texas, Utah, Virginia
15	New Mexico

In denjenigen Bundesstaaten, in denen keinerlei Altersgrenzen festgelegt wurde, ist eine *waiver*-Entscheidung zum Zeitpunkt der allgemeinen Strafmündigkeit, welche bei sieben Jahren liegt, zulässig.

In den Achtziger Jahren haben beinahe die Hälfte der Bundesstaaten Gesetze erlassen, die einen Anstieg von *transfer*-Entscheidungen begünstigten.[573] Der Gebrauch der *juvenile courts* von *waiver* – Entscheidungen hat sich allerdings seit 1994 mit absteigender Tendenz verändert. In den meisten Bundesstaaten werden tatsächlich weniger als fünf Prozent der Jugendstrafrechtsfälle an ein allgemeines Strafgericht abgegeben.[574] Nach einer Statistik des *U.S Departments of Justice* werden landesweit jährlich im Durchschnitt 1,4 Prozent aller Jugendstrafrechtsfälle an ein allgemeines Strafgericht abgegeben.[575]

b) Exclusion (Ausschluss)

In vielen Bundesstaaten werden bestimmte schwere Straftaten unabhängig vom Alter des Täters zum Zeitpunkt der Straftat von der Gerichtsbarkeit des *juvenile court* ausdrücklich ausgeschlossen.

Die folgende Tabelle enthält eine Übersicht von Straftaten, die von der Gerichtsbarkeit des Jugendgerichts der einzelnen Bundesstaaten ausgenommen sind[576]

Ausgeschlossener Straftatbestand	Bundesstaat
Mord	Arkensas, Connecticut, Delaware, District of Columbia, Idaho, Illinois, Indiana, Louisiana, Nevada, New York, Ohio, Oklahoma, Pennsylvania, Utah, Vermont
Vergewaltigung	Arkansas, Delaware, District of Columbia, Idaho, Illinois, Indiana, Louisiana, New York, Oklahoma, Utah, Vermont

573 Vgl. Bartollas, S. 307 mit Beispielen; Redding, Sentencing Juveniles, S. 128
574 Adler/Mueller/Laufer Criminal Justice, S. 478
575 Light, S. 407 m.w.N.; diese Prozentzahl bestätigend Redding, Sentencing Juveniles, S. 129
576 Vgl. Adler/Mueller/Laufer Criminal Justice, S. 484

Entführung	Delaware, Indiana, Louisiana, New York, Oklahoma, Utah
Einbruch	District of Columbia, Louisiana, New York
Bewaffneter Raub oder Raub	District of Columbia, Idaho, Illinois, Indiana, Louisiana, Maryland, Oklahoma, Utah, Vermont

c) *Direct file (Direkte Anklageerhebung vor den (Erwachsenen-) Strafgerichten)*

Andere Bundesstaaten sehen vor, dass der Staatsanwalt jugendliche Straftäter, denen die Begehung schwerer Straftaten vorgeworfen wird, direkt vor den allgemeinen Strafgerichten anzuklagen hat.[577] In diesen Fällen werden die Jugendlichen wie Erwachsene vor dem *criminal court* behandelt. Die entsprechenden gesetzlichen Bestimmungen schließen eine Behandlung dieser Fälle vor einem Jugendgericht aus; der Staatsanwalt hat vielmehr die Pflicht die Anklage direkt vor dem (Erwachsenen-) Strafgericht erheben.[578]

In einigen wenigen Bundesstaaten besitzen unter bestimmten Voraussetzungen sowohl das Jugendgericht als auch das (Erwachsenen-) Strafgericht die originäre Jurisdiktion über jugendliche Straftäter, so dass es im Ermessen des Staatsanwaltes steht, zu welchem dieser Gerichte er Anklage erhebt.[579]

d) *Konsequenzen*

Der Transfer zu den allgemeinen Strafgerichten hat sehr entscheidende Auswirkungen für den Jugendlichen. Eine Verurteilung eines jugendlichen Delinquenten vor den allgemeinen Strafgerichten führt – anders als bei einer Verurteilung vor den *juvenile courts* grundsätzlich zu dem Verlust von einer Vielzahl von Rechten und Privilegien:[580] Typische Rechtsfolgen bei Verurteilung aufgrund eines Verbrechens durch ein allgemeines Strafgericht können der Verlust des Wahlrechts sowie das Recht, eine Schusswaffe zu besitzen, darstellen. Zudem muss die Verurteilung durch das allgemeine Strafgericht bei jeder Bewerbung des Jugendlichen angegeben werden. Einige Bundesstaaten haben darüber hinaus eine Regelung getroffen, nach welcher der jugendliche Delinquent für alle weiteren Straftaten, die er als Jugendlicher begeht, weiterhin in der Jurisdiktion des allgemeinen Strafgerichts verbleibt (*once an adult – always an adult*).[581] Bei

[577] Griffin/Torbet, S. 12
[578] Snyder/Sickmund, S. 99
[579] Snyder/Sickmund, S. 99
[580] Die Darstellung erfolgt nach Redding, Sentencing Juveniles, S. 130
[581] Griffin/Torbet, S. 12; Mears, S. 158

einer Verurteilung durch ein allgemeines Strafgericht kann der Jugendliche in einem Erwachsenengefängnis untergebracht werden. Bei einer späteren Verurteilung wird die erste Verurteilung im Rahmen der Strafzumessung sowie der *three strikes* – Regelung berücksichtigt werden. Nach der *three strikes* – Regelung werden Straftäter, die das dritte Mal (in einigen Bundesstaaten bereits bei der zweiten Verurteilung) aufgrund eines Gewaltverbrechens verurteilt wurden, zwingend mit lebenslanger Freiheitsstrafe sanktioniert.[582]

Insgesamt sind die Transferregelungen nicht unumstritten. Insbesondere die Regelungen der *exclusion* und des *direct file* werden kritisiert, da sie oft zu weit gefasst sind und zu inflexibel sind.

IV. Die Sanktionsmöglichkeiten im Einzelnen

1. Einleitung

Das amerikanische Jugendstrafrechtssytem ist von den Rechtsfolgen her gesehen sehr flexibel. Dementsprechend besitzen die amerikanischen Jugendstrafrichter eine große Auswahlmöglichkeit im Hinblick auf die zu verhängenden Dispositionen. Allerdings variieren die Sanktionsmöglichkeiten in den Bundesstaaten. So ist beispielsweise in ländlichen Gegenden die Bandbreite der Sanktionsmöglichkeiten nicht so groß wie in den großen Städten.

Herauszustellen ist im Rahmen der Auswahlmöglichkeiten der Dispositionen, dass im amerikanischen Jugendstrafrechtssystem Bewährungshelfer (*probation officers*) einen *predisposition report* verfassen und dem Jugendstrafrichter darin geeignete Dispositionen für den Jugendlichen vorschlagen. Eine Studie hat herausgefunden, dass Jugendstrafrichter in mehr 90 Prozent aller Fälle diesen Empfehlungen folgen.[583]

Zunächst wird im Folgenden die Bandbreite der Dispositionen vorgestellt, die den Jugendstrafrichtern in den amerikanischen Bundesstaaten grundsätzlich zur Verfügung stehen. Anschließend erfolgt ein Überblick über die Sanktionsmöglichkeiten im *Federal Criminal Justice System*. Im Anschluss an diese Darstellung werden die konkreten Sanktionsmöglichkeiten der Jugendstrafrichter in den Bundesstaaten Wisconsin und Minnesota aufgezeigt. Diese Bundesstaaten wurden zur näheren Darstellung ausgewählt, weil sie in den Neunziger Jahren beachtliche Änderungen ihres Jugendstrafrechtssystems vorgenommen haben.

---

582 Schmalleger, S. 399; vgl. Rodriguez, S. 107

583 Siegel/Senna, S. 573, 574; Griffin/Torbet, S. 63

2. Einteilung der Dispositionen

Die Dispositionen des amerikanischen Jugendstrafrechts können in drei Gruppen eingeteilt werden, wobei man zwischen *nominal dispositions*, *conditional dispositions* sowie *custodial dispositions* unterscheidet.[584]

Bei der Auswahl der geeigneten Dispositionen besitzen die Richter einen breiten Ermessenspielraum und sind dabei kaum an rechtliche Vorgaben gebunden. Daher können im Rahmen der nachfolgenden Darstellung oftmals nur die entsprechenden Dispositionen inhaltlich, nicht aber deren rechtlichen Anwendungsvoraussetzungen beschrieben werden.

Die meisten Dispositionen werden nicht als Einzelmaßnahme verhängt, sie werden zumeist mit anderen Dispositionen kombiniert.[585]

a) Nominal Dispositions

Unter den *nominal dispositions* versteht man verbale und/oder geschriebene Verwarnungen, die gegenüber so genannten *low-risk* Straffälligen, meistens Ersttätern, ausgesprochen werden.[586] Sie sind die mildesten Sanktionen, welche das amerikanische Jugendstrafrecht vorsieht und verfolgen den Zweck, die Jugendlichen aufzurütteln, ohne dabei ihre persönlichen Rechte einzuschränken. Den Jugendlichen soll die Ernsthaftigkeit ihrer Tat vor Augen geführt werden und ihnen soll deutlich gemacht werden, dass sie härtere Bestrafungen erwarten, wenn sie erneut straffällig werden.[587] Diese Sanktionen können nicht nur durch den Jugendstrafrichter, sondern auch von Polizeibeamten bei einer Begegnung mit straffälligen Jugendlichen verhängt werden.[588]

b) Conditional Dispositions

Die *conditional dispositions* sind schärfere Dispositionen als die zuvor aufgezählten *nominal dispositions*. Kennzeichen dieser Dispositionen ist es, dass der Jugendliche nicht außerhalb seines Elternhauses untergebracht wird und die Teilnahme an den vom Gericht auferlegten Programmen nicht mit Zwang

---

[584] Champion, S. 133. Diese Unterscheidung wird ebenfalls von der *American Bar Asociation* vorgenommen, vgl. dazu Siegel/Senna, S. 580

[585] Vgl. Snyder/Sickmund, S. 99; Sickmund, S. 4; Coffe/Pestridge, S. 62

[586] Champion, S. 337; vgl. auch Shepard, S. 111, Standard 3.1 der *Standards relating to Dispositions*

[586] Champion, S. 133

[587] Vgl. Champion, S. 337

[588] Champion, S. 337. Die Jugendlichen werden kurzzeitig von dem Polizisten in Obhut genommen und später ihren Eltern überlassen, ohne dass ein Protokoll über den Vorfall angefertigt wird.

durchgesetzt werden, sondern nur freiwillig erfolgen kann.[589] In einigen Jurisdiktionen müssen die Jugendlichen allerdings zusätzlich einen elektronischen Fuß- oder Armring als Bestandteil eines *Electronic Monitoring Program* tragen.[590]

Bei der Auswahl der Verhängung einer *conditional disposition* soll darauf geachtet werden, dass der Jugendliche weiterhin die Schule besuchen kann, seiner Arbeit oder anderen Aktivitäten, die für seine normale Entwicklung notwendig sind, nachgehen kann.[591] Die *conditional dispositions* umfassen *probation*, Wiedergutmachungsleistungen und verschiedene Aufsichts-, Bewachungs- und Beratungsprogramme.

aa) *Probation*

Probation ist eine eigenständige Sanktion, bei der der Jugendliche in seiner Gemeinde verbleibt und dort unter die Aufsicht einer Behörde oder eines Bewährungshelfers gestellt wird.[592] Die Disposition *probation* im Jugendstrafrecht basiert auf der Philosophie, dass der Durchschnittsjugendliche nicht ein gewalttätiger gefährlicher Jugendlicher ist, sondern vielmehr ein junger Mensch, der zusätzliche Hilfe benötigt, um die Anforderungen und Regeln der Gesellschaft zu erfüllen.[593]

(1) Kriterien für die Anordnung der *probation*

Es ist nicht gesetzlich festgelegt, wann und für welche jugendlichen Straftäter *probation* zu verhängen ist. Im Bereich des amerikanischen Erwachsenenstrafrechts wurden im *American Law Institute`s Model Penal Code* Kriterien hinsichtlich der Verhängung der *probation* entwickelt, die auch in der Mehrzahl von Jugendstrafrechtsfällen angewandt werden:[594] So darf bei dem Delinquenten vor allem kein übermäßiges Risiko bestehen, dass er während des Bewährungszeitraumes eine weitere Straftat begehen wird. Bei Vorliegen der nachfolgenden Gründe soll das Gericht besonderes Gewicht auf eine Verhängung einer Bewährungsstrafe legen:

- Das Verhalten des Delinquenten verursachte weder ernsthaften Schaden noch ernsthafte Verletzungen.

---

[589] Vgl. Shepard, S. 111, Standard 3.2 und 3.2 D 2 der *Standards relating to Dispositions*; zur Freiwilligkeit, s. Champion, S. 349
[590] Champion, S. 135
[591] Shepard, S. 111, Standard 3.2 der *Standards relating to Dispositions*
[592] Roberson, S. 238; Siegel/Senna, S. 574; Gardner, S. 289
[593] Roberson, S. 239; vgl. Siegel/Senna, S. 598
[594] Roberson, S. 242; vgl. zu den Kriterien ebenfalls Petersilia, S. 27

- Der Delinquent beabsichtigte und erwartete nicht, dass sein strafbares Verhalten ernsthafte Schäden anrichten würde.
- Der Delinquent handelte aufgrund schwerer Provokation.
- Der Delinquent hat oder wird den Schaden, der bei dem Opfer durch die Straftat entstanden ist, begleichen.
- Der Delinquent ist Ersttäter.
- Der Charakter und die Einstellung des Delinquenten lassen den Schluss zu, dass er oder sie keine weiteren Straftaten mehr begehen wird.
- Eine Inhaftierung des Delinquenten hätte unangemessen harte Folgen für ihn oder seine Familie.

Zu beachten ist, dass im amerikanischen Jugendstrafrecht die Jugendgerichte grundsätzlich bei jeder Straftat, also auch bei schweren Straftaten, *probation* verhängen können.[595]

(2) Conditions of Probation

Dem Jugendlichen kann im Rahmen der *probation* auferlegt werden, Bewährungsauflagen (*conditions of probation*), die durch das Gericht festgelegt werden, zu erfüllen.[596] Grundsätzlich können zwei Arten von Bewährungsauflagen verhängt werden: so genannte *standard conditions*, die gegenüber jedem Delinquenten verhängt werden können, sowie *special conditions*, welche für eine bestimmte Gruppe von Straftätern, wie beispielsweise Sexualstraftäter, vorgesehen ist. Grundsätzlich besteht ein großer Spielraum der Richter bei Auswahl der *conditions of probation*.[597] Im Rahmen der *standard conditions* kann der Richter dem Delinquenten gegenüber typischerweise anordnen:

- keine weiteren Straftaten mehr zu begehen
- Personen und Orte von zweifelhaftem Ruf zu meiden
- sich regelmäßig mit dem Bewährungshelfer zu treffen und seinen Anweisungen zu folgen
- regelmäßig die Schule zu besuchen
- Wiedergutmachung zu leisten
- an einer Drogenberatung teilzunehmen
- den Eltern oder einer vom Gericht ausgewählten Aufsichtsperson zu gehorchen
- die Gesetze der Gemeinde einzuhalten, und zwar insbesondere die Ausgehverbote und Gesetze und Regelungen der Schule

---

[595] Gardner, S. 289
[596] Vgl. Champion, S. 349, 350, 351; Schmalleger, S. 604
[597] Gardner, S. 291

- eine Geldstrafe zu zahlen

Die meisten Jugendlichen, denen gegenüber die Disposition *probation* verhängt wird, erhalten nicht nur lediglich eine Bewährungsauflage, sondern zumeist mehrere der oben näher aufgelisteten Bewährungsauflagen.[598]

(3) Dauer/Nichterfüllung der Bewährungsauflagen

In den meisten Bundesstaaten wird für die Jugendlichen für einen bestimmten, durch das Gericht festgelegten Zeitraum, Bewährung angeordnet. Die Dauer der *probation* kann variieren. Im Erwachsenenstrafrecht wird gewöhnlich eine Bewährungszeit von fünf Jahren verhängt, während es im Jugendstrafrecht üblich ist, die Bewährung so lange andauern zu lassen, bis der Jugendliche volljährig oder 21 Jahre alt wird.[599]

Erfüllt der Jugendliche die Anordnungen des Gerichts (*conditions of probation*) nicht, wird das Gericht die Bewährung widerrufen und eine neue Disposition verhängen, welche auch die Unterbringung des Jugendlichen in einer *residential facility* umfassen kann. Anknüpfungspunkt für die neue Disposition ist allerdings nicht der Verstoß gegen die Bewährungsauflagen des Gerichts, sondern die Erkenntnis, dass die erste Sanktion nicht für den Jugendlichen geeignet war.[600] Das Gericht wird daher nach einer geeigneteren Disposition für den Delinquenten suchen.

Probation ist die wichtigste Disposition im amerikanischen Jugendstrafrecht. So wurden 1998 *probation* in 58 Prozent aller jugendstrafrechtlichen Fälle als härteste Sanktion verhängt.[601]

(4) Shock probation und wilderness probation

Eine besondere Art der *probation* stellt die so genannte *shock probation* dar. Sie wird allerdings bei den *custodial dispositions* näher dargestellt wird, da sie ihrem Wesen nach zu diesen Dispositionen und nicht zu den *conditional dispositions* gehört.

Eine Alternative zur *standard probation* ist stellt die so genannte *wilderness probation*. Bewährungshelfer unternehmen mit den Jugendlichen Ausflüge und Expeditionen in der freien Natur, zusätzlich finden Beratungsgespräche und Gruppentherapien statt.[602]

---

598 Griffin/Torbet, S. 37
599 Roberson, S. 241; Siegel/Senna, S. 598
600 Vgl. Dünkel, Entwicklungstendenzen, S. 621, 622
601 Griffin/Torbet, S. 37
602 Siegel/Senna, S. 608

bb) Financial Sentence

Bei den *financial sentences* unterscheidet man zwischen der Entschädigung (*restitution*), der Geldstrafe (*fine*) und der gemeinnützigen Arbeit (*community service*), wobei die Wiedergutmachung und die gemeinnützige Arbeit als Hauptinstrumentarien des Jugendstrafrechts angesehen werden, den Jugendlichen für sein strafbares Verhalten verantwortlich zu machen.

(1) Entschädigung/Wiedergutmachung (*restitution*)

Wenn die Straftat des Jugendlichen zu Schaden an dem Eigentum des Opfers oder an der körperlichen Unversehrtheit des Opfers führte, kann eine Anordnung einer Entschädigungsleistung in Form von Zahlungen für den Schaden am Eigentum oder etwa in Form von Zahlungen für medizinische Rechnungen erfolgen.[603] Möglich ist auch die Anordnung einer nur teilweisen Entschädigungszahlung. Daneben kann der Jugendliche aber darauf verwiesen werden, den Schaden nach eigenen Kräften wieder gut zu machen.

Bei der Anordnung einer Entschädigungsleistung ist keine Konsultation mit dem Opfer erforderlich, sie sollte jedoch angestrebt werden.[604] Die Zahlungen können direkt an das Opfer erfolgen oder per Umweg durch Zahlung an das Gericht, welches anschließend die Zahlung an das Opfer weiterleitet.[605] In vielen Jurisdiktionen werden zum Beispiel (gering vergütete) Aushilfsarbeiten für die Jugendlichen organisiert, so dass die Jugendlichen sich zunächst das Geld für die Entschädigungszahlung verdienen müssen.[606]

(2) Gemeinnützige Arbeit (*community service*)

Viele Jurisdiktionen bieten für die Durchführung von *community services* zahlreiche Arten der gemeinnützigen Arbeit an.[607] Beispiele hierfür sind das Reinigen öffentlicher Parks sowie das Streichen von Häusern älterer Menschen in der Gemeinde.[608] Diese Sanktion wird oft kombiniert mit einer Zahlung einer Entschädigungsleistung, der *restitution*.[609]

In einigen Bundesstaaten ist umstritten, ob die Anzahl der abzuleistenden Arbeitsstunden im Rahmen der gemeinnützigen Arbeit nicht über den Zeitraum hinausgehen dürfen, in welchem ein jugendlicher Straftäter inhaftiert werden

[603] Champion, S. 134
[604] Shepard, S. 112, Standard 3.2 B. 1e der *Standards relating to Dispositions*
[605] Shepard, S. 112, Standard 3.2 B. 1e der *Standards relating to Dispositions*
[606] Griffin/Torbet, S. 85
[607] Champion, S. 134; Gardner, S. 297
[608] Champion, S. 414; Gardner, S. 297
[609] Champion, S. 414

kann.[610] Der Streit resultiert daraus, dass nicht in allen bundesstaatlichen Regelungen eine Höchstgrenze für das Ableisten gemeinnütziger Arbeit normiert wurde.

Gemeinnützige Arbeiten kommen vor allem für jugendliche Straftäter, die leichte oder mittlere Vergehen begangen haben, in Betracht. Insbesondere bei Straftaten, bei denen es kein Opfer gibt, wird gemeinnützige Arbeit angeordnet.[611] Durch die Ableistung von gemeinnütziger Arbeit soll das jugendliche Selbstwertgefühl und Verantwortungsbewusstsein gestärkt werden.

(3) Geldstrafe (*fine*)

Die Anordnung einer Geldstrafe wird gerade dann als geeignete Sanktion angesehen, wenn das Kind oder der Jugendliche aus der Straftat einen finanziellen Gewinn gezogen hat.[612] Die Höhe der Geldstrafe ist abhängig von der Schwere des begangenen Delikts und den finanziellen Möglichkeiten des Jugendlichen, eine Geldstrafe zu zahlen, wobei auch Ratenzahlungen eingeräumt werden können.[613] Die meisten gesetzlichen Regelungen enthalten Höchstgrenzen für die Anordnung von Geldstrafen. Das Auferlegen einer Geldstrafe ist subsidiär zur Anordnung einer Entschädigungszahlung.[614]

cc) Supervisory Sentence

Es ist möglich, dass das Gericht dem Jugendlichen auferlegt, an einem *program of community supervision* (Aufsichtsprogramm innerhalb der Gemeinde) teilzunehmen. Darunter versteht man die Unterbringung des Jugendlichen in Programmen oder Einrichtungen der Gemeinde, in denen ausgewählte (Behandlungs-) Programme erfolgen.[615] Trotz der Teilnahme an diesen Programmen besitzen die Jugendlichen grundsätzlich völlige Bewegungsfreiheit innerhalb der Gemeinde. Es ist möglich und üblich, dass ihnen vom Gericht aufgegeben wird, in regelmäßigen Abständen ein Protokoll des Tagesablaufes am Telefon oder per Email dem zugeordneten Bewährungshelfer oder der zuständigen Bewährungsbehörde abzuliefern.[616]

---

[610] Vgl. Gardner, S. 297 m.w.N.
[611] Siegel/Senna, S. 574
[612] Shepard, S. 112, Standard 3.2 B. 2a der *Standards relating to Dispositions*
[613] Vgl. Shepard, S. 112, Standard 3.2 B. 2b, c der *Standards relating to Dispositions*
[614] Shepard, S. 112, Standard 3.2 B. 2d der *Standards relating to Dispositions*
[615] Vgl. Champion, S. 134 (der allerdings andere Begrifflichkeiten *conditional standard probation* verwendet)
[616] Vgl. Champion, S. 349

Im Rahmen dieser Aufsichtsprogramme können zum Beispiel medizinische Behandlungen für drogen- oder alkoholabhängige Jugendliche oder die Teilnahme an einem Sicherheitskurs für Autofahrer angeordnet werden.[617]

dd) Remedial Sentence

Das Gericht kann gegenüber dem Jugendlichen auch anordnen, an berufsvorbereitenden Kursen oder an einer Berufsberatung teilzunehmen.[618] Daneben können dem Jugendlichen weitere Bedingungen auferlegt werden, die er zu erfüllen hat. Es gilt hier nichts anderes als bei den anderen Aufsichtsprogrammen, die innerhalb der Gemeinde stattfinden.

ee) Day Treatment Programs

Die so genannten Tagesbehandlungsprogramme bieten straffällig gewordenen Jugendlichen erzieherische Hilfen an. Die Programme sind äußerst vielfältig und umfassen sowohl individuelle Beratungen als auch Gruppentherapien, sie bieten Hilfe bei der Gestaltung von Freizeitaktivitäten bis hin zu beaufsichtigten Arbeitsprogrammen an.[619]

ff) Intermediate Punishment Programs

Eine gewisse Sonderstellung unter den Dispositionen nehmen die *Intermediate Punishment Programs* (zwischenzeitliche Bestrafungsprogramme) ein. Diese Programme sind vom Schweregrad der Sanktion milder als eine Inhaftierung, aber sicherlich schärfer als die übrigen zuvor dargestellten *conditional dispositions*. Sie liegen gerade zwischen diesen beiden Sanktionsarten.

Die *Intermediate Punishment Programs* sind sehr vielfältig und variieren untereinander sehr.[620] Ziel dieser Programme ist es, eine Disposition zur Verfügung zu haben, die billiger ist als eine Inhaftierung, und zugleich eine geringere Rückfallquote erzielt als die übrigen *conditional sanctions*.[621]

Beispiele solcher zwischenzeitlicher Bestrafungsprogramme sind die häusliche Inhaftierung sowie die *Intensive Supervised Probation*.

---

[617] Vgl. Champion, S. 351

[618] Vgl. Champion, S. 349; Shepard, S. 112, Standard 3.2 C. 1 der *Standards relating to Dispositions*

[619] Vgl. Zimmerman, S. 35

[620] Champion, S. 382

[621] Vgl. Champion, S. 382

(1) Home Confinement

Im Rahmen der häuslichen Inhaftierung wird dem jungen Straftäter auferlegt, zu bestimmten festgelegten Zeiten, meistens in den Abendstunden und während des Wochenendes, seine Wohnung beziehungsweise die seiner Eltern nicht zu verlassen.[622]

Dem Jugendlichen wird aber erlaubt, die Schule zu besuchen beziehungsweise seiner Arbeit nachzugehen, um unnötige Stigmatisierungen zu vermeiden. Unangekündigte Besuche und Telefonanrufe sollen sicherstellen, dass der Jugendliche die ihm auferlegten Anordnungen befolgt.

(2) Intensive Supervised Probation

Zu den zwischenzeitlichen Bestrafungsprogrammen gehört des Weiteren die so genannte *Intensive Supervised Probation*. Es handelt sich hierbei um ein sehr strukturiertes Programm sowohl für jugendliche als auch für erwachsene Straftäter. Ziel der *Intensive Supervised Probation* ist es, eine Inhaftierung des jugendlichen Straftäters und eine Überfüllung der Gefängnisse zu vermeiden. Ursprünglich wurde dieses Konzept in einigen Bundesstaaten nur bei erwachsenen Straftätern angewandt. Da man bei diesen Straftätern aber gute Ergebnisse erzielte und geringe Rückfallquoten hatte, übernahmen einige Bundesstaaten dieses System schließlich auch für jugendliche Straftäter.

Die *Intensive Supervised Probation* sind für Jugendliche konzeptiert, für welche eine Unterbringung in einer *secure detention facility* aufgrund der begangenen schweren Straftaten an sich in Betracht kommt, man aber davon ausgehen kann, dass gemeindliche Aufsichtsprogramme noch eine angemessene und ausreichende Sanktion darstellen.[623] Charakteristisch für diese Programme ist, dass der jugendliche Straftäter in einem sehr hohem Maße, sieben Tage in der Woche, 24 Stunden täglich, kontrolliert wird.[624] Es findet eine Art häuslicher Haft statt (*home confinement*), bei welcher der Jugendliche elektronisch überwacht wird. Außerdem werden häufige persönliche Treffen mit den Bewährungshelfern angeordnet, es finden häufige Kontrollen bezüglich Drogen- und/oder Alkoholkonsums und des regelmäßigen Schulbesuchs statt.

Ein Beispiel für die Ausgestaltung eines *Intensive Supervised Probation Programms* ist das Delaware County *Juvenile Intensive Supervised Probation Programm* (JISP).[625] Das JISP richtet sich an Jugendliche mit einer starken Neigung zu Rückfällen, die schwere Straftaten begangen haben und an sich in einer entsprechenden Einrichtung inhaftiert werden müssten. Das JISP ist in vier Pha-

---

[622] Nach Champion, S. 408; Griffin/Torbet, S. 61; Siegel/Senna, S. 574 sowie S. 607

[623] Griffin/Torbet, S. 98; vgl. Champion, S. 387; Siegel/Senna, S. 605

[624] Vgl. Champion, S. 388; Griffin/Torbet, S. 98

[625] Nach Champion, S. 391

sen unterteilt, wobei von Phase zu Phase die Intensität der Überwachung abnimmt. Die Jugendlichen beginnen das Programm mit einer fünf tägigen Inhaftierung. Anschließend folgt ein 14 tägiger Hausarrest. Später müssen sich die Jugendlichen an Ausgehverbote halten; sie müssen regelmäßig die Schule besuchen und Hausaufgaben sorgfältig bearbeiten, täglich dem Bewährungshelfer ein Protokoll über ihren Tagesablauf abliefern und sich regelmäßigen Urinkontrollen unterziehen. Jeder Jugendliche wird von einem Überwachungsteam täglich 16 Stunden beaufsichtigt.

gg) *Psychiatric Therapy* (Psychiatrische Therapie) und Drogentest

Bei jugendlichen Straftätern mit psychiatrischen Problemen kann die Teilnahme an einer psychiatrischen Therapie und Unterbringung in einer psychiatrischen Anstalt angeordnet werden.[626]

Jugendliche, die Drogen und/oder Alkoholprobleme haben, können zu einer Teilnahme an einem regelmäßigen Alkohol- und/oder Drogentest verurteilt werden.[627]

c) Custodial Dispositions

Als dritte und letzte Gruppe der zur Verfügung stehenden Dispositionen sind die *custodial dispositions* (freiheitsentziehende Maßnahmen) zu nennen. Sie sind die härtesten Strafen, die ein Jugendstrafrichter verhängen kann. Die freiheitsentziehenden Maßnahmen sind ausschließliche Maßnahmen und sollten daher nicht gleichzeitig mit anderen Maßnahmen kombiniert werden.[628] Dies schließt aber nicht aus, dass die Jugendlichen an bestimmten Behandlungsprogrammen, wie zum Beispiel berufsvorbereitenden Programmen oder Therapien teilnehmen, die in nahezu allen Einrichtungen angeboten werden. Kennzeichen der freiheitsentziehenden Sanktionen ist, dass der Jugendliche zwingend außerhalb seiner Wohnung beziehungsweise seines Elternhauses untergebracht ist.[629]

Die *custodial dispositions* werden wiederum in *nonsecure custody options* (Inhaftierung in gewöhnlichen, nicht mit strengen Sicherheitsvorkehrungen versehenen Anstalten oder anderen entsprechenden Einrichtungen) und in *secure custody options* (Inhaftierung in Anstalten mit hohem Sicherheitsgrad) eingeteilt. Zusätzlich unterscheidet man zwischen staatlichen und privaten Jugendan-

[626] Siegel/Senna, S. 574
[627] Siegel/Senna, S. 574
[628] Shepard, S. 113, Standard 3.3 C. der *Standards relating to Dispositions*
[629] Shepard, S. 113, Standard 3.3 A. der *Standards relating to Dispositions*; Siegel/Senna, S. 580

stalten. In den USA existieren zurzeit circa 1.110 staatliche und 2.200 private Anstalten für jugendliche Straftäter.[630]

aa) *Nonsecure Custody*

Eine Unterbringung im Rahmen der *nonsecure custody* kann in unterschiedlichen dafür vorgesehenen Einrichtungen erfolgen: Den *foster homes*, *group homes*, *half away houses*, *camps*, *ranches*, *shelters*, *diagnostic centers* sowie den *schools*.[631] Oberbegriff für diese Art von Unterbringung ist der Fachbegriff *residential programs*. Die Konzeption dieser Einrichtungen variiert wiederum in den einzelnen Bundesstaaten. In einigen Bundesstaaten findet eine genaue Abstufung in Einrichtungen von unterschiedlicher Sicherheitsstufe statt. Grundsätzlich haben die Jugendlichen in diesen Einrichtungen Bewegungsfreiheit, sie können generell die Schule besuchen und an anderen jugendlichen Aktivitäten teilnehmen.[632] Das unterscheidet die *residential programs* von den Einrichtungen der *secure custody*.

Eine Unterbringung im Rahmen der *nonsecure custody* kommt für Delinquenten in Betracht, welche weniger schwere Straftaten begangen haben, aber dennoch außerhalb ihres Elternhauses untergebracht werden müssen.[633]

Grundsätzlich können drei Arten von *residential programs* unterschieden werden: Die Unterbringung in *foster homes*, *group homes* sowie in so genannten ländlichen Programmen wie in *ranches* und Farmen.

(1) Unterbringung in Pflegeheimen (*foster homes*)

Eine Unterbringung in einem Pflegeheim kommt dann in Betracht, wenn die Eltern des Kindes oder des Jugendlichen als ungeeignet angesehen werden oder der Jugendliche ein Waisenkind ist.[634] Die *foster homes* sind klein und familienähnlich.[635] Diejenigen Jugendlichen, die in einem Pflegeheim untergebracht sind, sind nicht unbedingt jugendliche Straftäter. Es befinden sich vielmehr nur sehr wenige straffällig gewordene Jugendliche in Pflegeheimen.[636] Das Alter der

---

[630] Siegel/Senna, S. 632

[631] Champion, S. 135; ebenso S. 423, 424; vgl. Craig/Stafford, S. 297; vgl. Adler/Mueller/Laufer Criminal Justice, S. 488, 489; vgl. Roberson, S. 254. Ein *camp* im jugendstrafrechtlichen Sinne darf nicht mit einem gewöhnlichen Camp verwechselt werden. Es handelt sich keineswegs um einen Ort, an dem der Jugendliche Spaß haben soll. Der Begriff *camp* wird vielmehr gebraucht, weil sich diese Einrichtungen in sehr ländlichen Gegenden befinden. Vgl. dazu Clement, S. 172

[632] Champion, S. 135; Siegel/Senna, S. 574

[633] Siegel/Senna, S. 574

[634] Champion, S. 424; Siegel/Senna, S. 618

[635] Finckenauer, S. 151

[636] Champion, S. 424; vgl. Finckenauer, S. 151; Siegel/Senna, S. 618

Insassen liegt zwischen zehn und 14 Jahren.[637] Die Unterbringung in einem Pflegeheim erfolgt zumeist in Fällen, in denen der Jugendliche wegen Begehung von *status offenses* festgenommen wurde.[638]

(2) Unterbringung in *Group Homes* und *Halfway Houses*

Die *group homes* und *halfway houses* sind gemeindliche Langzeiteinrichtungen, die entweder öffentlich oder privat verwaltet werden.[639] Sie sind ebenso wie die Pflegeheime offene, *nonsecure* Einrichtungen. Sie sind allerdings etwas größer und weniger „familienartig" als die Pflegeheime, erlauben aber ein unabhängigeres Leben als dort. Die Jugendlichen besuchen gewöhnlich die Schule, teilweise in der Einrichtung selbst, teilweise in der Gemeinde, oder gehen zur Arbeit, wobei sie aber 24 Stunden am Tag unter der Aufsicht eines Betreuers stehen. In den *group homes* erhalten die Jugendlichen zudem individuelle und/oder Gruppenbetreuung. Dadurch soll erzieherisch auf die Jugendlichen eingewirkt werden und eine Resozialisierung der Jugendlichen erreicht werden. Die Unterbringung in den *group homes* und *halfway houses* wird gerade bei Ersttätern besonders geschätzt, ihr Anwendungsbereich ist aber bei Mehrfachtätern nicht ausgeschlossen.[640]

(3) Unterbringung in *Ranches*, *Forestry Camps*, *Farms*

Diese Einrichtungen befinden sich in meist ländlichen Gegenden der USA und besitzen einen geringen Sicherheitsgrad.[641] Hierhin werden generell Jugendliche verwiesen, die leichte Straftaten begangen haben oder die so genannten *status offenders*.[642] In diesen Einrichtungen ist vor allem vorgesehen, dass die Jugendlichen harte körperliche Arbeit ableisten müssen.

Ranches, *forestry camps* und *farms* können als *long-term nonsecure facilities* oder aber auch als *long-term nonsecure facilities* eingerichtet werden, die dazu dienen sollen, die Jugendlichen wieder in die Gesellschaft zu integrieren.[643] Die Camps und Ranches werden als weniger scharfe Sanktionsalternative zu den Trainingsschulen (näheres dazu unten) angesehen.[644]

---

[637] Vgl. Champion, S. 424
[638] Champion, S. 424
[639] Vgl. Darstellung bei Finckenauer, S. 151; Champion, S. 425; Roberson, S. 270
[640] Roberson, S. 271, 275ff.
[641] Vgl. Bartollas, S. 310; Finckenauer, S. 152
[642] Vgl. Bartollas, S. 310
[643] Roberson, S. 255
[644] Finckenauer, S. 151; vgl. Siegel/Senna, S. 628, 629

bb) *Secure Custody*

Die Einrichtungen der *secure custodial option* sind für die jugendlichen Delinquenten die Gegenstücke der Gefängnisse für erwachsene Straftäter.[645] Bevor die Unterbringung eines jugendlichen Straftäters in einer *secure detention facility* angeordnet wird, sind zunächst die Alternativen zu dieser Disposition in Betracht zu ziehen. Als weniger scharfe Sanktion mit hohem Überwachungsgrad kommen dabei insbesondere die *home detention* und die *residential programs* in Betracht.

Die *secure custodial option* soll nur gegenüber jugendlichen Schwerverbrechern verhängt werden, die mindestens 12 Jahre alt sind.[646] Die *secure custody options* werden gegen straffällige Jugendliche verhängt, die als gefährliche oder schwere Straftäter angesehen werden.[647] Nach den Richtlinien[648] der *National Juvenile Detention Association* soll die Inhaftierung eines Jugendlichen in einer *secure detention facility* nur dann in Betracht kommen, wenn dieser dadurch von der Begehung weiterer gefährlicher und/oder schwerer Straftaten abgehalten werden kann. Zusätzlich sind folgende Kriterien hinsichtlich der Verhängung von *detention* zu berücksichtigen:[649]

- Schweregrad der begangenen Straftat. Handelt es sich um ein Verbrechen? Besonders zu berücksichtigen ist, ob der jugendliche Täter eine Schusswaffe benutzt hat und ob er dem Opfer besonders großen Schaden zugefügt hat.
- Einige Jurisdiktionen berücksichtigen zusätzlich das Verhalten des Täters nach der Tat. Faktoren, die eine Entscheidung zugunsten einer Unterbringung in einer *secure detention facility* mit beeinflussen, sind beispielsweise, ob der Täter das Opfer noch einmal nach der Tat bedroht hat oder versucht hat, Zeugen zu beeinflussen und zu einer Falschaussage zu bewegen.
- Bisherige Vorstrafen werden ebenfalls berücksichtigt. In die Entscheidung des Richters wird miteinfließen, ob der Jugendliche unter *probation* stand und während der Bewährungszeit erneut eine schwere Straftat begangen hat.
- Ein weiteres Kriterium ist, ob der Delinquent bereits Fluchtversuche aus vorhergehenden Unterbringungen in anderen Einrichtungen unternommen hat.

Beispiele für *secure custodial options* sind Unterbringungen in *industrial schools*, die *shock probation* sowie die Teilnahme an *boot camp* – Programmen.

---

[645] Champion, S. 423
[646] Vgl. Shepard, S. 114, Standard 3.3 E. 2b. der *Standards relating to Dispositions*
[647] Vgl. Champion, S. 419; ebenso Shepard, S. 113, Standard 3.3 B. der *Standards relating to Dispositions*; Siegel/Senna, S. 580
[648] Darstellung bei Griffin/Torbet, S. 57
[649] Kriterien nach Griffin/Torbet, S. 59, 60

(1) Unterbringung in einer Industrial School

Die Unterbringung in einer *industrial school* für Jugendliche ist ähnlich einer Inhaftierung in einem Gefängnis für Erwachsene. Sie sind so genannte *long-term secure facilities*, in denen nur verurteilte jugendliche Straftäter untergebracht werden.[650] Viele dieser Schulen sind die kleinen Brüder zu den Erwachsenengefängnissen.[651] Sie haben in den einzelnen Bundesstaaten unterschiedliche Bezeichnungen, wie zum Beispiel *youth centers, youth facilities, juvenile institutions, schools, training schools, youth development centers, youth service centers, industry schools.*[652] Die Gebäude dieser Anstalten sehen dennoch eher wie Schulgebäude und weniger wie Gefängnisse aus. Sie sind für jugendliche Täter vorgesehen, welche aufgrund ernster Delikte verurteilt wurden. Die inhaftierten Jugendlichen haben eine lange strafrechtliche Vorgeschichte und waren zuvor bereits in anderen Einrichtungen für jugendliche Straftäter.[653] Dennoch werden aber auch immer wieder weniger gefährliche Täter in diesen Einrichtungen untergebracht, weil es in einigen Bundesstaaten an anderen, geeigneten gemeindlichen Alternativprogrammen fehlt.[654]

Die inhaltliche Konzeption der *industrial schools* unterscheidet sich wiederum in den jeweiligen Bundesstaaten. Ein Beispiel einer *industrial school* ist die *Boy's School* in New Mexico. Hier werden die jugendlichen Straftäter in Kleingruppen eingeteilt und müssen sich einem so genannten *Token Economy System* unterziehen. Man kann dies am ehesten mit einem simuliertem Wirtschaftssystem vergleichen, bei dem die Jugendlichen Selbstorganisation lernen. Die Insassen können sich Privilegien mit verdienten Punkten erkaufen. Punkte erhält man für das Ableisten bestimmter Aufgaben und Arbeiten. Während des Besuchs dieser Einrichtung muss sich der Jugendliche außerdem bestimmten Therapien, wie etwa einer Drogen- oder Alkoholtherapie oder einem Antiaggressionstraining unterziehen. Zusätzlich bietet die Einrichtung Unterrichts- und Ausbildungsprogramme für handwerkliche Berufe an.

In einigen Bundesstaaten können Jugendliche, die zu *secure detention* verurteilt wurden, in Strafvollzugsanstalten für Erwachsene *(adult correctional facilities)* untergebracht werden.[655] So können zum Beispiel in Texas Jugendliche, die wegen bestimmter schwerer Straftaten, wie zum Beispiel Mord, verurteilt wurden, vom Jugendgericht zu 30 Jahren Gefängnisstrafe in einem Erwachsenengefängnis verurteilt werden.[656] Ein ähnliches Gesetz wurde in Massachusetts ver-

---

[650] Roberson, S. 255; vgl. Siegel/Senna, S. 628
[651] Finckenauer, S. 153
[652] Vgl. Champion, S. 424
[653] Finckenauer, S. 153
[654] Vgl. Champion, S. 138
[655] Adler/Mueller/Laufer Criminal Justice, S. 488
[656] Adler/Mueller/Laufer Criminal Justice, S. 488

abschiedet.[657] Dieses Gesetz erlaubt es, Jugendliche, die wegen Mordes ersten oder zweiten Grades verurteilt worden sind, in eine Strafvollzugsanstalt für Erwachsene (*adult correctional facility*) nach ihrem 25. Geburtstag einzuweisen. Demnach verbüßen Jugendliche in diesem Bundesstaat einen Teil der Strafe in einer Jugendanstalt, den übrigen Teil in einer Anstalt für Erwachsene.

(2) Shock probation

Eine besondere Art der jugendstrafrechtlichen Sanktionen stellt die so genannte *shock probation*[658] dar. Hierbei wird der Jugendliche zunächst zu einer unbestimmten Strafe der *secure detention* verurteilt und nach einer Zeitspanne von 90 bis zu 180 Tagen wird er aus der Haft entlassen und der Rest der Strafe wird zur Bewährung ausgesetzt.

Jugendliche, die zu *shock probation* verurteilt wurden, wissen nicht, dass diese Art der Strafe gegen sie verhängt wurde, da der Richter sie zu einer gewöhnlichen Haftstrafe verurteilt hat. Die Inhaftierten wissen daher nicht, dass sie in drei oder vier Monaten aus der Haft entlassen werden, vor den gleichen Richter treten müssen und dann anschließend zu einer Bewährungsstrafe verurteilt werden können. Die Verhängung einer Bewährungsstrafe ist abhängig von der guten Führung der Jugendlichen während der Inhaftierung. Durch die relativ kurze Inhaftierung soll den Jugendlichen der Ernst ihrer Lage deutlich und eindringlich vor Augen geführt werden. Die Jugendlichen sollen geschockt werden, um hierdurch wieder auf den Weg der Rechtschaffenen zurückgeführt zu werden.

(3) Boot Camps

Eine spezielle Ausgestaltung der *shock probation* stellen die *boot camps* dar.[659] Während im Jahr 1984 nur in zwei Bundesstaaten der USA *boot camps* eingerichtet waren, bestanden 1992 bereits in 25 Bundesstaaten solche Camps.[660] Die Strukturen der *boot camps* variieren untereinander sehr, so dass man keine allgemeingültige Definition für ein solches Camp abgeben kann.[661] Gemeinsam ist aber allen *boot camps* – wie der Name bereits vermuten lässt – ein gewisser militärischer Hintergrund.[662] So müssen die Jugendlichen Militäruniformen tragen, grundlegende militärische Drills lernen und harte körperliche Arbeiten verrich-

[657] Vgl. Adler/Mueller/Laufer Criminal Justice, S. 488
[658] Nach Champion, S. 410; Roberson, S. 241
[659] Vgl. Champion, S. 411, der ausführlich einige Programme von *Boot Camps* vorstellt.
[660] Roberson, S. 286
[661] Peters/Thomas/Zamberlan, S. 2
[662] Vgl. Peters/Thomas/Zamberlan, S. 3; vgl. MacKenzie, National Study, S. 1; Roberson, S. 286

ten. Die Camps stellen eine Alternative zu einer längeren Haftstrafe dar und sind nur ausschließlich für nicht gewalttätige Straftäter gedacht.[663]

Viele Bundesstaaten legen gesetzlich bestimmte Gewaltstraftaten fest, bei deren Begehung der Straftäter für die Teilnahme an einem *boot camp* – Programm als ungeeignet ausgeschlossen wird. Die meisten Programme besitzen Mindest- und Höchstaltersgrenzen für die teilnehmenden Deliquenten. Das Mindestalter liegt generell bei 16 Jahren, während das Höchstalter grundsätzlich bei 23 Jahren anzunehmen ist.[664]

In den *boot camps* werden die Jugendlichen militärisch bis zu 180 Tage lang gedrillt, um sie dann anschließend mit einem Schock in ihr normales Leben zurückzuschicken.[665] Neben dem militärischen Drill müssen die Jugendlichen aber auch an für sie geeigneten Unterrichtsprogrammen, Berufstraining und Drogenberatungen teilnehmen.[666]

Wichtigste Ziele der *boot camps* sind, den jungen Täter für sein Handeln verantwortlich zu machen, ihn vor weiteren Straftaten abzuschrecken und vor allem eine kostengünstigere Alternative zu den herkömmlichen Strafmaßnahmen zu bieten.[667]

d) Todesstrafe für Kinder und Jugendliche

In den Vereinigten Staaten existierten Rechtsgrundlagen für die Exekution von Jugendlichen seit der Kolonialzeit.[668] Seit diesem Zeitpunkt sind mindestens 366 Jugendliche exekutiert worden, so dass seit Beginn der Vollziehung der Todesstrafe im Jahr 1642 in den USA durchschnittlich ein Jugendlicher pro Jahr hingerichtet wurde.[669]

Jeder Bundesstaat besitzt eigene gesetzliche Vorschriften im Hinblick auf die Verhängung der Todesstrafe bei jugendlichen Straftätern. Insgesamt autorisieren 36 Bundesstaaten und die Bundesregierung die Todesstrafe.[670] Von diesen 37 Jurisdiktionen autorisieren 23 die Todesstrafe für Personen unter 18 Jahren.[671] Andere Bundesstaaten haben wiederum per Statut geregelt, dass die To-

---

[663] Roberson, S. 287; Peters/Thomas/Zamberlan, S. 3; vgl. Zachariah Internetkapitel Overview

[664] Roberson, S. 287

[665] Vgl. Champion, S. 411; Siegel/Senna, S. 649

[666] Peters/Thomas/Zamberlan, S. 3; vgl. dazu auch Zachariah Internetkapitel Overview; Roberson, S. 287

[667] Vgl. Peters/Thomas/Zamberlan, S. 3; vgl. dazu auch Zachariah Internetkapitel Overview; Vgl. Roberson, S. 287, 288

[668] Forst, S.281

[669] Streib, S. 3

[670] Forst, S. 281

[671] Vgl. McCord, S. 211; Nach Angaben von Amnesty International gibt es neben der USA nur fünf Länder, in denen in der letzten Dekade jugendliche Straftäter hingerichtet worden

desstrafe für Kinder und Jugendliche anwendbar ist, die ein Kapitalverbrechen begangen haben und deren Fall zum (Erwachsenen-) Strafgericht abgegeben wurde.[672] In einigen Bundesstaaten wurde der persönliche Anwendungsbereich der Todesstrafe gra nicht gesetzlich geregelt. Es wurden weder in den entsprechenden Statuten über die Todesstrafe noch in den Statuten des *juvenile transfer* Altersgrenzen festgelegt.[673]

Die Verhängung der Todesstrafe darf allerdings auch in denjenigen Bundesstaaten, die diese Sanktion gegenüber jugendlichen Straftätern vorsehen, nicht durch ein Jugendgericht ausgesprochen werden.[674]

3. Auswahl der Dispositionen

a) Die grundlegenden Ziele bei der Auswahl der Dispositionen

Die Mehrzahl der Jugendstrafrichter verlässt sich bei der konkreten Auswahl der Dispositionen auf die Sanktionsvorschläge des Bewährungshelfers in dessen *predisposition report*.

Mit der Verhängung von Dispositionen sollen drei grundlegende Ziele verfolgt werden: Der Schutz der öffentlichen Sicherheit, das Verantwortlichmachen des Jugendlichen für seine Tat sowie die Resozialisierung des jungen Täters.[675] In einigen Bundesstaaten werden diese Sanktionsziele noch um ein weiteres Ziel, das erzieherische Wohl des Jugendlichen, erweitert.

b) Juvenile Corrections Placement Matrix Model

In vielen Bundesstaaten erfolgt die Auswahl der Dispositionen nach dem so genannten *Juvenile Corrections Placement Matrix Model*. Es wurde entwickelt, um die jugendstrafrechtliche Praxis der verschiedenen Bundesstaaten zu harmonisieren und Mindeststandards durchzusetzen.

Nach der *Juvenile Corrections Placement Matrix* werden die Dispositionen nach ihrer Aufsichtsintensität unterschieden und für bestimmte Tätergruppen Sanktionsvorschläge unterbreitet. So wird zum Beispiel für *high-risk* Jugendliche, die schwere Straftaten begangen haben, die Inhaftierung in einer Anstalt mit hohem Sicherheitsgrad vorgeschlagen.

---

sind: Bangladesch, Iran, Irak, Nigeria und Pakistan. In den Jahren 2001 bis 2003 wurden nur in den USA Jugendliche hingerichtet, vgl. Streib, S. 8.

[672] Forst, S. 282

[673] Forst, S. 282

[674] Skovron, Scott, Cullen, S. 547, Scott, S. 853

[675] Griffin/Torbet, S. 64; Siegel/Senna, S. 597

Die nachfolgende Tabelle zeigt das *Juvenile Corrections Placement Matrix Model* auf:[676]

Schweregrad der begangenen Straftat	Hoher Risikofaktor	Mittler Risikofaktor	Geringer Risikofaktor
Gewaltdelikt (*violent offense*)	• Teilnahme an einem *violent offender program* • Teilnahme an einem *sex offender program* • Inhaftierung in einer Anstalt mit hohem Sicherheitsgrad (*secure placement*)	• Teilnahme an einem *secure residential program*	• Teilnahme an einem *boot camp* • Teilnahme an einem *wilderness program*
schwere Straftat (*serious offense*)	• Inhaftierung in einer Anstalt mit hohem Sicherheitsgrad (*secure placement*) • Teilnahme an einem *boot camp*-Programm	• Teilnahme an einem *intermediate community program*	• Teilnahme an Tagesbehandlungskursen (*day treatment*) • Unterbringung in *group homes*
weniger schwere Straftat (*less serious offense*)	• Kurze Unterbringung von der Dauer von 60 Tagen in einer *residential placement*-Einrichtung • Sechsmonatige Teilnahme an Tagesbehandlungskursen (*day treatment*) • Unterbringung in *group homes*	• Teilnahme an Tagesbehandlungskursen (*day treatment*) • Ableisten von gemeinnütziger Arbeit (*community service*)	• Gemeindliche Aufsicht (*community supervision*) • Teilnahme an einem *mentor program*

[676] Nach Siegel/Senna, S. 629

Schweregrad der begangenen Straftat	Hoher Risikofaktor	Mittler Risikofaktor	Geringer Risikofaktor
gering schwere Straftat (*minor offense*)	• Gemeindliche Aufsicht (*community supervision*) • *Proktor*-Aufsichtspro-gramm, in dem der Jugendliche überwacht wird und gleichzeitig Gemeindearbeit verrichten muss (*Proctor program combining tracking with residential services*)	• Gemeindliche Aufsicht (*community supervision*)	• Begrenzte Aufsicht, die durch Gemeindemitglieder freiwillig ausgeübt wird

Die Strafzumessung nach dem *Juvenile Corrections Placement Matrix Model* bestimmt sich nach der begangenen Straftat und der Persönlichkeit des Täters.

Die Straftaten und Täterkategorien werden nicht näher definiert, sondern nur in Obergruppen eingeteilt. Es liegt im Ermessen des Jugendstrafrichters, ob eine gering schwere oder eine weniger schwere Straftat vorliegt oder wann ein hohes, mittleres oder geringes Risiko von dem jungen Delinquenten ausgeht.

Das *Juvenile Corrections Placement Matrix Model* stellt einen Versuch dar, sich im Jugendstrafrecht der Strafzumessung des amerikanischen Erwachsenenstrafrechts anzunähern. Dort erfolgt die Strafzumessung nach so genannten *Sentencing Guidelines*. Während die Strafzumessungsrichtlinien des Erwachsenenrechts völlig schematisch wie bei einem Rechenschieber angewandt werden können, weil Straftaten und relevante Strafzumessungskriterien in den *Sentencing Guidelines* genau festgelegt sind, ist dies bei dem der *Juvenile Corrections Placement Matrix Model* nicht der Fall. Dadurch soll gewährleistet werden, dass der Jugendstrafrichter zwar einerseits flexibel auf Jugendstraftaten reagieren kann, andererseits soll dieses Ermessen insbesondere bei schweren Straftaten begrenzt werden.

4. Dauer der Dispositionen

Die Regelung der Dauer der Dispositionen wird in den Bundesstaaten unterschiedlich gehandhabt, wobei es im Wesentlichen fünf verschiedene Modelle gibt:

a) Indeterminate sentence

Die meisten Bundesstaaten kennen die Anordnung der Dispositionen von zeitlich unbestimmter Dauer.[677] So bleibt ein Jugendlicher nach diesem Regelungsmodell zum Beispiel solange inhaftiert, bis der Zweck der Inhaftierung erreicht ist, er als resozialisiert erachtet wird oder die Jurisdiktion des Jugendgerichts endet.[678]

Dieses Regelungsmodell der zeitlich unbestimmten Dispositionen ist charakteristisch für das traditionelle jugendstrafrechtliche Wohlfahrtsmodell. Hintergrund dieses Systems ist, dass jeder junge Straftäter individuell behandelt werden soll und zum Zeitpunkt des Urteilsspruchs nicht pauschal vorausgesagt werden kann, nach welchem Zeitraum der jugendliche Straftäter resozialisiert sein wird. Die zeitlich unbestimmte Sanktionierung erfolgt, um auf die individuellen Bedürfnisse und Fortschritte der minderjährigen Straftäter eingehen zu können.

b) Mandatory Minimum Sentences

Seit 1992 haben eine Anzahl von Bundesstaaten die Gesetze geändert, um *mandatory minimum sentences* (zeitlich zwingende Mindeststrafen) gegenüber jugendlichen Schwer- beziehungsweise jugendlichen Gewaltverbrechern verhängen zu können.[679] Diese Entwicklung steht im Widerspruch zur bisherigen überwiegenden amerikanischen Praxis, Strafen von zeitlich unbestimmter Dauer zu verhängen. Allerdings wurde die Anordnung einer zeitlich unbestimmten Strafe aber in einigen Bundesstaaten als nicht ausreichend zur Sanktionierung der Tat eines Jugendlichen angesehen.

Die Bundesstaaten haben zudem unterschiedliche Regelungen dahingehend getroffen, ob die zeitlich zwingenden Mindeststrafen von dem Jugendstrafrichter oder dem Strafrichter verhängt werden können. In Oregon sieht das Gesetz beispielsweise vor, dass ein Jugendlicher, der zur Tatzeit 15, 16 oder 17 Jahre alt ist und wegen Mordes oder Raubes ersten oder zweiten Grades angeklagt wird, als ein Erwachsener vor dem (Erwachsenen-)Strafgericht angeklagt werden muss.[680] Eine Verurteilung resultiert in der Anwendung des *mandatory minimum sentence*, welche abhängig von der begangenen Straftat ist und zwischen fünf und 25 Jahren Freiheitsstrafe beträgt.[681]

Generell unterscheidet man die folgenden Arten der Ausgestaltung zeitlich unbestimmter Dispositionen und der *mandatory minimum sentences*.

---

[677] Vgl. Forst, 134

[678] Forst, S. 133, 134; National Center for Juvenile Justice, S. 2; Siegel/Senna, S. 578

[679] Vgl. McCord, S. 211; vgl. Granckow/Tomkins, Introduction; Torbet/Szymansky, S. 1; Siegel/Senna, S. 578

[680] Torbet/Szymansky, S. 1

[681] Torbet/Szymansky, S. 1

aa) Zeitlich unbestimmte Sanktionierung mit einem Mindeststrafmaß

In zumindest vier Bundesstaaten wird die Inhaftierung in einer *juvenile correctional facility* zwar für zeitlich unbestimmte Dauer angeordnet, wobei aber zugleich eine zu verbüßende Mindeststrafe ausgesprochen wird.[682] So ist beispielsweise in Delaware festgelegt, dass jugendliche Wiederholungstäter mindestens sechs Monate lang in einer *detention facility* verbleiben müssen.[683]

bb) Zeitlich unbestimmte Sanktionierung mit einem Höchststrafmaß

In mindestens sechs Bundesstaaten wird die Unterbringung in einer *correctional facility* für einen zeitlich unbestimmten Zeitraum verhängt. Das Gesetz begrenzt diesen Zeitraum aber, indem ein Höchstmaß dieser Disposition festlegt wird.[684] In Kalifornien orientieren sich die jugendstrafrechtlichen Bestimmungen an der Dauer der Sanktionierung des Erwachsenenstrafrechts. Ein Jugendlicher kann für seine begangene Straftat genau so lang, nicht aber länger als ein Erwachsener, der die gleiche Tat begangen hat, verurteilt werden. In Connecticut verbietet das Gesetz eine längere Haftstrafe als 18 Monate pro begangene Straftat.[685]

cc) Zeitlich unbestimmte Sanktionierung mit Mindest- und Höchststrafmaß

In einigen wenigen Staaten wird die zeitlich unbestimmte Sanktionierung durch das Bestehen von Mindest- und Höchstrafen eingeschränkt. So wird in Pennsylvania bei der Verurteilung eine Mindestdauer ausgesprochen, wobei diese aber dadurch gesetzlich beschränkt wird, dass eine Inhaftierung eines Jugendlichen nicht länger als vier Jahre oder bei der Begehung bestimmter Straftaten nicht das Strafhöchststrafmaß für Erwachsene überschreiten darf.[686]

dd) Kombination aus zeitlich unbestimmter und bestimmter Sanktionierung

In zumindest 12 Bundesstaaten wird eine Kombination aus der Verhängung zeitlich unbestimmter und bestimmter Sanktionierungen angewandt.[687] Einige Bundesstaaten überlassen dem Richter grundsätzlich die Wahl, ob er eine zeitlich unbestimmte Disposition verhängen möchte oder nicht. In anderen Bundesstaaten schreiben die Gesetze nur bei bestimmten Tätergruppen die Verhängung zeitlich bestimmter Dispositionen vor.

---

[682] National Center for Juvenile Justice, S. 2
[683] Vgl. National Center for Juvenile Justice, S. 2
[684] Vgl. National Center for Juvenile Justice, S. 2
[685] Vgl. National Center for Juvenile Justice, S. 2
[686] National Center for Juvenile Justice, S. 2
[687] Vgl. National Center for Juvenile Justice, S.2

ee) Zeitlich begrenzte Sanktionierungen

In den übrigen Bundesstaaten kann die Sanktionierung bei der Inhaftierung in einer *correctional facility* nur von zeitlich bestimmter Dauer verhängt werden, wobei das Strafmaß dann oft nach so genannten *Sentencing Guidelines* bestimmt wird.[688]

5. Blended Sentencing

Jugendstrafrichtern wird in den amerikanischen Bestimmungen ein breiter Ermessensspielraum bei der Auswahl und Dauer der Verhängung von Dispositionen eingeräumt. Traditionsgemäß steht die Resozialisierung des jungen Straftäters bei dieser Entscheidung im Vordergrund und die Sanktionierung erfolgt von zeitlich unbestimmter Dauer.

In vielen Gerichtsbarkeiten wurde allerdings ein System entwickelt, bei dem jugendliche Straftäter, die schwere Straftaten begangen haben, länger inhaftiert bleiben können und das Ermessen der zuständigen jugendstrafrechtlichen Behörden stark eingeschränkt wurde.[689] Im Laufe der Zeit wurden in vielen Bundesstaaten die entsprechenden Gesetze dahingehend geändert, dass nicht mehr das Wohl des Jugendlichen, sondern vielmehr seine Bestrafung und die öffentliche Sicherheit im Vordergrund der Strafzumessung stehen.[690]

In diesem Zusammenhang ist das Modell des *blended sentencing* (vermischte Strafen)[691] anzusiedeln. Es handelt sich hierbei um eine in neuerer Zeit entstandene Entwicklung, sich von den traditionellen jugendstrafrechtlichen Dispositionen weg zu bewegen und eine neue Art von Sanktionen, die zwischen den jugendstrafrechtlichen Dispositionen und den Sanktionen des Erwachsenenstrafrechts angesiedelt sind, zu erlassen.

Die *blended sentences* erlauben die Anordnung einer Kombination von Sanktionen aus dem Jugendstrafrecht und dem Erwachsenenrecht.[692] Art und Ausgestaltung dieser Sanktionen variieren innerhalb der einzelnen Bundesstaaten.[693] Generell kann aber festgestellt werden, dass sich die so genannten vermischten Strafen typischerweise an Jugendliche richten, bei denen ein Transfer zu dem (Erwachsenen-)Strafgericht in Frage kommt.[694] Darunter fällt grundsätzlich die Gruppe derjenigen Jugendlichen, die 14 Jahre und älter ist und schwere

---

688 Nach National Center for Juvenile Justice, S. 2

689 Vgl. Forst, S. 134, 135

690 Vgl. McCord, S. 210; Snyder/Sickmund, S. 108

691 Dieser Begriff wird in den Bundesstaaten nicht einheitlich gebraucht. In einigen Bundesstaaten wird stattdessen der Begriff *determinate sentencing* gebraucht. Vgl. McCord, S. 210. Snyder/Sickmund, S. 108

692 McCord, S. 210

693 McCord, S. 210

694 Redding, S. 1

Verbrechen begangen hat.[695] *Blended sentencing* läuft oft Hand in Hand mit den Regelungen des *transfer*, entweder als Alternative oder als Ergänzung.[696]

Man unterscheidet bei den *blended sentences* fünf verschiedene Arten dieser Sanktionsform.

a) Juvenile-exclusive blend[697]

Im Rahmen der *juvenile-exclusive blend* hat das Jugendgericht die Möglichkeit, dem Jugendlichen entweder eine Sanktion aus dem Jugendstrafrecht oder dem Erwachsenenstrafrecht zu verhängen. Diese Möglichkeit besteht zum Beispiel in New Mexico.

b) Juvenile-inclusive blend[698]

Das Jugendgericht hat bei diesem Regelungsmodell die Möglichkeit, sowohl jugendstrafrechtliche als auch Sanktionen des allgemeinen Strafrechts anzuwenden. Typischerweise wird die Sanktion aus dem Erwachsenenstrafrecht ausgesetzt und erst bei Verletzung der Bewährungsauflagen vollzogen. Dieses System wird zum Beispiel in Connecticut, Kansas und Montana angewandt.

c) Juvenile-contiguous blend[699]

In einigen wenigen Bundesstaaten kann das Jugendgericht im Rahmen des Systems der *juvenile-contiguous blend* Sanktionen verhängen, die über die Altersgrenze des Jugendlichen, bei welcher das Jugendgerichts für den jungen Delinquenten zuständig ist, hinausgehen. Nach Erreichen des Höchstalters für die Jurisdiktion des Jugendgerichts, in der Regel 18 Jahre, wird geprüft, ob die verhängte jugendstrafrechtliche Disposition in eine Sanktion des Erwachsenenstrafrechts übergeht und der Täter anschließend an eine Einrichtung für Erwachsene überwiesen werden soll. So kann zum Beispiel in Texas ein Jugendlicher im Alter von zehn Jahren für bestimmte Straftaten mit bis zu 40 Jahren Haft bestraft werden und im Alter von 16 Jahren unter Einhaltung bestimmter prozessualer Formalia dem Erwachenenstrafrechtssystem überstellt werden. Neben Texas haben Massachusetts, Rhode Islands, South Carolina und Colorado entsprechende

---

[695] Redding, S. 1
[696] Vgl. Redding, S. 1
[697] Darstellung nach Snyder/Sickmund, S. 108; Redding, S. 2; Torbet, S. 4, 5; vgl. McCord, S. 210
[698] Darstellung nach Snyder/Sickmund, S. 108; Redding, S. 2; Torbet, S. 4, 5; vgl. McCord, S. 210
[699] Darstellung nach Snyder/Sickmund, S. 108; Redding, S. 2; Torbet, S. 4, 5; McCord, S. 210

Regelungen eingeführt. In Colorado finden diese Regelungen nur auf Jugendliche, die als aggressive jugendliche Täter bezeichnet werden, Anwendung.

d) Criminal-exclusive blend[700]

Im Rahmen des *criminal-exclusive blend*-Systems berät das (Erwachsenen-) Strafgericht über den Fall. Das Gericht hat dabei die Möglichkeit, entweder Sanktionen aus dem jugendstrafrechtlichen oder dem erwachsenstrafrechtlichen Sanktionensystem zu wählen. Dieses Sanktionsmodell besteht in Kalifornien, Florida, Idaho, Michigan, Virginia, West Virginia und Colorado.

e) Criminal-inclusive blend[701]

Bei diesem Sanktionsmodell berät ebenfalls das (Erwachsenen-)Strafgericht über den Fall. Das Strafgericht hat die Möglichkeit, Sanktionen sowohl aus dem jugendstrafrechtlichen als auch dem erwachsenstrafrechtlichen Sanktionensystem zu wählen. Die Sanktion des Erwachsenenstrafrechts wird zur Bewährung ausgesetzt. Sie wird aber vollzogen, wenn die Anordnungen der jugendstrafrechtlichen Sanktion verletzt und widerrufen werden. Diese Sanktionsmöglichkeit besteht zum Beispiel in Arkansas, Iowa, Missouri und Virginia.

V. Dispositionen im Federal Criminal Justice System

Die jugendstrafrechtlichen Regelungen auf Bundesebene sind wesentlich straffer geregelt als diejenigen der einzelnen Bundesstaaten. Der persönliche und sachliche Anwendungsbereich des Bdesrechts ist nach dem *Federal Juvenile Delinquency Act* eröffnet, wenn eine Person unter 18 Jahren Bundesrecht verletzt hat und diese Handlung eine strafbare Handlung darstellen würde, wenn sie von einem Erwachsenen begangen worden wäre, 18 U.S.C. § 5031.

Dennoch ist die Möglichkeit, Jugendliche innerhalb des bundesrechtlichen Systems zu verurteilen, rechtlich sehr eingegrenzt: Nach 18 U.S.C § 5032 setzt eine Anklageerhebung vor einem Bundesgericht voraus, dass der Staatsanwalt belegen kann, dass der Fall von besonderem bundesrechtlichen Interesse ist und

- ein Bundesstaat entweder keine Jurisdiktion hat oder sich weigert, eine Jurisdiktion für den Fall anzunehmen;
- ein Bundesstaat zwar die Jurisdiktion besitzt, aber kein angemessenes Dispositions-programm für den Jugendlichen besitzt;

---

[700] Darstellung nach Snyder/Sickmund, S. 108; Redding, S. 2; Torbet, S. 4, 5; vgl. McCord, S. 210

[701] Darstellung nach Snyder/Sickmund, S. 108; Redding, S. 2; Torbet, S. 4, 5; vgl. McCord, S. 210

- die vorgeworfene Straftat ein Gewaltverbrechen, Drogenhandel oder Drogeneinfuhr oder eine Straftat ist, die mit einer Schusswaffe begangen wurde.

Insgesamt werden sehr wenige Jugendliche, im Durchschnitt etwa 100 Jugendliche jährlich, von diesen Regelungen umfasst.[702]

Anders als im Bereich der Bundesstaaten gibt es im Bereich des Bundes keine eigene Jugendgerichtsbarkeit. Die Jugendlichen werden von einem Richter eines *U.S. District Court* verurteilt.[703]

Nach Bundesrecht können Jugendliche nach 18 U.S.C. § 5037a nur zu folgenden Sanktionen verurteilt werden:

- *restitution*
- *probation*
- Unterbringung in einer *correctional facility*.

1995 wurden 37 Prozent der verurteilten Jugendlichen in einer *correctional facility* inhaftiert, gegenüber vier Prozent wurde eine Geldstrafe verhängt und 59 Prozent wurden mit *probation* sanktioniert.[704]

VI. Justizpraxis

Die nachfolgenden statistischen Daten beinhalten nur das entsprechende Zahlenmaterial der amerikanischen bundesstaatlichen Justizpraxis. Die Statistik des *Federal Criminal Systems* wird hiervon nicht umfasst.

Die nachfolgende Tabelle zeigt die Verurteilungen von Kindern und Jugendlichen in Jugendstrafrechtsurteilen. Das Zahlenmaterial berücksichtigt Kinder ab zehn Jahren und Jugendliche bis zum Höchstalter der Zuständigkeit des *juvenile court* der betreffenden Bundesstaaten. Bei der Gesamtzahl der Verurteilten werden diejenigen Jugendlichen, deren Fälle zu dem allgemeinen Strafgerichten abgegeben wurde (*waived*), nicht berücksichtigt.

Jahr	*Waived*	*Placed*	*Probation*	*Released*	Andere	Insgesamt verurteilt
1985	7.092	100.038 (29,6 %)	189.453 (56,0 %)	12.973 (3,8 %)	35.810 (10,6 %)	338.274
1986	7.304	108.729 (30,5 %)	198.148 (55,6 %)	13.108 (3,7%)	36.729 (10,3 %)	356.714

702 Vgl. Scalia, S. 3
703 Siegel/Senna, S. 554
704 Siegel/Senna, S. 555

Jahr	*Waived*	*Placed*	*Probation*	*Released*	Andere	Insgesamt verurteilt
1987	6.806	105.663 (30,1 %)	194.727 (55,4 %)	16.180 (4,6 %)	34.753 (9,9 %)	351.323
1988	6.746	104.805 (30,1 %)	191.505 (55,0 %)	18.608 (5,3 %)	33.553 (9,6 %)	348.471
1989	8.015	119.584 (31,1 %)	211.237 (55,0 %)	15.149 (3,9 %)	38.287 (10,0 %)	384.257
1990	8.298	124.911 (31,6 %)	221.692 (56,1 %)	12.742 (3,2 %)	35.582 (9,0 %)	394.927
1991	10.699	125.018 (30,2 %)	231.259 (55,8 %)	15.195 (3,7 %)	43.075 (10,4 %)	414.547
1992	10.224	130.244 (30,1 %)	238.629 (55,1 %)	15.585 (3,6 %)	48.334 (11,2 %)	432.792
1993	11.226	133.869 (28,3 %)	256.415 (54,2 %)	24.124 (5,1 %)	58.721 (12,4 %)	473.129
1994	12.067	145.715 (28,2 %)	275.694 (53,3 %)	26.077 (5,0 %)	69.572 (13,5 %)	517.058
1995	10.442	146.858 (26,6 %)	298.687 (54,1 %)	35.156 (6,4 %)	71.547 (13,0 %)	552.248
1996	10.825	152.033 (25,7 %)	336.505 (56,9 %)	32.380 (5,5 %)	70.516 (12,0 %)	591.434
1997	9.133	154.078 (24,9 %)	366.230 (59,3 %)	30.515 (4,9 %)	66.894 (10,8 %)	617.717
1998	8.173	155.059 (24,5 %)	381.332 (60,3 %)	29.064 (4,6 %)	67.020 (10,6 %)	632.475
1999	7.516	154.486 (24,2 %)	397.279 (62,3 %)	23.272 (3, 6 %)	62.595 (9,8 %)	637.632
2000	5.864	152.506 (24,0 %)	400.160 (63,1 %)	16.171 (2,5 %)	65.660 (10,3 %)	634.497

Quelle: National Center for Juvenile Justice, Court Data Archive. (Die Statistik umfasst die vor Gericht eingebrachten Fälle. Muss sich ein Jugendlicher mehrmals im Jahr vor Gericht verantworten, so wird jeder Fall gesondert aufgeführt und gezählt. Die Fälle werden nach der strengsten Strafe katalogisiert. Wenn ein Jugendlicher beispielsweise dazu verurteilt wird, in eine *residential facility* verbracht zu werden und eine Wiedergutmachung an das Opfer zu leisten, wird in dieser Statistik nur die Verbringung in die *residential facility* aufgenommen.)

Von der Disposition *placement* werden alle Unterbringungen von jugendlichen Straftätern sowie von *status offenders* in *residential treatment facilities*, *juvenile corrections facilities, foster homes, group homes* umfasst. Die *probation* beinhaltet nur die von einem Gericht verhängte *probation* und nicht diejenige, die bei einem informellen Vorgehen auferlegt wird. Unter dem Begriff *released* wurden solche Fälle gezählt, die abgewiesen wurden (auch aufgrund fehlender Zuständigkeit des Jugendgerichts) oder sich auf sonstige Weise, wie etwa durch Verwarnung (*warning*) oder Beratung (*counseling*) erledigt haben. Unter andere werden Geldstrafe (*fine*), Entschädigung (*restitution*) sowie gemeinnützige Arbeiten (*community service*) zusammengefasst.

Am häufigsten wird in der Justizpraxis der Bundesstaaten in einem Jugendstrafurteil die Disposition *probation* angeordnet. Zwischen 1985 und 2000 betrug der Anteil der *probation* zwischen 54 und 63 Prozent aller in einem Jugendstrafrechtsurteil ergangenen Dispositionen. Mit deutlichem Abstand folgen die Unterbringungen von jugendlichen Straftätern sowie von *status offenders* in *residential treatment facilities, juvenile corrections facilities, foster homes, group homes* an zweiter Stelle. Ihr Anteil betrug im untersuchten Zeitraum zwischen 24 und 30 Prozent. Allerdings wird hierbei schon die Schwäche des amerikanischen Zahlenmaterials deutlich. Zwischen den einzelnen Einrichtungen bestehen erhebliche Unterschiede. Es werden unter dem Oberbegriff *placement* Dispositionen von unterschiedlichem Schweregrad zusammengefasst. Aufschlußreich wäre eine genaue Differenzierung der Unterbringung in den Jugendeinrichtungen gewesen. Ohne diese Differenzierung kann aber wenig aus dem zur Verfügung gestellten Zahlenmaterial geschlossen werden, da es einen erheblichen Unterschied in der Sanktionspraxis von Kindern und Jugendlichen ausmacht, ob die Mehrzahl von ihnen in einem *group home* oder in einer *juvenile corrections facility* untergebracht wird.

Am dritthäufigsten wurden Geldstrafe, Wiedergutmachung und gemeinnützige Arbeiten angeordnet. Auch hier ist eine genauere Bewertung nicht möglich, da diese Dispositionen nur als Gruppe aufgeführt werden und nicht einzeln aufgeschlüsselt wurden.

VII. Gesamtbetrachtung

Da es kein einheitliches amerikanisches Jugendstrafrecht gibt, kann demnach auch nicht von „einem“ amerikanischen Jugendstrafrecht gesprochen werden. Eine Gesamtbetrachtung ist daher auch nur in einem eingeschränkten Maße möglich.

1. Vielfalt der Sanktionsmöglichkeiten

Hervorzuheben ist, dass das Jugendgerichtssystem in allen Bundesstaaten und auch auf der Bundesebene gänzlich von dem allgemeinen Strafsystem getrennt ist. Charakteristisch für die amerikanischen Jugendstrafrechtssysteme ist zunächst die Vielfalt der dem Jugendstrafrichter zur Verfügung stehenden Dispositionen. Allerdings gilt diese Aussage nicht pauschal für alle Jugendstrafrechtssysteme der USA. Bei genauerem Hinsehen wird deutlich, dass die breite Auswahl von Dispositionen nicht flächendeckend im ganzen Land vorhanden ist. Es bestehen vielmehr erhebliche regionale Unterschiede. Nicht jeder Jugendstrafrichter in den USA besitzt die aufgezeigten vielfältigen Sanktionsmöglichkeiten. Dies ist besonders in den ländlicheren Gegenden der USA der Fall. In einigen Jurisdiktionen gibt es beispielsweise gar keine Einrichtungen für Jugendstraftäter. Das hat dann zur Folge, dass der Jugendliche in Ermangelung einer geeigneten Jugendeinrichtung seine Strafe in einem Erwachsenengefängnis absitzen muss. Viele gemeindliche Sanktionsprogramme bestehen nicht flächendeckend in den jeweiligen Bundesstaaten, so dass die Jugendstrafrichter alternative Dispositionen verhängen müssen.

2. Strafzumessung

Die Auswahl der im konkreten Fall anzuordnen Disposition steht im Ermessen der Jugendstrafrichter. Die Gesetze regeln die Strafzumessungsgesichtspunkte nur rudimentär. Hierbei ist herauszustellen und hervorzuheben, dass Bewährungshelfer (*probation officers*) einen *predisposition report* verfassen und dem Jugendstrafrichter darin geeignete Dispositionen für die Jugendlichen vorschlagen, die in den meisten Fällen von den Richtern übernommen wird.

Der große Ermessensspielraum der Jugendstrafrichter im Rahmen der Strafzumessung kann natürlich zu Ungerechtigkeiten und erheblichen regionalen Unterschieden in der Justizpraxis führen. Daher wurden verschiedene Modelle entwickelt, die Strafzumessung zu systematisieren. Als Beispiel dafür ist das *Juvenile Corrections Placement Matrix Model* zu nennen. Dieses Strafzumessungsmodell führt aber keinesfalls zu einer völlig schematischen Straftzumessung, da den Jugendstrafrichtern ein Ermessenspielraum bei der Strafzumessung eingeräumt wird.

In vielen Gerichtsbarkeiten wurde der Ermessensspielraum der Jugendstrafrichter bei der Auswahl der Dispositionen bei jugendlichen Straftätern, die schwere Straftaten begangen haben, stark eingeschränkt, um dieser härter bestrafen zu können. Dies hat zur Folge, dass nicht mehr das Wohl des Jugendlichen, sondern vielmehr seine Bestrafung und die öffentliche Sicherheit im Vordergrund der Strafzumessung stehen. In diesem Zusammenhang ist das *blended sentencing* zu nennen. Es erlaubt die Anordnung einer Kombination von Sanktionen aus dem Jugendstrafrecht und dem Erwachsenenrecht und richtet sich vor allem an Jugendliche, die 14 Jahre und älter sind und schwere Verbrechen begangen haben.

Die Justizsysteme der meisten Bundesstaaten sehen ein System vor, in dem die Dispositionen von unbestimmter Dauer verhängt werden. Ein Jugendlicher bleibt dann zum Beispiel solange inhaftiert bis er als resozialisiert erachtet wird oder die Jurisdiktion des Jugendstrafgerichts endet.[705] Das Strafmaß bestimmt sich für jeden Straftäter nach seinen individuellen Fortschritten.

Der Vorteil dieses Systems liegt darin, dass der Verurteilte angespornt wird, an seiner Resozialisierung aktiv mitzuwirken. Der Jugendliche soll seine Strafe nicht passiv über sich ergehen lassen, sondern vielmehr aktiv für seine Resozialisierung mitarbeiten. Schließlich ist auch zu berücksichtigen, dass es für den Richter aufgrund einer relativ kurzen Verhandlungsdauer schwer möglich ist, zu bestimmen, wie viel Zeit jeder Jugendliche für seine Resozialisierung benötigt. Das unbestimmte System kann aber auch in eine Vielzahl von Ungerechtigkeiten für die jugendlichen Straftäter resultierten, da die Behörden bei der Beurteilung, ob die Resozialisierung Erfolg hatte, einen großen Ermessensspielraum besitzen. Eine Jugendstrafe kann daher unter Umständen bei gleicher Tatschwere und ähnlichen Persönlichkeitsmerkmalen des jungen Täters unterschiedlich lange dauern. Jugendliche werden dann ihre Strafe gerade nicht akzeptieren und aktiv im Strafvollzug mitarbeiten, weil sie ihre Strafe als ungerecht empfinden können. Des Weiteren kann es für Jugendliche auch sehr frustrierend sein, nicht zu wissen, wann die Strafe enden wird. Dies kann dann zu gefährlichem Abstumpfen des Straftäters führen.

3. Einbeziehung der Gemeinde und der Eltern bei der Sanktionierung

In vielen Bundesstaaten richten sich die Dispositionen nicht nur an die straffällig gewordenen Kinder und Jugendlichen, sondern beziehen auch deren Erziehungsberechtigte mit ein. Gegenüber den Eltern von straffällig gewordenen Kindern und Jugendlichen kann zum Beispiel eine Erziehungs- oder Familienberatung angeordnet werden. Bei Delikten wie dem Trinken von Alkohol, Graffitisprayen und Fahren im alkoholisierten Zustand wird in einigen Bundesstaaten in Erwägung gezogen, neben den Jugendlichen auch deren Eltern für das Verhalten ihrer minderjährigen Kinder verantwortlich zu machen. Straftaten von Minderjährigen werden damit nicht nur als Problem der Minderjährigen, sondern auch als das der Eltern erkannt.

In den USA wird die *community* (die Gemeinde) sehr stark in das Jugendstrafrecht miteingebunden. Viele Programme finden in der Gemeinde mit freiwilligen Helfern aus der Gemeinde des Jugendlichen statt. Damit soll erreicht werden, dass der Jugendliche sein vertrautes Zuhause nicht verlassen muss und dass gemeinsam mit Gemeindemitgliedern künftige Straftaten verhindert werden.

---

[705] Forst, S. 133, 134

4. Entwicklungstendenzen

Die Dispositionen der Jugendstrafrechtssysteme werden in den USA grundsätzlich für den Großteil von jugendlichen Straftätern nicht angezweifelt. Problematisch sind vielmehr die Zustände in den entsprechenden Einrichtungen, in denen jugendliche Straftäter untergebracht werden. Es wird daher zurzeit verstärkt nach Alternativen für den herkömmlichen Strafvollzug in den Gefängnissen gesucht.

a) Hinterfragung der traditionellen Sanktionsziele

Die traditionellen Sanktionsziele, den Jugendlichen zu resozialisieren und ihm zu helfen, werden vermehrt bei jugendlichen Schwer- und Wiederholungstätern hinterfragt und wurden in einigen bundesstaatlichen Gesetzen bereits durch den Schutz der öffentlichen Sicherheit ersetzt. In den meisten Bundesstaaten ist ein Trend zu beobachten, bestimmte jugendliche Tätergruppen härter zu bestrafen und sie strafrechtlich wie Erwachsene zu behandeln. Besonders deutlich zeigt sich dies bei den Regelungen des *transfers* sowie des *blended sentencing*. Die Jugendstrafrechtssysteme der Bundesstaaten, welche letztgenannte Methode der Strafzumessung anwenden, bewegen sich von den traditionellen jugendstrafrechtlichen Sanktionen weg hin zu den Sanktionen des Erwachsenenstrafrechts. In diesem Zusammenhang ist darauf hinzuweisen, dass 1996 neun Prozent aller verurteilten Jugendlichen aufgrund von schweren Gewaltdelikten wie Mord und Raub verurteilt wurden, die Hälfte wurde aufgrund der Begehung von Eigentumsdelikten, zehn Prozent wegen Drogendelikten und 19 Prozent wegen *public order offenses* wie *liquor law violations, weapons offenses, obstruction of justice.*[706] Die breite Öffentlichkeit und die Gesetzgebung der Bundesstaaten richten sich also hauptsächlich an zehn Prozent aller straffällig gewordenen Jugendlichen aus.

b) Vorschläge, die Jugendstrafrechtssysteme vollständig Teil der Erwachsenenstrafrechtssysteme werden zu lassen

Trotzdem gibt es immer wieder Vorschläge, die Jugendstrafrechtssysteme vollständig Teil der Erwachsenenstrafrechtssysteme werden zu lassen.[707] Zumindest ist eine Entwicklung in den vergangenen Jahren zu beobachten gewesen, bei schwerer und wiederholter Kriminalität Jugendlicher vermehrt das härtere Erwachsenenstrafrecht anstelle des Jugendstrafrechts einzusetzen. Die Möglichkeit einer Überweisung jugendlicher Straftäter an das Erwachsenstrafgericht ist in den meisten Bundesstaaten ab dem Alter von 13 – 16 Jahren, teilweise ohne ge-

---

[706] Zahlen nach Snyder/Sickmund, S. 144

[707] Bartollas, S. 313

setzlich fixierte Untergrenze vorgesehen. Dabei ist in den letzten Jahren eine Ausweitung zu beobachten gewesen, die eine Verurteilung Jugendlicher vor einem Erwachsenenstrafgericht teilweise sogar ohne jegliche deliktsspezifische Begrenzung beispielsweise auf Kapitaldelikte ermöglichte.[708] Mord, Vergewaltigung und schwerer Raub werden häufiger sogar zwingend der Jugendgerichtsbarkeit entzogen.[709]

c) Angleichung der Sanktionierung schwerer Jugendstraftaten an diejenige des Erwachsenenstrafrechts

Aber auch in denjenigen Fällen, in denen ein Jugendlicher vor einem Jugendstrafgericht abgeurteilt wird, ist eine Angleichung der Sanktionierung schwerer Jugendstraftaten an diejenige des Erwachsenenstrafrechts zu beobachten. In diesem Zusammenhang ist das *blended sentencing*, das den Jugendgerichten teilweise ermöglicht, gegenüber jugendlichen Delinquenten eine Sanktion des Erwachsenenstrafrechts anzuordnen, zu erwähnen.

Auf der anderen Seite wird aber in vielen amerikanischen Jugendstrafrechtssystemen versucht, *status offender* verstärkt im Rahmen von Diversionsmaßnahmen milder zu behandeln, um vor allem bei diesen Tätergruppen unnötige Inhaftierungen zu vermeiden.

d) Normierung von Ausgehverboten

In einigen Bundesstaaten werden im Rahmen einer angemessenen Bestrafung von Minderjährigen überlegt, Gesetze zu erlassen, die Ausgehverbote für Jugendliche normieren.[710] Damit soll die Begehung von Straftaten verhindert werden. Ob eine solche Lösung Erfolg haben wird, ist allerdings recht zweifelhaft.

e) Aufgabe der parens patriae Philosophie

Die *parens patriae* Philosophie scheint in den meisten Bundesstaaten weitestgehend aufgegeben zu sein. Sie musste vielerorts der *just deserts* Philosophie weichen. In vielen Bundesstaaten werden immer häufiger Vergeltungsnormen in den Jugendstrafrechtssystemen erlassen. Dazu gehören vor allem längere Strafen in *correctional facilities*. In vielen Bundesstaaten glaubt man, jugendliche Straftäter nur durch längere und härtere Strafen für ihre Taten verantwortlich machen zu können. Dies sind Versuche, vermeintlich geeignete Sanktionen für wenige gewalttätige Intensivtäter zu finden, sie haben aber durchaus Einfluss auf den gesamten Charakter des amerikanischen Jugendstrafrechts.

---

[708] Vgl. Dünkel, europäischer Vergleich, S. 111
[709] Dünkel, europäischer Vergleich, S. 111
[710] Vgl. Siegel/Senna, S. 580, 581

VIII. Reformtendenzen

Eine Darstellung von Reformtendenzen in allen Bundesstaaten der USA ist schwerlich möglich. Stattdessen wird auf die zuvor beschriebenen Entwicklungstendenzen im Rahmen der Gesamtbetrachtung verwiesen.

IX. Darstellung jugendstrafrechtlicher Sanktionen von zwei Bundesstaaten

Nachfolgend werden exemplarisch die jugendstrafrechtlichen Sanktionen von Wisconsin und Minnesota vorgestellt, da in diesen Bundesstaaten in den neunziger Jahren beachtliche Änderungen der Jugendstrafrechtssysteme vorgenommen wurden.

1. Wisconsin

a) Einführung

Wisconsin besitzt einen eigenen *Juvenile Justice Code*, der zum 1. Januar 1996 eine bedeutsame Änderung erfahren hat. Die Regelung 938.02(1) Wis. Juvenile Justice Code, welche das Erwachsensein (*adulthood*) definiert, wurde dahingehend geändert, dass kategorisch alle 17jährigen Jugendlichen von der ursprünglichen Gerichtsbarkeit des Jugendgerichts in strafrechtlichen Angelegenheiten zur Jurisdiktion des (Erwachsenen-) Strafgerichts transferiert wurden. Zugleich wurde das Mindestalter für die Zuständigkeit des Jugendgerichts im Hinblick auf strafrechtliche Angelegenheiten von 12 Jahren auf zehn Jahre heruntergesetzt.[711]

Konkrete Auswirkungen dieser Gesetzesreformen sind, dass nunmehr – anders als im Wege anderer Transfermechanismen – eine größere Anzahl von Jugendlichen, die jünger als 18 Jahre alt sind, vor einem (Erwachsenen-)Strafgericht abgeurteilt werden können.[712]

Die Jurisdiktion des *Circuit Courts*, der in Wisconsin für Jugendstrafsachen zuständig ist, umfasst Jugendstrafsachen von Kindern und Jugendlichen im Alter von zehn bis 16 Jahren. Entscheidend ist dabei immer das Alter des Täters zur Tatzeit. Außerdem gibt es eine so genannte *extended jurisdiction*, nach welcher das Jugendgericht für junge Erwachsene des *Serious Juvenile Offender Programs* bis zu 24 Jahren zuständig ist.

---

[711] Torbet, S. 7

[712] Torbet, S. 7

b) *Dispositionen für straffällig gewordene Kinder und Jugendliche*

Wenn ein Jugendlicher straffällig geworden ist, dann kann der Jugendstrafrichter eine oder mehrere der nachfolgend aufgelisteten Dispositionen verhängen. Bei der Auswahl der Dispositionen sind die Schwere der begangenen Straftat und ein (eventuelles) vorheriges strafrechtliches Inerscheinungtreten des Jugendlichen zu berücksichtigen.

aa) *Counseling* (938.34 (1) Wis. Juvenile Justice Code)

Als mildeste Disposition ist in Wisconsin eine Erziehungsberatung für den Jugendlichen vorgesehen. Diese kann nicht nur gegenüber dem Jugendlichen, sondern vielmehr auch gegenüber seinen Eltern oder seinem rechtlichen Vormund angeordnet werden.

Diese Disposition richtet sich an jungendliche Ersttäter, die eine geringfügige Straftat begangen haben und bei denen die Gefahr einer erneuten Gesetzesverletzung besteht.[713]

bb) *Supervision* (938.34 (2) Wis. Juvenile Justice Code)

Der Jugendliche kann unter die Aufsicht einer geeigneten Behörde, des *Department of Corrections* oder eines geeigneten Erwachsenen, einschließlich eines Freundes, gestellt werden. Bei der Anordnung dieser Disposition beschreibt das Gericht zusätzlich die Auflagen, die der Jugendliche im Rahmen der *supervision* zu erfüllen hat. Dazu gehören insbesondere vernünftige Regeln für das Verhalten des Jugendlichen.[714] Häufig wird angeordnet, dass der Jugendliche keine weiteren Straftaten mehr begehen soll.[715] Zudem kann im Rahmen der *supervision* von dem Jugendstrafrichter verfügt werden, dass der Jugendliche in seinem Elternhaus beziehungsweise in seiner Wohnung verbleiben muss, wobei der angeordnete Zeitraum nicht länger als 30 Tage andauern darf. Zusätzlich muss sich der jugendliche Delinquent im Rahmen der *supervision* monatlich mit einem Bewährungshelfer in Kontakt setzen.[716]

Wenn der Jugendliche unter Aufsicht einer Behörde oder des *Department of Corrections* gestellt wird und in seiner Familie verbleibt, sollen diese Behörden ein den Bedürfnissen des Jugendlichen und seiner Familie angepasstes Aufsichtsprogramm entwickeln. Dies umfasst insbesondere individuelle Beratungen für den Jugendlichen, Familienberatungen, aber auch Hilfestellungen für die Eltern.

---

[713] Vgl. Zimmerman, S. 35; Wisconsin Research Bulletin, S. 18

[714] Vgl. Wisconsin Benchbook, JV 8-42, E 1) a

[715] Wisconsin Research Bulletin, S. 18

[716] Wisconsin Research Bulletin, S. 18

Die Disposition *supervison* des Wisconsin Juvenile Justice Code ist somit im Wesentlichen inhaltsgleich mit der Disposition *probation*.

cc) *Volunteers in Probation Program* (938.34 (2g) Wis. Juvenile Justice Code)

In Wisconsin gibt es 38 verschiedene *Volunteers in Probation* Programme, an denen 1.236 Freiwillige teilnehmen.[717] Die individuelle Ausgestaltung der Programme ist vielfältig. Es gibt Programme, an denen Personen aus der Gemeinde als freiwillige Helfer zusammen mit den Jugendlichen die Freizeit verbringen. So werden beispielsweise gemeinsam Sportveranstaltungen besucht. Der freiwillige Helfer kümmert sich um die Freizeitgestaltung des Jugendlichen und vermittelt ihm Verantwortungsgefühl. Der Jugendliche soll lernen, das Gesetz zu achten und andere Menschen zu akzeptieren.[718]

Andere Bewährungsprogramme setzen den Schwerpunkt nicht auf eine gemeinsame Freizeitgestaltung, sondern vielmehr auf eine Bewachung des Jugendlichen durch freiwillige Helfer. Diese kontrollieren regelmäßig und intensiv, ob sich der Jugendliche an die Anweisungen des Gerichts hält und schreiben darüber einen Bericht für das Gericht.[719]

Die Anordnung dieses Programms ist für Jugendliche vorgesehen, deren Handlung als Vergehen[720] einzustufen wäre, wenn sie zur Tatzeit erwachsen gewesen wären. Die Jugendlichen sollen während der Teilnahme an dem Programm den Wohnort nicht wechseln, so dass es nur für diejenigen Straftäter in Betracht kommt, an deren Wohnsitz ein solches *Volunteers in Probation Program* eingerichtet wurde.

Das Gericht kann im Rahmen dieser Disposition noch weitere Auflagen für den Jugendlichen verfügen. Beispielhaft zählt das Gesetz auf, dass dem Jugendlichen ein Freiwilliger zur Seite gestellt wird, der ihm beratend zur Seite steht und ihn im täglichen Leben unterstützt. Außerdem kann jede andere Disposition, die einem Jugendstrafrichter nach dem *Juvenile Justice Code* zur Verfügung steht, mit dem Bewährungsprogramm kombiniert werden.

dd) *Intensive Supervision Program* (938.34 (2r) Wis. Juvenile Justice Code)

Der Richter kann anordnen, dass der Jugendliche an einem so genannten *Intensive Supervision Program* (intensives Aufsichtsprogramm) teilzunehmen hat.

---

[717] Nach Clinton, S. 4

[718] Clinton, S. 10

[719] Nach Clinton, S. 10

[720] Nach 939.60 Wis. Statutes versteht man unter einem Verbrechen jede Straftat, die nach den Wis. Statutes mit einer Haftstrafe in den staatlichen Gefängnissen sanktioniert wird. Alle anderen Straftaten sind Vergehen.

Bei den intensiven Aufsichtsprogrammen sollen eine strenge Überwachung und Behandlung des jugendlichen Straftäters auf Gemeindeebene sichergestellt werden. Allerdings ist die Errichtung eines solchen Programms in den jeweiligen Regionen Wisconsins nicht zwingend, sondern bleibt den jeweiligen *County Departments* überlassen.

Die intensiven Überwachungsprogramme finden in Kleingruppen statt, wobei nicht mehr als zehn Jugendliche in eine Gruppe eingeteilt werden sollen. Zuständig für die Durchführung der Programme ist ein so genannter *caseworker*. Die Jugendlichen sollen mindestens ein Mal täglich mit ihm Kontakt haben.

Bei einem Verstoß gegen die Verhaltensregeln des Programms sieht 938.534 (1) (b) 1. Wis. Juvenile Justice Code vor, dass der Jugendliche ohne eine weitere vorherige gerichtliche Anhörung sofort verhaftet werden und in eine *secure detention facility*, also eine Jugendstrafvollzugsanstalt mit hohem Sicherheitsgrad, oder in ein Erwachsenengefängnis mit eigener Jugendabteilung für nicht länger als 72 Stunden verbracht werden kann.

Zusätzlich ist es möglich, den Jugendlichen als eine Art Krisenintervention für nicht länger als 30 Tage in *nonsecure custody* zu nehmen. Der Jugendliche muss über diese Möglichkeiten der Sanktionierung eines Verstoßes der Regeln des *Intensive Supervision Program* bei der ersten verfügungsfindenden Anhörung aufgeklärt worden sein, so dass er weiß, mit welchen harten Sanktionen er bei einem Regelverstoß zu rechnen hat.

Wird in der Gemeinde des jungen Straftäters kein *Intensive Supervision Program* angeboten, ist als alternative Sanktion die elektronische Überwachung (*electronic_monitoring*) vorgesehen.

ee) *Placement* (938.34 (3) Wis. Juvenile Justice Code)

Der Richter kann eine Unterbringung des Jugendlichen an verschiedenen Orten mit unterschiedlichem Sicherheitsgrad und die Teilnahme an verschiedenen Programmen anordnen. Der *Juvenile Justice Code* sieht in 938.34(3) folgende Arten der Unterbringung vor:

- Unterbringung des Jugendlichen in seinem Elternhaus oder bei Verwandten. Diese Disposition ist allerdings dann ausgeschlossen, wenn die Eltern des Jugendlichen oder die Verwandten wegen Mordes verurteilt wurden.[721] Der Richter soll diese Disposition nur dann verhängen, wenn sie im besten Interesse des Jugendlichen ist, die Wünsche des Jugendlichen sollen zudem berücksichtigt werden.[722] Die Anordnung dieser Disposition scheidet bei der Begehung schwerer Straftaten aus.

[721] Wisconsin Benchbook, JV 8-46, K 1) a

[722] Wisconsin Benchbook, JV 8-46, K 1) a

- Unterbringung in einem Heim, das für eine Unterbringung von straffälligen Jugendlichen nicht in einer besonderen Weise lizenziert sein muss, für einen Zeitraum von weniger als 30 Tagen.
- Unterbringung in einem *foster home* (Pflegeheim) oder bei Pflegeeltern.
- Unterbringung in einem *group home*.
- Teilnahme an einem *Youth Village Program*. Der Inhalt dieses Programms wird im Gesetz unter 118.42 näher umschrieben. Das *Youth Village Program* soll lernschwachen Kindern helfen, in der Schule akademisch Anschluss zu finden. Zielgruppe sind Jugendliche mit schlechten Schulleistungen, die aus schwierigen sozialen Verhältnissen stammen. Das *Youth Village Program* bietet für diese Jugendlichen nachmittags Nachhilfeunterricht und eine Schulbetreuung an. Die Teilnahme an diesem Programm soll nur erfolgen, wenn sowohl der Jugendliche als auch seine Eltern diesem zustimmen.
- Unterbringung in einer *Child Caring Institution*. Aufgabe einer solchen Institution ist es, den Jugendlichen rechtliche, moralische und religiöse Unterstützung anzubieten, vgl. § 48.60 Wisconsin Statutes.
- *Supervised Independent Living*. Wenn das Gericht einen Jugendlichen ab dem 17. Lebensjahr als reif genug für eine eigene Lebensführung ansieht, kann es die Schaffung einer unabhängigen Lebenssituation für den Jugendlichen, entweder alleine oder zusammen mit Freunden oder unter einer Aufsicht, die das Gericht als angemessen ansieht, anordnen.
- *Secure detention*, also Inhaftierung in einer Jugendstrafanstalt in verschärfter Form. Die *secure detention* darf nicht länger als 30 Tage pro begangene Straftat andauern.[723]
- Der Richter kann bei Verhängung dieser Disposition Vorsorge treffen, dass es dem Jugendlichen erlaubt ist, die Strafvollzugsanstalt der *secure detention* während bestimmter Zeiten zu verlassen, um am Schulunterricht teilzunehmen, zu arbeiten oder an einem Programm teilzunehmen, welches das Gericht zu Wohl des Jugendlichen angeordnet hat. Jugendliche Straftäter, die noch nicht 18 Jahre alt sind, müssen während des Arrests in derselben Art und Weise wie Schüler öffentlicher Schulen an Unterrichtsprogrammen teilnehmen.[724] Außerdem sollen die Insassen an berufsvorbereitendem Training teilnehmen.[725]

---

[723] Vgl. dazu Kaner, Wisconsin
[724] Zimmerman, S. 20
[725] Zimmerman, S. 20

ff) *Electronic Monitoring* (938.34 (3g) Wis. Juvenile Justice Code)

Jugendliche, gegen die eine Disposition nach 938.34 (2r), (3) (a) bis (e), (4h) oder (4n) angeordnet wird, können zusätzlich mittels eines elektronischen Überwachungssystems überwacht werden. Die elektronische Überwachung kann also zusätzlich gegenüber den Jugendlichen verhängt werden, die an dem intensiven Überwachungsprogramm oder dem *Serious Juvenile Offender Program* teilnehmen, die in einer *nonsecure* Einrichtung untergebracht sind oder unter der *aftercare* – Aufsicht stehen.

gg) *Transfer of Legal Custody* (938.34 (4) Wis. Juvenile Justice Code)

In Fällen, in denen sich herausstellt, dass die Resozialisierung oder die vom Richter angeordnete Behandlung des Jugendlichen nicht mit einer freiwilliger Zustimmung seiner Eltern oder des Vormundes erfolgen kann, kann das Sorgerecht an einen Verwandten des Jugendlichen, an das *County Department* oder eine Kinderwohlfahrtsbehörde (*child welfare agency*) übertragen werden.

hh) *Type 2 child caring institution placement* (938.34 (4d) Wis. Juvenile Justice Code)

Junge Straftäter können in Wisconsin zudem in einer *Type 2 child caring institution* untergebracht werden. Dabei unterstehen sie der Aufsicht des *County Departments* und müssen sich den harten disziplinierenden Regeln des Departements fügen.

Die Unterbringung in einer *Type 2 child caring institution* ist für jugendliche Straftäter vorgesehen, die eine Straftat begangen haben, die, wenn der Täter zur Tatzeit erwachsen gewesen wäre, mit einer Strafe von mindestens sechs Monaten Freiheitsstrafe sanktioniert worden wäre. Zusätzlich muss der Jugendliche vom Gericht als eine Gefahr für die Öffentlichkeit angesehen werden und der Richter muss der Ansicht sein, dass der minderjährige Straftäter restriktive Haftstrafe benötigt.

Das Gesetz vermutet das Vorliegen dieser beiden letztgenannten Voraussetzungen, wenn der Jugendliche besonders Straftaten wie zum Beispiel Mord, Totschlag, Brandstiftung an Gebäuden begangen oder bei Begehung der Straftat eine Handfeuerwaffe benutzt hat. Zusätzlich darf die Unterbringung des Jugendlichen in einer Strafvollzugsanstalt mit höherem Sicherheitsgrad *(secured correctional facility)* als negatives Ausschlusskriterium nicht angebracht sein.

Verletzt der Jugendliche eine Auflage der Unterbringung in der *Type 2 child caring institution*, so kann er in einer so genannten *Type 1 child caring institution*, einer restriktiveren Vollzugsanstalt, untergebracht werden, 938.539 (3) Wis. Statutes.

ii) *Serious Juvenile Offender Program* (938.34 (4h) Wis. Juvenile Justice Code)

In Wisconsin wurde ein spezielles Programm für *Serious Juvenile Offenders* entwickelt. Man spricht dann von einem *serious juvenile offender*, wenn:

- Der Jugendliche über 14 Jahre alt ist und Straftaten begangen hat, welche bei einem Erwachsenen als *Class A* beziehungsweise *Class B-Felony* bezeichnet werden. Es handelt sich dabei um sehr schwere Straftaten: Ein *Class A-Felony* wird bei erwachsenen Straftätern mit lebenslänglicher Haftstrafe und ein *Class B-Felony* mit Haftstrafe bis zu 60 Jahren geahndet.
- Der Jugendliche über zehn Jahre alt ist und folgende Delikte begangen hat: absichtlicher Totschlag ersten Grades (*first degree intentional homicide*), leichtfertiger Totschlag ersten Grades (*first degree reckless homicide*) oder absichtlicher Totschlag ersten Grades (*second degree intentional homicide*).

Zusätzlich muss der Richter der Ansicht sein, dass die einzig angemessene Sanktion für den Jugendlichen eine Unterbringung in einer *secured correctional facility* (Strafvollzugsanstalt mit höherem Sicherheitsgrad) ist.

Das *Serious Juvenile Offender Program* soll dem Jugendlichen Aufsicht, Hilfe und Resozialisierung anbieten, wobei die Aufsicht restriktiver und intensiver ist bei den ansonsten üblichen Aufsichtsprogrammen. Das Programm für *Serious Juvenile Offenders* ist in mehrere Phasen unterteilt, von denen der Jugendliche zumindest an einer der folgenden Phasen teilnehmen muss:[726]

- Das Programm beginnt immer mit der Inhaftierung in einer *secured correctional facility*[727], einer Strafvollzugsanstalt mit hohem Sicherheitsgrad für jugendliche Straftäter für einen Zeitraum von bis zu drei Jahren, wenn der Jugendliche ein so genanntes *Class B* Verbrechen begangen hat. Erfolgt die Verurteilung aufgrund eines *Class A* Verbrechens, soll der Jugendliche grundsätzlich bis zu seinem 25. Lebensjahr in einer *secured correctional facility* untergebracht werden. Die Inhaftierung soll mindestens ein Jahr lang dauern;
- Unterbringung in einem Pflegeheim, einem Gruppenheim oder in einer so genannten *child caring institution*;
- Teilnahme an Überwachungsprogrammen, insbesondere an *intensive supervision* – Programmen;
- Elektronische Überwachung;
- Ableisten von Gemeindearbeit;
- Zahlung einer Entschädigungsleistung für das Opfer;

---

[726] Nach Zimmerman, S. 23

[727] Zimmerman, S. 24

- Teilnahme an verschiedenen Unterrichtsprogrammen und Berufstrainingskursen;
- Teilnahme an Programmen für Drogensüchtige.

jj) *Secured Correctional Placement* (938.34 (4m) Wis. Juvenile Justice Code)

Die Unterbringung eines Jugendlichen in einer Strafvollzugsanstalt mit hohem Sicherheitsgrad *(secured correctional facility)* setzt voraus, dass der Delinquent mindestens 12 Jahre alt ist. Ist er noch nicht 12 Jahre alt, wird er stattdessen in einer *child caring institution* untergebracht.

Die Inhaftierung in einer *secured correctional facility* kommt dann in Betracht, wenn der Jugendliche eine Straftat begangen hat, die, wenn er zur Tatzeit erwachsen gewesen wäre, mit mindestens sechs Monaten Gefängnisstrafe sanktioniert worden wäre. Außerdem muss der Jugendliche als Gefahr für die Öffentlichkeit angesehen werden. Das Gesetz geht davon aus, dass der Jugendliche eine Gefahr für die Öffentlichkeit darstellt und inhaftiert werden muss, wenn er schwere Straftaten wie zum Beispiel Mord, Totschlag, Brandstiftung an Gebäuden begangen hat oder bei der begangenen Straftat eine Handfeuerwaffe benutzt hat.

Die Inhaftierung in einer Strafvollzugsanstalt mit höherem Sicherheitsgrad *(secured correctional facility)* muss immer mit einer so genannten *aftercare supervision* kombiniert verhängt werden. Hierbei werden dem Jugendlichen nach der Haftentlassung Hilfestellungen für eine Wiedereingliederung in die Gemeinschaft gegeben.

(1) *Juvenile Corrective Sanctions Program*

Als alternative Dispositionen zu einer Inhaftierung in einer *secured correctional facility* sind das *Juvenile Corrective Sanctions Program*, das *Juvenile Boot Camp Program* und das so genannte *SPRITE Program* vorgesehen.[728]

Hierbei ist zu beachten, dass das *Departement of Corrections* die Befugnis besitzt, Jugendliche die durch den Jugendstrafrichter zu einem Aufenthalt in einer *secured correctional facility* verurteilt wurden, für die Teilnahme an dem *Juvenile Corrective Sanctions Program* auszuwählen und somit in die Anordnung des Gerichts einzugreifen.

Der Jugendliche wird im Rahmen dieser Programme in seiner Gemeinde verbleiben und intensiv überwacht.[729] Die Überwachung besteht 24 Stunden am Tag und an sieben Tagen in der Woche. Bei einem Verstoß gegen Regeln dieses

[728] Vgl. Zimmerman, S. 24
[729] Zimmerman, S. 24

Programmes wird der Jugendliche sofort in eine *secured correctional facility* verbracht.

(2) *Juvenile Boot Camp Program*

Die Teilnahme an einem *boot camp* – Programm ist ebenfalls als Alternative zu einer Inhaftierung in einer *secured correctional facility* vorgesehen. Sie soll 16 Wochen lang andauern. Nach erfolgreichem Absolvieren des *boot camp* – Programms schließt sich eine so genannte *afttercare* – Phase von 20 Wochen an.[730] In dieser wird der Jugendliche im Hinblick auf ein straffreies Leben nach dem *boot camp* betreut.

(3) *SPRITE Program*

SPRITE steht für *support, pride, respect, initiative, teamwork, education.* Es handelt sich dabei um ein 28tägiges Programm der Erlebnis- und Abenteuerpädagogik.[731] Es soll den Jugendlichen beibringen, Konflikte zu lösen und Verantwortung zu lernen. Im Rahmen des *SPRITE Programs* finden Expeditionen in freier Natur, Klettertouren und Gemeindearbeit statt.[732]

kk) Restitution (938.34 (5) Wis. Juvenile Justice Code)

Wenn die Straftat des Jugendlichen zu Schäden an dem Eigentum des Opfers oder an seiner körperlichen Unversehrtheit führte, kann eine finanzielle Entschädigungsleistung für den Schaden am Eigentum oder für die Reparatur des Schadens, oder auch das Ableisten von Hilfsarbeiten für das Opfer angeordnet werden. Das Opfer muss diesem Vorgehen allerdings zustimmen.

Jugendliche Täter, die noch nicht 14 Jahre alt sind, können nicht zu Zahlungen von mehr als 250 US Dollar im Rahmen der Wiedergutmachung verurteilt werden. Ebenso ist bei diesen jungen Straftätern eine Anordnung, mehr als 40 Stunden Hilfsarbeiten für das Opfer abzuleisten, unzulässig.

Die Wiedergutmachungszahlung darf nicht den Lohnverlust des Opfers, der durch die Straftat entstanden ist, umfassen.[733] Der Richter muss bei der Verhängung dieser Disposition prüfen, ob der Jugendliche die Leistung aus eigenen Mitteln erbringen kann.[734] Dem Jugendlichen soll ein Zeitraum von bis zu 12

---

[730] Zimmerman, S. 25
[731] Vgl. Zimmerman, S. 25
[732] Vgl. Zimmerman, S. 25
[733] Wisconsin Benchbook, JV 8-52, R 1) c
[734] Wisconsin Benchbook, JV 8-52, R 2)

Monaten eingeräumt werden, um die Zahlungen beziehungsweise die Hilfsarbeiten vollständig zu erfüllen.[735]

ll) *Supervised Work Program* (938.34 (5g) Wis. Juvenile Justice Code)

Die Jugendlichen können von dem Jugendstrafrichter zu einer Teilnahme an beaufsichtigten Arbeitsprogrammen verurteilt werden. Je nach Ausgestaltung des jeweiligen Programms können die Arbeitsleistungen gering vergütet werden oder sie bestehen ausschließlich aus unentgeltlicher Arbeit für die Gemeinde. Die Anzahl der abzuleistenden Arbeitsstunden hängt von der Schwere der begangenen Straftat ab, wobei Jugendliche, die unter 14 Jahre alt sind, nicht mehr als 40 Arbeitsstunden ableisten sollen. Bei der Anordnung dieser Disposition soll der Richter darauf achten, dem Jugendlichen solche Arbeitsleistungen aufzugeben, die der Resozialisierung des Jugendlichen dienen. Der regelmäßige Schulbesuch des Jugendlichen soll durch die Teilnahme an dem Programm nicht gefährdet werden.

mm) *Community Service Work Program/Youth Corps Program* (938.34 (5m) Wis. Juvenile Justice Code)

Jugendliche Delinquenten können auch dazu verurteilt werden, an einem *Youth Corps Program* teilzunehmen. Der Inhalt dieses Programms ist in 16.22 Wis. Statutes näher beschrieben. Es handelt sich dabei um eine Art (zwangsweisen) Zivildienst, der zum Teil aus Ableisten gemeinnütziger Arbeit, zum Teil aus berufsvorbereitender Ausbildung und Betreuung besteht.

nn) *Victim-Offender Mediation Program* (938.34 (5r) Wis. Juvenile Justice Code)

In geeigneten Fällen ist die Verurteilung des Jugendlichen zu einer Teilnahme an einem Opfer-Täter-Mediationsprogramm möglich. Voraussetzung dafür ist aber die Zustimmung des Opfers. Wie diese Programme ausgestaltet sein müssen und die Mediation erfolgen muss, regelt der *Juvenile Justice Code* allerdings nicht.

oo) *Special Treatment or Care* (938.34 (6) Wis. Juvenile Justice Code)

Der Richter kann gegenüber Jugendlichen mit Drogen- und/oder Alkoholproblemen die Teilnahme an bestimmten *Treatment*- beziehungsweise *Care*-Programmen anordnen.

[735] Wisconsin Benchbook, JV 8-52, R 3); Wisconsin Research Bulletin, S. 21

Im Rahmen dieser Disposition kann außerdem zum einen den Eltern oder dem Vormund des abhängigen Jugendlichen angeordnet werden, dem Jugendlichen im Hinblick auf die Drogen- und Alkoholprobleme besondere Hilfe zukommen zu lassen. Zum anderen kann das Gericht anordnen, dass der Jugendliche in einer entsprechenden Einrichtung untergebracht wird. Diese Unterbringung darf nicht länger als 30 Tage andauern.

pp) *Alcohol or Drug Treatment or Education* (938.34 (6r) Wis. Juvenile Justice Code)

Alkohol- und drogenabhängige Jugendliche können durch den Richter zu einer Teilnahme an einem Alkohol- und/oder Drogenentziehungsprogramm verurteilt werden. Im Unterschied zu dem *Special Treatment or Care*-Programm kann im Rahmen des Alkohol-und/oder Drogenentziehungsprogramm nach 938.34 (6r) Wis. Juvenile Justice Code keine Unterbringung in einer entsprechenden Entziehungseinrichtung erfolgen.

qq) *Drug Testing* (938.34 (6s) Wis. Juvenile Justice Code)

Möglich ist ebenfalls die Anordnung, sich regelmäßig einem Drogentest zu unterziehen.

rr) *Education Program* (938.34 (7d) Wis. Juvenile Justice Code)

Der Jugendliche kann verurteilt werden, an einem *nonresidential educational program*, das von dem Schulbezirk, in dem der Jugendliche wohnt, angeboten wird, teilzunehmen. Dieses Unterrichtsprogramm richtet sich vor allem an lernschwache Kinder und Jugendliche, die keine schweren Straftaten begangen haben. Es bietet vor allem Hilfe im Hinblick auf schulische Leistungsprobleme an.

ss) *Experiential Education* (938.34 (7g) Wis. Juvenile Justice Code)

Des Weiteren sieht der *Juvenile Justice Code* vor, die Teilnahme an unterschiedlichen Erlebnistouren, wie einem *Wilderness Challenge Program* oder einem anderen *Experiential Education Program* zu verfügen.

tt) *Juvenile Offender Education Program* (938.34 (7n) Wis. Juvenile Justice Code)

Straffällig gewordene Jugendliche können zu einer Teilnahme an einem Erziehungs- beziehungsweise Unterrichtsprogramm für jugendliche Straftäter verurteilt werden. Diese haben zum Ziel, die Jugendlichen von weiterem strafbarem Handeln abzuschrecken. In den Kursen sollen die Jugendlichen lernen, ihre

Probleme zu erkennen und zu bewältigen. Sie sollen den Umgang mit Aggressionen, den Ausdruck von Emotionen, den Aufbau von Freundschaften und den Verzicht auf Alkohol und Drogen lernen.

uu) *Vocational Training* (938.34 (7r) Wis. Juvenile Justice Code)

Delinquente Jugendliche können überdies zur Teilnahme an Berufstraining und zur Berufsberatung verurteilt werden.

vv) *Day Treatment Program* (938.34 (7w) Wis. Juvenile Justice Code)

Die Richter können straffällig gewordene Jugendliche dazu verurteilen, an einem Tagesbehandlungsprogramm teilzunehmen. Diese Programme gehen auf spezielle erzieherische Bedürfnisse der Jugendlichen ein und sind äußerst vielfältig: Sie umfassen sowohl individuelle Beratungen als auch Gruppentherapien, sie bieten Hilfe bei der Gestaltung von Freizeitaktivitäten bis hin zu beaufsichtigten Arbeitsprogrammen an.[736]

Erkennt der Richter, dass bei dem Kind beziehungsweise dem Jugendlichen bestimmte erzieherische Defizite beziehungsweise Bedürfnisse vorliegen, kann er eine Teilnahme an einem Tagesbehandlungsprogramm, das speziell auf dieses Defizit beziehungsweise Bedürfnis eingeht, anordnen.

ww) *Forfeiture* (938.34 (8) Wis. Juvenile Justice Code)

Wenn es der Resozialisierung des Jugendlichen dient, kann der Verfall eines Geldbetrages angeordnet werden. Die Voraussetzungen, unter denen der Verfall angeordnet werden kann, sind gesetzlich nicht näher geregelt. Es ist lediglich gesetzlich festgelegt, dass die Anordnung zum Wohl des Jugendlichen erfolgen soll und ihm bei der Resozialisierung helfen soll. Der Verfall des Geldbetrages darf den maximalen Betrag einer Geldstrafe, die einem Erwachsenen für die gleiche Tat auferlegt werden kann, nicht überschreiten. In Fällen, in denen die Straftat per Definition nur von einem Jugendlichen unter 18 Jahren begangen werden kann (also bei einem *status offense*), darf der Betrag 100 US Dollar nicht überschreiten.

Bei der Verhängung soll sichergestellt werden, dass der Jugendliche den Betrag alleine zahlt. Zudem soll ihm ein Zahlungszeitraum bis zu 12 Monaten eingeräumt werden.

---

[736] Vgl. Zimmerman, S. 35

xx) *Delinquency Victim and Witness Assistance Surcharge* (938.34 (8) Wis. Juvenile Justice Code)

Die Strafzahlung ist von einer Geldbuße zu unterscheiden und kann zusätzlich mit allen anderen Dispositionen kombiniert verhängt werden. Sie beträgt 20 US Dollar und wird vom Jugendlichen direkt an das Opfer oder einen im Prozess notwendigen Zeugen gezahlt.

yy) Gesetzliche Vorschläge für Dispositionen bei bestimmten Straftaten (938.34 (13 r ff.) Wis. Juvenile Justice Code)

In den (938.34 (13 r ff.) Wis. Juvenile Justice Code werden einzelne Gesetzesverletzungen aufgezählt und dabei zugleich dafür zu verhängende Sanktionen vorgeschlagen. So kann bei einem Gesetzesverstoß eines Jugendlichen in einer Schulzone angeordnet werden, dass der Jugendliche 100 Stunden an einem *supervised work program* teilnehmen muss. Alternativ ist die Verhängung von 100 Stunden Gemeindearbeit vorgesehen. Bei unzulässigem Graffittisprühen kann gegen den Jugendlichen die Teilnahme zwischen zehn und 100 Stunden an einem *supervised work program* angeordnet werden. Alternativ ist die Verhängung von 10 bis 100 Stunden Gemeindearbeit zulässig. Ist der Jugendliche noch nicht 14 Jahre alt, so können höchstens 40 Stunden verhängt werden. Bei Gesetzesverstößen im Zusammenhang mit einem Kraftfahrzeug kann die Fahrerlaubnis eingeschränkt werden, suspendiert oder widerrufen werden. Bei Gesetzesverstößen im Zusammenhang mit Computern können Einschränkungen der Computerbenutzung angeordnet werden.

c) Rechtsfolgen bei Verletzung gerichtlicher Anordnungen im Rahmen einer zuvor angeordneten Disposition

Die Möglichkeit, einen jugendlichen Straftäter in einem *juvenile detention center* zu inhaftieren, ist in Wisconsin für jugendliche Straftäter im Bereich der jugendtypischen Kriminalität nur in Ausnahmefällen vorgesehen. Dabei ist folgende Besonderheit zu beachten: So wie im amerikanischen Erwachsenenstrafrecht bei Verletzung einer Bewährungsauflage der Delinquent eine Haftstrafe verbüßen muss, so sieht das Jugendstrafrechtssystem von Wisconsin die Inhaftierung eines Jugendlichen nur dann vor, wenn der Jugendliche *delinquency orders* verletzt hat, er zum Beispiel während der Bewährungszeit erneut straffällig geworden ist. Die Verletzung der durch das Gericht angeordneten Dispositionen und Auflagen wird wie ein Verstoß eines Erwachsenen gegen Bewährungsauflagen im Erwachsenenstrafrecht gesehen, der scharf geahndet werden muss, und zwar unter anderem auch durch kurze Inhaftierung in einem *juvenile detention center* nach 938.355(6) Wis. Statutes.[737] Wann ein solcher Fall vorliegt, ist nicht näher gesetzlich festgelegt. Von dem Gesetzeswortlaut kann daher sowohl fahrlässiges als auch vorsätzliches Nichtbeachten der vorherigen richterlichen Anordnungen umfasst sein.

Die Rechtsfolgen, die gegenüber dem Jugendlichen in solchen Fällen verfügt werden können, werden dann in der Rechtsterminologie auch nicht mehr als *dispositions* bezeichnet, sondern als *sanctions*, dem im Erwachsenenstrafrecht üblichen Begriff für Strafen.

Das Gesetz sieht bei einer Verletzung gerichtlicher Anordnungen im Rahmen einer zuvor angeordneten Disposition folgende vier Sanktionen vor:

- Inhaftierung in einer *secure detention facility* bis zu zehn Tagen.
- Suspendierung oder Begrenzung des Gebrauchs der Führerscheinprivilegien.
- *Home detention* (häusliche Inhaftierung) für 30 Tage, mit oder ohne elektronischer Überwachung.
- (unbezahlte) Gemeindearbeit für bis zu 25 Arbeitsstunden.

d) Dauer der Dispositionen (938.355 (4) Wis. Juvenile Justice Code)

In Wisconsin sollen grundsätzlich alle Anordnungen der Dispositionen ein Jahr lang andauern, es sei denn das Gericht ordnet ausdrücklich eine kürzere Zeit an.

Allerdings kann die Dauer der Dispositionen noch einmal verlängert werden, wenn der Richter der Auffassung ist, die bisherige Strafdauer sei noch nicht ausreichend für die weitere Entwicklung des jungen Straftäters gewesen. Verlängerungen können dann am Ende der ursprünglichen Strafdauer angeordnet werden.

Die Verlängerung ist hingegen nicht bei allen Dispositionen möglich. Bei den Dispositionen 938.34 (4d), (4h), (4m), (4n) Wis. Juvenile Justice Code, also der Unterbringung in einer *Type 2 child caring institution*, in dem Programm für *serious juvenile offender* und in einer Jugendstrafvollzugsanstalt ist die Verlängerung der ursprünglich vorgesehenen Dauer nicht möglich, wenn der Jugendliche bei Ende der ursprünglich vorgesehenen Dauer der Strafe 17 Jahre oder älter ist.

Weiterhin darf die Unterbringung in einer *Type 2 child caring institution* und in einer Jugendstrafvollzugsanstalt (*correctional placement*) nur bis zu zwei Jahren andauern oder nur bis zum 18. Geburtstag des jungen Straftäters, je nachdem, welche der Möglichkeiten früher eintritt.

Die Unterbringung in dem *serious juvenile offender program* soll fünf Jahre lang andauern, wenn der Jugendliche eine Tat begangen hat, die wenn er zur Tatzeit erwachsen gewesen wäre als *Class B felony* bestraft würde. Würde diese

---

[737] Wisconsin Juvenile Law Handbook, 16-2

Tat bei einem Erwachsenen hingegen sogar als *Class A felony* beurteilt werden, kann die Unterbringung solange andauern, bis der junge Täter 25 Jahre alt wird.

e) Justizpraxis

Zahlenmaterial hinsichtlich der Verteilung der Dispositionen für straffällig gewordene Kinder und Jugendlichen in der Justizpraxis wird in Wisconsin nicht veröffentlicht. In der Statistik des *National Center for Juvenile Justice*[738] erfolgt keine gesonderte Aufschlüsselung der Daten nach den jeweiligen Bundesstaaten. Aussagen über die jugendstrafrechtliche Justizpraxis in Wisconsin können daher nicht getroffen werden.

f) Gesamtbetrachtung

Das Strafrechtssystem von Wisconsin ist mit seiner Bandbreite von möglichen Dispositionen vorbildlich.

aa) Vielzahl von Dispositionen

In Wisconsin besteht eine breite Vielfalt von jugendstrafrechtlichen Sanktionen. Bei ihrer Anordnung besteht ein sehr weiter Ermessensspielraum. Die Richter sind bei Verhängung einer Disposition kaum an rechtliche Vorgaben gebunden. Der Ermessenspielraum wurde aber im Bereich der jugendlichen Wiederholungs- und Schwerkriminalität eingeschränkt. So ist zum Beispiel gesetzlich festgelegt, welche Täter unter die Gruppe der *serious juvenile offender* fallen. Dadurch soll sichergestellt werden, dass im Bereich der Schwerstkriminalität die Jugendlichen geeignet bestraft werden.

bb) Grundsätzliche Zurückhaltung mit freiheitsentziehenden Maßnahmen

Besonders hervorzuheben ist auch der zurückhaltende Umgang des Gesetzgebers mit freiheitsentziehenden Maßnahmen im Bereich der normalen jugendtypischen Kriminalität. Die Inhaftierung eines normalen Jugendstraftäters ist nur dann vorgesehen, wenn ihm gegenüber bereits einmal eine Disposition verfügt wurde, er aber gegen in dieser Disposition angeordnete Auflagen verstoßen hat. Durch diese Bestimmung wird der Balanceakt des Gesetzgebers in Wisconsin deutlich, einerseits den Anforderungen des Wohlfahrtsmodells gerecht zu werden und bei der Sanktionierung des Jugendlichen dessen Wohl im Auge zu behalten, andererseits aber Forderungen nach einer harten Bestrafung jugendlicher Schwer- und Wiederholungstäter gerecht zu werden.

---

[738] Siehe dazu § 5 VI

cc) Vielzahl von Aufsichts- und Behandlungsprogrammen

Es gibt eine Vielzahl von Aufsichts- und Behandlungsprogrammen in Wisconsin, die sich zum Teil sehr ähnlich und kaum von einander zu unterscheiden sind. Die Ausgestaltung dieser Programme ist zumeist gesetzlich nicht näher geregelt und bleibt somit der vollziehenden Behörde überlassen.

Herauszustellen ist in diesem Zusammenhang die Besonderheit, dass das *Departement of Corrections* die Befugnis hat, Jugendliche die durch den Richter zu einem Aufenthalt in einer *secured correctional facility* verurteilt wurden, für die Teilnahme an dem *Juvenile Corrective Sanctions Program* auszuwählen und damit in die Disposition des Richters einzugreifen und diese zu verändern.

dd) Einbeziehen der Erziehungsberechtigten in die Bestrafung der Jugendlichen

Die Dispositionen richten sich in Wisconsin nicht nur an die straffällig gewordenen Kinder und Jugendlichen, sondern beziehen auch deren Erziehungsberechtigte mit ein. Gegenüber letzteren kann zum Beispiel eine Erziehungs- oder Familienberatung angeordnet werden. Damit wird die Botschaft übermittelt, dass Eltern nicht nur im Zivilrecht für das Verhalten ihrer Kinder haften, sondern auch an deren Straftaten nicht gänzlich unbeteiligt sein können.

ee) Bedeutung der Gemeinde bei der Sanktionierung der Jugendlichen

In Wisconsin ist sehr deutlich zu sehen, dass die *community* (die Gemeinde) sehr stark in das Jugendstrafrecht miteingebunden wird. Viele Programme finden in der Gemeinde des Jugendlichen statt. Damit soll erreicht werden, dass der Jugendliche sein vertrautes Zuhause nicht verlassen muss und dass gemeinsam mit Gemeindemitgliedern künftige Straftaten verhindert werden. Selbstverständlich ist ein Mitwirken von Gemeindemitgliedern beim Vollzug von jugendstrafrechtlichen Dispositionen auf freiwilliger Basis auch kostensparend. Eine Überwachung der jugendlichen Straftäter durch Privatpersonen und nicht durch geschultes staatliches Personal könnte allerdings dazu führen, dass das überwachende Gemeindemitglied seine Aufgabe seine Aufgabe überschreitet und aus falschem Pflichtgefühl heraus den Jugendlichen zu intensiv überwacht. Der Jugendliche könnte sich dann leicht als Überwachungsobjekt eines einzelnen sehen.

2. Minnesota

a) Einführung

In Minnesota besitzt das Jugendgericht in strafrechtlichen Angelegenheiten die Jurisdiktion über Kinder und Jugendliche ab zehn Jahren bis zu deren 17. Lebensjahr. Es gibt daneben eine so genannte erweiterte Jurisdiktion (*Extended Age of Delinquency Jurisdiction*). Die Altersgrenze hierfür beträgt 19 Jahre, vgl. § 260B.193 Minnesota Juvenile Court Act. Die Gerichtsbarkeit des Jugendgerichts bleibt danach weiterhin bestehen, wenn es im besten Interesse des Heranwachsenden ist.

Zusätzlich kann die Gerichtsbarkeit des Jugendgerichts (nochmals) solange erweitert werden, bis der Straftäter 21 Jahre alt ist. Eine Verlängerung der Gerichtsbarkeit ist bei *extended jurisdiction juveniles* (Jugendliche zwischen 14 und 17 Jahren, die wiederholt Straftaten oder schwere Straftaten begangen haben) und Straftätern, die nicht zu einer gerichtlichen Anhörung erscheinen oder sich einer gerichtlich verfügten Unterbringung entziehen, nach § 260B.193 Subdivison 5e Minnesota Juvenile Court Act vorgesehen.

In Minnesota wurde 1994 zu einem Zeitpunkt, zu dem viele andere Bundesstaaten die Befugnisse und Zuständigkeiten der Jugendgerichte verringerten, gerade der gegenteilige Schritt vollzogen: Anstatt die Zuständigkeit der Jugendgerichte zu beschneiden, dehnte man sie vielmehr aus.[739] Infolge dieser Gesetzesnovellierung wurde eine neue Kategorie eines jugendlichen Straftäters, der *extended jurisdiction juvenile*, geschaffen, gegenüber dem sowohl Dispositionen aus dem Jugendstrafrecht als auch eine Sanktion aus dem Erwachsenenstrafrechtssystem angeordnet werden können.

b) Dispositionen für straffällig gewordene Kinder und Jugendliche

Delinquent children sind nach § 260B.007 Subdivison 6 Minnesota Juvenile Court Act Kinder und Jugendliche zwischen zehn und 17 Jahren, deren Tat eine Straftat darstellen würde, wenn sie als Erwachsene gehandelt hätten, mit Ausnahme von Kleinkriminalität.[740]

§ 260B.198 Subdivision 1 (m) Minnesota Juvenile Court Act bestimmt, dass bei der Auswahl der Dispositionen das Wohl des Kindes beziehungsweise des Jugendlichen berücksichtigt werden muss. Der Richter muss bei der Auswahl der geeigneten Dispositionen erklären, welche anderen alternativen Dispositionen im konkreten Fall ebenfalls in Betracht kamen, aber vom Gericht als nicht geeignet angesehen worden sind.

---

[739] Vgl. Torbet, S. 27; Podkopacz, S. 998

[740] Darunter fallen nach §260B.007 Subdivision 6 Minnesota Juvenile Court Act jegliche Verletzungen bundesstaatlichen und/oder gemeindlichen Rechts, mit Ausnahme der Vorschriften für so genannte *petty offender*, Verletzungen von Bundesrecht, sofern dieselbe Tat auch dann strafbar ist, wenn ein Erwachsener gehandelt hat sowie die Flucht aus einer staatlichen oder gemeindlichen Jugendstrafanstalt. Der Fachbegriff *delinquent child* umfaßt nicht Jugendliche ab 16 Jahren, die einen Mord begangen haben; ausdrücklich davon ausgenommen sind Jugendliche, die einen versuchten Mord ersten Grades begangen haben.

aa) *Counseling* (§ 260B.198 Subdivision 1 (a) Minnesota Juvenile Court Act)

Das Gericht kann eine Erziehungsberatung, und zwar nicht nur des Jugendlichen, sondern auch seiner Eltern oder seines Vormundes anordnen.

bb) *Supervision* (§ 260B.198 Subdivision 1 (b) Minnesota Juvenile Court Act)

Der Jugendliche kann unter die Aufsicht eines Bewährungshelfers oder einer anderen geeigneten Person in seinem Elternhaus gestellt werden. Die Bedingungen und näheren Einzelheiten dieser Aufsicht über den Jugendlichen und auch seiner Eltern werden dabei vom Gericht aufgestellt. Als Alternative hierzu kann der Delinquent unter Aufsicht in einem Pflege- und Erziehungsheim (*group foster care facility*) untergebracht werden.

Die *supervision* wird auf unbestimmte Zeit angeordnet. Das Gericht muss wenigstens einmal jährlich prüfen, ob die Anordnung noch aufrechterhalten werden kann, § 260B.198 Subdivision 9 Minnesota Juvenile Court Act.

cc) *Transfer of Legal Custody* (§ 260B.198 Subdivision 1 (c) Minnesota Juvenile Court Act)

Das Gericht kann die Übertragung des Sorgerechts über einen Minderjährigen an eine andere Person oder an eine Behörde verfügen. Als Vormund kommen beispielsweise eine *child-placing*-Behörde, eine örtliche Sozialbehörde, eine staatliche Schule, ein staatlicher Bewährungshelfer oder eine Individualperson, die, wie es das Gesetz formuliert einen guten moralischen Charakter besitzt, in Frage.

Die Übertragung des Sorgerechts erfolgt nach § 260B.198 Subdivision 9 Minnesota Juvenile Court Act für einen bestimmten, vom Gericht festgelegten Zeitraum. Nach Ablauf dieses Zeitraums besitzt das Gericht eine fortgesetzte Jurisdiktion über den Jugendlichen solange bis er 19 Jahre alt wird. Das Gericht kann in diesen Fällen die Anordnung erneuern oder nach einer erneuten gerichtlichen Anhörung eine andere Disposition treffen, § 260B.198 Subdivision 9 Minnesota Juvenile Court Act.

dd) *Transfer of Legal Custody by Commitment* und *Commitment* (§ 260B.198 Subdivision 1 (d) Minnesota Juvenile Court Act)

Im Falle einer Inhaftierung (*commitment*) wird das Sorgerecht über ein Kind beziehungsweise einen Jugendlichen an den *Commissioner of Corrections* übertragen. Diesem werden durch das Gesetz zahlreiche Befugnisse eingeräumt. Sie umfassen nach § 242.19 Minnesota Statutes:

- Die Befugnis, das Kind beziehungsweise den Jugendlichen in die Jugendstrafanstalten *Red Wing* oder *Sauk Centre* zu inhaftieren.
- Die Befugnis, den jungen Straftäter in einem *group foster home, conservation camp, alternative residential program* oder einer privaten Haftanstalt für straffällige Jugendliche unterzubringen.[741]
- Die Befugnis, den Jugendlichen unter Bewährungsauflagen[742] zu entlassen.
- Die Befugnis, den minderjährigen Straftäter erneut zu inhaftieren oder die Bewährungsauflagen zu erneuern.
- Die Befugnis, das Kind beziehungsweise den Jugendlichen zu entlassen, wenn der *Commissioner of Corrections* glaubt, der Täter sei resozialisiert.

Besondere Befugnisse werden dem *Commissioner of Corrections* nach § 242.195 Minnesota Statutes bei der Sorgerechtsübertragung über einen jugendlichen Sexualstraftäter eingeräumt. Im Rahmen dieser Sorgerechtsübertragung kann der *Commissioner of Corrections* eine *secure confinement* (Sicherungsverwahrung) des jugendlichen Sexualstraftäters anordnen und hat überdies die Befugnis, die nachfolgenden Dispositionen anzuordnen:

- Der Jugendliche kann in einer staatlichen Jugendstrafanstalt inhaftiert werden, die ein *Sex Offender Treatment Program* anbietet.
- Platzierung des Sexualstraftäters in einem privaten *Sex Offender Treatment Program*.
- Anordnung einer Bewährungsstrafe unter der Auflage, an einem *Sex Offender Treatment Program* teilzunehmen.
- Die erneute Inhaftierung des minderjährigen Sexualstraftäters oder die Erneuerung beziehungsweise Abänderung von Bewährungsauflagen.
- Die Überstellung des Minderjährigen an eine örtliche Sozialbehörde, um ihn in Pflege zu überstellen.

Nach § 260B.201 Subdivison 2 Minnesota Juvenile Court Act wird ein jugendlicher Straftäter in folgenden Fällen zwingend in die Obhut des *Commissioner of Corrections* gegeben oder zwingend in der Jugendstrafanstalt *Red Wing* inhaftiert, wenn der Jugendliche Wiederholungstäter ist oder als *extended jurisdiction juvenile* wegen der Begehung einer schweren Straftat wie Mord, Entführung oder einer besonders schweren Sexualstraftat verurteilt wurde. Dasselbe gilt, wenn dem Jugendlichen wegen Begehung der Straftat eine Bewährungsstrafe mit der Anordnung, ein *Sex Offender* oder ein *Chemical Dependency Treatment* – Programm zu absolvieren, auferlegt wurde und der Jugendliche es abge-

---

[741] Vgl. dazu auch Ascher, *Commitment to State*

[742] Die Bewährungsstrafe wird in Minnesota als Alternative zu einer Inhaftierung angesehen.

lehnt hat, an diesem Programm teilzunehmen beziehungsweise es nicht erfolgreich abgeschlossen hat.

ee) *Restitution* (§ 260B.198 Subdivision 1 (e) Minnesota Juvenile Court Act)

Wenn der Jugendliche eine Tat begangen hat, bei der die körperliche Unversehrtheit einer anderen Person oder das Eigentum einer anderen Person verletzt worden ist, kann eine Wiedergutmachung angeordnet werden. Nähere Angaben und eventuelle Begrenzungen der eventuell abzuleistenden Arbeitsstunden hierfür enthält das Gesetz nicht. Der Richter besitzt demnach einen großen Ermessensspielraum bei der Anordnung der Wiedergutmachung.

Für Jugendliche, die zu einer Wiedergutmachungsleistung verurteilt wurden, ist das *Juvenile Restitution Grant Program* entwickelt worden. Dieses Programm bietet für die Jugendlichen gering vergütete Gemeindearbeit an. Die von dem Jugendlichen in diesem Rahmen erzielten Einnahmen werden direkt an die Opfer weitergegeben, § 242.39 Minnesota Statutes.

ff) *Fine* (§ 260B.198 Subdivision 1 (f) Minnesota Juvenile Court Act)

Gegenüber einem jugendlichen Straftäter kann eine Geldstrafe bis zu 700 US Dollar verhängt werden. Dabei kann ein Zahlungsplan vom Gericht aufgestellt werden, in welchem festgelegt wird, dass die Geldstrafe in Ratenzahlungen abzuleisten ist.

gg) *Special Treatment and Care* (§ 260B.198 Subdivision 1 (g) Minnesota Juvenile Court Act)

Sollte der Jugendliche besondere Hilfe aufgrund seines körperlichen oder geistigen Gesundheitszustandes benötigen, kann das Gericht anordnen, dass seine Eltern oder der rechtliche Vormund dafür zu sorgen haben, dass dem Jugendlichen die nötige Hilfe in einer entsprechenden Einrichtung zukommt.

hh) Widerruf der Fahrerlaubnis (§ 260B.198 Subdivision 1 (h) Minnesota Juvenile Court Act)

Glaubt das Gericht, es sei im besten Interesse des Jugendlichen und der öffentlichen Sicherheit, so kann es die Fahrerlaubnis des Jugendlichen bis zu seinem 18. Geburtstag widerrufen. Liegen zwischenzeitlich gute Gründe vor, den Widerruf der Fahrerlaubnis aufzuheben, so kann dies jederzeit durch das Gericht angeordnet werden.

ii) Einschreibung in die Schule (§ 260B.198 Subdivision 1 (i) Minnesota Juvenile Court Act)

Das Gericht kann verlangen, dass der Jugendliche, bis er 18 Jahre alt wird oder bis er alle Voraussetzungen erfüllt, um die *High School* zu absolvieren, in einer öffentlichen Schule eingeschrieben bleibt, wenn es glaubt, dass dies im besten Interesse des Jugendlichen und der öffentlichen Sicherheit ist.

jj) Widerruf der Fahrerlaubnis bei Verstößen gegen das Betäubungsmittelgesetz (§ 260B.198 Subdivision 1 (j) Minnesota Juvenile Court Act)

Wenn der Jugendliche einen Verstoß gegen Betäubungsmittelbestimmungen (*controlled substance offense*) begangen hat, während er Auto gefahren ist, soll seine Fahrerlaubnis für 30 Tage widerrufen werden. Wenn der junge Täter noch keine Fahrerlaubnis besitzt oder seine Fahrerlaubnis bereits widerrufen wurde, dann soll die Erstausgabe beziehungsweise die Rückgabe der Fahrlizenz um 30 Tage hinausgeschoben werden.

kk) Teilnahme an besonderen Heilprogrammen (§ 260B.198 Subdivision 1 (k, l) Minnesota Juvenile Court Act)

Wird der Minderjährige aufgrund einer Sexualstraftat verurteilt, soll das Gericht die Teilnahme an einem *Sex Offender Treatment* – Programm anordnen. Dieses Programm muss auch in den staatlichen Jugendstrafanstalten in Minnesota angeboten werden, § 242.195 Minnesota Statutes.

Gibt es Anzeichen dafür, dass der Jugendliche drogenabhängig ist, so kann die Teilnahme an einer Drogentherapie angeordnet werden.

ll) Dispositionen bei Besitz von Schusswaffen (§ 260B.198 Subdivision 2 Minnesota Juvenile Court Act)

Wenn der Jugendliche bei Begehung der Straftat im Besitz einer Schusswaffe war, kann das Gericht zusätzlich zu anderen Verfügungen anordnen, dass die Schusswaffe unverzüglich beschlagnahmt wird. Zusätzlich soll das Gericht wenigstens 100 Stunden Gemeindearbeit für den Jugendlichen verhängen, sofern er nicht in einem *residential treatment program* oder einer Strafvollzugsanstalt für Jugendliche untergebracht ist.

Wenn der Jugendliche zur Tatzeit in einer *school zone* eine Schusswaffe besessen hat, kann das Gericht anordnen, dass die Fahrerlaubnis des jugendlichen Täters gänzlich entzogen wird oder die Fahrprivilegien bis zu seinem 18. Lebensjahr negiert werden.

mm) *Commitment to secure facility* (§ 260B.198 Subdivision 3, 4 Minnesota Juvenile Court Act)

Jugendliche Straftäter können zudem in einer *secure facility* (Anstalt mit hohem Sicherheitsgrad) inhaftiert werden. Sobald der Jugendliche inhaftiert wird, wird das Sorgerecht an den *Commissioner of Corrections* übertragen. Als Besonderheit ist dabei zu beachten, dass die Inhaftierung für zunächst unbestimmte Zeit erfolgt und das *Departement of Corrections* einen Behandlungsplan über die Dauer der Inhaftierung aufstellt.[743] Dieser muss dann anschließend von dem Jugendstrafrichter genehmigt werden.

In Minnesota wurden vom *Departement of Corrections* Kriterien entwickelt, welche verhindern sollen, dass so genannte *low-risk*-Jugendliche in einer Anstalt mit hohem Sicherheitsgrad inhaftiert werden. Nach diesen Kriterien soll eine Inhaftierung bei folgenden Tätergruppen in Betracht kommen:[744]

- *serious offenders*, mit Ausnahme von Sexualstraftätern;
- *extended jurisdiction juveniles*;
- *chronic offenders*: Jugendliche, die zwei oder mehrere Verbrechen begangen haben und zuvor 90 Tage oder länger in zumindest einer *residential facility* waren;
- *sex offender*, wenn sie ein vom Gericht an geordnetes *residential sex offender* Behandlungsprogramm nicht erfolgreich absolviert haben.

c) *Dispositionen bei jugendlichen Verkehrsstraftätern* (§ 260B.225 Minnesota Juvenile Court Act)

In einem eigenen Abschnitt unter § 260B.225 Minnesota Juvenile Court Act ist die Behandlung jugendlicher Verkehrsstraftäter geregelt. Bei der Verhängung von Dispositionen unterscheidet man dabei zwischen *adult traffic offense* und *juvenile major highway or water traffic offense*.

aa) *Adult Traffic Offense*

Unter einem *adult traffic offense* versteht man ein geringfügiges Vergehen des Straßenverkehrsrechts oder Fahren unter dem Einfluss von Alkohol oder unter Einfluss unerlaubter Betäubungsmittel. Ist der Jugendliche zur Tatzeit wenigstens 16 Jahre alt, dann fällt er bezüglich dieser Straftat nicht mehr unter die Jurisdiktion des Jugendgerichts. Der Jugendliche wird im Hinblick auf die Sanktionen wie ein Erwachsener behandelt, allerdings mit der Ausnahme, dass er bei einer Unterbringung außer Hause nur in eine *residential treatment facility* oder

[743] Vgl. Ascher *Commitment to State*; Podkopacz Reference Studie, S. 109
[744] Minnesota Juvenile Commitments, S. 5

in einer Jugendstrafanstalt mit hohem Sicherheitsgrad untergebracht werden darf.

bb) *Juvenile Major Highway or Water Traffic Offense*

Unter einem *juvenile major highway or water traffic offense* versteht man die Verletzung von Verkehrsrecht, die nicht unter einen *adult traffic offense* fällt. Wenn das Gericht den Jugendlichen als *juvenile major highway or water traffic offender* verurteilt, dann stehen dem Jugendrichter folgende Dispositionen, die einzeln oder miteinander kombiniert verhängt werden können, zur Auswahl:

- Der Jugendliche kann durch den Richter förmlich getadelt werden.
- Anordnung einer Teilnahme an Nachschulungsunterricht in einer Fahrschule (*driver improvement school*).
- Die Aussprache einer Empfehlung gegenüber dem *Departement of Public Safety*, welches für die Erteilung und den Entzug für die Fahrerlaubnis zuständig ist, dass die Fahrerlaubnis des Jugendlichen vorübergehend eingezogen wird.
- Bei zwei aufeinanderfolgenden Verkehrsverletzungen oder bei einem Verkehrsunfall, der zu einem Todesfall, einer Verletzung oder einem Schaden von über US $ 100 geführt hat, kann das Gericht der zuständigen Verkehrsbehörde empfehlen, dass die Fahrerlaubnis des Jugendlichen bis zu seinem 18. Lebensjahr entzogen wird.
- Der Jugendliche kann unter die Aufsicht eines Bewährungshelfers gestellt werden. Er soll dabei aber im Elternhaus verbleiben. Das Gericht stellt zusätzlich Bedingungen für den Umgang mit Fahrzeugen auf, um das Verhalten des Minderjährigen in dieser Hinsicht zu verbessern.
- Anordnung der Schadenswiedergutmachung.
- Anordnung einer Geldstrafe bis zu US $ 700.

d) Dispositionen für petty offenders (§ 260B.235 Minnesota Juvenile Court Act)

Ebenso wie die Behandlung der jugendlichen Verkehrsstraftäter sind die Dispositionen für so genannte Kleinkriminelle (*petty offenders*) in einem gesonderten Abschnitt geregelt. Unter Kleinkriminellen versteht man Jugendliche, die gegen Alkohol- beziehungsweise Betäubungsmittelbestimmungen oder gegen gemeindliche Rechtsvorschriften, deren Verletzung nur bei Jugendlichen eine strafbare Handlung darstellt, verstoßen. Diese Jugendlichen sollen grundsätzlich nicht als *delinquent*, also straffällig, sondern als *petty offender* verurteilt werden.

Ist das Gericht der Auffassung, dass der Jugendliche als Kleinkrimineller anzusehen ist, kann es folgende Dispositionen verhängen:

- Verhängung einer Geldstrafe bis zu $ 100;
- Anordnung der Teilnahme an einem Gemeindearbeitsprojekt;
- Anordnung der Teilnahme an einem Anti-Drogen-Programm;
- Anordnung der Unterziehung einer Beurteilung hinsichtlich einer Abhängigkeit von chemischen Drogen;
- Anordnung einer Bewährungsstrafe für bis zu sechs Monaten, wenn der Jugendliche einen Verstoß gegen Alkohol- oder Betäubungsmittelbestimmungen begangen hat. Wenn der Jugendliche von chemischen Drogen abhängig ist, kann eine längere Zeit angesetzt werden;
- Anordnung einer Schadenswiedergutmachung für das Opfer;
- Anordnung der Teilnahme an einem anderen Behandlungsprogramm, welches das Gericht als für den Jugendlichen geeignet ansieht;
- Anordnung des Führerscheinentzuges bis zu 90 Tage. Dabei können Ausnahmen für die Fahrten zur Arbeitsstätte eingeräumt werden. Bei wiederholtem Verstoß kann die Fahrerlaubnis bis zu einem Jahr entzogen werden oder bis der junge Täter 18 Jahre alt wird. Es ist dabei die Alternative zu wählen, die den längeren Entzug bedeutet. Wenn der Jugendliche noch keinen Führerschein besitzt, dann soll die Verweigerung der Erteilung einer Fahrerlaubnis verfügt werden. In diesem Fall soll der Jugendliche nicht vor seinem 18. Geburtstag den Führerschein erwerben können oder für den Zeitraum von einem Jahr, je nachdem welche Alternative länger dauert.

e) Dispositionen für extended jurisdiction juveniles (§ 260B.130 Subdivision 4 Minnesota Juvenile Court Act)

Ein so genannter *extended jurisdiction juvenile* ist ein Jugendlicher zwischen 14 und 17 Jahren, der wiederholt Straftaten oder schwere Straftaten begangen hat. Der Jugendstrafrichter kann bei diesen Jugendlichen sowohl Dispositionen aus dem Jugendstrafrecht als auch eine Sanktion aus dem Erwachsenenstrafrechtssystem verhängen. Letztere kommt nur zum Tragen, wenn der Jugendliche die Bedingungen und Anforderungen der jugendstrafrechtlichen Disposition nicht erfüllt und/oder eine erneute Straftat begeht.

Dieses Strafmodell wird als eine letzte Chance für diese jugendlichen Straftäter im Bereich der Schwerstkriminalität angesehen. Es soll ein Angebot zur Hilfe darstellen, das aber zugleich darauf besteht, dass die Jugendlichen für ihre Taten zur Verantwortung gezogen werden.[745]

[745] Vgl. Torbet, S. 27 mit Hinweis auf den Minnesota Supreme Court

f) Dauer der Dispositionen

Die Dispositionen werden in Minnesota auf unbestimmter Dauer angeordnet.[746] Sie werden bei Zweckerreichung oder Ende der Jurisdiktion des Jugendgerichts aufgehoben.

g) Justizpraxis

Eine Darstellung der Justizpraxis von Minnesota konnte nicht erfolgen, da kein entsprechendes Zahlenmaterial veröffentlich wurde. Eine Bewertung der Justizpraxis ist somit nicht möglich.

h) Gesamtbetrachtung

Wie auch der Bundesstaat Wisconsin besitzt Minnesota eine Vielzahl von Dispositionen.

aa) Starke Ausprägung jugendwohlfahrtsrechtlicher Gesichtspunkte

Das jugendstrafrechtliche Rechtssystem von Minnesota ist sehr stark jugenwohlfahrtsrechtlich orientiert. Bei der Auswahl der Dispositionen muss in erster Linie das Wohl des Kindes beziehungsweise des Jugendlichen berücksichtigt werden. So besteht in Minnesota auch die Möglichkeit, als Rechtsfolge einer Straftat die Einschulung des Täters in eine öffentliche Schule anzuordnen. Des Weiteren ist als strafrechtliche Reaktion auf eine Jugendstraftat die Übertragung des Sorgerechts über einen Minderjährigen an eine andere Person vorgesehen.

bb) Einbeziehen der Erziehungsberechtigten in die Bestrafung der Jugendlichen

Ebenso wie in Wisconsin können die Eltern in die Bestrafung ihres Kindes miteinbezogen werden. Im Rahmen der Sanktionen *counseling* und *supervision* können ebenfalls die Eltern des Straftäters mit zur Verantwortung gezogen werden.

cc) Besondere Behandlung jugendlicher Kleinkriminalität

Besondere Beachtung ist der Regelung für *petty offender* zu schenken. Kleinkriminalität wird in Minnesota auch strafrechtlich geahndet, aber in besonderer Weise. Dabei unterscheidet sich bereits die Verfahrensweise, in der Kleinkriminalität verhandelt wird. Kleinkriminalität von Jugendlichen soll geahndet werden, es soll aber eine Stigmatisierung des Jugendlichen unterbleiben.

---

[746] Podkopacz Reference Studie, S. 109

dd) Entwicklungstendenzen

In Minnesota ist gerade nicht die Entwicklung zu beobachten, jugendliche Straftäter vermehrt durch ein Erwachsenenstrafgericht abzuurteilen. Jugendliche, die wiederholt Straftaten oder schwere Straftaten begangen haben, werden in Minnesota grundsätzlich durch einen Jugendstrafrichter verurteilt.

Allerdings können in gewissen Sonderfällen dem Jugendlichen sowohl Dispositionen aus dem Jugendstrafrecht als auch Sanktionen aus dem Erwachsenenstrafrechtssystem angeordnet werden. Minnesota hat sich also nicht gänzlich der Idee verschlossen, jugendliche Straftäter durch Sanktionen des härteren Erwachsenstrafrechts für ihre Straftaten zur Verantwortung zu ziehen.

§ 6 Rechtsvergleichung

I. Einführung

Durch die Vornahme einer rechtsvergleichenden Untersuchung soll der Blick nach außen in die Vielfalt der Regelungen anderer Rechtsordnungen geöffnet werden. Im Folgenden wird untersucht, inwiefern sich die formellen jugendstrafrechtlichen Sanktionen in der Bundesrepublik Deutschland, Österreich, Schweiz und den USA voneinander unterscheiden oder inwieweit keine Unterschiede vorhanden sind. Dabei soll auch die Bedeutung der jeweiligen untersuchten Sanktionen in der Justizpraxis berücksichtigt werden.

II. Grundprinzipien und Zielsetzungen der untersuchten Jugendstrafrechtsordnungen

Jede Jugendstrafrechtsordnung verfolgt eigene Grundprinzipien und Zielsetzungen. Das Vorhandensein bestimmter jugendstrafrechtlicher Sanktionen und deren Auswahl im Rahmen der Strafzumessung werden dabei wesentlich von den Grundprinzipien und Zielsetzungen der jeweiligen Jugendstrafrechtsordnungen bestimmt. Daher werden zunächst die allgemeinen Grundprinzipien und Zielsetzungen in den untersuchten Ländern dargestellt und miteinander verglichen.

1. Bundesrepublik Deutschland

Die deutschen jugendstrafrechtlichen Bestimmungen sind in einem eigenständigen Gesetz zusammengefasst und enthalten zusätzlich Sonderregeln für heranwachsende Straftäter. Das Sanktionensystem des Erwachsenenstrafrechts gilt also nicht für Täter, die unter das deutsche Jugendstrafgerichtsgesetz fallen.

Jugendliche Straftäter sollen in Deutschland nicht etwa nur „milder“ oder weniger streng als erwachsene Straftäter behandelt werden, sondern auf eigenständige Weise. Dies wird besonders bei der Auswahl der Sanktionen für jugendliche Täter deutlich: Im Jugendstrafrecht ist, anders als im Erwachsenenstrafrecht, die begangene Straftat nur Anlass zur Verhängung einer Sanktion. Entscheidend für Art und Umfang ist jedoch das Ziel, die erforderliche Erziehung des Jugendlichen zu gewährleisten beziehungsweise zu ermöglichen. Das Jugendstrafrecht ist in Deutschland somit als Täterstrafrecht ausgestaltet.

Trotz der Kritik an dem Erziehungsbegriff[747] ist der Erziehungsgedanke im deutschen Jugendstrafrecht vorherrschend und bestimmend. Dies macht im Übrigen auch die Neuformulierung des § 2 JGG des Referentenentwurf für ein Zweites JGG-Änderungsgesetz deutlich.[748]

Zudem darf nicht unberücksichtigt bleiben, dass in Deutschland der Grundsatz der Vorrang der Verfahrenseinstellung nach den §§ 45,47 JGG besteht. So werden auch die durch die §§ 45, 47 JGG bestehenden Möglichkeiten der informellen Reaktionen auf Jugendkriminalität in der Praxis sehr häufig genutzt. Im Jahr 2001 wurden nur noch 31 Prozent aller Verfahren förmlich beendet.[749]

2. Österreich

Das österreichische Jugendstrafrecht ist in einem eigenständigen Gesetz geregelt. In diesem Gesetz werden strafrechtliche Sonderregelungen für Jugendliche getroffen, ein eigenständiges Strafrecht für Heranwachsende gibt es hingegen nicht in Österreich.

Die Besonderheit des österreichischen Jugendstrafrechts besteht darin, dass es ein Strafrecht mit beinahe keinen Strafen ist. Das österreichische Jugendstrafrecht geht insgesamt von einem Vorrang der Nichtintervention beziehungsweise der Diversion gegenüber der Bestrafung aus. Dadurch soll eine Stigmatisierung junger Straftäter weit möglichst vermieden werden. Mehr als 85 Prozent aller Jugendstrafsachen werden nicht durch förmliches Urteil, sondern auf informelle Weise erledigt. Nur die mittelschwere Kriminalität mit hohem tatbestandsmäßigem Unwertgehalt bis hin zur Schwerkriminalität soll mit der Strafe in all ihren Varianten sanktioniert werden.

Im österreichischen Jugendstrafrecht gilt ein klarer gesetzlicher Vorrang der Spezialprävention. Der Erziehungsgedanke wird hingegen im öJGG nicht ausdrücklich erwähnt. Dementsprechend ist die Erziehungsbedürftigkeit eines jugendlichen Straftäters im österreichischen Jugendstrafrecht auch nicht als Strafzweck vorgesehen.[750]

---

[747] Vgl. die Darstellung der Kritikpunkte an dem Erziehungsgedanken bei Kaiser, Zukunft des Jugendstrafrechts, 552, 553

[748] Vgl. dazu § 2 VI 2.

[749] Konstanzer Inventar Kriminalitätsentwicklung, Schaubild 6

[750] Jesionek, Entwicklung des Jugendstrafrechts, S. 11; vgl. Köck, JRP 1999, S. 270

3. Schweiz

Das schweizerische Jugendstrafrecht stellt ein Sonderstrafrecht für Kinder und Jugendliche dar. Für heranwachsende Täter gibt es kein eigenständiges Strafrecht. Auf sie finden die allgemeinen Vorschriften Anwendung.

Das derzeit noch geltende schweizerische Kinder- und Jugendstrafrecht ist in einem eigenen Abschnitt im schweizerischen Strafgesetzbuch enthalten. Es gibt derzeit noch kein eigenes vom Erwachsenenstrafrecht getrenntes Jugendstrafgesetz.

Obwohl die jugendstrafrechtlichen Regelungen im Strafgesetzbuch enthalten sind, stellt das schweizerische Jugendstrafrecht aber eher ein Erziehungs- und Betreuungsrecht als ein Strafrecht im klassischen Sinne dar. Daher sind die jugendstrafrechtlichen Sanktionen auch ausschließlich auf Erziehung und Fürsorge ausgerichtet. Die begangene Straftat ist nur Anlaß der strafrechtlichen Reaktion, nicht aber bestimmend für die Auswahl der Sanktion.

Charakteristisch für das derzeit noch geltende schweizerische Jugendstrafrecht ist der Grundsatz des Vorrangs und der Ausschließlichkeit der Maßnahme. Erziehungsmaßnahmen und Strafen schließen sich gegenseitig aus und können im Regelfall nicht miteinander kombiniert werden. Beim schweizerischen Jugendstrafrecht handelt es sich also um ein monistisches Täterstrafrecht.

Das schweizerische Strafgesetzbuch betont sehr stark den fürsorgerischen-erziehenden Gedanken des Jugendstrafrechts. Eine erneute Straffälligkeit von Kindern und Jugendlichen soll in erster Linie durch Erziehung, Behandlung und Betreuung und nicht durch das Aussprechen von Strafen verhindert werden. Freiheitsentziehende Maßnahmen sollen nur subsidiär zur Anwendung kommen.

Das schweizerische Jugendstrafrecht ist nicht als Tat – sondern als Täterstrafrecht konzipiert. Die Persönlichkeit des Täters steht im Vordergrund, Tat und Schuld rücken in den Hintergrund.[751]

Im Entwurf des Bundesgesetzes über das Jugendstrafrecht werden zwei grundlegende Neuerungen vorgenommen: Zum einen wird das schweizerische Jugendstrafrecht von nun ab in einem eigenständigen Gesetz geregelt und ist nicht mehr als Sonderstrafrecht im Erwachsenenstrafrecht eingegliedert. Zum anderen hat der schweizerische Gesetzgeber die gesetzliche Grundlage geschaffen, jugendliche Straftäter gleichzeitig zu bestrafen und zu betreuen.

Die erzieherische Zielsetzung des Jugendstrafrechts wird im reformierten schweizerischen Jugendstrafrecht deutlicher als im bislang geltenden Recht zum Ausdruck gebracht. Wie bereits nach derzeit geltender Rechtslage geht auch der Entwurf des Jugendstrafgesetzes von einem Vorrang der Erziehung und sozialen Integration vor den Strafen aus.

---

[751] Boehlen, Vorbemerkungen, S. 15

4. USA

Da in den USA nicht nur ein Jugendstrafrechtssystem, sondern vielmehr 51 verschiedene Systeme gibt, ist es auch nicht möglich, von „dem" amerikanischen Jugendstrafrecht zu sprechen. Die Durchführung einer rechtsvergleichenden Untersuchung mit amerikanischen jugendstrafrechtlichen Vorschriften ist somit nur in einem eingeschränkten Maße möglich, da die jugendstrafrechtlichen Regelungen der einzelnen Bundesstaaten und des Bundesrechts einander nicht völlig identisch sind. Es ist nicht Aufgabe der hier vorgesehenen rechtsvergleichenden Untersuchung, jedes Detail der unterschiedlichen amerikanischen Rechtssysteme aufzuarbeiten. Dieses würde auch bei weitem den Rahmen dieser Arbeit sprengen. Im Folgenden werden vielmehr die Grundtendenzen der amerikanischen Jugendstrafrechtsregelungen unter Berücksichtigung der Regelungen in Wisconsin und Minnesota aufgezeigt und mit den Regelungen des deutschen, österreichischen und schweizerischen Jugendstrafrechts verglichen.

Sowohl nach Bundesrecht als auch auf bundesstaatlicher Ebene bestehen eigenständige jugendstrafrechtliche Vorschriften. Heranwachsende Straftäter fallen nicht mehr unter Jurisdiktion der *juvenile courts*. Es ist allerdings in vielen Bundesstaaten möglich, die Gerichtsbarkeit des Jugendgerichts solange zu erweitern, bis der Straftäter 21 Jahre alt ist.

Es gibt zwar hin und wieder Vorschläge, die Jugendstrafrechtssysteme vollständig Teil der Erwachsenenstrafrechtssysteme werden zu lassen[752], vollständig durchgesetzt hat sich diese Bewegung allerdings weder auf Bundes- noch auf bundesstaatlicher Ebene. Allerdings ist in den vergangenen Jahren auf Länderebene zu beobachten gewesen, dass bei schwerer und wiederholter Kriminalität Jugendlicher vermehrt das härtere Erwachsenenstrafrecht anstelle des Jugendstrafrechts eingesetzt wurde.

Wenn ein Jugendlicher an ein Erwachsenenstrafgericht überwiesen wird, wird er dort vollständig als Erwachsener behandelt und nicht etwa als „kleiner" Erwachsener. Milderungsvorschriften für jugendliche Straftäter vor Erwachsenengerichten existieren nicht.

Die Sonderstellung der jugendstrafrechtlichen Vorschriften gegenüber dem Erwachsenenstrafrecht wird durch den im Jugendstrafrecht (noch) vorherrschenden Gedanken der *parens patriae* deutlich. Danach muss der Staat schutzbedürftige Personen, worunter Personen, die nicht die volle rechtliche Handlungsfähigkeit besitzen, einschließlich Geisteskranker und straffälliger Kinder und Jugendlicher fallen, schützen.[753] Hierdurch soll verhindert werden, dass Jugendliche wie kriminelle Erwachsene behandelt werden.

---

[752] Bartollas, S. 313

[753] Roberson, S. 8; Howell, S. 7; Snyder/Sickmund, S. 86; Light, S. 402; Flowers, S. 150

Diese Grundidee des Jugendstrafrechts, welche sich stark an das Wohlfahrtsrecht anlehnt, wird aber immer weiter durch Rechtsfiguren wie die des *waiver* und des *blended sentencing* im Bereich der Schwer- und Wiederholungskriminalität zurückgedrängt. Die *parens patriae* – Doktrin wurde aber noch nicht vollständig aufgegeben, im Bereich der jugendtypischen Kriminalität wird sie nicht bestritten.

5. Zwischenergebnis

Grundsätzlich sind verschiedene Ausgestaltungen jugendstrafrechtlicher Rechtsordnungen möglich: Die jugendstrafrechtlichen Vorschriften können in einem eigenständigen Gesetz oder innerhalb der allgemeinen Vorschriften in Sonderregelungen zusammengefasst werden.

In den untersuchten Rechtsordnungen bestehen mit Ausnahme der Schweiz eigenständige Jugendstrafgesetze. Dies wird sich in der Schweiz aber mit Inkrafttreten des eigenständigen schweizerischen Jugendstrafgesetzes ändern. Die Existenz eigenständiger jugendstrafrechtlicher Bestimmungen zeigt, dass jugendliche Straftäter nicht als „kleine" erwachsene Straftäter angesehen werden.

Eine eigenständige Sonderregelung für heranwachsende Straftäter existiert nur in Deutschland. In den übrigen untersuchten Ländern gibt es nur vereinzelt Sondervorschriften für die strafrechtliche Behandlung von Heranwachsenden.

In der Grundidee stimmen die jugendstrafrechtlichen Bestimmungen der untersuchten Rechtsordnungen überein: Das Jugendstrafecht hat eine Sonderstellung innerhalb der strafrechtlichen Bestimmungen einzunehmen. Während in Deutschland, Österreich und der Schweiz das Jugendstrafrecht oft eine Vorreiterfunktion innehat, ist eine solche bei den amerikanischen Bestimmungen nicht erkennbar. Sanktionen, die sich im Erwachsenenstrafrecht bewährt haben, wie zum Beispiel die *boot camps* wurden vom Erwachsenenrecht ins Jugendstrafrecht übertragen und nicht etwa umgekehrt.

Die jugendstrafrechtlichen Sanktionen unterscheiden sich nicht in allen untersuchten Rechtsordnungen von den Sanktionen des Erwachsenenstrafrechts: Während in Deutschland, der Schweiz und den bundesstaatlichen Regelungen der USA im Unterschied zum Erwachsenenstrafrecht eine Vielfalt von Sanktionen besteht, um flexibel auf jugendstrafrechtliches Verhalten reagieren zu können, wurde in Österreich ein anderer Weg beschritten. Zwar gibt es dort auch ein eigenständiges Jugendgerichtsgesetz, die Strafen wurden aber mit Ausnahme des Schuldspruchs ohne Strafe den klassischen Sanktionsformen des Erwachsenenstrafrechts, der Geld- und der Freiheitsstrafe, entnommen.

Die deutschen und die schweizerischen jugendstrafrechtlichen Bestimmungen werden von der Erkenntnis geleitet, dass abweichendes Verhalten im Jugendalter meist nur eine normale Begleiterscheinung in der Entwicklung junger Menschen ist. Angesichts der vorübergehenden Natur stehen bei beiden Jugendstrafrechtsordnungen der Täter und nicht die Tat im Vordergrund.[754] Die jugendstrafrechtlichen Sanktionen sind nicht generalpräventiv, sondern spezialpräventiv ausgerichtet. Die Erziehung des straffällig gewordenen Täters wird bezweckt.

Demgegenüber spielt der Erziehungsgedanke in Österreich keine Rolle im Jugendstrafrecht. Die jugendstrafrechtlichen Vorschriften sind streng von den jugendwohlfahrtsrechtlichen Bestimmungen getrennt.

Mit Ausnahme der schweren und der Wiederholungskriminalität steht in den bundesstaatlichen Regelungen der USA ebenfalls das (erzieherische) Wohl des jugendlichen Straftäters im Vordergrund. Nach der grundlegenden Philosophie der Jugendgerichte werden die Jugendliche nicht wie Kriminelle, sondern als Personen, die Hilfe, Erziehung und Schutz benötigen, behandelt. Der Erziehungsgedanke ist nicht ausdrücklich in den jugendstrafrechtlichen Vorschriften erwähnt, er findet aber durchaus Berücksichtigung im amerikanischen Jugendstrafrecht, da nach der *parens patriae*-Doktrin dem Jugendlichen durch das Jugendgericht Hilfe bei der Erziehung zukommen soll.

Ganz anders wird dies aber im Bereich der Schwerstkriminalität von Jugendlichen gesehen. Hier steht bei der Sanktionierung hauptsächlich die Tat im Mittelpunkt und nicht der Täter und sein erzieherisches Wohl. Ob der Täter einer (weiteren) Erziehung bedarf, wird bei der Begehung schwerer Strafen nicht untersucht. Im Vordergrund stehen vielmehr das Verantwortlichmachen des Täters für die begangene Tat, Vergeltung und der Schutz der öffentlichen Sicherheit.

III. Regelung des persönlichen Anwendungsbereiches der jugendstrafrechtlichen Vorschriften

Bei einer Untersuchung jugendstrafrechtlicher Sanktionen muss auch der Personenkreis derer, die von den Sanktionen betroffen werden können, dargestellt werden. Daher wird nachfolgend dargestellt, wie in den betrachteten Ländern der Anwendungsbereich der jugendstrafrechtlichen Vorschriften festgelegt wurde.

Die Mindestgrundsätze der Vereinten Nationen für die Jugendgerichtsbarkeit („Beijing Grundsätze“) haben keine zu beachtenden Vorgaben geliefert, da sie keinerlei Altersgrenzen formuliert haben. In der Nr. 4.1 dieser Grundsätze wird allerdings einschränkend darauf hingewiesen, dass das Strafmündigkeitsalter nicht zu niedrig angesetzt werden soll, da die Entwicklung der emotionalen, seelischen und geistigen Reife des Täters berücksichtigt werden muss.

[754] Vgl. Backmann, MschrKrim 2001, S. 386, 387

1. Bundesrepublik Deutschland

Nach § 1 I JGG gilt das Jugendstrafrecht für alle Verfehlungen Jugendlicher und Heranwachsender, die nach dem allgemeinen Strafrecht mit Strafe bedroht sind. Jugendlicher i.S.d. JGG ist, wer 14, aber noch nicht 18 Jahre alt ist. Ein Jugendlicher wird durch das JGG nur erfasst, soweit er nach seiner sittlichen und geistigen Entwicklung reif genug ist, das Unrecht der Tat einzusehen und nach dieser Einsicht zu handeln, § 3 JGG. Heranwachsender ist, wer 18 Jahre, aber noch nicht 21 Jahre alt ist, § 1 II JGG.

Eine weitere Altersdifferenzierung dergestalt, dass bestimmte Sanktionen, wie etwa freiheitsentziehende Maßnahmen nur gegenüber Jugendlichen, die bereits ein bestimmtes Mindestalter erreicht haben, ausgesprochen werden dürfen, nimmt das JGG nicht vor. Das JGG differenziert lediglich bei der Dauer der Jugendstrafe zwischen Jugendlichen und Heranwachsenden. Während bei Heranwachsenden das Höchstmaß nach § 105 III JGG zehn Jahre beträgt, beträgt das Höchstmaß bei Jugendlichen im Regelfall fünf Jahre.

2. Österreich

In den Anwendungsbereich des öJGG fallen nur die Jugendlichen. Darunter versteht man nach § 1 Z 2 öJGG Personen, die zum Tatzeitpunkt das 14. Lebensjahr, aber noch nicht das 18. Lebensjahr vollendet haben. Die Strafen des öJGG sind für Jugendliche jeden Alters vorgesehen, eine zusätzliche Altersdifferenzierung beim Anwendungsbereich der Sanktionen wird nicht vorgenommen.

Bei der Bestimmung des Strafrahmens der Freiheitsstrafe wird hingegen unterschieden, ob eine Tat eines Jugendlichen vor oder nach Vollendung des 16. Lebensjahres begangen hat.

3. Schweiz

Die Schweiz hat gegenwärtig zusammen mit Irland die niedrigste Strafmündigkeitsgrenze in Europa. Man unterscheidet in der Schweiz nach derzeit geltendem Recht zwischen Kinder- und Jugendstrafrecht. Die Strafmündigkeit des Kinderstrafrechts beginnt mit dem siebten Lebensjahr und endet mit dem 15. Geburtstag des Delinquenten. Von den jugendstrafrechtlichen Regelungen werden Jugendliche, die das 15., aber noch nicht das 18. Lebensjahr vollendet haben, erfaßt.

Das schweizerische Jugendstrafrecht sieht die Einschließung als freiheitsentziehende Sanktion nur für Jugendliche vor, gegenüber Kindern ist die Anordnung der Einschließung nicht möglich. Das bedeutet aber nicht, dass gegenüber Kindern keine freiheitsentziehenden Maßnahmen verfügt werden können. Denn ihnen gegenüber kann Schularrest, in welchem ein Ansatz zur Freiheitsstrafe unverkennbar ist. angeordnet werden.

Die schweizerische Strafrechtsreform sieht eine Änderung der Strafmündigkeitsbestimmung dahingehend vor, dass künftig vom persönlichen Geltungsbereich des E-JStG Personen zwischen dem vollendeten zehnten und dem vollendeten 18. Lebensjahr umfasst werden.

Des Weiteren bleibt es bei der Regelung, Freiheitsstrafe bis zu einem Jahr nur gegenüber Jugendlichen, welche das 15. Lebensjahr vollendet haben, anordnen zu können. Zusätzlich ist aber eine Verschärfung für Jugendliche, die das 16. Lebensjahr vollendet und besonders schwere Delikte begangen haben, vorgesehen. Zukünftig können diese Täter mit einer erhöhten Freiheitsstrafe von bis zu vier Jahren bestraft werden.

4. USA

Die jugendstrafrechtlichen Vorschriften der amerikanischen Bundesstaaten legen zumeist ein Mindestalter und immer eine Höchstgrenze der Altersstufe fest, in der die Jugendgerichte für jugendliche Verfehlungen zuständig sind. Diese Altersgrenzen variieren innerhalb der einzelnen Bundesstaaten und zum Teil auch bezüglich der einzelnen Straftaten.

In den meisten Bundesstaaten hat das Jugendgericht die originäre Gerichtsbarkeit über Kinder und Jugendliche, die ein Strafgesetz verletzt haben und zum Tatzeitpunkt, zum Zeitpunkt der Verhaftung oder zum Zeitpunkt der Gerichtsverhandlung unter 18 Jahre alt sind.[755] Ein Mindestalter der Kinder oder Jugendlichen im Hinblick auf die Zuständigkeit der Jugendgerichte wird in vielen Bundesstaaten nicht festgelegt. Es liegt dann nach den *common law* Bestimmungen bei sieben Jahren, der Altersgrenze der allgemeinen Strafmündigkeit.

Auf bundesstaatlicher Ebene findet in den USA zusätzlich eine Differenzierung der Altersstufen bei bestimmten Dispositionen statt. So ist die Teilnahme an einem *boot camp* – Programm nur von Jugendlichen ab einem Mindestalter von 16 Jahren vorgesehen.

Das in Wisconsin für *serious juvenile offenders* vorgesehene Sanktionsprogramm differenziert ebenfalls nach dem Alter des Täters. Die vielfältigen Dispositionen, die dieses Programm für jugendliche Schwerverbrecher vorsieht, worunter auch die Unterbringung in einer *secured correctional facility* (Strafvollzugsanstalt mit höherem Sicherheitsgrad) gehört, können auch gegenüber Kindern, die das zehnte Lebensjahr vollendet haben, angeordnet werden.

Des Weiteren können in Wisconsin Kinder und Jugendliche, die schwere Straftaten begangen haben, aber nicht unter die Tätergruppe der *serious juvenile*

---

[755] Snyder/Sickmund, S. 93

offenders fallen, nach Vollendung des 12. Lebensjahres in einer Strafvollzugsanstalt mit hohem Sicherheitsgrad untergebracht werden.

5. Zwischenergebnis

Die untersuchten Länder haben die persönliche Anwendbarkeit der jugendstrafrechtlichen Bestimmungen unterschiedlich festgelegt: Deutschland, Österreich und die Schweiz legen ein Mindestalter für den persönlichen Anwendungsbereich der jugendstrafrechtlichen Bestimmungen fest. In den USA haben nur die wenigsten Bundesstaaten ein solches Mindestalter festgelegt. Die altersbezogene Obergrenze liegt in den untersuchten Ländern entweder bei dem vollendeten 17. oder 18. Lebensjahr. Die Länder orientieren sich dabei an den Altersgrenzen der zivilrechtlichen Volljährigkeitsbestimmungen.

Es ist festzustellen, dass in den betrachteten Rechtsordnungen zwei Arten der altersbezogenen Regelungen bestehen. Zum einen existiert ein Regelungsmodell, das den Anwendungsbereich jugendstrafrechtlicher Sanktionen prinzipiell für alle Alterstufen vorsieht.[756] Diesem System folgen Deutschland und Österreich.

Dem steht ein Regelungsmodell gegenüber, das einige, insbesondere die freiheitsentziehenden Sanktionen nur für eine bestimmte Altersgruppe vorsieht. Diesem Modell folgen die Schweiz und die USA. Die betreffenden schweizerischen Regelungen machen deutlich, dass freiheitsentziehende Maßnahmen für junge Täter unter 15 Jahren als ungeeignet angesehen werden. Mit der Festlegung von einem Mindestalter bei einigen Dispositionen machen die amerikanischen Gesetzgeber ebenfalls deutlich, dass sie diese Dispositionen nur für Jugendliche eines bestimmten Alters als geeignet ansehen. Anders als in der Schweiz sind die entsprechenden Altersgrenzen bei freiheitsentziehenden Maßnahmen sehr niedrig angesetzt.

Die Regelungen des persönlichen Anwendungsbereiches der jugendstrafrechtlichen Vorschriften können allerdings nicht isoliert ohne die im amerikanischen Jugendstrafrecht bestehenden Möglichkeiten, jugendstrafrechtliche Fälle vor den allgemeinen Strafgerichten und nicht vor den Jugendstrafgerichten zu verhandeln, betrachtet werden. Denn diese Möglichkeiten schränken den persönlichen Anwendungsbereich der jugendstrafrechtlichen Vorschriften ein.

Im Wege des *waiver*, *exclusion* und des *direct file* können Jugendliche, die wiederholt straffällig geworden sind und denen die Begehung schwerer Straftaten vorgeworfen wird, von der Gerichtsbarkeit des Jugendgerichts ausgeschlossen werden. Hintergedanke dieser Rechtsfiguren ist, dass man die Dispositionen, die einem Jugendstrafrichter zur Verfügung stehen, in diesen Fällen von Ju-

[756] Vgl. dazu auch allgemein Dünkel, Entwicklungstendenzen, S. 567, 581ff.

gendkriminalität für nicht ausreichend zur Bestrafung jugendlicher Schwer- und Wiederholungskriminalität hält.

Bei der Betrachtung dieser Rechtsinstitute muss auch auf deren Bedeutung in der Justizpraxis eingegangen werden: In den meisten Bundesstaaten werden tatsächlich weniger als fünf Prozent von allen zur Anklage gebrachten Jugendstrafrechtsfällen an ein allgemeines Strafgericht abgegeben.[757] Dies bedeutet, dass etwa bereits jeder 20. Fall an ein allgemeines Strafgericht abgegeben wird. Der Ausschluss Jugendlicher von der Gerichtsbarkeit der Jugendgerichte ist somit keine Seltenheit in der amerikanischen Justizpraxis.

Entsprechende Regelungen, die es ermöglichen, Jugendliche nach dem allgemeinen Strafrecht unter Ausschluss des Jugendstrafrechts zu verurteilen, sind weder in Deutschland, Österreich noch in der Schweiz vorhanden, es handelt sich also um eine spezifisch amerikanische Regelung.

IV. Einteilung der jugendstrafrechtlichen Sanktionen in Obergruppen

Im Folgenden sollen die gesetzlichen Strukturen der jugendstrafrechtlichen Sanktionen näher betrachtet werden. Es soll dabei untersucht werden, ob die jugendstrafrechtlichen Sanktionen in Obergruppen zusammengefasst werden können und ob in den gesetzlichen Regelungen eine Abstufung nach dem Schweregrad der Sanktionen vorgenommen wurde.

1. Bundesrepublik Deutschland

Das deutsche jugendstrafrechtliche Sanktionensystem nimmt eine Dreiteilung der Sanktionen in Erziehungsmaßregeln, Zuchtmittel und Jugendstrafe vor. Die Reaktionsmittel werden nach ihrer Eingriffsintensität abgestuft.

Aus § 5 II JGG ergibt sich, dass zunächst Erziehungsmaßnahmen verhängt werden sollen. Wenn Erziehungsmaßregeln nicht ausreichen, sollen Zuchtmittel oder Jugendstrafe angeordnet werden. Ambulante jugendstrafrechtliche Sanktionen können nach § 8 I 1 JGG ohne weiteres nebeneinander angeordnet werden. Ansonsten besteht das Prinzip der Einspurigkeit der freiheitsentziehenden Rechtsfolgen.[758] Danach ist die Verbindung von Jugendstrafe mit Jugendarrest und der Anordnung der Heimerziehung untersagt.

---

757 Adler/Mueller/Laufer Criminal Justice, S. 478

758 Dünkel, Situation jugendlicher Rechtsbrecher in Deutschland, S. 56 m.w.N.; vgl. BGHSt. 18, 207, 209

2. Österreich

Im österreichischen Jugendstrafrecht gibt es neben dem Schuldspruch ohne Strafe ausschließlich die traditionelle Reaktionsform der Strafe in allen ihren Varianten, also die Geld- und die Freiheitsstrafe. Weitere formelle jugendstrafrechtliche Sanktionen sieht das österreichische Jugendstrafrecht nicht vor.

3. Schweiz

In der Schweiz wird nach geltendem Jugendstrafrecht zwischen besonderen Behandlungsmaßnahmen, Erziehungsmaßnahmen und der Strafe unterschieden. Es findet also eine Dreiteilung der Sanktionen statt. Die Besonderheit der derzeit noch bestehenden schweizerischen Regelung besteht darin, dass es dem monistischen System folgt. Die urteilende Behörde kann mit Ausnahme des Art. 91 Ziff. 1 II, 95 Ziff. 1 II sStGB entweder eine Strafe oder eine Maßnahme anordnet. Kombinationen von Strafen und Maßnahmen sind grundsätzlich nicht zulässig.

Das reformierte Jugendstrafrecht fasst die besonderen Behandlungsmaßnahmen und die Erziehungsmaßnahmen unter dem Begriff der Schutzmaßnahmen zusammen und differenziert fortan zwischen Schutzmaßnahmen und Strafen. Die reformierten jugendstrafrechtlichen Bestimmungen haben zudem die Grundlage geschaffen, Strafen und Schutzmaßnahmen miteinander kombiniert anordnen zu können.

4. USA

In den amerikanischen jugendstrafrechtlichen Regelungen spricht man allgemein von *dispositions*, die in der Rechtslehre in die Gruppen der *nominal dispositions*, *conditional dispositions* sowie *custodial dispositions* eingeteilt werden. Diese Einteilung dient der Systematisierung der zahlreichen Dispositionen, sie stellt aber keine Unterscheidung in Strafen und sonstige jugendstrafrechtlichen Maßnahmen dar. Die amerikanischen Gesetze unterscheiden gesetzestechnisch nicht zwischen Obergruppen der jeweiligen Dispositionen, sondern zählen die Dispositionen zumeist nach dem Schweregrad geordnet nacheinander auf.

5. Zwischenergebnis

In Deutschland und der Schweiz findet eine Dreiteilung der jugendstrafrechtlichen Sanktionen statt. Das österreichische Jugendstrafrecht kennt als formelle jugendstrafrechtliche Sanktionen die Strafe und den Schuldspruch ohne Strafe. In den Jugendstrafrechtssystemen der USA wird im Bereich der formellen jugendstrafrechtlichen Sanktionen nicht zwischen Strafen und sonstigen Maßnahmen unterschieden. Es gibt nur eine Art von jugendstrafrechtlichen Sanktionen, die *dispositions*.

In Deutschland und den USA herrscht im Vergleich zur Schweiz und insbesondere zu den österreichischen Regelungen eine große Sanktionsvielfalt. Der Vorteil einer großen Sanktionsbreite besteht darin, dass der Jugendstrafrichter flexibel auf Jugendstraftaten reagieren kann und die Sanktion auf die persönlichen Verhältnisse des Jugendlichen flexibel anpassen kann. In den USA bestehen allerdings, wie bereits oben dargestellt, erhebliche regionale Unterschiede im Hinblick auf die Vielfalt der Sanktionsmöglichkeiten, so dass nicht flächendeckend in den USA die breite Sanktionsvielfalt gegeben ist.

Die Sanktionen des österreichischen Jugendstrafrechts wurden mit Ausnahme der Schuldsprüche ohne Strafe aus dem Erwachsenenstrafrecht übernommen. In der Bundesrepublik Deutschland, der Schweiz und den USA sehen die jugendstrafrechtlichen Regelungen deutlich mehr Sanktionen als das Erwachsenenstrafrecht vor. Dadurch wird deutlich, dass jugendliche Straftäter nicht als „kleine" Erwachsene angesehen werden, sondern dass die Sanktionen den in der Persönlichkeit noch reifenden Jugendlichen angepasst werden müssen.

Obwohl Österreich keinerlei Sonderformen von formellen jugendstrafrechtlichen Sanktionen in das öJGG aufgenommen hat, kann dem österreichischen Gesetzgeber nicht der Vorwurf gemacht werden, Jugendliche nicht jugendtypisch zu sanktionieren. Auch in Österreich werden jugendliche Täter grundsätzlich nicht als „kleine" Erwachsene angesehen. Die Besonderheit des österreichischen Jugendstrafrechts liegt aber darin, dass man sich für ein Strafrecht mit beinahe keinen Strafen entschieden hat. Das österreichische Jugendstrafrecht geht vielmehr von einem Vorrang der Nichtintervention beziehungsweise der Diversion gegenüber der Bestrafung aus. Dadurch soll die traditionelle Reaktionsform der Strafe aus dem Bereich der Bagatell-, Klein- bis Mittelkriminalität verdrängt werden. Lediglich für den schmalen Randbereich der mittelschweren Kriminalität mit hohem tatbestandsmäßigem Unwertgehalt bis hin zur Schwerkriminalität ist im österreichischen Strafrecht ausschließlich die traditionelle Reaktionsform der Strafe in allen ihren Varianten vorgesehen. Damit wird deutlich gemacht, dass jugendliche Straftäter im Bereich der Schwerkriminalität für ihre Taten verantwortlich gemacht werden und nach der Art der Strafe nicht anders als Erwachsene bestraft werden sollen. Eine völlige Gleichstellung mit erwachsenen Straftätern ist aber nicht gewollt und wird durch den Grundsatz der Halbierung des Strafmaßes deutlich gemacht.

Zwar besteht auch in Deutschland der Vorrang der Verfahrenseinstellung nach den §§ 45, 47 JGG und in der Praxis werden auch rund 70 Prozent aller jugendstrafrechtlichen Verfahren informell erledigt[759], es entsteht jedoch der

[759] Vgl. Konstanzer Inventar Kriminalitätsentwicklung, Schaubild 6

Eindruck, dass in Österreich die informelle Erledigung von Jugendstrafverfahren im Vergleich zur deutschen Justizpraxis mit größerem Nachdruck betrieben wird. In Österreich besitzt der außergerichtliche Tatausgleich eine sehr große Bedeutung in Jugendstrafverfahren, während der Anwendungsbereich des Täter-Opfer-Ausgleichs im Rahmen der Diversion in Deutschland stetig wächst[760], aber anscheinend noch nicht so energisch betrieben wird wie der österreichische außergerichtliche Tatausgleich.[761]

V. Ausgewählte jugendstrafrechtliche Sanktionen im Vergleich

Dem Rechtsvergleich einzelner formeller jugendstrafrechtlicher Sanktionen werden dadurch Grenzen gesetzt, dass die untersuchten Länder eine unterschiedliche Rechtsterminologie gebrauchen. Dies kann dazu führen, dass man nicht die identischen, sondern nur vergleichbare Sanktionen einander gegenüberstellen kann.

Nachfolgend sollen Regelungen der Erziehungsmaßnahmen, Weisungen, Wiedergutmachungsleistungen, gemeinnützige Arbeitsleistungen, Geldstrafen, Freiheitsstrafen und kurzfristige Freiheitsstrafe und deren vergleichbare Formen einander gegenübergestellt werden.

1. Erziehungsmaßnahmen und vergleichbare Sanktionen

Im Folgenden wird untersucht, ob es in den betrachteten Ländern Erziehungsmaßnahmen oder den Erziehungsmaßnahmen vergleichbare jugendstrafrechtliche Sanktionen gibt. In die Betrachtung soll außerdem mit einfließen, unter welchen Voraussetzungen Erziehungsmaßnahmen oder ihnen vergleichbare Sanktionen angeordnet werden können und welche Bedeutung sie in der jugendstrafrechtlichen Praxis der untersuchten Länder haben.

a) Bundesrepublik Deutschland

Das deutsche Jugendstrafrecht kennt die Erziehungsmaßregeln als formelle jugendstrafrechtliche Sanktion. Zu den Erziehungsmaßregeln des JGG gehören die Erteilung von Weisungen und die Anordnung, Hilfe im Sinne des § 12 JGG in Anspruch zunehmen. Erziehungsmaßregeln dienen ausschließlich erzieherischen Zwecken und nicht der Ahndung der Tat. Sie werden aus Anlass der Tat angeordnet und nicht wegen der Tat. Die Tat spielt nur insofern eine Rolle, als eine

---

[760] Vgl. Schöch in: Meier/Rössner/Schöch, § 9 Rn. 14

[761] Brunner/Dölling halten das vorhandene Fallpotential des Täter-Opfer-Ausgleichs trotz der Zunahme der Anwendung des Täter-Opfer-Ausgleichs in den neunziger Jahren für weiterhin noch nicht ausgeschöpft, vgl. Brunner/Dölling § 10 Rn. 12a

Proportionalität zwischen ihr und der angeordneten Erziehungsmaßregel als gewählter Rechtsfolge bestehen muss.

Da die Erziehungsmaßregeln strafrechtliche Sanktionen sind, müssen alle Straftat- und Strafverfolgungsvoraussetzungen erfüllt sein. Auch wenn die Erziehungsmaßregeln „nur“ aus Anlass der Straftat angeordnet werden, setzen sie ein tatbestandsmäßiges, rechtswidriges und schuldhaftes Handeln voraus. Des Weiteren setzt die Anordnung von Erziehungsmaßregeln Erziehungsbedürftigkeit und Erziehungsfähigkeit des jungen Täters voraus. In der Straftat des Jugendlichen müssen daher Erziehungsmängel zum Ausdruck gekommen sein.

Bei der Anordnung der Erziehungsmaßregeln ist das Subsidiaritätsprinzip zu beachten: Die in der Tat zum Vorschein gekommenen Erziehungsdefizite sollen nur dann mit Erziehungsmaßregeln ausgeglichen werden, wenn diese bereits ausreichen und nicht auf die schärferen Reaktionsformen der Zuchtmittel oder Jugendstrafe zurückgegriffen werden muss.

b) Österreich

Das österreichische Jugendstrafrecht sieht eine formelle jugendstrafrechtliche Sanktion mit der Bezeichnung „Erziehungsmaßnahme“ oder „Erziehungsregel“ nicht vor.

Der zweite Abschnitt des öJGG steht hingegen unter der Überschrift „familien- und jugendwohlfahrtsrechtliche Verfügungen“. Dieser Abschnitt stand im öJGG 1961 noch unter der Überschrift „Erziehungsmaßnahmen“. Die familien- und jugendwohlfahrtsrechtlichen Verfügungen stellen allerdings keine jugendstrafrechtlichen Sanktionen dar, auch dann nicht, wenn sie von einem Strafrichter getroffen werden. Es handelt sich vielmehr um ausschließlich zivilrechtliche Verfügungen, die völlig losgelöst von dem Gesichtspunkt der Tatvergeltung angeordnet werden. Die familien- und jugendwohlfahrtsrechtlichen Verfügungen sollen vielmehr einer persönlichen Entwicklungsgefährdung entgegenwirken.

c) Schweiz

In der Schweiz sind als Reaktion auf strafbare Handlungen von Kindern und Jugendlichen in erster Linie Erziehungsmaßnahmen vorgesehen. Die Erziehungsmaßnahmen umfassen die Erziehungshilfe, die Unterbringung in einer Pflegefamilie und die Einweisung in ein Erziehungsheim.

Erziehungsmaßnahmen werden angeordnet, wenn der Täter einer erzieherischen Betreuung bedarf und zumindest ein tatbestandsmäßiges und rechtswidriges Verhalten des Jugendlichen vorliegt. Ein schuldhaftes Handeln ist nach herrschender Auffassung nicht erforderlich.

Liegen die Voraussetzungen für die Anordnung von Erziehungsmaßnahmen vor, so hat die urteilende Behörde nicht mehr zu prüfen, ob auch eine Strafe gegenüber dem Jugendlichen angeordnet werden kann. Dies folgt aus dem Subsidiaritätsgrundsatz, nach welchem die Strafe subsidiär gegenüber den Erziehungsmaßnahmen ist. Es muss daher zunächst immer geprüft werden, ob der Jugendliche erziehungsbedürftig ist. Ist der Jugendliche erziehungsbedürftig, dürfen nach derzeit geltender Rechtslage grundsätzlich nur Erziehungsmaßnahmen angeordnet werden. Liegt keine Erziehungsbedürftigkeit vor, sondern ein Fall der Gelegenheits- und „normalen" Kriminalität, dann ist eine Strafe auszusprechen.

Das reformierte schweizerische Jugendstrafrecht fasst fortan die Erziehungsmaßnahmen und die besondere Betreuung unter dem Begriff der Schutzmaßnahmen zusammen. Die Schutzmaßnahmen umfassen die Aufsicht, die persönliche Betreuung, die ambulante Betreuung sowie die Unterbringung des Jugendlichen bei Privatpersonen oder in Erziehungs- oder Behandlungseinrichtungen. In der Sache erfolgte aber keine Änderung, außer dass nun auch Schutzmaßnahmen neben der Strafe angeordnet werden können.

d) USA

Den Begriff der Erziehungsmaßnahmen oder Erziehungsmaßregeln gibt es als solchen nicht im amerikanischen Jugendstrafrecht. In den amerikanischen Jugendstrafrechtssystemen sind aber Dispositionen für straffällig gewordene Jugendliche vorgesehen, die mit den Erziehungsmaßnahmen vergleichbar sind.

Unter den Erziehungsmaßnahmen werden in dieser Arbeit strafrechtliche Maßnahmen verstanden, die keine Strafen sind und mit denen der Jugendliche erzieherisch beeinflusst werden soll. Merkmale von Erziehungsmaßnahmen sind die Anleitung, Förderung und Unterstützung der Erziehung des Jugendlichen.

In den Jugendstrafrechtssystemen der USA wird im Bereich der formellen jugendstrafrechtlichen Sanktionen nicht zwischen Strafen und sonstigen Maßnahmen unterschieden. Daher gibt es in den USA keine Maßnahmen, die keine Strafe sind und mit denen erzieherisch auf die Jugendlichen eingewirkt werden soll. Löst man sich von dem Merkmal, dass Erziehungsmaßnahmen keine Strafen sind und konzentriert sich auf die erzieherische Einwirkung auf den Jugendlichen, dann findet sich in den USA eine Vielzahl von Dispositionen, welche diese Charakteristika aufweisen.

aa) Dispositionen in Wisconsin und Minnesota, die mit den Erziehungsmaßnahmen vergleichbar sind

Zu nennen sind in Wisconsin die Erziehungsberatung (*counseling*), die Aufsicht (*supervison*), die Unterbringung in einem Pflege- und Erziehungsheim (*group foster care facility*), das *Volunteers in Probation Program*, das *Nonresidential*

Educational Program, das *Juvenile Offender Education Program*, die Einschreibung in einer öffentlichen Schule, sonstige Erziehungs- beziehungsweise Unterrichtsprogramme für jugendliche Straftäter sowie die Tagesbehandlungsprogramme (*day treatment program*).

Ähnliche Dispositionen sind in den jugendstrafrechtlichen Bestimmungen des Bundesstaates Minnesota vorgesehen. Dort bestehen als mit den Erziehungsmaßnahmen vergleichbare Dispositionen die Anordnung der Aufsicht, die Übertragung des Sorgerechts und die Einschreibung in einer *High School*.

Die Anordnung aller dieser Dispositionen ist bei straffälligen Jugendlichen vorgesehen. Somit müssen alle Strafbarkeitsvoraussetzungen vorliegen.

Diese mit den Erziehungsmaßnahmen vergleichbaren Dispositionen gehören zu den mildesten Dispositionen, die einem amerikanischen Jugendstrafrichter zur Verfügung stehen. Am mildesten ist eine Erziehungsberatung (*counseling*), welche nicht nur gegenüber dem Jugendlichen, sondern auch gegenüber seinen Eltern oder seinem Vormund angeordnet werden kann.

Besonders flexibel sind die so genannten Tagesbehandlungsprogramme. Erkennt der Richter, dass bei dem jungen Täter erzieherische Defizite beziehungsweise Bedürfnisse vorliegen, kann er eine Teilnahme an einem Tagesbehandlungsprogramm, das speziell auf das bei dem Täter vorhandene Defizit beziehungsweise Bedürfnis eingeht, anordnen.

Die mit den Erziehungsmaßnahmen vergleichbaren Dispositionen haben teilweise starke jugendwohlfahrtsrechtliche Elemente: So kann im Rahmen einer Unterbringung eines jugendlichen Straftäters in einem Pflege- und Erziehungsheim (*group foster care facility*) die Übertragung des Sorgerechts über einen Minderjährigen an eine andere Person oder an eine Behörde durch den Jugendstrafrichter verfügt werden.

bb) Sonstige mit den Erziehungsmaßnahmen vergleichbare Dispositionen

Sieht man Jugendliche auch dann als erziehungsbedürftig an, wenn diese Hilfe aufgrund Abhängigkeiten von Suchtstoffen benötigen oder besondere Hilfe aufgrund ihres körperlichen oder geistigen Gesundheitszustandes benötigen, dann können als den Erziehungsmaßnahmen vergleichbare Maßnahmen noch zusätzlich Alkohol- und Drogenentziehungsprogramme sowie die besonderen Erziehungsprogramme (*Special Treatment and Care*) in die rechtsvergleichende Betrachtung miteinbezogen werden.

Als mit den Erziehungsmaßnahmen vergleichbare Dispositionen sind zudem die Unterbringungsmöglichkeiten jugendlicher Straftäter in den unterschiedlichsten Formen von Heimen im Rahmen der *nonsecure custody* anzusehen. Dazu gehören die Unterbringung in einem Pflegeheim (*foster home*), in *group homes* und *halfway houses* sowie in *ranches*, *forestry camps* und *farms*.

Die Unterbringung in einem Pflegeheim kommt dann in Betracht, wenn sich die Eltern des Kindes oder des Jugendlichen als ungeeignet erweisen oder der Jugendliche ein Waisenkind ist. Überwiegend werden Waisenkinder in Pflegeheimen untergebracht. Die Aufnahme straffällig gewordener Jugendlicher ist zwar gesetzlich vorgesehen. Es werden allerdings nur sehr wenige straffällig gewordene Jugendliche in Pflegeheimen untergebracht. Die *group homes* und *halfway houses* sind mit den Pflegeheimen vergleichbar, nur etwas größer und weniger familienartig. Die Jugendlichen erhalten dort auf ihre erzieherischen Bedürfnisse abgestimmte individuelle und/oder Gruppenbetreuung. Die *ranches*, *forestry camps* und *farms* sind für jugendliche Straftäter gedacht, bei denen der Jugendstrafrichter eine erzieherische Beeinflussung durch harte körperliche Arbeit bezwecken möchte.

Da die Konzeption dieser Einrichtungen in den einzelnen Bundesstaaten variiert, können in einigen Bundesstaaten Einrichtungen mit der Bezeichnung *camp* durchaus keinerlei erzieherische Einwirkung, sondern vielmehr nur das strafrechtliche Verantwortlichmachen des Jugendlichen bezwecken. Es muss bei den *group homes* und *halfway houses* und den *ranches*, *forestry camps* und *farms* immer im Einzelfall entschieden werden, ob die jeweilige Ausgestaltung der Einrichtung eine erzieherische Einwirkung bezweckt und somit die Unterbringung in dieser Einrichtung eine den Erziehungsmaßnahmen vergleichbare Sanktion ist.

cc) Anordnungsvoraussetzungen

Die gesetzlichen Regelungen räumen den Jugendstrafrichtern einen breiten Ermessenspielraum bei der Wahl der geeigneten Disposition ein. Es gibt zumeist keine rechtlichen Vorgaben für die Anordnung von mit den Erziehungsmaßnahmen vergleichbaren Dispositionen. Teilweise wird als Voraussetzung festgelegt, dass der Jugendliche drogen- oder alkoholabhängig sein muss. Auf weitergehende Voraussetzungen wird in den amerikanischen jugendstrafrechtlichen Bestimmungen aber verzichtet. Es ist also weder gesetzlich festgelegt, wann eine erzieherische Einflussnahme erfolgen soll, noch ob die oben genannten Dispositionen etwa nur dann angeordnet werden dürfen, wenn die begangene Straftat Ausdruck der Erziehungsbedürftigkeit des Täters ist. Des Weiteren verlangen die gesetzlichen Vorschriften weder eine Erziehungswillig- noch eine Erziehungsfähigkeit des Delinquenten.

dd) Gemeinsamkeiten der mit den Erziehungsmaßnahmen vergleichbaren Dispositionen

Gemeinsam ist den mit den Erziehungsmaßnahmen vergleichbaren Dispositionen, dass sie auf die speziellen erzieherischen Bedürfnisse der Jugendlichen eingehen. Die aufgezählten Dispositionen sind äußerst vielfältig und umfassen sowohl individuelle Beratungen als auch Gruppentherapien, sie bieten Hilfe bei der Gestaltung von Freizeitaktivitäten bis hin zu beaufsichtigten Arbeitsprogrammen an.

Für die mit den Erziehungsmaßnahmen vergleichbaren Dispositionen ist charakteristisch, dass bei ihnen nicht das Verantwortlichmachen des Täters für die Tat im Vordergrund steht. Es wird vielmehr eine pädagogische Einflussnahme und Erziehung erstrebt, um den Täter vor der Begehung weiterer Straftaten zu bewahren, um angemessen auf jugendtypische Kriminalität reagieren zu können und eine Stigmatisierung des Täters zu vermeiden.

ee) Mischformen

Die Disposition *supervision* ist nicht völlig mit den Erziehungsmaßnahmen vergleichbar. Sie stellt vielmehr eine Mischform dar, weil mit einer Anordnung der Aufsicht nicht nur eine erzieherische Einwirkung auf den Jugendlichen erreicht werden soll. Zwar ist die Aufsicht teilweise so ausgestaltet, dass der Jugendliche an einer Erziehungsberatung teilnehmen muss. Zusätzlich kann die Aufsicht aber mit Auflagen verbunden werden, die den Schwerpunkt auf das strafrechtliche Verantwortlichmachen legen und keinerlei erzieherische Beeinflussung bezwecken.

Ebenfalls im Bereich der Mischform im soeben dargestellten Sinn ist das *Volunteers in Probation Program* anzusehen, da es Elemente der pädagogischen Einflussnahme enthält, im Vordergrund aber das strafrechtliche Einstehen des Täters für die Tat steht. Die erzieherische Komponente dieses Programm besteht darin, dass freiwillige Helfer aus der Gemeinde zusammen mit den Jugendlichen die Freizeit verbringen und ihnen Verantwortungsgefühle vermitteln. Die betroffenen Jugendlichen sollen mit den freiwilligen Helfern lernen, ihre Probleme zu erkennen und zu bewältigen.

ff) Fehlen bundesrechtlicher mit den Erziehungsmaßnahmen vergleichbaren Dispositionen

In den jugendstrafrechtlichen Bestimmungen des Bundes sind keinerlei Sanktionen vorhanden, die mit den Erziehungsmaßnahmen vergleichbar sind. Diese Lücke erklärt sich dadurch, dass eine Sanktionierung jugendlicher Straftäter auf Bundesebene nur subsidiär und vor allem im Bereich der Schwerkriminalität vorgesehen ist. In diesem Bereich wurde eine erzieherische Einwirkung als unzweckmäßig angesehen. Im Bereich der Schwerstkriminalität ist in den USA vielmehr das Verantwortlichmachen des Täters für die Tat entscheidend.

e) Zwischenergebnis

Mit Ausnahme von Österreich sehen die untersuchten Rechtsordnungen in den jugendstrafrechtlichen Bestimmungen Erziehungsmaßnahmen beziehungsweise mit ihnen vergleichbare Sanktionen vor.

aa) Erziehungsmaßnahmen und die mit den Erziehungsmaßnahmen vergleichbaren Sanktionen als mildeste jugendstrafrechtlichen Sanktionen

Erziehungsmaßregeln beziehungsweise Erziehungsmaßnahmen haben im deutschen und im schweizerischen Jugendstrafrecht einen festen Platz inne.

In Österreich sind Erziehungsmaßnahmen ausschließlich dem Jugendwohlfahrtsrecht vorbehalten. Dies folgt aus der Erwägung, Jugendstrafrecht und Jugendwohlfahrtsrecht völlig voneinander zu trennen. Die Erziehungsbedürftigkeit eines Jugendlichen soll nicht mit den Rechtsfolgen des Strafrechts geahndet werden.

Zwar gibt es in den USA keine Dispositionen mit der expliziten Bezeichnung „Erziehungsmaßnahmen" oder einer ähnlichen inhaltlich entsprechenden Bezeichnung, es sind aber zahlreiche mit den Erziehungsmaßnahmen vergleichbare Dispositionen in den amerikanischen jugendstrafrechtlichen Bestimmungen vorhanden.

In den Ländern, die Erziehungsmaßnahmen oder mit diesen vergleichbare jugendstrafrechtliche Sanktionen kennen, sind diese Sanktionen die mildesten jugendstrafrechtlichen Sanktionen.

bb) Unterschiedliche Anordnungsvoraussetzungen

Bei der Anordnung jugendstrafrechtlicher Sanktionen muss sowohl in Deutschland als auch in der Schweiz zunächst geprüft werden, ob Erziehungsmaßnahmen beziehungsweise Erziehungsmaßregeln ausreichend sind, den Jugendlichen zu sanktionieren.

In Deutschland legt § 5 II JGG fest, dass die Straftat eines Jugendlichen dann mit Zuchtmittel und der Jugendstrafe zu ahnden ist, wenn Erziehungsmaßregeln nicht ausreichen. Diese Regelung unterscheidet sich von derjenigen des derzeit geltenden schweizerischen Rechts: Während der deutsche Gesetzgeber

Erziehungsmaßregeln nicht in allen Fällen als Reaktion auf eine Straftat für ausreichend ansieht, auch wenn an sich eine Erziehungsbedürftigkeit des Jugendlichen vorliegt, ist nach schweizerischem Recht ein erziehungsbedürftiger Jugendlicher immer mit Erziehungsmaßnahmen zu sanktionieren. Diese Regelung zeigt deutlich, dass der Gesichtspunkt des tatproportionalen Sanktionierens in der Schweiz im derzeit geltenden Kinder- und Jugendstrafrecht keine Rolle spielt. Entscheidend ist für die Sanktionierung allein die Persönlichkeit des Täters. Das deutsche Recht versucht hingegen, beide Gesichtspunkte miteinander zu kombinieren. Auch bei Erziehungsbedürftigkeit des Jugendlichen sind die schärferen Sanktionen der Zuchtmittel und der Jugendstrafe nicht ausgeschlossen.

Da in den amerikanischen jugendstrafrechtlichen Bestimmungen keine näheren Vorgaben gemacht werden, wann der Richter die den Erziehungsmaßnahmen vergleichbaren Dispositionen anordnen kann, unterliegt es schließlich seinem Ermessen, diese Dispositionen zu verhängen. Es ist daher eine Ermessensentscheidung, ob er trotz gegebener Erziehungsbedürftigkeit eines Jugendlichen härtere Dispositionen wie etwa freiheitsentziehende Dispositionen anordnet. Es ist gesetzlich nicht ausgeschlossen, erziehungsbedürftige Jugendliche mit härteren als den mit den Erziehungsmaßnahmen vergleichbaren Dispositionen zu sanktionieren.

Erziehungsmaßnahmen beziehungsweise Erziehungsmaßregeln werden nicht unter den gleichen Voraussetzungen angeordnet: Während Erziehungsmaßregeln nach deutschem Recht ein schuldhaftes Handeln des jugendlichen Täters voraussetzen, verzichtet das geltende und auch das reformierte schweizerische Recht auf das Schulderfordernis. Maßgebliche Überlegung hierfür ist, dass für die Anordnung einer Maßnahme die Täterpersönlichkeit maßgeblich ist und eine Proportionalität von Tat und Maßnahme nach schweizerischem Jugendstrafrecht nicht besteht. Nach deutschem Recht ist die Anordnung von Erziehungsmaßregeln bei nicht schuldhaftem Handeln hingegen ausgeschlossen. Es müssen dann stattdessen vormundschaftsrechtliche Jugendschutzmaßnahmen angeordnet werden.

cc) Dauer von Erziehungsmaßnahmen und der mit den Erziehungsmaßnahmen vergleichbaren Sanktionen

Die Dauer der Erziehungsmaßnahmen und der mit ihnen vergleichbaren Sanktionen wurde in den untersuchten Ländern unterschiedlich geregelt.

Dennoch sind Gemeinsamkeiten des amerikanischen und des schweizerischen Rechts festzustellen: Erziehungsmaßnahmen werden in der Schweiz grundsätzlich auf unbestimmte Zeit angeordnet und sind erst bei Zweckerreichung aufzuheben. Das Gesetz sieht allerdings eine Maximaldauer der Erziehungsmaßnahmen vor. Erziehungsmaßnahmen sind nach geltender Rechtslage aufzuheben, wenn das Kind das 20. Lebensjahr und der Jugendliche das 22. Lebensjahr vollendet hat. Gegenüber einem Kind kann also theoretisch eine Erziehungsmaßnahme 13 Jahre lang andauern.

In den USA werden die Dispositionen, die mit den Erziehungsmaßnahmen vergleichbar sind, von unbestimmter Dauer angeordnet. Sie enden grundsätzlich dann, wenn der Zweck der Disposition erreicht ist oder die Jurisdiktion des Jugendgerichts endet.

Anders als nach schweizerischem Recht ist es grundsätzlich nicht in den amerikanischen jugendstrafrechtlichen Vorschriften vorgesehen, dass die mit den Erziehungsmaßnahmen vergleichbaren Sanktionen länger andauern können als die Jurisdiktion der Jugendgerichte besteht, es sei denn es besteht ausnahmsweise eine *extended jurisdiction*. So kann zum Beispiel in der Schweiz gegenüber einem 16jährigen eine Erziehungsmaßnahme theoretisch bis Vollendung des 22. Lebensjahres andauern, in den USA hingegen grundsätzlich nur bis Vollendung des 17. Lebensjahres.

Die grundsätzlichen Gemeinsamkeiten der schweizerischen und amerikanischen Regelungen sind aus den geschichtlichen Ursprüngen der schweizerischen jugendstrafrechtlichen Bestimmungen erklärbar. Die Schweiz hat sich in ihren ursprünglichen jugendstrafrechtlichen Bewegungen stark an den Reformbewegungen der USA orientiert, insbesondere hinsichtlich der Leitideen der amerikanischen Reformbewegung bei der Entstehung des *House of Refuge* des ersten amerikanischen Jugendgerichts. Die Erziehungsmaßnahmen beziehungsweise die mit ihnen vergleichbaren Dispositionen sind Ausdruck der *parens patriae* – Philosophie. Dieser Philosophie entspricht es, Sanktionen, mit denen die Erziehungsdefizite ausgeglichen werden sollen, erst dann aufzuheben, wenn sie ihren Zweck erreicht haben oder die Jugendgerichte nicht mehr zuständig sind.

In Deutschland beträgt die Laufzeit von Weisungen zwei Jahre. Besonders eingriffsintensive Weisungen sollen hingegen für einen kürzeren Zeitraum angeordnet werden. Aus besonderen erzieherischen Gründen können die Weisungen nachträglich noch auf maximal drei Jahre verlängert werden.

Die Erziehungshilfe endet in der Regel mit der Volljährigkeit, sie kann aber bis zur Vollendung des 21. Lebensjahres andauern. Die Dauer der aus dem Jugendwohlfahrtsrecht entliehenen Erziehungshilfe ist somit vergleichbar mit den amerikanischen und schweizerischen Regelungen.

dd) Erziehungsmaßnahmen und mit ihnen vergleichbare Sanktionen als eingriffsintensive Sanktionen

Interessanterweise sind trotz des Subsidiaritätsgrundsatzes die Erziehungsmaßnahmen und mit ihnen vergleichbaren Sanktionen nicht immer das mildere Mittel gegenüber den übrigen jugendstrafrechtlichen Sanktionen:[762] Eine Heimerziehung nach § 12 Nr. 2 JGG kann erst mit Eintritt der Volljährigkeit und nach § 41 III i.V.m. I S. 3 SGB VIII erst mit Vollendung des 21. Lebensjahres enden. Die Heimerziehung kann theoretisch eine längere stationäre Unterbringung zur Folge haben als der Jugendarrest oder die Jugendstrafe. Die Heimerziehung nach schweizerischem Recht kann bis zum 25. Lebensjahr des Delinquenten aufrechterhalten werden und somit theoretisch zehn Jahre lang andauern. Die Unterbringung in einem Erziehungsheim ist diejenige Sanktion, die als längste Sanktion des schweizerischen Jugendstrafrechts angeordnet werden kann. Die Einschließung ist nach derzeit noch geltendem Recht für die Dauer bis zu einem Jahr möglich.

Auch nach dem Entwurf des E-JStG kann die Heimerziehung theoretisch länger andauern als Freiheitsentzug für Jugendliche. Das reformierte Recht sieht die Unterbringung in einer Erziehungseinrichtung bis zur Vollendung 22. Lebensjahres vor. Die Unterbringung ist somit theoretisch in der Dauer von zwölf Jahren möglich. Dem steht die Dauer des Freiheitsentzuges für Jugendliche bis zu vier Jahren gegenüber.

Diese Besonderheiten bestehen im amerikanischen Jugendstrafrecht nicht, da grundsätzlich alle Dispositionen von unbestimmter Dauer angeordnet werden können und keine Mindestdauer der freiheitsentziehenden Maßnahmen normiert wurde.

ee) Abänderung und Aufhebung von Erziehungsmaßnahmen und mit ihnen vergleichbaren Sanktionen

In der Schweiz kann jede Erziehungsmaßnahme durch eine andere Erziehungsmaßnahme ersetzt werden. Zuständig dafür ist die urteilende Behörde. Die Änderung von Erziehungsmaßnahmen ist eine Ermessensentscheidung der zuständigen Behörde und nur an diejenigen Voraussetzungen gebunden, unter denen eine neue Erziehungsmaßnahme an sich zulässig ist.

Die Erziehungsmaßnahmen werden nach schweizerischem Recht aufgehoben, wenn sie ihren Zweck erreicht haben oder die Weiterführung der Erziehungsmaßnahme zwecklos ist und eine Änderung auch nicht in Betracht kommt.

Durch diese flexiblen, kaum an rechtliche Vorgaben gebundene Abänderungs- und Aufhebungsmöglichkeiten wurde in der Schweiz ein System geschaffen, sich der persönlichen Entwicklung des jungen Täters anzupassen. Die flexiblen Abänderungs- und Aufhebungsmöglichkeiten sind im schweizerischen Jugendstrafrechtssystem so wichtig, weil Maßnahmen und Strafen auf unbestimmte Zeit ausgesprochen werden. Das hinter diesem Gedanken stehende

---

[762] Darauf weist auch Backmann, MschrKrim 2001, S. 390 hin.

klassische Behandlungsmodell kann aber nur dann Erfolg im Sinne einer erzieherischen Einwirkung und der Verhinderung von Rückfallen haben, wenn es sich den persönlichen Entwicklungen des Jugendlichen anpasst. Ansonsten besteht die Gefahr, dass der Jugendliche abstumpft und resigniert.

In Deutschland ist eine Abänderbarkeit von Erziehungsmaßregeln nur hinsichtlich der Weisungen vorgesehen. Die übrigen Erziehungsmaßregeln können nur aufgehoben werden. Weisungen können außerdem nachträglich durch den Richter des ersten Rechtszuges abgeändert werden, wenn es aus erzieherischen Gründen geboten erscheint. Dabei können die abgeänderten Erziehungsmaßregeln auch stärker belastend sein als die ursprünglich angeordneten.[763]

Des Weiteren ist eine Befreiung sowohl von den Weisungen als auch von der Erziehungsbeistandschaft aus Gründen der Erziehung möglich. Bei den Weisungen ist eine Befreiung möglich, wenn der Zweck der Weisung bereits erreicht ist oder eine als einzig sinnvoll in Betracht kommende Weisung sich als zwecklos erweist. Bei der Erziehungsbeistandschaft, wenn der Erziehungszweck erreicht ist oder anderweitig sichergestellt ist oder wenn die Hilfe nach § 12 Nr. 2 JGG beginnt.[764]

Die Abänderungsmöglichkeiten sind in Deutschland nicht ganz so weit reichend wie in der Schweiz, da die Abänderbarkeit nur die Weisungen und nicht die aus dem Jugendhilferecht entliehenen Sanktionen umfasst.

Die Aufhebung und Änderung der Erziehungsmaßnahmen sowie der Erziehungsmaßregeln ist in beiden Ländern der urteilenden Behörde des ersten Rechtszuges vorbehalten. Sowohl in Deutschland als auch der Schweiz gibt es den Grundsatz, dass die Erziehungsmaßnahmen beziehungsweise die mit ihnen vergleichbaren jugendstrafrechtlichen Sanktionen aufgehoben werden können, wenn der Zweck der Sanktion bereits erreicht wurde oder die als einzig sinnvoll in Betracht kommende Weisung sich als zwecklos erwiesen hat. Dadurch soll eine Erziehung über die Maßen verhindert werden. Durch diese Regelungen wird gewährleistet, dass der Jugendliche nicht zum Erziehungsobjekt des Staates degradiert wird.

In den USA ist die Abänderbarkeit der mit den Erziehungsmaßregeln vergleichbaren Disposition nicht in allen Bundesstaaten ausdrücklich normiert. So gibt es beispielsweise in Wisconsin und Minnesota keine Rechtsnorm, welche die Aufhebung oder die Abänderbarkeit von Dispositionen regelt. In der Mehrzahl der Bundesstaaten, in denen jugendstrafrechtliche Dispositionen von unbestimmter Dauer verhängt werden, werden die Dispositionen dann aufgehoben, wenn sie ihren Zweck erreicht haben. Die nachträgliche Abänderbarkeit ist nicht vorgesehen. Somit ist konsequenterweise auch nicht wie in Deutschland und der

---

763 Streng, Jugendstrafrecht, § 10 Rn. 31; Brunner/Dölling § 11 Rn. 3; Diemer/Schoreit/Sonnen § 11 Rn. 8; a.A: Ostendorf, JGG, § 11 Rn. 4; Eisenberg, § 11 Rn. 5

764 Eisenberg, JGG, § 12 Rn. 18

Schweiz der Aufhebungsgrund der offensichtlichen Zwecklosigkeit vorgesehen. Wenn sich die Disposition als zwecklos herausstellt, so ist der Zweck der Disposition eben noch nicht erreicht und die Disposition wird so lange andauern, bis die Jurisdiktion des Jugendgerichts endet. Damit sind die entsprechenden amerikanischen Regelungen nicht so flexibel gestaltet wie die entsprechenden deutschen und schweizerischen Bestimmungen. Wird trotz Zwecklosigkeit an der Disposition festgehalten, sind Frustrationen und Rückfälle schwerlich zu vermeiden.

Es gibt allerdings auch Bundesstaaten, welche eine Änderung der Dispositionen ausdrücklich gesetzlich vorsehen. So kann das Jugendgericht etwa in Missouri jederzeit Dispositionen abändern. Wann dies geschehen kann, ist gesetzlich nicht festgelegt, es liegt vielmehr in der Ermessensentscheidung des Gerichts. Des Weiteren können sich der Jugendliche oder seine Eltern jederzeit an das Gericht wenden und eine Änderung oder vorzeitige Beendigung der Disposition verlangen. Somit ist es auch nicht ausgeschlossen, Dispositionen bei offensichtlicher Zwecklosigkeit zu ändern oder zu beenden.

Die deutschen und schweizerischen Regelungen zeigen eine hohe Flexibilität. Durch die bestehenden Möglichkeiten einer nachträglichen Änderung von Erziehungsmaßnahmen beziehungsweise Erziehungsmaßregeln können diese Sanktionen den Entwicklungen des Jugendlichen angepasst werden. Dadurch wird auch gewährleistet, dass Erziehungsmaßregeln sowie Erziehungsmaßnahmen aufgehoben werden können, wenn ihr Zweck erreicht wurde.

ff) Justizpraxis

Die Erziehungsmaßregeln machten in Deutschland im Jahr 2002 14,8 Prozent aller in einem Jugendstrafrechtsurteil ausgesprochenen Verurteilungen aus. Die am häufigsten ausgesprochenen Erziehungsmaßregeln sind die Weisungen. Sie machen seit 1995 rund 14 Prozent aller jugendstrafrechtlichen Verurteilungen aus. Die übrigen Erziehungsmaßregeln liegen im Gegensatz dazu bei 0,25 Prozent.

Die Erziehungsmaßnahmen (ohne die besondere Behandlung) machten in der Schweiz im Jahr 2002 rund drei Prozent aller in einem Jugendstrafrechtsurteil ausgesprochenen Verurteilungen aus.

Rein zahlenmäßig betrachtet, werden in Deutschland Erziehungsmaßregeln häufiger angeordnet als Erziehungsmaßnahmen in der Schweiz. Dabei muss allerdings berücksichtigt werden, dass der Großteil der Erziehungsmaßregeln in Deutschland in Form der Weisungen angeordnet werden. Weisungen fallen nach schweizerischem Recht aber nicht unter die Erziehungsmaßnahmen. Die Erziehungsbeistandschaft und die Fürsorge- und Heimerziehung des deutschen Rechts sind mit der Erziehungshilfe, der geeigneten Familie und der Unterbringung in einem Erziehungsheim vergleichbar. Diese machten im Jahr 2002 in

Deutschland 0,25 Prozent und in der Schweiz 3,1 Prozent aus. Die aus dem Jugendwohlfahrtsrecht „entliehenen" Erziehungsmaßnahmen beziehungsweise mit ihnen vergleichbare Sanktionen werden also in der schweizerischen Justizpraxis häufiger als in Deutschland in einem jugendstrafrechtlichen Urteil ausgesprochen. Dabei spielt die Heimerziehung in beiden Ländern keine nennenswerte praktische Rolle. Im Jahr 2002 in Deutschland fielen auf die Heimerziehung 0,03 Prozent und in der Schweiz 0,9 Prozent.

Vergleichbares Zahlenmaterial ist aus den USA nicht erhältlich. Da in den USA die statistische Auswertung der Dispositionen in Obergruppen erfolgt, es aber keine Obergruppe gibt, welche die mit den Erziehungsmaßnahmen vergleichbaren Dispositionen zusammenfasst, kann über die Häufigkeit dieser Dispositionen in der Praxis keine Aussage getroffen werden. Die Bedeutung der mit den Erziehungsmaßnahmen vergleichbaren Dispositionen in der amerikanischen Justizpraxis kann daher nicht in die rechtsvergleichende Betrachtung mit einfließen.

2. Wiedergutmachungsleistungen und vergleichbare Sanktionen

Die Anordnung, den Schaden nach Kräften wieder gutzumachen, ist erzieherisch besonders bedeutsam, da durch sie dem Jugendlichen ermöglicht wird, durch eine eigene Leistung Schuldgefühle abzubauen und Verantwortung für das eigene Handeln zu übernehmen. Der Jugendliche erkennt, was er angerichtet hat und erfährt so die Konsequenzen der Rechtsordnung.

Es ist daher von besonderem Interesse, ob und unter welchen Voraussetzungen die untersuchten Rechtsordnungen eine Wiedergutmachungsleistung als formelle jugendstrafrechtliche Sanktion vorgesehen haben.

a) Bundesrepublik Deutschland

Das deutsche Jugendstrafrecht hat die Schadenswiedergutmachung primär im § 15 I Nr. 1 JGG als Zuchtmittel vorgesehen. Zuchtmittel sollen dem Verurteilten das Unrecht seines Handelns aufzeigen und die Tat im Sinne eines fühlbaren Eingriffs in die Rechte des Täters ahnden.

Zudem kann die Schadenswiedergutmachung nach deutschem Recht im Rahmen der Weisung, sich um einen Täter-Opfer-Ausgleich zu bemühen, angeordnet werden. Der neu eingeführte § 45 II 2 JGG gestattet ebenfalls eine Anregung und Berücksichtigung des Täter-Opfer-Ausgleichs im Diversionsverfahren. Schließlich kann der Täter-Opfer-Ausgleich auch über § 45 III JGG angeordnet werden.

Die Wiedergutmachung kann in Form der Naturalrestitution geschehen, aber auch in der Form von Arbeitsleistungen oder etwa einer Ehrenerklärung oder auch in Form von Geldleistungen. Es ist daher zum Beispiel zulässig, einen Jugendlichen, der durch Unachtsamkeit ein Schulkind so verletzt hat, dass es längere Zeit im Bett liegen muss und den Anschluss an seine Schulklasse durch das krankheitsbedingte längere Fehlen zu verlieren droht, zu verpflichten, dem Kind bei den Schularbeiten zu helfen.[765]

Dieses Beispiel macht deutlich, wie weit reichend die Schadenswiedergutmachung in Deutschland verstanden wird. Da der Inhalt der Schadenswiedergutmachung bewusst so weit reichen kann, ist bei der Anordnung der Schadenswiedergutmachung stets zu beachten, dass der Jugendliche nicht überfordert oder entmutigt werden darf. Zusätzlich gesetzlich festgelegte Grenzen der Schadenswiedergutmachung gibt es nicht. Der Umfang der Wiedergutmachung richtet sich nach dem Zivilrecht. Die Schadenswiedergutmachung ist an eine zivilrechtliche Einstehenspflicht geknüpft, ansonsten ist sie nicht zulässig.

Wird die Schadenswiedergutmachung als Zuchtmittel angeordnet, so kann die Erbringung einer solchen Leistung gegebenenfalls mit Jugendarrest erzwungen werden. Dies steht in gewissem Widerspruch zu der wesentlichen Grundidee der Wiedergutmachung, dass sowohl dem Opfer als auch dem Täter die Schadenswiedergutmachung nicht aufgedrängt werden darf.[766]

b) Österreich

Die Wiedergutmachungsleistung kann im österreichischen Jugendstrafrecht nicht als eigenständige formelle jugendstrafrechtliche Sanktion in einem Urteil angeordnet werden.

Wiedergutmachungsleistungen können im österreichischen Recht im Rahmen der intervenierenden Diversion und bei der Erteilung von Weisungen während einer Probezeit durch das Gericht verfügt werden.

Die intervenierende Diversion sieht den außergerichtlichen Tatausgleich vor, der vor allem den Täter-Opfer-Ausgleich als spezielle Form der Wiedergutmachungsleistung umfasst.

Bei der Schadenswiedergutmachung ist darauf zu achten, dass in angemessener Weise die Leistungsfähigkeit des Jugendlichen berücksichtigt wird und sein Fortkommen nicht unnötig erschwert wird.

c) Schweiz

In der Schweiz gibt es keine formelle jugendstrafrechtliche Sanktion mit der Begriffsbezeichnung „Wiedergutmachungsleistung“. Das heißt aber nicht, dass eine solche Sanktion dem schweizerischen Jugendstrafrecht völlig fremd ist. Der Gedanke der Schadenswiedergutmachung findet sich im schweizerischen Recht

---

[765] Beispiel nach Böhm, S. 185

[766] Vgl. zur Kritik an der Ausgestaltung des Täter-Opfer-Ausgleichs als Weisung nach § 10 I 3 Nr. 7 JGG § 2 III 2 b) aa).

in Form der Arbeitsleistung als direkte Leistung zugunsten des Geschädigten wieder. Die Arbeitsleistung ist eine Strafe des geltenden schweizerischen Jugendstrafrechts und ist für die „normalen" jugendlichen Straftäter vorgesehen.

Zusätzlich kann den Jugendlichen als Weisung insbesondere auferlegt werden, den entstanden Schadens innerhalb einer bestimmten Frist zu ersetzen.

Das reformierte Recht führte keine inhaltliche Änderung der Erbringung von Wiedergutmachungsleistungen herbei. Die Arbeitsleistung wird zwar fortan als persönliche Leistung bezeichnet, es kommen im Rahmen dieser Strafe aber weiterhin direkte Arbeitsleistungen des Jugendlichen zugunsten des Geschädigten in Betracht. Der Ersatz des durch die Tat entstandenen Schadens kann auch nach reformiertem Recht im Rahmen einer Weisung angeordnet werden. Dabei wurde im Zuge der Reformierung des schweizerischen Jugendstrafrechts der Wunsch des Gesetzgebers geäußert, dass der Wiedergutmachung des Schadens in Zukunft eine größere Bedeutung als bislang zukommen soll.[767] So sieht das reformierte schweizerische Jugendstrafrecht auch die Wiedergutmachung als Strafbefreiungsgrund nach Art. 21 E-JStG vor.

d) USA

Wiedergutmachungsleistungen sind im amerikanischen Jugendstrafrecht ebenfalls geregelt. Die Disposition *restitution* umfasst Wiedergutmachungsleistungen in Form von Geldzahlungen an das Opfer oder durch Arbeitsleistungen. Die Anordnung, den entstandenen Schaden nach Kräften wieder gutzumachen, kann im Rahmen der *probation* verfügt werden.

In Minnesota setzt die Verhängung der Wiedergutmachungsleistung voraus, dass durch die Straftat des Jugendlichen eine andere Person in der körperlichen Unversehrtheit oder das Eigentum einer anderen Person verletzt wurde.

Nähere Angaben über Art und Weise sowie eventuelle Begrenzungen der abzuleistenden Arbeitsstunden im Rahmen der Wiedergutmachung sind gesetzlich nicht festgelegt. Der Richter besitzt daher einen großen Ermessensspielraum bei der Anordnung von Wiedergutmachungsleistungen.

Zudem ist in Minnesota das *Juvenile Restitution Grant Program* entwickelt worden, welches den Jugendlichen gering vergütete Gemeindearbeit anbietet. Die von dem Jugendlichen in diesem Rahmen erzielten Einnahmen werden dann direkt an die Opfer weitergegeben.

e) Zwischenergebnis

Die Schadenswiedergutmachung wird mit Recht teilweise sogar als Lehrstück für die Zivilisation bezeichnet.[768] Gerade im Jugendstrafrecht muss der

[767] Vgl. Schweizerisches Bundesgesetzblatt 1999, S. 2266

[768] Ostendorf JGG, § 15 Rn. 2

Schadenswiedergutmachung eine besondere Bedeutung beigemessen werden, da bei keiner anderen jugendstrafrechtlichen Sanktion in derart großartiger pädagogischer Weise dem Straftäter ermöglicht wird, durch konstruktive Leistung Schuldgefühle abzubauen und dabei gleichzeitig Verantwortung für die begangene Tat zu übernehmen. Zudem können auf diesem Weg berechtigte Opferinteressen angemessen im Jugendstrafverfahren berücksichtigt und verwirklicht werden.

aa) Regelungsmodelle

Die Wiedergutmachungsleistung ist in Deutschland und in den USA als ausdrückliche formelle jugendstrafrechtliche Sanktion geregelt. Die besondere Stellung, die der deutsche Gesetzgeber der Schadenswiedergutmachung eingeräumt hat, wird gesetzestechnisch dadurch verdeutlicht, dass die Schadenswiedergutmachung an erster Stelle der Auflagen genannt wird. Außerdem ist in Deutschland die Regelung des § 45 II 2 JGG zu beachten, wonach die Wiedergutmachungsleistung in Form des Täter-Opfer-Ausgleiches als Diversionsmaßnahme möglich ist. Aber auch in den USA kann die Durchführung der *restitution* die Möglichkeit der informellen Verfahrensbeendigung eröffnen.[769]

Österreich und die Schweiz berücksichtigen ebenfalls das Element der Schadenswiedergutmachung im Jugendstrafverfahren. In Österreich geschieht das im Rahmen der informellen jugendstrafrechtlichen Sanktionen und durch die Anordnung von Weisungen. Weisungen können im Rahmen einer Probezeit, die im Jugendstrafrecht bei dem Schuldspruch unter Vorbehalt der Strafe, der bedingten Strafnachsicht und der bedingten Entlassung festgesetzt werden kann, angeordnet werden. Eine Schadenswiedergutmachung ist in Österreich im Anwendungsbereich der formellen jugendstrafrechtlichen Sanktionen als eigenständige Sanktion nicht vorgesehen. In dem schmalen Randbereich der mittelschweren Kriminalität mit hohem tatbestandsmäßigem Unwertgehalt bis hin zur Schwerkriminalität ist die Schadenswiedergutmachung nur als unselbständige Sanktion in Form der Weisung vorgesehen. Im großen Restbereich der Bagatell-, Klein- bis Mittelkriminalität kann die Schadenswiedergutmachung zur Voraussetzung der informellen Erledigung gemacht werden.

In der Schweiz kennt die Wiedergutmachungsleistung als Strafe in Form der Arbeitsleistung als direkte Leistung zugunsten des Geschädigten. Des Weiteren kann eine Schadenswiedergutmachungsleistung im Rahmen einer Weisung verfügt werden. Weisungen können nach schweizerischem Recht neben Erziehungsmaßnahmen, bei der bedingten Entlassung aus den Erziehungsmaßnahmen, wenn bei dem bedingten Vollzug der Einschließung und der Buße Schutz-

[769] Vgl. Bannenberg/Uhlmann, S. 16

aufsicht angeordnet wird oder wenn die Anordnung einer Strafe oder einer Maßnahme nach Art. 97 sStGB aufgeschoben wird.

Somit ist die Schadenswiedergutmachung nicht nur die in den Anwendungsbereich der Strafen fallenden „normalen“ und Gelegenheitstäter beschränkt. Es können vielmehr auch gegenüber erziehungsbedürftigen Jugendlichen Wiedergutmachungsleistungen verfügt werden.

bb) Art und Weise sowie der Umfang der Schadenswiedergutmachung

Art und Weise sowie der Umfang der Schadenswiedergutmachung wurden in den untersuchten Rechtsordnungen unterschiedlich geregelt.

In Deutschland ist der Anwendungsbereich der Schadenswiedergutmachung sehr weit reichend. Die Anordnung der Schadenswiedergutmachung ist im Wege der Anordnung einer formellen jugendstrafrechtlichen Sanktion, aber auch im Wege der Diversion möglich.

Die gesetzlichen Vorschriften wurden bewusst sehr weit gefasst. Daher kann die Schadenswiedergutmachung in Form der Naturalrestitution durch Geld- und Arbeitsleistungen, Ehrerklärungen und dergleichen erfolgen. Im Rahmen der abzuleistenden Arbeitsstunden wurden keine gesetzlichen Höchstzahlen normiert. Der Umfang der Schadenswiedergutmachung richtet sich nach den entsprechenden zivilrechtlichen Bestimmungen. Jede Verletzung von Individualrechtsgütern mit Ausnahme der Vermögensrechtsgüter ist wiedergutmachungsfähig. Die Schadenswiedergutmachung scheidet bei Verletzung gemeinschaftlicher Rechtsgüter allerdings aus.

In Österreich bestehen vor allem im Rahmen des außergerichtlichen Tatausgleichs nach § 90g öStPO einige Besonderheiten. Die Durchführung des außergerichtlichen Tatausgleiches ist auch bei Taten möglich, bei denen durch die Tat kein materieller Schaden entstanden ist, wenn der Geschädigte nicht auffindbar ist oder es gar kein Opfer gibt (Versuchsdelikte, Ordnungsdelikte) oder wenn Gebietskörperschaften oder große Organisationen geschädigt wurden.[770] In den letztgenannten Fällen kann an Stelle des materiellen Ausgleiches zwischen Täter und Geschädigtem eine symbolische Wiedergutmachung, beispielsweise in Form einer Entschuldigung, oder eine mittelbare Wiedergutmachung in Form von gemeinnützigen Leistungen treten.[771]

Bei Taten, bei denen es ein Opfer gibt, ist das Opfer in den außergerichtlichen Tatausgleich miteinzubeziehen. Das Zustandekommen eines außerordentlichen Tatausgleiches setzt aber nicht die Zustimmung des Verletzten voraus. Wenn sich das Opfer weigert, an dem außergerichtlichen Tatausgleich mitzu-

[770] Vgl. Stangl, S, 226; vgl. Jesionek, Entwicklung des Jugendstrafrechts, S. 22 sowie Österreich, S. 274; Bogensberger, S. 166

[771] Stangl, S. 226; Jesionek, Österreich, S. 275; Köck, JRP 1999, 276

wirken, kann trotzdem eine symbolische Ausgleichshandlung erfolgen oder auch etwa eine Hinterlegung eines entsprechenden Opferentschädigungsbetrages bei Gericht.[772]

Damit ist der Anwendungsbereich der Wiedergutmachung in Österreich weiter gefasst als in Deutschland.[773]

In der Schweiz ist der Anwendungsbereich der Wiedergutmachungsleistung im Bereich der Strafen in Form der Arbeitsleistung als direkte Leistung zugunsten des Geschädigten vorgesehen. Die Schadenswiedergutmachung, die durch eine Weisung angeordnet wurde, ist nicht nur auf die Arbeitsleistung beschränkt. Sie kann auch auf andere Weise, etwa durch Zahlung eines Geldbetrages, erfolgen. Das geltende schweizerische Jugendstrafrecht hat keinerlei gesetzliche Grenzen hinsichtlich der Dauer der Schadenswiedergutmachung festgelegt. Im Kinderstrafrecht wird daher angenommen, dass die Dauer der Arbeitsleistungen die gesetzlichen Grenzen für den Schularrest, also ein bis sechs Halbtage nicht überschreiten darf. Bei Jugendlichen über 15 Jahren wird in der Literatur vorgeschlagen, den zeitlichen Rahmen der Arbeitsleistungen auf drei Monate zu begrenzen. In der Praxis bewegt sich die Dauer in der Regel zwischen einem halben Tag und drei Wochen.[774]

Das reformierte Recht beseitigt diesen Missstand. Danach wird die Höchstdauer der persönlichen Leistung zehn Tage und bei Jugendlichen, die zur Tatzeit das 15. Lebensjahr vollendet haben, drei Monate betragen. Die Schadenswiedergutmachung ist im reformierten Recht nur mit Zustimmung des Geschädigten zulässig. Nicht gesetzlich geregelt wurde allerdings die Frage, ob die Anordnung, den Schaden wieder gutzumachen bei Taten ohne Opfer zulässig ist.

In den USA kann die Wiedergutmachungsleistung durch Geldzahlungen an das Opfer oder Arbeitsleistungen für das Opfer erfolgen. In Minnesota wurde hierfür ein Programm entwickelt, dass beide Formen der Wiedergutmachung verbindet. Dem Jugendlichen wird gering vergütete Arbeit angeboten, deren Entgelt direkt an die Opfer weitergegeben werden muss. Generell steht es im Ermessen des Richters, den Jugendlichen zu einer Wiedergutmachungsleistung zu verurteilen. Er ist nicht an enge gesetzliche Vorgaben gebunden. Allerdings scheidet die Wiedergutmachung bei Straftaten ohne Opfer aus.

---

[772] Jesionek, Österreich, S. 275; Köck, JRP 1999, S. 276

[773] Rössner/Klaus, S. 112 sprechen von einem klaren und überzeugendem Grundkonzept des österreichischen außergerichtlichen Tatausgleichs und kritisieren, dass der entsprechenden deutschen Regelung kein so klares und überzeugendes Grundkonzept zugrunde liegt.

[774] Gürber/Hug in Basler Kommentar, Art. 95 Rn. 9

cc) Justizpraxis

Über den tatsächlichen Gebrauch der Sanktion, Jugendliche zu Wiedergutmachungsleistungen zu verurteilen, können keine rechtsvergleichenden Aussagen getroffen werden, da nur in Deutschland entsprechendes Zahlenmaterial vorhandenen ist. Dort wird die Schadenswiedergutmachung nicht besonders häufig angeordnet. 3,9 Prozent aller verhängten jugendstrafrechtlichen Auflagen im Jahr 2002 umfassten in Deutschland die Anordnung zur Schadenswiedergutmachung.

In den Rechtsvorschriften der untersuchten Länder kommt der Wiedergutmachungsleistung jedoch auch keinesfalls eine untergeordnete Bedeutung zu. Der Gedanke der Wiedergutmachung ist vielmehr in allen untersuchten Ländern ein wesentlicher Gesichtspunkt des Jugendstrafrechts. Es bleibt abzuwarten, ob sich dies auch in Zukunft in der Justizpraxis zeigt.

3. Gemeinnützige Arbeitsleistungen und vergleichbare Sanktionen

Das Ableisten gemeinnütziger Arbeit von jugendlichen Straftätern enthält ebenfalls ein Element der Wiedergutmachung und ist daher eine sehr wichtige Sanktion des Jugendstrafrechts. Durch die gemeinnützige Arbeitsleistung können erzieherischen Ziele des Jugendstrafrechts in besonderem Maße verwirklicht werden, da dem Jugendlichen durch seine Leistung die Einsicht vermittelt werden kann, dass er Nützliches bewirken kann.

Daher wird im Folgenden untersucht, ob es in den betrachteten Rechtsordnungen eine Regelung für gemeinnützige Arbeit oder für damit vergleichbare jugendstrafrechtliche Sanktionen gibt. In die Untersuchung soll mit einfließen, unter welchen Voraussetzungen gemeinnützige Arbeit angeordnet werden kann und welche Bedeutung sie in der jugendstrafrechtlichen Praxis der untersuchten Länder hat.

a) Bundesrepublik Deutschland

Die Anordnung von gemeinnützigen Arbeitsleistungen ist im deutschen Jugendstrafrecht zum einen als Weisung und zum anderen als Auflage vorgesehen. Während Arbeitsleistungen zunächst nur als Weisungen nach § 10 I 3 Nr. 4 JGG angeordnet werden durften, wenn dadurch die Einstellung des Jugendlichen zur Arbeit erzieherisch beeinflusst werden sollte, ist sie nunmehr seit dem 1. JGGÄndG auch als Auflage zulässig, um dem Jugendlichen eindringlich zu Bewusstsein zu bringen, dass er für das von ihm begangene Unrecht einzustehen hat.

Die gemeinnützige Arbeitsleistung ist eine Alternative zum Jugendarrest und zur Geldbuße. Beispiele solcher Arbeitsleistungen sind die Unterstützung Zivildienstleistender in einem Heim für behinderte Kinder, die Mithilfe in einem Altenheim oder bei einem gemeinnützigen Verein.

In der Praxis hat eine Verlagerung von der Arbeitsweisung zur Arbeitsauflage nach § 15 I 3 JGG stattgefunden. Dies trägt der Tatsache Rechnung, dass es sehr oft nicht möglich ist, Arbeit zu finden, die geeignet ist, den Jugendlichen in seinem Verhältnis zur Arbeit überhaupt erzieherisch zu beeinflussen.

Die Anzahl der abzuleistenden Stunden ist gesetzlich weder bei der Arbeitsweisung noch bei der Arbeitsauflage festgelegt. Bei schuldhafter Nichterfüllung der Arbeitsweisung oder der Arbeitsauflage kann als Rechtsfolge dieses Ungehorsams Arrest verhängt werden.

b) Österreich

Das österreichische Jugendstrafrecht kennt die gemeinnützige Arbeitsleistung nicht als formelle jugendstrafrechtliche Sanktion. In Österreich ist die Absolvierung von gemeinnütziger Arbeit im Rahmen der intervenierenden Diversion vorgesehen.

Die Auswahl der von dem Jugendlichen zu erbringenden gemeinnützigen Leistungen soll dabei möglichst in Beziehung zur Tat oder zur Persönlichkeit des Jugendlichen stehen.

Wenn der Jugendliche die gemeinnützigen Arbeitsleistungen nicht oder nicht vollständig erbringt, so ist als Unrechtsfolge vorgesehen, dass das Strafverfahren gegen den Jugendlichen eingeleitet oder fortgesetzt wird. Davon kann allerdings aus spezialpräventiven Gründen abgesehen werden. Alternativ zur Fortsetzung des Strafverfahrens kann aber auch der Umfang der Arbeitsleistung nachträglich abgeändert werden.

c) Schweiz

Nach geltendem schweizerischem Recht ist die Erbringung von Arbeitsleistungen als Strafe vorgesehen. Die Arbeitsleistung kann als direkte Leistung zugunsten des Geschädigten oder auch in Form von gemeinnütziger Arbeit erfolgen. Als besonders geeignete Formen der Arbeitsleistung haben sich in der schweizerischen Justizpraxis generell Tätigkeiten im Bereich der Pflege und Betreuung herausgestellt.[775]

Die Arbeitsleistung ist im geltenden schweizerischen Recht nur sehr rudimentär geregelt worden. Der Gesetzgeber hat auf eine Umschreibung des zulässigen Inhalts der zu erbringenden Arbeitsleistungen und ihrer zeitlichen Dauer verzichtet. Dies wird sich aber durch den Entwurf zum Bundesgesetz über das Jugendstrafrecht ändern. Das schweizerische Jugendstrafgesetz legt zukünftig

---

[775] Vgl. Trechsel, Art. 87 Rn. 5; vgl. Boehlen, Art. 87 N. 9

fest, worin die persönliche Leistung besteht, wie lange sie andauern kann und welche Rechtsfolgen eintreten, wenn die Leistung nicht ordnungsgemäß erbracht wird.

Die persönliche Leistung kann nicht vollstreckt werden. Wird sie schuldhaft nicht erfüllt, kann anstelle der Erbringung der persönlichen Leistung die Verhängung einer Buße oder Freiheitsentzug erfolgen.

d) USA

In den amerikanischen jugendstrafrechtlichen Rechtsordnungen gibt es die Disposition der *community services*, das Ableisten von gemeinnütziger Arbeit. Dabei haben nicht alle Bundesstaaten die Höchstzahl der abzuleistenden Arbeitsstunden gesetzlich festgelegt. In der Folge herrscht ein Streit darüber, ob die Anzahl der abzuleistenden Arbeitsstunden nicht über den Zeitraum hinausgehen darf, in welchem ein jugendlicher Straftäter inhaftiert werden kann.[776] Das Ableisten von gemeinnütziger Arbeit wird insbesondere bei Straftaten, bei denen es kein Opfer gibt, angeordnet.

In Wisconsin sind das *Supervised Work Program* und das *Youth Corps Program* als Disposition vorgesehen. Bei dem *Supervised Work Program* handelt es sich um ein beaufsichtigtes Arbeitsprogramm, das je nach Ausgestaltung des jeweiligen Programms Arbeitsleistungen des Jugendlichen gering vergütet oder nur aus unentgeltlicher Arbeit für die Gemeinde besteht. Die Anzahl der abzuleistenden Arbeitsstunden hängen von der Schwere der begangenen Straftat ab, wobei Jugendliche, die unter 14 Jahre alt sind, nicht mehr als 40 Arbeitsstunden ableisten sollen.

Eine andere Form der gemeinnützigen Arbeit sind die Arbeitsleistungen im Rahmen des *Youth Corps Program*. Dieser ist vergleichbar mit (zwangsweisen) Zivildienst, der teilweise aus Ableisten gemeinnütziger Arbeit, teilweise aus berufsvorbereitender Ausbildung und Betreuung besteht.

e) Zwischenergebnis

Alle betrachteten Rechtsordnungen mit Ausnahme der österreichischen sehen das Ableisten von gemeinnützigen Arbeitsleistungen als formelle jugendstrafrechtliche Sanktion vor.

aa) Regelungsmodelle

Die rechtlichen Bestimmungen der gemeinnützigen Arbeitsleistungen sind in den betrachteten Ländern unterschiedlich geregelt.

---

[776] Vgl. Gardner, S. 297 m.w.N.

In Deutschland können sie im Wege einer Weisung oder eines Zuchtmittels angeordnet werden, in Österreich im Rahmen der Diversion und in der Schweiz als Strafe. Da in den USA keine Einteilung der Dispositionen erfolgt, ist eine weitere Klassifizierung der gemeinnützigen Arbeitsleistungen nicht möglich.

Da die gemeinnützige Arbeit in Deutschland als Zuchtmittel angeordnet werden kann, kann sie wirksam als Sanktion im Bereich der leichten und mittelschweren Kriminalität eingesetzt werden. In Österreich wird die gemeinnützige Arbeitsleistung vorwiegend im Bereich der Bagatell-, Klein- bis Mittelkriminalität eingesetzt. Nach schweizerischem Recht kommt sie für die normalen und die „Gelegenheitstäter" in Betracht. In den USA wird die gemeinnützige Arbeit ebenfalls im Bereich der Klein- bis zu der mittelschweren Kriminalität eingesetzt.

Zusammenfassend kann festgestellt werden, dass die gemeinnützige Arbeit vorwiegend im Bereich der leichten und mittelschweren Kriminalität eingesetzt wird.

bb) Dauer

In Deutschland und nach geltendem schweizerischem Recht wird der Umfang von gemeinnützigen Arbeitsleistungen nicht gesetzlich festgelegt.

Nach der österreichischen Regelung darf die gemeinnützige Arbeit täglich nicht mehr als sechs Stunden, wöchentlich nicht mehr als 20 Stunden und insgesamt nicht mehr als 120 Stunden in Anspruch nehmen. Nach Entwurf für das schweizerische Bundesgesetz über das Jugendstrafgesetz wird die Höchstdauer der persönlichen Leistung zehn Tage betragen. Für Jugendliche, die zur Tatzeit das 15. Lebensjahr vollendet und ein Verbrechen oder Vergehen begangen haben, ist eine Höchstdauer drei Monaten vorgesehen.

In den USA erfolgte teilweise eine gesetzliche Festlegung des Umfangs der Arbeitsleistungen. In Wisconsin dürfen Jugendliche, die unter 14 Jahre alt sind, nicht mehr als 40 Arbeitsstunden verrichten. Eine Höchstdauer für Jugendliche über 14 Jahre wurde allerdings nicht festgelegt.

Die Dauer von gemeinnützigen Arbeitsleistungen wurde im internationalen Vergleich nicht einheitlich geregelt. Wenn auch die Höhe der abzuleistenden Stunden in den einzelnen jugendstrafrechtlichen Bestimmungen differieren, so ist doch aus rechtstaatlichen Gründen die Normierung einer gesetzlichen Höchstgrenze erforderlich.

cc) Rechtsfolge bei Nichterfüllung der Arbeitsleistung

In allen untersuchten Rechtsordnungen kann die Erbringung der gemeinnützigen Arbeitsleistungen nicht vollstreckt werden. Welche Konsequenzen dem Jugendlichen drohen, wenn er eine Arbeitsleistung nicht oder nicht vollständig erfüllt, wurde in den untersuchten Rechtsordnungen auf unterschiedliche Weise gelöst.

Bei schuldhafter Nichterfüllung der Arbeitsweisung oder der Arbeitsauflage kann in Deutschland als Rechtsfolge dieses Ungehorsams der Arrest angeordnet werden.

In Österreich existiert diese Rechtsfolge nicht. Vielmehr kann dort bei Nichterfüllung der Arbeitsleistung das Strafverfahren gegen den Jugendlichen eingeleitet oder fortgesetzt werden. Alternativ zur Fortsetzung des Strafverfahrens kann aber auch der Umfang der Arbeitsleistung nachträglich abgeändert werden.

Das reformierte schweizerische Recht sieht bei schuldhafter Nicht- oder Schlechterfüllung einer persönlichen Leistung die Verhängung einer Buße oder Freiheitsentzug vor, um die Glaubwürdigkeit der Erbringung der persönlichen Leistung zu manifestieren. Wird eine persönliche Leistung bis zu zehn Tagen nicht oder schlecht erbracht, so wird nach zukünftigem Recht anstelle der persönlichen Leistung eine Buße verhängt. Bei Leistungen über zehn Tagen wird als Unrechtsfolge eine Buße oder Freiheitsentzug angeordnet, wobei die Dauer des Freiheitsentzuges die Dauer der umgewandelten Leistung nicht übersteigen darf.

In den amerikanischen Bestimmungen finden sich keine speziellen Regelungen im Hinblick auf eine Nicht- oder Schlechterfüllung von gemeinnütziger Arbeit. Wenn in den bundesstaatlichen Vorschriften eine Abänderbarkeit der Dispositionen normiert ist, wie zum Beispiel in Missouri, so kann das Jugendgericht die Disposition abändern.

Zusammenfassend kann festgehalten werden, dass sowohl in Deutschland als auch in der Schweiz nach dem Reformentwurf als Unrechtsfolge bei der Nichterfüllung der gemeinnützigen Arbeit Formen des kurzfristigen Freiheitsentzuges vorgesehen sind, um dieser Sanktion Geltung zu verschaffen.

dd) Justizpraxis

Über die Bedeutung der gemeinnützigen Arbeitsleistungen können keinerlei Aussagen getroffen werden, da nur in Deutschland entsprechendes Zahlenmaterial vorhandenen ist.

In Deutschland ist die Arbeitsauflage das am häufigsten angeordnete Zuchtmittel und sogar die am häufigsten angeordnete Sanktion im deutschen Jugendstrafrecht überhaupt. Im Jahr 2002 wurde die Arbeitsleistung gegenüber 26,8 Prozent aller zu einer formellen jugendstrafrechtlichen Sanktion Verurteilten angeordnet.

Im Jahr 2002 wurde in der Schweiz die Arbeitsleistung gegenüber 28 Prozent aller zu einer formellen Jugendstrafe verurteilten Personen angeordnet. Allerdings ist hierbei noch zu beachten, dass diese Zahlen die Verurteilungen zu Arbeitsleistungen als direkte Leistung zugunsten des Geschädigten mitumfassen.

4. Geldstrafen und vergleichbare jugendstrafrechtliche Sanktionen

Die Geldstrafe ist eine klassische Strafe des Erwachsenstrafrechts. Es soll nachfolgend untersucht werden, ob die für das Erwachsenenstrafrecht typische Strafe oder damit vergleichbare Sanktionen in die jugendstrafrechtlichen Bestimmungen von Deutschland, Österreich und der Schweiz aufgenommen wurden.

a) Bundesrepublik Deutschland

Das deutsche Jugendstrafrecht kennt keine Geldstrafe, sondern sieht vielmehr eine Geldauflage vor. Diese gehört zu den Zuchtmitteln. Im Gegensatz zum Erwachsenstrafrecht ist die Geldzahlung stets an eine gemeinnützige Einrichtung zu leisten, weil dem Jugendlichen eine finanzielle Einbuße dadurch eher verständlich gemacht werden kann.[777]

Die Geldauflage kommt nur bei leichten Verfehlungen in Betracht und wenn gleichzeitig anzunehmen ist, dass der Jugendliche den Geldbetrag aus eigenen Mitteln zahlt, über die er selbständig verfügen darf. Somit wird die Anordnung der Zahlung einer Geldauflage nur erfolgen, wenn der junge Täter bereits über eigenes Einkommen verfügt.

b) Österreich

Wie das Erwachsenenstrafrecht sieht das österreichische Jugendstrafrecht die Geldstrafe vor, wobei gemäß § 5 Z 5 öJGG die für Erwachsene vorgesehene Obergrenze der Geldstrafe halbiert wird. Durch die Anordnung der Geldstrafe darf das Fortkommen des Jugendlichen nicht gefährdet werden. Geldstrafen werden in Österreich nur gegenüber Jugendlichen verhängt, die über ein eigenes Einkommen verfügen.

Im österreichischen Jugendstrafrecht ist ebenso wie im Erwachsenstrafrecht die Möglichkeit vorgesehen, die Vollstreckung von Geldstrafen vollständig oder zum Teil bedingt nachzusehen.

c) Schweiz

Das schweizerische Jugendstrafrecht sieht die Buße vor. Sie ist eine Strafe und stammt aus dem Erwachsenenstrafrecht. Die Buße kann nach geltendem schweizerischem Recht nicht gegenüber Kindern angeordnet werden. Sie wird dann

---

[777] Eisenberg, JGG, § 15 Rn. 14 m.w.N.

verhängt, wenn verschuldensmäßig leichte Delikte der Verurteilung zugrunde liegen. Die Buße kommt vor allem für ältere Jugendliche, die bereits über ein eigenes Einkommen verfügen, in Betracht, da ansonsten die Gefahr besteht, dass die Buße durch die Eltern beglichen wird. Die Buße kann zudem bedingt oder unbedingt angeordnet werden.

Das reformierte Jugendstrafrecht wird die Bestimmungen der Buße ausführlicher regeln und nicht mehr nur auf die Regelungen des Erwachsenenrechts verweisen.

Die Buße kann zukünftig nur gegenüber Jugendlichen, die das 15. Lebensjahr vollendet haben, angeordnet werden. Diese Altersgrenze wurde in das Gesetz aufgenommen, weil nach den Regelungen des schweizerischen Arbeitsrechts ein Jugendlicher ab 15 Jahren als Arbeitnehmer beschäftigt werden darf und die Verhängung einer Buße nur dann sinnvoll ist, wenn der Jugendliche sie aus eigenen Erwerbsmitteln bezahlen kann.[778]

Die vollziehende Behörde kann dem Jugendlichen zusätzlich Fristerstreckungen und Teilzahlungen gewähren. Der Jugendliche kann auch die Vollzugsbehörde ersuchen, die Buße ganz oder teilweise in eine persönliche Leistung umzuwandeln.

d) USA

Die Anordnung einer Geldstrafe (*fine*) ist auch in den amerikanischen jugendstrafrechtlichen Bestimmungen vorgesehen. Sie wird vor allem dann als geeignet angesehen, wenn der Jugendliche aus der Straftat einen finanziellen Gewinn gezogen hat.[779] Die Höhe der Geldstrafe ist abhängig von der Schwere des begangenen Delikts und den finanziellen Möglichkeiten des Jugendlichen, eine Geldstrafe zu zahlen. Es können dem Jugendlichen auch Ratenzahlungen gewährt werden.

e) Zwischenergebnis

Die österreichischen, schweizerischen und amerikanischen Bestimmungen sehen im Jugendstrafrecht ebenso wie im Erwachsenenstrafrecht eine Geldbuße vor. Lediglich in Deutschland ist eine Geldstrafe im Jugendstrafrecht nicht vorgesehen. Als Ersatz dafür ist die Geldauflage als Zuchtmittel vorgesehen.

---

[778] Vgl. Schweizerisches Bundesgesetzblatt 1999, S. 2259

[779] Shepard, S. 112, Standard 3.2 B. 2a der *„Standards relating to Dispositions"*

aa) Sind die Geldstrafe und die mit ihr vergleichbaren Sanktionen erzieherisch sinnvoll?

Die Bedenken, dass eine Geldstrafe beziehungsweise eine mit ihr vergleichbare Sanktion im Jugendstrafrecht nicht sinnvoll ist, weil dadurch bei den Jugendlichen der Eindruck verstärkt wird, dass man mit Geld alles erledigen kann, wird von den internationalen Gesetzgebern nicht geteilt.[780]

In allen betrachteten Rechtsordnungen soll bei der Verhängung der Geldstrafe beziehungsweise der mit ihnen vergleichbaren jugendstrafrechtlichen Sanktionen darauf geachtet werden, dass wirklich der Jugendliche und nicht seine Eltern die Einbuße erleiden, da ansonsten dieser Sanktion kein pädagogischer Sinn zu kommt. Eine echte Kontrolle dieses Gesichtspunktes kann jedoch in der Justizpraxis nicht stattfinden.

Allein der deutschen Regelung der Geldzahlung zugunsten einer gemeinnützigen Einrichtung kann noch mittelbar eine erzieherische Wirkung zu gesprochen werden, da die Zahlung zugunsten der gemeinnützigen Einrichtung erfolgt. Da im österreichischen Jugendstrafrecht der Vorrang der Spezialprävention entscheidend ist und das Jugendstrafrecht nicht die Aufgabe hat, den Jugendlichen erzieherisch zu beeinflussen, ist die aus dem Erwachsenstrafrecht übernommene Regelung der Geldstrafe konsequent.

Bedenken bestehen allerdings bei der deutschen, der schweizerischen und den amerikanischen Regelungen. Zwar kann der deutschen Geldbuße mittelbar eine erzieherische Wirkung zugeschrieben werden, allerdings sollen die Zuchtmittel neben der Erziehung auch dem Ziel dienen, mit Hilfe eines Denkzettels erneute Straftat zu verhindern.

Es kann nicht Sinn einer erzieherisch geprägten Rechtsfolge sein, dass der Jugendliche sich „freikaufen" kann. Dadurch lernt er nicht, Verantwortung für die Tat zu übernehmen oder etwaige Schuldgefühle abzubauen. Des Weiteren ist die Fallgestaltung denkbar, dass der Jugendliche zwar über ein eigenes Einkommen verfügt, trotzdem nicht in der Lage ist, die Geldauflage zu begleichen. Er wird sich daher an seine Familie mit der Bitte um Unterstützung wenden. Man könnte in diesen Fällen die Strafwirkung darin sehen, dass der Jugendliche sich um die Beschaffung der Geldsumme kümmern muss und dabei zusätzlich noch familieninternen Verwarnungen ausgesetzt wird. Die Wirkung der Geldstrafe beziehungsweise der Geldbuße darf aber nicht von solchen Zufälligkeiten abhängen.

Da die Geldstrafe beziehungsweise die Geldbuße erzieherisch weder sinnvoll noch mit dem Erziehungsgedanken vereinbar ist, sollte sie aus den oben genannten rechtlichen Bestimmungen gestrichen werden. Eine Sanktionslücke würde durch die Streichung nicht entstehen, da stattdessen eine Wiedergutma-

[780] Nach Böhm, S. 187 entstammt diese Sichtweise einer idealistischen pädagogischen Vorstellung

chungsleistung oder gemeinnützige Arbeit verhängt werden kann. So ist ja auch in Deutschland seit Einführung der gemeinnützigen Arbeitsauflage die Zahl der angeordneten Geldbußen stark zurückgegangen.

bb) Anwendungsbereich

Geldauflagen sollen in Deutschland bei leichten Verfehlungen ausgesprochen werden. In Österreich muss eine Tat vorliegen, die über den Bereich der Bagatell-, Klein- bis Mittelkriminalität hinausgeht, da ansonsten eine informelle Erledigung des Verfahrens erfolgen müsste. In der Schweiz kommt die Buße für die normalen und die „Gelegenheitstäter" in Betracht. In den USA kommt es primär darauf an, ob der Jugendliche aus der Straftat einen finanziellen Gewinn gezogen hat. Wobei man davon sicherlich auch erst ab einem gewissen Schweregrad der Tat ausgehen kann.

Der Anwendungsbereich der Geldstrafen beziehungsweise der mit diesen vergleichbaren jugendstrafrechtlichen Sanktionen umfasst nur in Deutschland die leichten Verfehlungen. In den übrigen Ländern muss der Schweregrad der Kleinkriminalität überschritten worden sein. Dieser unterschiedliche Anwendungsbereich ist dadurch erklärbar, dass in Deutschland die Geldbuße ein Zuchtmittel und keine Strafe ist.

cc) Höhe der Geldstrafe und der mit ihr vergleichbaren Sanktionen

Das Höchst- und Mindestmaß der Geldstrafe und der mit ihr vergleichbaren Sanktionen wurde in den untersuchten Ländern sehr unterschiedlich geregelt.

In den deutschen Bestimmungen wurde die Höhe der Geldauflage gesetzlich nicht festgelegt. Sie steht daher im Ermessen des Richters. Sie richtet sich unter Berücksichtigung des Verhältnismäßigkeitsprinzips nach dem Unrechtsvorwurf.[781] Sie muss angemessen sein und die wirtschaftlichen Verhältnisse des jugendlichen Delinquenten angemessen berücksichtigen.

In Österreich ist das Höchst- und Mindestmaß detailliert geregelt und unterscheidet sich deutlich von den Beträgen des Erwachsenstrafrechts. Die gesetzliche Untergrenze der Geldstrafe beträgt in Österreich zwei Tagessätze, die Obergrenze beträgt 360 Tagessätze. Die Höhe eines Tagessatzes beträgt bei Jugendlichen ebenso wie bei Erwachsenen mindestens zwei Euro und höchstens 327 Euro.

Im Gegensatz zu der österreichischen Regelung besteht in der Schweiz kein Tagessatzsystem, sondern vielmehr ein Geldsummensystem. Der Jugendliche zahlt somit eine bestimmte Geldsumme an den Staat. Nach geltendem Recht be-

[781] Ostendorf JGG, § 15 Rn. 16

trägt der Höchstbetrag der Buße ebenso wie bei Erwachsenen für Jugendliche 40.000 Schweizer Franken. Das Höchstmaß wird aber zukünftig jugendlichen Einkünften angepasst und 2.000 Schweizer Franken betragen.

Dem Geldsummensystem folgen auch die amerikanischen Bestimmungen. Die Höhe der Geldstrafe wird abhängig von der Schwere des begangenen Delikts und den finanziellen Möglichkeiten des Jugendlichen bestimmt. Die meisten gesetzlichen Regelungen der Bundesstaaten enthalten Höchstgrenzen für die Anordnung von Geldstrafen. In Minnesota ist zum Beispiel eine Höchststrafe von US Dollar 700 vorgesehen. Den Jugendlichen können auch Ratenzahlungen gewährt werden.

Der internationale Vergleich zeigt, dass nur in Deutschland auf eine gesetzliche Festlegung des zu zahlenden Geldbetrages verzichtet wurde. Welcher Geldbetrag für Jugendliche noch angemessen und zumutbar erscheint, wird im internationalen Vergleich uneinheitlich beantwortet. Das Höchstmaß der Geldstrafe wurde am geringsten in Minnesota mit US Dollar 700 angesetzt.

Nachdem auch in der Schweiz die entsprechenden Vorschriften geändert werden, unterscheiden sich in Österreich, der Schweiz und der USA die Höhen der Geldbeträge, die den Jugendlichen zur Zahlung auferlegt werden können, deutlich von den Bestimmungen des Erwachsenenstrafrechts, weil sie den jugendlichen Einkommensverhältnissen angepasst wurden. Mit diesen Regelungen wird die Eigenständigkeit des Jugendstrafrechts gegenüber den allgemeinen Strafrechtlichen Bestimmungen für Erwachsene deutlich gemacht.

dd) Justizpraxis

Im Jahr 2002 wurden in Deutschland gegenüber 12,6 Prozent aller zu einer formellen jugendstrafrechtlichen Sanktion verurteilten Jugendlichen eine Geldauflage angeordnet. Der Anteil der Geldstrafen im österreichischen Jugendstrafrecht betrug im selben Jahr 30,2 Prozent. Dabei fielen auf die unbedingten Geldstrafen rund 15 Prozent, während die bedingte Geldstrafe rund 10 Prozent und auf die teilbedingte Geldstrafe etwa fünf Prozent ausmachten. In der schweizerischen Justizpraxis spielt die Anordnung der bedingten Buße keine nennenswerte Rolle. Im Jahr 2002 betrug ihr Anteil etwa vier Prozent aller in einem Jugendstrafrechtsurteil angeordneten Sanktionen. Der Anteil der unbedingten Buße lag hingegen bei 19 Prozent. Das amerikanische Zahlenmaterial ist im Hinblick auf die Häufigkeit der Geldstrafe nicht aussagekräftig, da die Geldstrafe, Entschädigungsleistung sowie gemeinnützige Arbeiten in einer Obergruppe statistisch zusammengefasst werden.

Grundsätzlich spielt die Anordnung der Geldstrafe und der mit ihr vergleichbaren Sanktionen im internationalen Vergleich eine gleich gewichtige Rolle. Diese Sanktionen sind in der jugendstrafrechtlichen Justizpraxis – ungeachtet ihrer zweifelhaften pädagogischen Wirksamkeit– von enormer Bedeutung.

5. Freiheitsstrafen und vergleichbare freiheitsentziehende Sanktionen

Nach den Mindestgrundsätzen der Vereinten Nationen für die Jugendgerichtsbarkeit („Beijing-Grundsätze“) soll das Wohl des Jugendlichen im Vordergrund der jugendstrafrechtlichen Entscheidungen stehen. Zugleich soll aber auch gewährleistet werden, dass die Reaktionen gegen jugendliche Täter stets verhältnismäßig sind, Nr. 17.1 a, d der „Beijing Grundsätze“.

Nach Nr. 17.1 b der „Beijing-Grundsätze“ soll die Freiheitsstrafe für jugendliche Täter als ultima ratio verhängt werden. Freiheitsentzug soll nach Nr. 17.1 c der Mindestgrundsätze der Vereinten Nationen für die Jugendgerichtsbarkeit nur dann angeordnet werden, wenn der Jugendliche einer schweren Gewalttat gegen eine Person oder mehrfach wiederholter anderer schwerer Straftaten für schuldig befunden ist und keine anderen angemessenen Lösungen zur Verfügung stehen.

Unter Beachtung dieser Vorgaben wird nachfolgend untersucht, ob es in den betreffenden Ländern Freiheitsstrafen oder vergleichbare jugendstrafrechtliche Sanktionen gibt. Dabei sollen die Formen des kurzfristigen Freiheitsentzuges bis zu bis zu drei Monaten zunächst außer Betracht bleiben, da sie in einem gesonderten Punkt erörtert werden.

a) Bundesrepublik Deutschland

Im deutschen Jugendstrafrecht ist als (länger andauernde) freiheitsentziehende Maßnahme die Jugendstrafe vorgesehen. Sie ist Freiheitsentzug in einer Jugendstrafanstalt und die schärfste Reaktion, die das deutsche Jugendstrafrecht für jugendliche Straftäter vorsieht.

Die Jugendstrafe wird verhängt, wenn Erziehungsmaßregeln oder Zuchtmittel nicht ausreichen und wenn „schädliche Neigungen“ vorliegen oder Jugendstrafe wegen der „Schwere der Schuld“ erforderlich ist.

Bis 1990 kannte das deutsche Jugendstrafrecht eine Jugendstrafe von bestimmter Dauer. Seit 1990 betragen die Mindestdauer der Jugendstrafe sechs Monate und die Höchststrafe bei Jugendlichen regelmäßig fünf Jahre. Für Verbrechen, die nach allgemeinem Strafrecht mit mehr als zehn Jahren bestraft werden, ist für Jugendliche eine Höchststrafe von zehn Jahren vorgesehen. Bei Heranwachsenden liegt der Strafrahmen hingegen immer zwischen sechs Monaten und zehn Jahren, § 105 III JGG.

b) Österreich

Im österreichischen Jugendstrafrecht besteht ebenso wie im allgemeinen österreichischen Strafrecht nur eine einheitliche Freiheitsstrafe. Bei der Verhängung der Freiheitsstrafe wird die für Erwachsene angedrohte Obergrenze der Freiheitsstrafe bei jugendlichen Straftätern auf die Hälfte herabgesetzt, wobei neben der Halbierung der Strafobergrenze für bestimmte Strafmaße besondere Regeln für die Strafzumessung bestehen. Das öJGG verzichtet dabei auf die Festsetzung einer bestimmten Mindeststrafe.

c) Schweiz

Das schweizerische Jugendstrafrecht sieht als Freiheitsstrafe den Schularrest und Einschließung vor. Da der Schularrest nur für die Dauer von ein bis sechs Halbtagen angeordnet werden kann, wird er näher bei den kurzfristigen Freiheitsstrafen besprochen.

Anstelle des Schularrests für straffällig gewordene Kinder sieht das schweizerische Jugendstrafrecht bei Jugendlichen die Einschließung vor. Einschließung ist die Verhängung von Freiheitsstrafe von einem Tag bis zu einem Jahr.

Die Anordnung einer Einschließung eines Jugendlichen setzt die Begehung einer Straftat voraus. Es ist also ein schuldhaftes Verhalten des jugendlichen Täters zu verlangen. Eine weitere Erziehungsbedürftigkeit des Täters wird nicht verlangt. Die Einschließung kommt damit nach schweizerischem Recht für „normale" Täter und Gelegenheitstäter in Betracht.

Durch das reformierte schweizerische Jugendstrafrecht wird die Dauer des Freiheitsentzuges verlängert. Jugendliche, die das 16. Lebensjahr vollendet haben und die besonders schwerere Delikte begangen haben, können mit einer Freiheitsstrafe von bis zu vier Jahren bestraft werden. Eine gesetzliche Untergrenze des Freiheitsentzuges wurde für diese Fälle nicht festgelegt.

d) USA

Sowohl die jugendstrafrechtlichen Bestimmungen des Bundes als auch der amerikanischen Bundesstaaten sehen freiheitsentziehende Dispositionen vor.

outh development centers, youth service centers, industry schools.[782] Sie sind für jugendliche Täter vorgesehen, welche wiederholt straffällig wurden und/oder aufgrund ernster Delikte verurteilt wurden.

Die Dauer der Unterbringung wird von den Bundesstaaten unterschiedliche geregelt: Während die Unterbringung in einer Jugendstrafvollzugsanstalt in Wisconsin nur bis zu zwei Jahre andauern darf oder bis zum 18. Geburtstag des jungen Straftäters, je nachdem, welche der Möglichkeiten früher eintritt, erfolgt zum Beispiel die Inhaftierung in Minnesota für zunächst unbestimmte Zeit und wird bei Zweckerreichung oder Ende der Jurisdiktion des Jugendgerichts aufgehoben.

Einige Bundesstaaten sehen hingegen vor, dass Jugendliche die zu *secure detention* verurteilt wurden, in Strafvollzugsanstalten für Erwachsene *(adult correctional facilities*) untergebracht werden.[783] So können zum Beispiel in Texas Jugendliche, die wegen bestimmter schwerer Straftaten, wie zum Beispiel Mord, verurteilt wurden, vom Jugendgericht zu 30 Jahren Gefängnisstrafe in einem Erwachsenengefängnis verurteilt werden.[784]

Keine freiheitsentziehenden Maßnahmen stellen diejenigen Dispositionen dar, welche unter die Obergruppe der *nonsecure custody* fallen. Dazu zählt die Unterbringung Jugendlicher in den *foster homes, group homes, half away houses, camps, ranches* sowie den *shelters*. Zwar variiert die Konzeption dieser Unterbringungsarten in den einzelnen Bundesstaaten, aber dennoch haben die Jugendlichen in diesen Einrichtungen Bewegungsfreiheit, sie können generell die Schule besuchen und an anderen jugendlichen Aktivitäten teilnehmen.[785]. Bei ihnen steht viel mehr eine erzieherische Einflussnahme und Hilfestellung im Vordergrund.

Eine nicht mit dem Freiheitsentzug vergleichbare Maßnahme stellt die „häusliche Inhaftierung“ dar. Sie ist vielmehr eine alternative Disposition zur Vermeidung des Vollzugs freihheitsentziehender jugendstrafrechtlichen Sanktionen außerhalb des Elternhauses.

e) Zwischenergebnis

Die untersuchten Rechtsordnungen sehen alle in den jugendstrafrechtlichen Bestimmungen Freiheitsstrafen beziehungsweise mit ihnen vergleichbare Sanktionen vor.

---

[782] Vgl. Champion, S. 424
[783] Adler/Mueller/Laufer Criminal Justice, S. 488
[784] Adler/Mueller/Laufer Criminal Justice, S. 488
[785] Champion, S. 135; Siegel/Senna, S. 574

aa) Regelungssystematik

Der Grundsatz der Subsidiarität der freiheitsentziehenden Maßnahmen ist in den betrachteten Ländern anerkannt. Allerdings bestehen teilweise erhebliche Unterschiede in der rechtlichen Ausgestaltung und im Hinblick auf die verschiedenen Altersgruppen.

In Deutschland und Österreich unterliegt die Freiheitsstrafe keinerlei weiteren von persönlichen Anwendungsbereich der jugendstrafrechtlichen Vorschriften abweichenden Altersbegrenzungen. Sie kann daher gegenüber 14jährigen Tätern angeordnet werden.

Das derzeit noch geltende schweizerische Jugendstrafrecht nimmt hingegen eine Differenzierung vor und sieht die Einschließung nur für Jugendliche vor. Gegenüber Kindern ist die Anordnung der Einschließung nicht möglich. Dies wird auch im reformierten Recht nicht geändert werden. Freiheitsstrafe bis zu einem Jahr kann in der Schweiz nur gegenüber Jugendlichen angeordnet werden, welche das 15. Lebensjahr vollendet haben. Zusätzlich ist hingegen eine Verschärfung für Jugendliche, die das 16. Lebensjahr vollendet haben und besonders schwerere Delikte begangen haben, vorgesehen. Zukünftig können diese Täter mit einer erhöhten Freiheitsstrafe von bis zu vier Jahren bestraft werden.

Teilweise findet in den Bundesstaaten der USA eine weitere Altersbegrenzung hinsichtlich freiheitsentziehenden Dispositionen statt, teilweise wird darauf aber verzichtet. Der Schwerpunkt bei der Ermessensentscheidung des Richters, ob eine Unterbringung des Jugendlichen in einer Jugendstrafanstalt zu erfolgen hat, liegt vielmehr bei der Schwere der begangenen Straftat, unabhängig vom Alter des Täters.

bb) Anwendungsvoraussetzungen

Nur bei schuldhaftem Handeln kann in den untersuchten Ländern Freiheitsstrafe beziehungsweise die mit ihr vergleichbaren Sanktionen verhängt werden. Während in der Schweiz bei der Verhängung von Erziehungsmaßnahmen umstritten ist, ob diese ein schuldhaftes Handeln voraussetzen, besteht dieser Streit bei der Einschließung nicht. Dort wird unbestritten ein schuldhaftes Handeln gefordert.

Sowohl die österreichischen, schweizerischen und amerikanischen jugendstrafrechtlichen Bestimmungen setzen keine weitere Erziehungsbedürftigkeit des Täters bei der Verhängung von Freiheitsstrafen und der mit ihr vergleichbaren Sanktionen voraus. Anders wurde diese Frage in Deutschland geregelt. Die Verhängung von Jugendstrafe wegen schädlicher Neigungen setzt eine erzieherische Notwendigkeit beim Täter voraus. Denn sie kann nur angeordnet werden, wenn Persönlichkeitsmängel des Jugendlichen vorliegen, die auf die Tat Einfluss gehabt haben und befürchten lassen, dass der Jugendliche weitere Taten begeht.

Eine gewisse Ausnahmestellung nimmt die Jugendstrafe wegen Schwere der Schuld ein. Sie kann zur Anwendung kommen, wenn Jugendstrafe zur Erziehung entbehrlich ist, der Jugendliche aber dennoch wegen Schwere der Schuld mit Jugendstrafe bestraft werden muss.[786]

Obwohl in der Schweiz die Erziehungsbedürftigkeit des Jugendlichen für die Anordnung der Einschließung nicht Voraussetzung ist, ist der Erziehungszustand des Täters entscheidendes Kriterium der urteilenden Behörde, welche Sanktion gegenüber dem Delinquenten angeordnet wird. Somit ist für die Verhängung der Einschließung entscheidende Frage, ob es sich um einen „normalen" Täter und einen Gelegenheitstäter handelt oder nicht. Nur diejenigen Jugendlichen, die weder einer besonderen erzieherischen Betreuung noch einer besonderen Behandlung bedürfen, also die „normalen" Täter und die Gelegenheitstäter, können mit einer Einschließung bestraft werden. Eine tatschuldbezogene Bestrafung von schweren Straftaten erfolgt daher in der Schweiz nicht.

Anders ist die Rechtslage in Deutschland zu beurteilen. Dort muss zunächst einmal ein Tatgeschehen der Verurteilung zugrunde liegen, dass aufgrund seiner Schwere die Verhängung von Jugendstrafe erfordert. In einem weiteren Schritt ist dann zu prüfen, ob die Voraussetzungen der schädlichen Neigungen oder der Schwere der Schuld gegeben sind. Entscheidend ist in Deutschland somit weniger der Erziehungszustand des Täters als die zugrunde liegende Tat.

Während in der Schweiz das Vorliegen einer Straftat Voraussetzung für die Bestrafung in Form der Einschließung ist, ist aber entscheidend für die Auswahl der jugendstrafrechtlichen Sanktion die Erziehungsbedürftigkeit des Delinquenten. Dem Erziehungszustand des Jugendlichen wird demgegenüber in Deutschland bei der Prüfung, ob eine Jugendstrafe angeordnet werden muss, nicht diese enorme Bedeutung beigemessen, da zunächst einmal eine gewisse Tatschwere gegeben sein muss.

Eine Änderung des Grundsatzes, dass entscheidender Gesichtspunkt für die Anordnung der Einschließung der Erziehungszustand ist, wird im reformierten schweizerischen Jugendstrafrecht erfolgen. Die Schwere der Tat wird ebenfalls wie im Erwachsenenstrafrecht zum Anknüpfungspunkt der Sanktionierung jugendlicher Straftäter.

Der Gesichtspunkt der Tatschwere ist das entscheidende Kriterium bei der Verhängung freiheitsentziehender Dispositionen in den amerikanischen Rechtsbestimmungen. Diese werden gegenüber straffälligen Jugendliche verhängt, die als gefährliche oder schwere Straftäter angesehen werden.[787] Nach den Richtlinien der *National Juvenile Detention Association*[788] soll die Inhaftierung eines Jugendlichen in einer *secure detention facility* nur in Betracht kommen, um den

[786] Vgl. Böhm, S. 205

[787] Vgl. Champion, S. 419; ebenso Shepard, S. 113, Standard 3.3 B. der *„Standards relating to Dispositions"*; Siegel/Senna, S. 580

[788] Darstellung bei Griffin/Torbet, S. 57

Jugendlichen von weiteren gefährlichen und/oder schweren Straftaten abzuhalten. Die Frage der erzieherischen Notwendigkeit spielt keine Rolle.

In Wisconsin kommt die Inhaftierung Jugendlicher in einer *secured correctional facility* dann in Betracht, wenn der Jugendliche eine Straftat begangen hat, die, wenn er zur Tatzeit erwachsen gewesen wäre, mit mindestens sechs Monaten Gefängnisstrafe sanktioniert worden wäre. Dieser Aspekt entspricht der deutschen Rechtslage, nach der der Verurteilung ein Tatgeschehen zugrunde liegen muss, das, wenn ein Erwachsener der Täter gewesen wäre, mit einer Freiheitsstrafe von mindestens sechs Monaten hätte geahndet werden müssen.[789]

Zusätzlich muss der Richter im Bundesstaat Wisconsin der Ansicht sein, dass der junge Delinquent eine Gefahr für die Öffentlichkeit darstellt und seine Inhaftierung erforderlich ist. Das Gesetz geht davon aus, dass die der Fall ist, wenn der Jugendliche bestimmte schwere Straftaten wie zum Beispiel Mord, Totschlag, Brandstiftung an Gebäuden begangen oder bei der begangenen Straftat eine Handfeuerwaffe benutzt hat.

Das österreichische Jugendstrafrecht ist so konzipiert, dass Freiheitsstrafe für den Bereich der mittelschweren Kriminalität mit hohem tatbestandsmäßigem Unwertgehalt bis hin zur Schwerkriminalität zur Anwendung kommt. Eine Berücksichtigung des Erziehungsgedankens bei Verhängung von Freiheitsstrafen findet nicht statt. Die Freiheitsstrafe für Jugendliche ist in Österreich keine Erziehungsstrafe.

Der internationale Vergleich zeigt, dass es sich bei den untersuchten Ländern zwei Regelungsmodelle entscheiden lassen: Zum einen ist die Schwere der begangenen Straftat entscheidendes Kriterium für die Anordnung von Freiheitsstrafen, zum anderen wird unabhängig von der Schwere der Straftat an den Erziehungszustand des Delinquenten angeknüpft. Nur in Deutschland findet eine teilweise Verknüpfung beider Gesichtspunkte statt.

cc) Höchst- und Mindestmaß der Freiheitsstrafe

Nach den Grundsätzen der Vereinten Nationen und des Europarats sollen für notwendig erachtete Freiheitsstrafen möglichst kurz bemessen werden. Damit wird dem traditionellen Erziehungsverständnis, nach welchem eine Anstaltsbehandlung nur dann erfolgreich sein könne, wenn sie eine bestimmte Mindestdauer überschreite, eine Absage erteilt.[790]

---

[789] Vgl. Böhm, S. 202

[790] Vgl. Dünkel, Entwicklungstendenzen, S. 570, 571

(1) Festlegung einer Mindestdauer nach traditionellem Erziehungsverständnis

In Deutschland folgt man dennoch dem traditionellen Erziehungsverständnis und geht davon aus, dass die Mindestdauer der Jugendstrafe sechs Monate betragen muss. Dieses Mindestmaß beruht auf der Vorstellung, ein kürzerer Zeitraum lasse eine erzieherische Einwirkung im Allgemeinen nicht möglich erscheinen.[791] Außerdem soll dadurch die Verhängung der Jugendstrafe auf schwerwiegende Sachverhalte beschränkt werden und die Vollstreckung kurzer Freiheitsstrafen vermieden werden.[792]

In Österreich wurde hingegen grundsätzlich auf die Festlegung eines Mindestmaßes verzichtet. Theoretisch kann daher in Österreich eine Freiheitsstrafe von einem Tag ausgesprochen werden. Für bestimmte Strafandrohungen sind allerdings Regeln vorgesehen, die ein Mindestmaß der Freiheitsstrafe festlegen. So tritt beispielsweise an die Stelle der Freiheitsstrafdrohung von zehn bis 20 Jahren des Erwachsenenstrafrechts eine Strafandrohung von sechs Monaten bis zehn Jahren im Jugendstrafrecht.

In den schweizerischen jugendstrafrechtlichen Bestimmungen wurde ebenfalls auf eine Festlegung eines Mindestmaßes der Einschließung verzichtet.

Die Bundesstaaten der USA haben die Dauer der freiheitsentziehenden Dispositionen unterschiedlich geregelt. Es gibt sowohl Bundesstaaten, die eine gewisse Mindestdauer der Freiheitsstrafe vorgesehen haben als auch Bundesstaaten, die auf deren Festlegung verzichtet haben.

Seit 1992 wurden in einer Anzahl von Bundesstaaten die entsprechenden Gesetze geändert, um *mandatory minimum sentences* (zeitlich zwingende Mindeststrafen) gegenüber jugendlichen Straftätern bei gewissen schweren Verbrechen verhängen zu können.[793] Diese Tendenz steht im Widerspruch zur bisherigen überwiegenden amerikanischen Praxis, Strafen von zeitlich unbestimmter Dauer zu verhängen, um so auf die spezifische Entwicklung jedes einzelnen Jugendlichen eingehen zu können.

Die Verhängung einer zeitlich unbestimmten Strafe wurde aber in vielen Bundesstaaten als nicht ausreichend zur Sanktionierung der Tat angesehen. In den meisten Fällen wurden die *mandatory minimum sentences* für jugendliche Schwer- beziehungsweise jugendliche Gewaltverbrecher vorgesehen.[794] In zumindest vier Bundesstaaten wird die Inhaftierung in einer *juvenile correctional facility* zwar für zeitlich unbestimmte Dauer verhängt, wobei aber zugleich eine zu verbüßende Mindeststrafe angeordnet wird.[795] So wurde beispielsweise in

---

[791] Eisenberg, JGG, § 18 Rn. 4; Schaffstein/Beulke § 23 II; P.A. Albrecht S. 254; Böhm, S. 211, 212

[792] Böhm, S. 211

[793] Vgl. McCord, S. 211; vgl. Granckow/Tomkins, Introduction

[794] Torbet/Szymansky, S. 1; Siegel/Senna, S. 578

[795] National Center for Juvenile Justice, S. 2

Delaware festgelegt, dass jugendliche Wiederholungstäter mindestens sechs Monate lang in einer *detention facility* verbleiben müssen.[796]

(2) Die zeitlich unbestimmte Freiheitsstrafe

Das Modell der zeitlich unbestimmten Jugendstrafe ist charakteristisch für traditionelle jugendstrafrechtliche Wohlfahrtsmodelle. Während in Deutschland und in Österreich die zeitlich unbestimmte Jugendstrafe abgeschafft wurde, ist sie in den schweizerischen und einigen amerikanischen Jugendstrafrechtsordnungen noch existent. Die Dauer der Strafe bestimmt sich bei diesen Regelungsmodellen ausschließlich nach der persönlichen Entwicklung des Täters. Demgegenüber orientieren sich das deutsche und österreichische Modell hinsichtlich der Dauer der Strafe an den Gesichtspunkten der Tatproportionalität und Verhältnismäßigkeit und führen eine zeitlich limitierte Sanktionierung durch.

Während in der Schweiz auch im Zuge der großen Strafrechtsreform an der zeitlich unbestimmten Sanktionierung mit Festsetzung einer Höchstdauer der Einschließung festgehalten wird, ist in den USA eine Abkehr von der zeitlich unbestimmten Sanktionierung im Bereich der Schwer- und Wiederholungskriminalität zu beobachten, da die zeitlich unbestimmte Sanktionierung in vielen Bundesstaaten als nicht ausreichend angesehen wird.

(3) Vergleich der Höchstmaßes der Freiheitsstrafen und der mit ihr vergleichbaren Sanktionen

Das Höchstmaß der Jugendstrafe beträgt in Deutschland bei Jugendlichen regelmäßig fünf Jahre. Dieses Höchstmaß beruht auf der Annahme, Anstaltserziehung könne nur bis zu einer Dauer von fünf Jahren Erfolg versprechen.[797] Für Verbrechen, die nach allgemeinem Strafrecht mit mehr als zehn Jahren bestraft werden, ist gemäß § 18 I S. 2 JGG für Jugendliche eine Höchststrafe von zehn Jahren vorgesehen.

Da in Österreich an Stelle der lebenslangen oder 10 bis 20jährigen Freiheitsstrafandrohung eine Strafandrohung von ein bis 15 Jahren tritt, liegt das Höchstmaß nach § 5 Nr. 2 a öJGG bei 15 Jahren.

Das Höchstmaß der Einschließung nach schweizerischem Recht beträgt nach geltendem Recht ein Jahr. Das Höchstmaß des Freiheitsentzuges nach reformiertem Jugendstrafrecht wird bei der Verurteilung aufgrund der Begehung beson-

---

[796] Vgl. National Center for Juvenile Justice, S. 2

[797] Vgl. P.A. Albrecht, S. 254, Ostendorf § 18 Rn. 10, die hervorheben, dass nach dem jetzigen Stand der Sanktionsforschung nicht festgestellt werden kann, ob ein längerer oder kürzerer Srafvollzug größere Aussicht auf eine (Re-)Sozialisierung verspricht. Zustimmend Brunner/Dölling § 18 Rn. 3.

ders schwerer Delikte vier Jahre betragen, ansonsten verbleibt es bei dem Höchstmaß von einem Jahr.

Unterschiedlich ist wiederum die Regelung des Höchstmaßes der freiheitsentziehenden Dispositionen in den bundesstaatlichen Regelungen der USA. In einigen Bundesstaaten wird von dem Grundsatz der zeitlich unbestimmten Sanktionierung abgewichen. Die jugendstrafrechtlichen Bestimmungen legen dann ein zeitliches Höchstmaß der Sanktionierung fest. In Kalifornien orientieren sich die jugendstrafrechtlichen Bestimmungen an der Dauer der Sanktionierung des Erwachsenenstrafrechts. Ein Jugendlicher kann für seine begangene Straftat genauso lang, nicht aber länger als ein Erwachsener, der die gleiche Tat begangen hat, inhaftiert werden.

Der internationale Vergleich der Höchststrafmaße hat gezeigt, dass das Höchstmaß in den betrachteten Ländern sehr unterschiedlich geregelt wird. Es kann aber als Ergebnis festgehalten werden, dass in den jugendstrafrechtlichen Bestimmungen eigene, vom Erwachsenenstrafrecht unabhängige, Höchststrafmaße für die Freiheitsstrafen und der mit ihr vergleichbaren Sanktionen getroffen werden. Eine Ausnahme dazu stellen einige, (derzeit noch) in der Minderzahl befindliche, amerikanische bundesstaatliche Regelungen dar.

Wenn in Deutschland teilweise das zu geringe Strafmaß der Jugendstrafe kritisiert wird, so lassen sich sowohl rechtsvergleichende Argumente gegen als auch für eine Erhöhung anführen.

dd) Häufigkeit der Anordnung von Freiheitsstrafen und mit ihr vergleichbaren Sanktionen in der Praxis

Nach dem Willen der deutschen, österreichischen, schweizerischen und amerikanischen Gesetzgeber sollen die Freiheitsstrafe und die mit ihr vergleichbaren Sanktionen nur subsidiär angewandt werden. Es ist daher zu untersuchen, ob dieser Grundsatz auch in der Justizpraxis Beachtung findet.

Die nachfolgende Tabelle zeigt auf, welchen Anteil die freiheitsentziehenden Sanktionen insgesamt an der Zahl aller in einem Jugendstrafurteil ausgesprochenen Sanktionen besitzen. Allerdings erlauben diese Zahlen keinen direkten Vergleich. Folgende Unterschiede sind zu berücksichtigen:

Die deutschen Daten beinhalten nur die Jugendstrafe und nicht den Jugendarrest und die schweizerischen Daten umfassen nur die Einschließung, nicht den Schularrest. Die amerikanischen Daten beinhalten die Dispositionen, die unter dem Begriff *placement* zusammengefasst werden. Darunter fallen alle Unterbringungen von jugendlichen Straftätern sowie von *status offenders* in *residential treatment facilities, juvenile correction facilities, foster homes, group homes.* Es handelt sich hierbei um die Zusammenfassung von Unterbringungen in völlig unterschiedlichen Einrichtungen, die teilweise nicht unter zu den freiheitsentziehenden Dispositionen, sondern vielmehr zu den mit den Erziehungsmaßnahmen vergleichbaren Dispositionen gehören.

Jahr	Deutschland	Österreich	Schweiz	USA
1999	13,1 %	44,5 %	8,2 %	24,2 %
2000	13,0 %	47,7 %	5,8 %	24,0 %
2001	12,6 %	47,9 %	6,0 %	-
2002	11,9 %	50,6 %	7,2 %	-

Bei Betrachtung des deutschen, österreichischen und schweizerischen Zahlenmaterials fällt zunächst einmal das deutliche Überwiegen der österreichischen Freiheitsstrafe im Vergleich zu den Prozentanteilen der deutschen Jugendstrafe und der schweizerischen Einschließung auf. Da das österreichische Jugendstrafrecht aber ein Strafrecht mit beinahe keinerlei Strafen ist, darf bei der Betrachtung des vorliegenden Zahlenmaterials nicht darüber hinweggesehen werden, dass das österreichische Recht nur die Strafen und keine weiteren formellen Sanktionen kennt. Daher können die österreichischen Werte nicht mit denen von Deutschland und der Schweiz verglichen werden.

Es kann allerdings allgemein festgestellt werden, dass im betrachteten Zeitraum ein leichter Anstieg der Freiheitsstrafe in Österreich festzustellen war, während in Deutschland eine sinkende Tendenz bei der Anordnung freiheitsentziehender Maßnahmen zu verzeichnen war. Da in der Schweiz seit dem Jahr 2001 wieder ein leichter Anstieg der Anordnungen der Einschließung im Vergleich zum Vorjahr zu verzeichnen war, kann noch nicht abschließend beurteilt werden, ob das Absinken nur vorübergehender Natur war oder eine länger anhaltende Verminderung der Verurteilungen bedeutet.

Da das deutsche und das schweizerische Recht ähnliche Grundstrukturen aufweisen, können die Anordnung der freiheitsentziehenden Maßnahmen miteinander verglichen werden. Danach ist festzustellen, dass freiheitsentziehende Sanktionen in der deutschen Justizpraxis eine größere Bedeutung in der Justizpraxis besitzen als in der Schweiz. Im Jahr 2002 war in Deutschland der Anteil der Jugendstrafe im Verhältnis zur Gesamtzahl der insgesamt im Jugendstrafrecht ausgesprochenen formellen Sanktionen doppelt so hoch wie der Anteil der Einschließung in der Schweiz.

ee) Dauer der Freiheitsstrafen und mit ihr vergleichbaren Sanktionen in der Praxis

Da die Anordnung eines gesetzlichen Mindestmaßes nur in Deutschland bei der Jugendstrafe erfolgte und die anderen Länder ein solches Mindestmaß nicht festgelegt haben, ist zu untersuchen, für welche Dauer die freiheitsentziehenden Sanktionen angeordnet werden, insbesondere ob in der Praxis die kurzen Freiheitsstrafen überwiegen. Da es über die tatsächliche Dauer der freiheitsentziehenden Dispositionen der amerikanischen Bundesstaaten keine statistischen Daten gibt, wird nur die tatsächliche Strafdauer in Deutschland, Österreich und der Schweiz untersucht.

(1) Bundesrepublik Deutschland

Die Strafhöhen verteilten sich in Deutschland zwischen 1999 und 2002 wie folgt, wobei die in Klammern angegebenen Prozentzahlen den prozentualen Anteil der jeweiligen Strafdauer an der Gesamtzahl der verhängten Jugendstrafen angeben.

Jahr	6 Monate bis 1 Jahr	1 Jahr bis 2 Jahre	2 Jahre bis 5 Jahre	5 Jahre bis 10 Jahre
1999	9.856 (55,9 %)	5.763 (32,7 %)	1.931 (10,9 %)	95 (0,5 %)
2000	9.744 (54,9 %)	5.993 (33,8 %)	1.923 (10,8 %)	93 (0,5 %)
2001	9.912 (55,9 %)	5.911 (33,4 %)	1.818 (10,3 %)	81 (0,5 %)
2002	9.683 (54,8 %)	5.996 (33,9 %)	1.922 (10,9 %)	83 (0,5 %)

Quelle: Statistisches Bundesamt, Fachserie 10, Reihe 3, Strafverfolgung. Gebiet bis 1990 altes Bundesgebiet, ab 1995 alte Länder einschließlich Berlin-Ost.

In Deutschland dominiert die Freiheitsstrafe zwischen sechs Monaten bis zu einem Jahr. Die Strafdauer zwischen fünf und zehn Jahren spielt in der bundesdeutschen Justizpraxis kaum eine nennenswerte Rolle.

(2) Österreich

In Österreich verteilten sich die Strafhöhen zwischen 1999 und 2002 wie folgt, wobei die in Klammern angegebenen Prozentzahlen den prozentualen Anteil der jeweiligen Strafdauer an der Gesamtzahl der verhängten Freiheitsstrafen angeben.

Jahr	Bis 1 Monat	1 bis 3 Monate	3 bis 6 Monate	6 bis 12 Monate	1 bis 3 Jahre	3 bis 5 Jahre	5 Jahre
1999	481 (33,3 %)	560 (38,8 %)	393 (27,2 %)	142 (17,2 %)	58 (9,8 %)	8 (0,6 %)	2 (0,1 %)
2000	247 (16,5 %)	532 (35,6 %)	441 (29,5 %)	192 (12,9 %)	75 (5,0 %)	2 (0,1 %)	4 (0,3 %)
2001	251 (16,1 %)	528 (33,9 %)	502 (32,2 %)	195 (12,5 %)	78 (5,0 %)	4 (0,3 %)	1 (0,1 %)
2002	231 (15,9 %)	467 (32,2 %)	480 (33,1 %)	198 (13,6 %)	72 (5,0 %)	2 (0,1 %)	1 (0,1 %)

Quelle: Errechnet nach der Gerichtlichen Kriminalstatistik (Österreich)

In Österreich dominieren die kurzen Freiheitsstrafen zwischen einem und sechs Monaten. Ihr Anteil betrug im Jahr 2002 81,2 Prozent. Die Strafdauer ab drei Jahren hat in der österreichischen Justizpraxis kaum eine beachtenswerte Bedeutung.

(3) Schweiz

Zwischen 1999 und 2002 verteilten sich die Strafhöhen in der Schweiz wie folgt, wobei die in Klammern angegebenen Prozentzahlen den prozentualen Anteil der jeweiligen Strafdauer an der Gesamtzahl der verhängten Einschließungen angeben.

Jahr	Einschließung bis 30 Tage	Einschließung über 30 Tage
1999	752 (75,3 %)	247 (24,7 %)
2000	564 (74,7 %)	191 (25,3 %)
2001	654 (80,9 %)	154 (19,1 %)
2002	792 (86,1 %)	128 (13,9 %)

Quelle: Errechnet nach den Daten des Schweizerischen Bundesamts für Statistik, Jugendstrafrechtsurteile

In der schweizerischen Statistik wird nur zwischen der Einschließung bis 30 Tage und darüber unterschieden. Die Einschließung bis 30 Tage dominiert dabei in der schweizerischen Justizpraxis.

(4) Zwischenergebnis

Zusammenfassend kann man feststellen, dass generell die kurze Freiheitsstrafe in der jugendstrafrechtlichen Justizpraxis dominiert. Die Anordnung der in den jeweiligen Ländern vorgesehenen Höchststrafen spielt in der Praxis keine nennenswerte Rolle.

In der Justizpraxis von Österreich und der Schweiz dominiert die kurze Freiheitsstrafe deutlich. Der überwiegende Teil der Einschließungen erfolgt bis zu 30 Tage, also der Zeitrahmen, in den nach deutschem Recht der Dauerarrest fällt. In Österreich überwiegt die Strafdauer von einen bis sechs Monate. Dies umfasst damit genau die Strafdauer, die in Deutschland durch das erhöhte Mindestmaß der Jugendstrafe von sechs Monaten ausgeschlossen wurde.

Das erhöhte Mindestmaß der Jugendstrafe wird in Deutschland mit dem Argument verfochten, dass ein kürzerer Zeitraum als sechs Monate keinerlei erzieherische Einwirkung auf den Jugendlichen bewirken könne. Da das österreichische Jugendstrafrecht den Erziehungsgedanken außen vor lässt, spielt dieser Gedanke bei der Anordnung kurzfristiger Freiheitsstrafen auch keine Rolle. Die Verhängung kurzfristiger Freiheitsstrafen wird vielmehr in spezialpräventiver Hinsicht als wirksam erachtet. In der Justizpraxis der Schweiz wird im Gegensatz zu Deutschland davon ausgegangen, dass kurzfristige Freiheitsstrafen erzieherisch wirksam sind.

6. Jugendarrest und vergleichbare Formen kurzfristigen Freiheitsentzuges

Die rechtsvergleichende Untersuchung hat gezeigt, dass in der Justizpraxis der Länder die kurzfristige Freiheitsstrafe dominiert. Es soll nun anschließend geprüft werden, ob die jugendstrafrechtlichen Bestimmungen der betreffenden Länder neben den Freiheitsstrafen und den mit ihnen vergleichbaren Sanktionen besondere Formen des kurzfristigen Freiheitsentzugs bis zu drei Monaten vorgesehen haben. In die Untersuchung soll miteinfließen, unter welchen Voraussetzungen der kurzfristige Freiheitsentzug angeordnet werden kann und welche Bedeutung er in der jugendstrafrechtlichen Praxis der jeweiligen Länder hat.

a) Bundesrepublik Deutschland

Als Form des kurzfristigen Freiheitsentzuges ist in Deutschland der Jugendarrest vorgesehen. Er ist eines der wichtigsten Zuchtmittel des JGG. Das deutsche Jugendstrafrechtssystem unterscheidet dabei zwischen Freizeitarrest, Kurzarrest und Dauerarrest. Zusätzlich sieht das Gesetz den Ungehorsamsarrest in den §§ 11 III, 15 III Satz 2, 23 I Satz 4 JGG vor, wenn der Jugendliche schuldhaft den Weisungen oder Auflagen nicht nachkommt.

Der Jugendarrest ist stationärer Freiheitsentzug in einer Jugendarrestanstalt. Es handelt sich bei dem Jugendarrest um eine Rechtsfolge, die im allgemeinen deutschen Strafrecht auch nicht ansatzweise vorkommt[798], da dort freiheitsentziehende Rechtsfolgen von einer Dauer von weniger als einem Monat nicht vorgesehen sind.

b) Österreich

In Österreich ist eine einheitliche Freiheitsstrafe vorgesehen. Jugendarrest oder andere Formen des kurzfristigen Freiheitsentzuges für jugendliche Täter gibt es nicht. Allerdings ist an dieser Stelle noch einmal darauf hinzuweisen, dass es in Österreich kein Mindestmaß der Freiheitsstrafe gibt und es daher theoretisch möglich ist, einen Jugendlichen zu einem Tag Freiheitsstrafe zu verurteilen.

c) Schweiz

Die Regelung des schweizerischen Schularrests ist eine Form des kurzfristigen Freiheitsentzuges für straffällig gewordene Kinder. Seine Dauer beträgt ein bis sechs Halbtage.

Im Zuge der großen Strafrechtsreform wurde die umstrittene Regelung des Schularrests abgeschafft, so dass im reformierten schweizerischen Jugendstrafrecht künftig keine Sonderform des kurzfristigen Freiheitsentzuges existieren wird.

d) USA

Besondere Arten des kurzfristigen Freiheitsentzuges sind die *shock probation*[799] (vgl. § 5 IV 2 b) aa) (4)) und die *boot camps* (§ 5 IV 2 c) bb) (3)).

Das *home confinement* (häuslichen Inhaftierung) stellt keine mit dem Jugendarrest vergleichbare Form des kurzfristigen Freiheitsentzuges dar, da im Rahmen dieser Disposition die Freiheitsbeschränkung, nicht aber der Freiheitsentzug des Delinquenten im Vordergrund steht. Der Jugendliche darf meistens in den Abendstunden und während des Wochenendes seine Wohnung nicht verlassen, er kann aber zum Beispiel weiterhin die Schule besuchen oder seiner Arbeit nachgehen.

---

[798] Böhm, S. 188

[799] Nach Champion, S. 410; Roberson, S. 241

e) Zwischenergebnis

Zusammenfassend kann festgehalten werden, dass Deutschland, die Schweiz und die USA über Sonderformen des kurzfristigen Freiheitsentzuges verfügen. Allerdings wird in der Schweiz der Schularrest im Zuge der großen Strafrechtsreform ersatzlos gestrichen.

Des Weiteren darf aber nicht darüber hinweggesehen werden, dass Österreich, die Schweiz und in einigen bundesstaatlichen Bestimmungen der USA keine erhöhte Mindestgrenze bei der Freiheitsstrafe und der mit ihr vergleichbaren Sanktionen besteht und dort in der Justizpraxis die kurze Freiheitsstrafe unter sechs Monaten dominiert.

aa) Anwendungsbereich

Der deutsche Jugendarrest wird verhängt, wenn dies zur Ahndung der Tat notwendig ist. Die Tat muss also schon einen gewissen Schweregrad erreicht haben. In Betracht kommen zum Beispiel schwere Körperverletzungen, Raub und die Begehung schwerer Diebstähle.

Entscheidendes Kriterium bei der Anordnung des schweizerischen Schularrests ist der Erziehungszustand des Kindes. Ist das Kind erziehungsbedürftig, darf der Schularrest nicht verhängt werden. Die Schwere der begangenen Straftat ist unerheblich im Hinblick auf die Anordnung des Schularrests.

Da die Formen des kurzfristigen Freiheitsentzuges in den USA zu den schärfsten Dispositionen des amerikanischen Jugendstrafrechts gehören, müssen die Täter Straftaten von einem gewissen Schweregrad begangen haben. Die *boot camps* sind aber ausschließlich für nicht gewalttätige Straftäter gedacht.

Zusammengefasst kann festgestellt werden, dass die Schockwirkung des kurzfristigen Freiheitsentzuges nur bei Tätern für nötig erachtet wird, die bereits Straftaten von einer gewissen Schwere begangen haben. Im Bereich der Bagatell- und Kleinkriminalität finden diese Sanktionen keine Anwendung. Eine Ausnahme dazu macht die Schweiz, da es dort auf die Schwere der begangenen Straftat nicht ankommt.

bb) Anteil der Sonderformen des kurzfristigen Freiheitsentzuges in der Justizpraxis

Der Anteil des deutschen Arrests und des schweizerischen Schularrest in der Justizpraxis können nicht miteinander verglichen werden, da in der Schweiz der Schularrest nur gegenüber Kindern angeordnet werden kann und es kein erhöhtes Mindestmaß bei der Einschließung gibt. Der überwiegende Teil der Einschließungen erfolgt in der Schweiz aber im Bereich bis zu 30 Tagen.

Grundsätzlich kann aber festgehalten werden, dass dem Schularrest in der Schweiz keine nennenswerte Rolle beigemessen werden kann, während der Arrest in Deutschland bei beinahe jeder achten Verurteilung angeordnet wird.

cc) Ungehorsamsarrest

Kurzfristigen Freiheitsentzug in Form des Ungehorsamsarrests gibt es nur in Deutschland. Dort besitzt er eine immense Bedeutung in der jugendstrafrechtlichen Justizpraxis. Nach neueren Erhebungen kann man davon ausgehen, dass jeder dritte Jugendarrest als Folge einer Nichtbeachtung von Weisungen oder Auflagen angeordnet wird.[800] Eine dem Ungehorsamsarrest entsprechende Maßnahme ist weder in Österreich, der Schweiz und der USA vorgesehen. Kurzfristiger Freiheitsentzug ist dort nicht als Rechtsfolge bei Nichtbeachtung ambulanter Sanktionen vorgesehen.

Bei Nichterfüllung von Auflagen sieht das österreichische Jugendstrafrechtssystem keine zwingenden Unrechtsfolgen, wie etwa den Ungehorsamsarrest vor. Die österreichische Gesetzeslage ist auch nicht mit der deutschen vergleichbar, da es in Österreich keine formelle Sanktion gibt, die mit Erziehungsmaßnahmen oder Zuchtmitteln vergleichbar sind.

Die Erzwingung von Erziehungsmaßnahmen ist in der Schweiz ebenfalls nicht, auch nicht durch Ungehorsamsarrest oder einer vergleichbaren Form des kurzfristigen Freiheitsentzuges vorgesehen. Es existiert dort vielmehr die nicht vergleichbare Nichtbewährung der Probezeit der bedingten Entlassung aus den Erziehungsmaßnahmen. Diese kann aber auch nicht mit Ungehorsamsarrest oder einer vergleichbaren Form des kurzfristigen Freiheitsentzuges verglichen werden, weil damit ein anderer Sachverhalt geregelt wird.

Vielmehr werden in der Schweiz Erziehungsmaßnahmen, die sich als nicht geeignet herausstellen, nachträglich abgeändert. Um die Bedeutung der persönlichen Leistung aufzuwerten, wurde in den reformierten jugendstrafrechtlichen Bestimmungen der Schweiz Freiheitsentzug als eine mögliche Folge der Nichtbeachtung dieser Sanktion vorgesehen. Allerdings ist die persönliche Leistung eine Strafe und keine Erziehungsmaßnahme und damit liegt eine andere Ausgangssituation vor.

Löst man sich aber von den Begrifflichkeiten der Erziehungsmaßnahmen und Strafen und betrachtet nur den Inhalt der Sanktion, so kann man feststellen, dass in Deutschland und der Schweiz gerade im Bereich der Arbeitsleistungen eine Erzwingung dieser Sanktionen für erforderlich gehalten wird. Dies ist im Zusammenhang damit zu sehen, dass die Arbeitsleistungen nicht vollstreckt werden können.

---

[800] Dünkel, Entwicklungstendenzen, S. 621

Das amerikanische Jugendstrafrechtssystem sieht im Rahmen der *probation* bei Nichterfüllung von Anordnungen des Gerichts (*conditions of probation*) den Widerruf dieser Disposition vor. Zugleich ordnet das Gericht die Verhängung einer neuen Disposition, welche auch die Unterbringung des Jugendlichen in einer Jugendstrafvollzugsanstalt umfassen kann, an. Anknüpfungspunkt für die neue Disposition ist allerdings nicht der Verstoß gegen die Bewährungsauflagen des Gerichts, sondern die Erkenntnis, dass die erste Sanktion nicht für den Jugendlichen geeignet war.[801] Das Gericht wird daher nach einer geeigneteren Disposition für den Delinquenten suchen.

Im Bundesstaat Wisconsin findet sich hingegen eine Regelung, welche mit dem Ungehorsamsarrest vergleichbar ist. Die Inhaftierung eines Jugendlichen in einem *juvenile detention center* ist in diesem Bundesstaat nur dann vorgesehen, wenn der Jugendliche gerichtliche Anordnungen im Rahmen einer zuvor angeordneten Disposition missachtet hat. Wann ein solcher Fall vorliegt, ist nicht näher gesetzlich festgelegt. Von dem Gesetzeswortlaut kann daher sowohl fahrlässiges als auch vorsätzliches Nichtbeachten der vorherigen richterlichen Anordnungen umfasst sein. Als Zwangselement der Nichtbefolgung richterlicher Anordnungen ist somit kurzfristiger Freiheitsentzug vorgesehen. Über die Bedeutung dieser Rechtsfolge in der Justizpraxis können keine Aussagen getroffen werden, da entsprechendes statistisches Zahlenmaterial nicht vorhanden ist.

Zusammenfassend kann festgehalten werden, dass Ungehorsamsarrest als Rechtsfolge der Nichtbefolgung von Weisungen und Zuchtmitteln beziehungsweise der mit ihnen vergleichbaren Sanktionen in Österreich nicht vorkommt. Diese Rechtsfolge ist hingegen in Deutschland und in Teilen der USA vorgesehen. Des Weiteren sieht das schweizerische Recht künftig bei Nichtbefolgung der angeordneten persönlichen Leistungen die Umwandlung der Strafe in eine Freiheitsstrafe vor.

VI. Justizpraxis

In den untersuchten Ländern hat sich die Häufigkeit der insgesamt ausgesprochenen formellen Sanktionen insgesamt wie folgt entwickelt:

Jahr	Deutschland	Österreich	Schweiz	USA
1990	108.471	3.630	4.657	394.927
1995	107.243	3.335	5.232	552.248
1998	130.955	3.760	6.581	632.475
1999	135.043	3.764	11.348	637.632

[801] Vgl. Dünkel, Entwicklungstendenzen, S. 621, 622

Jahr	Deutschland	Österreich	Schweiz	USA
2000	136.576	3.720	10.541	634.497
2001	140.158	3.793	11.455	-
2002	148.390	3.278	12.044	-

Ein Vergleich dieser Zahlen untereinander verbietet sich aufgrund der unterschiedlichen Bevölkerungszahlen und Bevölkerungsstrukturen der untersuchten Länder. Vergleichbar ist hingegen die Entwicklung der Anzahl der verfügten formellen jugendstrafrechtlichen Sanktionen in den Ländern.

So ist in Deutschland ein starker Anstieg der Verurteilungen in Jugendstrafsachen von 1990 bis 2002 zu verzeichnen. Ein solcher scheint auch in der Schweiz vorzuliegen. Allerdings erfolgt die statistische Erhebung dort seit 1999 nach einer anderen Methode, so dass die Zahlen vor 1999 und ab 1999 nicht miteinander vergleichbar sind. Es kann vielmehr nur festgestellt werden, dass im Jahr 2000 ein Rückgang der Verurteilungen zu verzeichnen war. In den darauf folgenden Jahren 2001 und 2002 war allerdings ein Anstieg der Verurteilungen zu verzeichnen. Es kann noch nicht abschließend beurteilt werden, ob das Absinken der Verurteilungen nur vorübergehender Natur oder eine länger anhaltende Verminderung der Verurteilungen bedeutet. Das entsprechende schweizerische Datenmaterial der nächsten Jahre bleibt somit abzuwarten.

Eine ähnliche Situation ist in den USA zu verzeichnen. Dort war bis zum Jahr 1999 ein Anstieg der Verurteilungen zu beobachten. Im Jahr 2000 ist die Anzahl der verurteilten Jugendlichen aber gesunken. Ob dies nur vorübergehend ist, bleibt abzuwarten. Demgegenüber ist die Anzahl der ausgesprochenen formellen Sanktionen in Österreich seit 1990 konstant. Die meisten Jugendlichen wurden in Österreich im Jahr 1981 verurteilt. 9352 Personen zwischen 14 und 18 Jahren wurden damals von den Gerichten verurteilt. Dies bedeutet, dass seit 1990 circa 65 Prozent weniger Jugendliche als im Spitzenjahr 1981 verurteilt wurden.

VII. Zusammenfassung

Zusammenfassend kann festgehalten werden, dass in den untersuchten Ländern eigenständige jugendstrafrechtliche Vorschriften existieren. Das Jugendstrafrecht wird als eine von dem Erwachsenenstrafrecht zu differenzierende Rechtsordnung aufgefasst und daher unterscheiden sich auch die jugendstrafrechtlichen Sanktionen von den Sanktionen des Erwachsenenstrafrechts. Dem liegt die Erkenntnis zugrunde, dass Jugendkriminalität zumeist nur eine episodenhafte, vorübergehende Begleiterscheinung einer ansonsten normalen Entwicklung eines jungen Menschen ist und es daher einer anderen Reaktion als bei erwachsenen Straftätern bedarf.

Anders als in den untersuchten europäischen Ländern gibt es in den USA Tendenzen, bei jugendlichen Wiederholungstätern und Tätern im Bereich der Schwerkriminalität das Erwachsenenstrafrecht zur Anwendung kommen zu lassen. Zwar ist in den USA die Eigenständigkeit jugendstrafrechtlicher Sanktionen im Bereich der jugendtypischen Kriminalität anerkannt, im Bereich der Schwerstkriminalität muss sich dieser Gedanke aber gegenüber populistischen Bewegungen durchsetzen und weicht in den bundesstaatlichen Rechtsvorschriften durch Rechtsfiguren wie dem *waiver* und dem *transfer* langsam, aber sicher auf.

In keinem der untersuchten Länder können die jugendstrafrechtlichen Entwicklungen im Sanktionenbereich als abgeschlossen gelten. Es wird vielmehr stets nach geeigneten Lösungen zur strafrechtlichen Bewältigung der Jugendkriminalität, insbesondere Alternativen des Freiheitsentzugs, gesucht.

§ 7 Schlussbetrachtung

I. Zusammenfassung

Die Durchführung der rechtsvergleichenden Untersuchung hat gezeigt, dass in Deutschland, der Schweiz und den Jugendstrafrechtsordnungen der amerikanischen Bundesstaaten eine Vielzahl von jugendstrafrechtlichen Sanktionen existieren, während es in Österreich ein Jugendstrafrecht mit beinahe keinen Strafen gibt.

Das deutsche Jugendstrafrecht wird durch den Erziehungsgedanken geprägt. Die rechtsvergleichende Untersuchung hat aufgezeigt, dass im deutschen Jugendstrafrecht einige Besonderheiten existieren, die es in den anderen verglichenen Rechtsordnungen nicht gibt. Nur in Deutschland werden die Heranwachsenden vollständig in den Anwendungsbereich der jugendstrafrechtlichen Vorschriften miteinbezogen. Kurzfristiger Freiheitsentzug in Form des Ungehorsamsarrests ist nur in Deutschland vorgesehen.

Allerdings verfügt nicht nur das JGG über Sonderformen des kurzfristigen Freiheitsentzuges, sondern auch die Schweiz (wobei aber der Schularrest im Zuge der großen Strafrechtsreform ersatzlos gestrichen) und die USA.

Nur in Deutschland folgt man dem traditionellen Erziehungsverständnis und geht davon aus, dass die Mindestdauer der Jugendstrafe sechs Monate betragen muss. In Österreich, der Schweiz und in einigen bundesstaatlichen Bestimmungen der USA besteht keine erhöhte Mindestgrenze bei der Freiheitsstrafe und der mit ihr vergleichbaren Sanktionen, so dass in der Justizpraxis dieser Länder die kurze Freiheitsstrafe unter sechs Monaten vorherrschend ist.

Das österreichische Jugendstrafrecht geht insgesamt von einem Vorrang der Nichtintervention beziehungsweise der Diversion gegenüber der Bestrafung aus. Dadurch soll die traditionelle Reaktionsform der Strafe aus dem Bereich der Bagatell-, Klein- bis Mittelkriminalität verdrängt werden. Die Strafen sind nur für den Bereich der mittelschweren Kriminalität mit hohem tatbestandsmäßigem Unwertgehalt bis hin zur Schwerkriminalität vorgesehen.

In der Schweiz sind die jugendstrafrechtlichen Sanktionen nach geltendem Recht auf Erziehung und Fürsorge ausgerichtet. Daran wird sich auch durch die große Strafrechtsreform nichts ändern. Entscheidend für die Anwendung des reformierten schweizerischen Jugendstrafrechts sind weiterhin der Schutz und die Erziehung des Jugendlichen.

Die Reformierung der jugendstrafrechtlichen Vorschriften führte im Bereich der freiheitsentziehenden Sanktionen zu einer nicht unerheblichen Strafschärfung. Während nach geltender Rechtslage die Einschließung bis zu einem Jahr andauern konnte, sieht das reformierte schweizerische Jugendstrafrecht Freiheitsentzug bis zu vier Jahren bei der Begehung schwerer Straftaten vor.

Die jugendstrafrechtlichen Bestimmungen der amerikanischen Bundesstaaten sind im Bereich der jugendlichen Kleinkriminalität sehr stark jugendwohlfahrtsrechtlich orientiert.

Ein gänzlich anderer Umgang erfolgt hingegen mit jugendlicher Wiederholungs- und Schwerkriminalität. Fälle jugendlicher Straftäter, die wiederholt und/oder schwere Straftaten begangen haben, werden vermehrt an die allgemeinen Strafgerichte abgegeben, da man die Sanktionsmöglichkeiten der Jugendgerichte für diese Fälle jugendlicher Kriminalität als nicht ausreichend hält. Die Jugendlichen werden dann vollständig als erwachsene Straftäter behandelt. Milderungsmöglichkeiten sind nicht vorgesehen.

Erfolgt keine Abgabe vor die allgemeinen Strafgerichte, kann das Jugendgericht teilweise Sanktionen des allgemeinen Strafrechts gegenüber dem jugendlichen Delinquenten anordnen.

Den Umgang mit jugendlicher Wiederholungs- und Schwerkriminalität in den USA hat man in Deutschland im Blick, wenn die Forderung nach einer Verschärfung des Jugendstrafrechts laut wird. Dabei ist die Sanktionierung jugendlicher Straftäter in den USA im Bereich der Bagatell- und Kleinkriminalität durch die *parens patriae*-Philosophie erzieherisch geprägt. Allerdings ist in einem schmalen Randbereich der schweren Kriminalität mit hohem tatbestandsmäßigem Unwertgehalt bis hin zur Schwerkriminalität eine Entwicklung dahingehend zu beobachten, dass jugendliche Delinquenten wie Erwachsene bestraft werden und die jugendstrafrechtlichen Sondervorschriften für diese Straftäter aufgegeben werden. Zudem ist auch das Einbeziehen von Kindern in das Jugendstrafrecht als sehr kritisch anzusehen. Sowohl die gänzliche Aufgabe jugendstrafrechtlicher Sondervorschriften für jugendliche Straftäter im Bereich der schweren Kriminalität als auch die Einbeziehung von Kindern in das Jugendstrafrecht wird in Deutschland bisher ganz überwiegend abgelehnt.[802]

[802] Vgl. dazu den Referentenentwurf eines Zweiten Gesetzes zur Änderung des JGG (Stand: 08.April 2004) sowie die Beschlüsse des 64. Deutschen Juristentages; zur ablehnenden Haltung der Teilnehmer hinsichtlich der Einbeziehung von Kindern in das Jugendstrafrecht vgl. Schöch, RdJB 2003, S. 299, 303.

II. Empfehlungen für den bundesdeutschen Gesetzgeber

Der internationale Vergleich hat teilweise Besonderheiten der deutschen jugendstrafrechtlichen Bestimmungen aufgezeigt, die in den übrigen verglichenen Rechtsordnungen nicht existierten.

So entspricht die fehlende zeitliche Begrenzungen der erzieherischen Maßnahmen, wie zum Beispiel bei den Arbeitsleistungen, nicht den internationalen Standards. Eine Schließung dieser Gesetzeslücke ist daher erforderlich und wird im Schrifttum bereits seit langem gefordert. Der Referentenentwurf eines Zweiten Gesetzes zur Änderung des JGG des Bundesministeriums der Justiz hat sich diesem Problem jedoch nicht angenommen.[803] Eine Änderung im Bereich des Sanktionenrechts sieht dieser Entwurf nicht vor.[804]

Die Höchstdauer der Arbeitsweisung und der Arbeitsauflage sollte in Anlehnung an die österreichische Regelung auf 120 Stunden begrenzt werden. In einem solchen Zeitraum ist es grundsätzlich möglich, erzieherisch auf den jungen Straftäter einzuwirken beziehungsweise im Bereich der Arbeitsauflage eine Denkzettelwirkung bei dem Jugendlichen zu entfalten. Es ist zweifelhaft, ob dies auch bei einer Höchstdauer von 60 oder 80 Stunden erreicht werden kann, da gerade in den ersten Arbeitsstunden sehr viel Zeit mit der Arbeitsorganisation vergeht und ein eigentliches Nachdenken über das Ableisten der Arbeit durch den Jugendlichen nicht stattfindet. Eine zeitliche Begrenzung von der Dauer bis zu 120 Stunden stünde überdies auch im Einklang mit § 8 I JArbSchG und wäre für Jugendliche auch grundsätzlich zumutbar.

Ebenfalls nicht der internationalen Rechtsentwicklung entsprechend ist die Verhängung einer erzieherisch begründeten Freiheitsstrafe für Jugendliche. Als Anknüpfungspunkt der Jugendstrafe sollte vielmehr die Tatschwere herangezogen werden. Erzieherische Belange müssen bei der Verhängung der Jugendstrafe außer Acht bleiben. Erforderlich ist vielmehr eine verhältnismäßige und weitgehend tatschuldorientierte Handhabung der Jugendstrafe. Daher sollte künftig im deutschen Recht die Jugendstrafe als ultima ratio nur aufgrund der Schwere der Tat angeordnet werden können. Der im Referentenentwurf eines Zweiten Gesetzes zur Änderung des JGG vorgesehene neu eingefügte § 2 I JGG[805] legt aber die Vermutung nahe, dass im deutschen Jugendstrafrecht weiterhin erzieherische Belange bei der Verhängung der Jugendstrafe berücksichtigt werden sollen.

Im Hinblick auf eine Altersbeschränkungen bei der Anordnung von Freiheitsstrafe lassen sich nach Durchführung des Rechtsvergleichs sowohl Beispie-

---

[803] Vgl. Referentenentwurf eines Zweiten Gesetzes zur Änderung des JGG (Stand: 08.April 2004), bislang noch nicht veröffentlicht.

[804] Vorgesehen sind vielmehr Änderungen der §§ 2, 35, 41, 48, 51, 68, 74, 78, 80, 109, 116-125 JGG.

[805] Vgl. dazu § 2 VI 2.

le für eine Einführung einer solchen Altersgrenze (wie zum Beispiel in der Schweiz) als auch Gegenbeispiele (wie zum Beispiel Österreich) finden. Eine Gesetzesänderung ist daher aus rechtsvergleichender Hinsicht nicht veranlasst und wurde im Referentenentwurf für ein Zweites JGG-Änderungsgesetz auch nicht aufgegriffen.

Die Überlegungen, die dem erhöhten Mindestmaß der deutschen Jugendstrafe zugrunde liegen, sind weder empirisch belegbar, noch lässt sich im internationalen Vergleich eine vergleichbare Regelung finden. Dies stärkt die Ansicht, dass das erhöhte Mindestmaß der Jugendstrafe aufgehoben werden sollte.

Hinsichtlich des Ungehorsamsarrests hat die rechtsvergleichende Untersuchung gezeigt, dass es sowohl in der Schweiz als auch in amerikanischen jugendstrafrechtlichen Bestimmungen Ansätze für diese Rechtsfolge gibt. Um den Ungehorsamsarrest aber als wirksames Mittel im Jugendstrafrecht einzusetzen und nicht als vermeintliche einfache Lösung bei jeder Form jugendlichen Ungehorsams anzuordnen, wird empfohlen, Ungehorsamsarrest nach dem schweizerischen Vorbild nur im Bereich der vorsätzlichen Nichtbefolgung der Arbeitsleistungen für zulässig zu erklären.

Als Leitlinie für zukünftige Gesetzesberatungen im Hinblick auf Änderungen und Ergänzungen jugendstrafrechtlicher Vorschriften können dem Gesetzgeber die folgenden Worte Kaisers auf den Weg gegeben werden: In der Jugendrechtspolitik kann nicht die Alternative „Erziehen, Befähigen bzw. Helfen oder Strafen“ sein, sondern nur die Maxime „Helfen soviel wie möglich, Strafen so wenig wie nötig!“.[806]

[806] Kaiser, Zukunft des Jugendstrafrechts, S. 563

Peter Lang · Europäischer Verlag der Wissenschaften

Bettina Kraft

Tendenzen in der Entwicklung des Jugendstrafrechts seit der Jugendgerichtsbewegung

Frankfurt am Main, Berlin, Bern, Bruxelles, New York, Oxford, Wien, 2003. 354 S.
Schriften zum Strafrecht und Strafprozeßrecht.
Herausgegeben von Manfred Maiwald. Bd. 68
ISBN 3-631-51175-2 · br. € 56.50*

Ziel der Untersuchung ist es, Tendenzen in der Entwicklung des Jugendstrafrechts in Deutschland über den gesamten Zeitraum der spezifisch jugendstrafrechtlichen Diskussion hinweg und basierend auf einer breiten Grundlage im Schrifttum herauszuarbeiten. Zur Ermittlung der Tendenzen werden die *ewigen Themen* des Jugendstrafrechts herangezogen, wie z. B. die Strafmündigkeitsgrenze, die Altersstufe der Heranwachsenden, die Erziehung, die Erziehungsmaßregeln, die Zuchtmittel und das Jugendstrafverfahren. Das Aufzeigen der Entwicklung der kriminalpolitischen Strömungen und deren Vergleichbarkeit miteinander in unterschiedlichen Zeitabschnitten schafft neben dem historischen Dokumentationswert Erkenntnisse für die gegenwärtige Diskussion und zukünftige Reformen im gesamten strafrechtlichen Bereich.

Aus dem Inhalt: Die jugendstrafrechtliche Entwicklung bis zum Erlaß des JGG von 1923 · Die Tendenzen in der Zeit zwischen 1923 und 1943 · Die Tendenzen in der Zeit zwischen 1943 und 1953 · Die Tendenzen im Zusammenhang mit dem Erlaß des JGG 1953 · Die Tendenzen in den 60er und 70er Jahren · Die Tendenzen in den 80er Jahren · Die Tendenzen in den 90er Jahren bis zur Gegenwart

Frankfurt am Main · Berlin · Bern · Bruxelles · New York · Oxford · Wien
Auslieferung: Verlag Peter Lang AG
Moosstr. 1, CH-2542 Pieterlen
Telefax 00 41 (0) 32 / 376 17 27

*inklusive der in Deutschland gültigen Mehrwertsteuer
Preisänderungen vorbehalten

Homepage http://www.peterlang.de